# Fürst der Füchse

Das Leben des **ROLF KAUKA**

*Für den bittersüßen Vogel Jugend*

MIX
Papier aus verantwortungsvollen Quellen
FSC® C014889


Umschlaggestaltung: Sabine Schröder
Umschlagmotiv: Getty Images
Innenlayout und Satz: Sibylle Schug, München
Druck und Binden: Friedrich Pustet GmbH & Co.KG, Regensburg
Printed in Germany
ISBN 978-3-7844-3625-8

www.langenmueller.de

BODO V. HECHELHAMMER

# Fürst der Füchse

Das Leben des ROLF KAUKA

LANGENMÜLLER

# INHALT

# GRUSSWORT

Es ist tröstlich zu erfahren, dass auch herausragende Menschen nicht »vollkommen« sind. Mit Rolf Kauka war ich 25 Jahre überaus glücklich verheiratet. Er war eine außergewöhnliche, bunt-schillernde Persönlichkeit, und all die schillernden Farben waren echt! Darauf kommt es letztendlich an – solchen Menschen kann man vertrauen und etwas zutrauen. Sie sind rar und ihre unvergänglichen Footprints können uns inspirieren. Es muss schwer gewesen sein, diese vielschichtige Biografie einfühlsam zu erzählen, zumal man sich nicht persönlich kannte. Dennoch kam der Autor der Person Rolf Kauka überraschend nahe – und ich glaube, gegen Ende fing er an, Rolf Kauka zu verstehen. Ich brauchte dafür 25 aufregende, atemlose Jahre – und manchmal war ich fix & foxi. Viel Freude an der Lektüre – daran hätte Rolf Kauka seinen Spaß!

*New York, im Juni 2021*
*Alexandra Kauka*

# VORWORT

*Mach anderen Freude,*
*dann hast du Deinen Spaß.*
Rolf Kauka

»Als ich begann, Comics zu machen, haben mich viele für verrückt erklärt«, erinnerte sich Rolf Kauka rückblickend an seine Anfänge. Mit diesen Worten wollte er Mitte der Siebzigerjahre ein autobiografisches Buch beginnen, stellte es jedoch nie fertig. Jahr für Jahr glaubte er daran, auch im fortgeschrittenen Alter, noch lange nicht am Ende seiner Schaffensphase angelangt zu sein. Den richtigen Zeitpunkt für abschließende Memoiren sah er daher nie gekommen. Seine Lebensgeschichte schrieb er nicht auf, obwohl ihm lukrative Angebote vorlagen. Aber auch nach seinem Tod im September 2000 befasste sich so gut wie niemand mit seinem dreiundachtzigjährigen Leben oder beschäftigte sich, wenn überhaupt, mit den Entwicklungen seines Comic-Verlags.

Dabei war Rolf Kauka der große deutsche Comic-Pionier der Nachkriegszeit. Nach wie vor gilt er als deren erfolgreichster Produzent in Deutschland und wurde schon zu Lebzeiten mit dem amerikanischen Comic-Giganten Walt Disney verglichen. Er selbst, obwohl nach 1987 US-Bürger, sah sich mit seinen Dichtungen und Bildergeschichten jedoch immer in der deutschen Tradition von Wilhelm Busch.

Seine Geschichten begann Kauka ab den Fünfzigerjahren zu verlegen. Am Ende seiner Schaffenszeit gehörten über 80 Comic-Charaktere zur Kauka-Familie, darunter so bekannte

Figuren und Zeitschriftentitel wie *Fix und Foxi* und *Bussi Bär.* Aber es gab noch weitere Publikationen wie *Lupo modern* oder *Primo,* und Rolf Kauka zeigte in den Sechzigerjahren ein sicheres Gespür darin, als Erster das Potential franko-belgischer Zeichner für den deutschen Markt zu erkennen. Er war derjenige, der *Asterix und Obelix, Spirou und Fantasio* oder die *Schlümpfe* über seine Hefte deutschen Lesern näherbrachte. Allerdings deutschte er nicht nur deren Namen ein, sondern formulierte gleich auch den Text im Duktus des Kalten Krieges nationalistisch um. So sorgte er auch für einen ersten handfesten Comic-Skandal in Deutschland und sah sich medialen Vorwürfen ausgesetzt, revanchistische Gedanken zu verbreiten.

Ungeachtet dessen prägte Rolf Kauka ganze Generationen von Kindern und Jugendlichen. Weltweit wurden über 750 Millionen seiner Hefte verkauft. Mitte der Sechzigerjahre hatte *Fix und Foxi* eine wöchentliche Auflage von über 400 000 und war zeitweise die größte deutsche Jugendzeitschrift. Mitte der Siebziger verkaufte der clevere Geschäftsmann seinen Verlag für Millionen und wanderte einige Jahre später in die USA aus. Wie weit verbreitet und einflussreich seine Comics waren, kann man daran ablesen, dass es ihm gelang, in die deutsche Umgangssprache einzugehen. Im Duden steht als Synonym für »völlig erschöpft« eben auch »fix und foxi«.

So erklärt es sich auch, dass im Karlsruher Zoo 1970 Katzenbären auf den Namen der beiden Füchse hörten. Oder dass diese Comicfiguren in Debatten des Bundestages aufgegriffen wurden, etwa als am 3. Februar 1971 die Politik von Bundeskanzler Willy Brandt von der Opposition mit den »Abenteuern von Fix und Foxi« verglichen wurde. Jeder im Deutschen Bundestag wusste mit dieser amüsanten Anspielung etwas anzufangen, denn die beiden Füchse gehörten längst schon zur allgemeinen deutschen Sprachkultur. *Fix und Foxi* zählen zum deutschen Kulturgut.[1]

Doch während Walt Disney, der bereits 1966 verstorbene Erfinder von *Micky Maus* und *Donald Duck*, heute noch zu den bekanntesten Amerikanern zählt, ist Rolf Kauka in Deutschland in Vergessenheit geraten. Weder Schulen, öffentliche Plätze oder Straßen sind nach ihm benannt. Symptomatisch wurde im Mai 2007 in Kaukas früherer bayerischer Heimatgemeinde Grünwald sogar ein Antrag auf Straßenbenennung abgelehnt. Allein ein Kindergarten nennt sich dort *Fix und Foxi.*[2]

Aber um sich an eine Person erinnern zu können, muss man über sie auch etwas wissen. Und das ist bei Kauka nicht ganz so einfach. Große Teile seines Lebens waren und sind unbekannt. Über seine Zeit im Dritten Reich und im Zweiten Weltkrieg wusste man nichts – und wenig Konkretes darüber, wie er nach dem Verkauf seines Verlages und dem Umzug in die USA gelebt hat. Zwar tauchten über Rolf Kauka bereits zu seinen Lebzeiten immer wieder Berichte in Münchner Boulevardzeitungen auf, etwa über seine Ehefrauen oder seinen Pferderennstall, aber die meisten Lebensbereiche blieben gänzlich ausgespart. Niemand drang tiefer in das Dunkel seines Privatlebens ein oder leuchtete seine Persönlichkeit aus. Im Schatten seiner farbenfrohen Comics blieb er selbst erstaunlich nebulös. Über Kontinuitäten und Brüche, über Wegmarken seines Lebens, Personen, die ihn geprägt und Themen, die ihn beschäftigt haben, über sein persönliches Erfahrungsgepäck und seine politische Gesinnung, über all das ist kaum etwas bekannt.

Kauka hat es selbst so gewollt. Ganz bewusst pflegte und polierte er stattdessen das öffentliche Image des verständnisvollen Onkel Rolf, der die Kinder und Jugendlichen in seinen Heften persönlich mit »Liebe Freunde« ansprach, hohe moralische Ansprüche an sich und seine Leserschaft stellte und am liebsten die deutschen Kinder nach seinen Idealen umerzogen hätte. Aber genügte er selbst seinen Anforderungen jenseits der Öffentlichkeit?

So drängt sich die Frage auf: Wer war eigentlich Rolf Kauka, und wie ist seine Persönlichkeit zu fassen? Welcher Charakter verbarg sich hinter dem des genialen Verlegers, der Vorschulhefte mit goldfarbenen Bärchen und pädagogischem Anspruch entwickelte und zugleich in seinen Comics politische Botschaften platzierte? Was trieb diesen Selfmade-Millionär an, der viermal heiratete und fünffacher Vater war, für den Familie und Loyalität Grundpfeiler seines Gesellschaftsverständnisses darstellten, der aber selbst immer wieder mit seinen Ehefrauen und Kindern brach? Wer war der mehr als zutiefst überzeugte deutsche Patriot und Kalte Krieger, der am Ende seines Lebens in die USA auswanderte und amerikanischer Staatsbürger wurde?

Biografische Annäherungen an Rolf Kauka fanden bislang über seine Verlegertätigkeit statt. Ein erstes Porträt über den Kauka-Verlag erschien 1972 in der Zeitschrift *Panel.* Hartmut Becker und Andreas C. Knigge verfassten 1980 in *Comixene* eine auf den Verlag fokussierte Rolf-Kauka-Story. Zwischen 2000 und 2007 veröffentlichte Peter Wiechmann, der frühere Redaktionsdirektor des Kauka-Verlags, subjektive und anekdotenhafte Verlagserzählungen auf Grundlage von Materialien früherer Kauka-Mitarbeiter. Neben einem Kauka-Dossier in der Fachzeitschrift *Reddition* 2012 wurden die besten Beschreibungen von Kaukas verlegerischem Leben anlässlich von *Fix-und-Foxi*-Ausstellungen verfasst, 2018 durch Linda Schmitz und weitaus umfangreicher durch Roland Mietz zwei Jahre zuvor. Doch hierbei stand Rolf Kauka nie selbst im Vordergrund. Informationen über ihn waren nur oberflächlich.[3]

Zeichnet man ein Leben nach, stellt sich immer die Frage, aus welchen Quellen die Biografie gespeist wird. Im Fall Rolf Kauka erwies sich das als durchaus komplex. Es konnte nicht auf einen umfangreichen Nachlass zurückgegriffen werden, auch wenn ein eigenes Kauka-Archiv in Wien existiert. Doch dieses beinhaltet die Zeichnungen und Originale der Comics und nicht etwa persönliche Briefwechsel, Kalendereinträge oder Materialien Rolf Kaukas. Einblicke in seine private Lebenswelt wurden durch einzeln verstreute autobiografische Notizen, Briefwechsel und Fotos ermöglicht, beispielsweise durch sein Album aus den ersten Kriegsjahren. Die Fragmente seiner in den Siebzigern angefangenen Autobiografie gelten als verschollen.

Ein wesentlicher Schlüssel für die hier nun vorliegende Lebensbeschreibung waren deshalb die zahlreichen Aussagen und Interviews von Rolf Kaukas Weggefährten, die ihn aus unterschiedlichen Lebensphasen und Perspektiven persönlich gekannt haben. Hierbei ist vor allem seine Familie zu erwähnen, zuerst seine Witwe Alexandra Kauka, seine Töchter Irene Kauka, Mascha Pohl-Kauka und Gabriele Ghislanzoni, aber auch seine Schwester Brunhilde Wagner (†). Gleichermaßen wichtig waren die Erzählungen und Einschätzungen langjähriger Mitarbeiter, besonders die von Peter Wiechmann (†), aber ebenso anderer Redakteure, Zeichner, Freunde und Bekannter. Ihre Sicht auf und ihr Urteil über Rolf Kauka wichen mitunter stark voneinander ab. Angehörige seiner dritten Ehefrau, der Gräfin von Stillfried und Rattonitz, fanden sehr deutliche Worte über ihn. Seine zweite Ehefrau Gisela und deren gemeinsame Tochter Alexandra wollten mit mir trotz mehrfacher Bemühungen nicht über Rolf Kauka sprechen. Ebenso wie eine seiner früheren Freundinnen. Zu schmerzhaft waren nach wie vor die Erinnerungen. Rolf Kauka hat ohne Frage polarisiert.

Mein eigenes Interesse an Rolf Kaukas Leben wurde vor einigen Jahren geweckt. *Fix und Foxi* kannte ich zwar seit meiner frühesten Kindheit, aber erst ein Zufall brachte mich auf die Idee, mich mit seiner Biografie näher zu beschäftigen. Bei Recherchen zum 2014 erschienenen Buch *Geheimobjekt Pullach* tauschte ich mich mit Rosemie Wessel aus. So erfuhr ich durch eine beiläufige Information, dass ihr verstorbener Mann Gerhard Wessel, der langjährige Präsident des Bundesnachrichtendienstes (BND), sehr eng mit Rolf Kauka befreundet war. Auch die *Bild*-Zeitung wurde auf dieses spezielle Kapitel Jahre später aufmerksam. Sie spekulierte in einem Artikel vom Mai 2020 »War der *Fix und Foxi*-Erfinder ein Agent?« und strengte eine Klage am Bundesverwaltungsgericht in Leipzig gegen den BND an, um Einsicht in Dokumente über Rolf Kaukas Leben und Arbeit zu erhalten. Der Ausgang des Verfahrens ist offen, da dieses nach einem Beschluss des zuständigen Senats von Anfang 2021 ausgesetzt wurde.[4]

Meine 2018 begonnene puzzleartige Recherche, die ich privat als Historiker durchführte, nach Rolf Kaukas Spuren in Archiven und Bibliotheken, vor allem die Spurensuche durch Gespräche mit seiner Familie und ehemaligen Mitarbeitern, hat fast drei Jahre in Anspruch genommen.[5] Es zeichneten sich schnell Konturen eines schillernden, kontroversen und nicht einfach zu greifenden Charakters ab, mit Widersprüchen und Brüchen, tief verborgen hinter der kunterbunten Kinderwelt derjenigen Comics, die ihn bekannt und wohlhabend gemacht haben. Rolf Kaukas eigenes Leben war jedoch weit entfernt von einer heilen Kinderwelt. Er lebte ein Leben in so vielen unterschiedlichen Welten, das es lohnt, erzählt zu werden.[6]

*Berlin, im Oktober 2021*
*Bodo V. Hechelhammer*

# KRIEGS-WELT 1917–1945

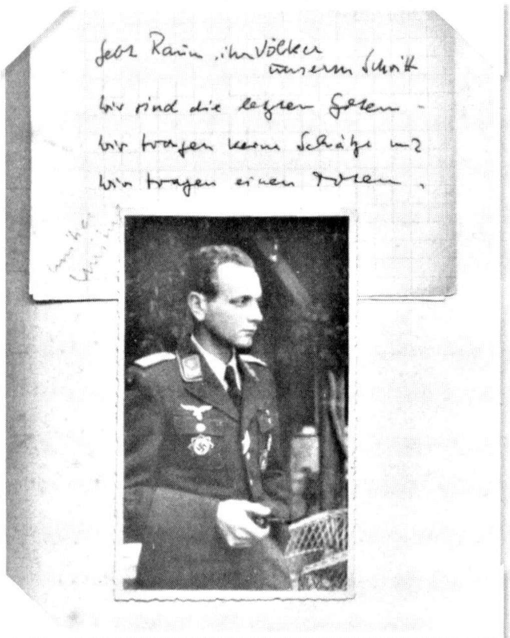


*»Gebt Raum, ihr Völker, unserm Schritt …«. Erste Seite aus Rolf Kaukas Kriegsalbum, ohne Datum*

# SÄCHSISCHE HEIMATSKIZZEN

Als Rolf Kauka geboren wurde, wütete seit fast drei Jahren der Erste Weltkrieg. Der Wettiner Friedrich August III. regierte im dreizehnten Jahr als sächsischer König, aber mit Kriegsende breitete sich im November 1918 die Revolution auch im Freistaat aus. Unruhen erfassten das bald untergehende deutsche Kaiserreich. Neben Kaiser Wilhelm II. musste auch der sächsische König am 13. November abdanken, die alte Staatsordnung fiel wie ein Kartenhaus in sich zusammen. Deutschland rang um Neuorientierung. Nach der kurzen Episode der Weimarer Republik marschierte das nationalsozialistische Deutsche Reich geradewegs in den Abgrund des Zweiten Weltkriegs – eine Zeit, die Rolf Kauka durch ihre traumatischen Kriegswelten in seinen ersten Lebensjahren geprägt hat.[1]

Am Ostermontag, 9. April 1917, um neunzehn Uhr, erblickte Paul Rudolf Kauka in der elterlichen Wohnung im sächsischen Markranstädt das Licht der Welt. Während sein Rufname sich erst in den Fünfzigerjahren zu Rolf verkürzte, nannten seine Freunde ihn früh einfach »Rudo«. Sein erster Taufname verwies auf seinen Vater, den er sehr verehrte: Alexander Paul Kauka, am 16. Juli 1892 im sächsischen Serbitz geboren, arbeitete als Hufschmied und Wagenbauer und wohnte in Quesitz, zwei Kilometer westlich von Markranstädt. Ein Ort, so klein, dass er noch nicht einmal Straßennamen führte. Noch 1926 zählte er gerade einmal 460 Einwohner, darunter Pauls Eltern und einige seiner Brüder.[2]

Die Familie Kauka lebte erst seit einer Generation in Sachsen. Ihre Vorfahren, die in den baltischen Raum zogen, lassen sich unter dem Namen Kaukova im 17. Jahrhundert in Westfinnland finden. Ende des 17. Jahrhunderts wurde Tavo Kaukova, ein Schmied und Rolf Kaukas Ur-Ur-Ur-Ur-Ur-Großvater, im Herzogtum Kurland und Semgallen im Baltikum geboren. Dessen Sohn Elias zog Mitte des 18. Jahrhunderts auf das Gut Neuhof ins schlesische Groß Wartenberg (poln. Syców), das seit 1742 zum Königreich Preußen zählte. Kaukova deutschte seinen Namen in Kauka um. In Schlesien wurde 1752 Elias' Sohn Michael Kauka geboren, der wiederum nach Schildberg (poln. Kazanów) verzog. Hier kam Franz Kauka 1779 zur Welt; sein 1828 geborener Sohn Simon war Zimmermann. Simons Sohn, der wiederum Franz Kauka hieß, wurde 1865 in Polnisch Wartenberg, südwestlich von Schildberg, geboren. Er war Rolfs Großvater. Franz arbeitete als Landarbeiter und Brunnenbauer und wurde nach einem schweren Unfall Schuster. In der zweiten Hälfte des 19. Jahrhunderts zog er schließlich mit seiner Familie von Schlesien nach Sachsen.

Franz Kauka und seine Ehefrau Marianne, eine geborene Fuhrmann, hatten ein Familie von zehn Kindern, die alle im städtischen Umland von Leipzig zur Welt kamen und später in der Umgebung der Messestadt einem Handwerksberuf nachgingen. Das vierte Kind war Paul – Rolfs Kaukas Vater.[3]

Als 1914 der Erste Weltkrieg ausbrach, stellte auch die sächsische Armee schlagkräftige Truppen auf. In den vier Kriegsjahren ergriffen rund 750 000 sächsische Männer die Waffen. Paul Kauka wurde Soldat eines Infanterie-Regiments, ebenso vier seiner Brüder. Die ganze Familie Kauka erfüllte entsprechend der vorherrschenden politischen Überzeugung ihre nationale Pflicht, zog mit lautem Hurra und voller Überzeugung auf einen schnellen Sieg in den Krieg. Die sächsischen Truppen kamen an zahlreichen Brennpunkten zum Einsatz, vorwiegend an der Westfront.

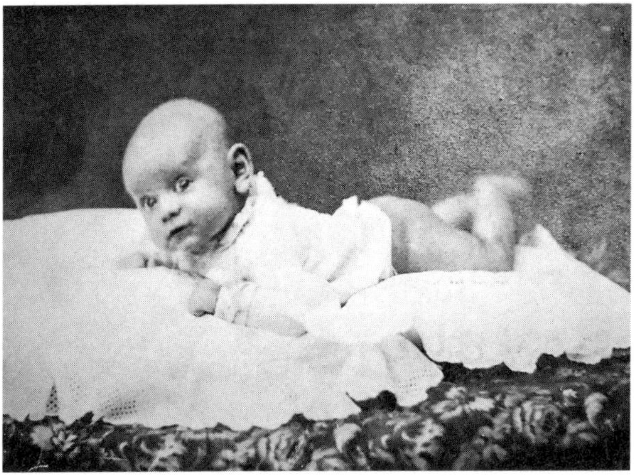

*Paul Rudolf Kauka, April 1917*

Auch Paul Kauka kämpfte in verschiedenen Schlachten im Westen mit, bis er im Sommer 1916 in Frankreich schwer verwundet wurde. Sein linkes Bein musste ab dem Oberschenkel amputiert werden, er trug von nun an eine Beinprothese. Er kam in ein Militärlazarett ins hessische Darmstadt. Dort lernte er die drei Jahre ältere, 1889 geborene Krankenpflegerin Margarethe Schneider aus dem oberhessischen Wetterfeld kennen. Der Lazarettaufenthalt als Schicksalsort war ein Muster, das sich 18 Jahre später im Zweiten Weltkrieg bei seinem Sohn Rolf wiederholen sollte. Paul und Margarethe hielten auch nach seiner Entlassung und Rückkehr in seine sächsische Heimat Kontakt.[4]

Nicht grundlos schrieben sie sich Briefe, denn Mitte Juli war es zwischen beiden zu einer intimen Beziehung mit Folgen gekommen. Margarethe war mit Rolf schwanger. So heirateten Paul und Margarethe am 2. Dezember 1916 standesamtlich in Markranstädt, damit ihr Kind ehelich zur Welt kommen konnte. Paul Kauka war ein stattlicher Mann, konnte aber als Kriegsinvalide nicht mehr in seinem alten Beruf arbeiten und musste sein Geld bei der Thüringer Eisenbahn als Schrankenwärter an

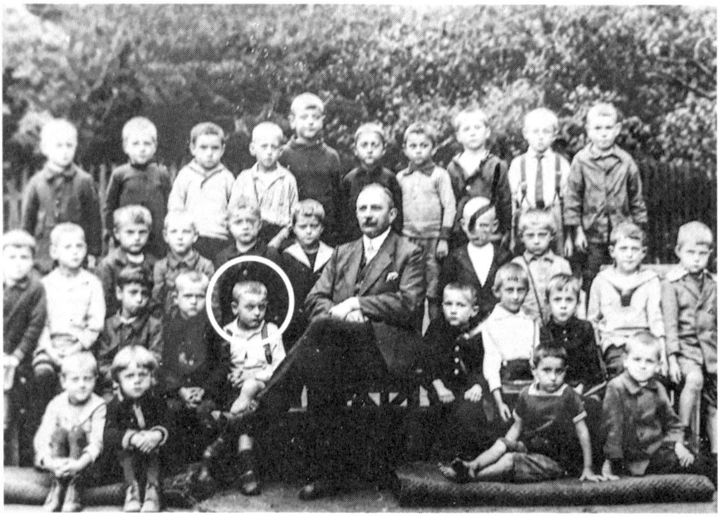

*Volksschule Markranstädt, Klassenfoto. Rolf, mit Hosenträgern, sitzt mit skeptischem Blick rechts neben seinem Klassenlehrer, 1923*

der Nordstraße verdienen. Gleich nach der Heirat bezog Paul Kauka deshalb mit seiner Frau eine Wohnung in der Albertstraße 40 in Markranstädt, in der dann Rolf Kauka zur Welt kam.[5]

Rolfs Heimatstadt Markranstädt war eine Kleinstadt im Südwesten Leipzigs. Sie fand bereits im 12. Jahrhundert urkundlich Erwähnung und lag an einer alten Handelsstraße, die sich bis nach Frankfurt am Main zog. Ende des 19. Jahrhunderts hatte die Stadt durch die Industrialisierung einen wirtschaftlichen Aufschwung erlebt, weshalb sich die Bevölkerungszahl von 1875 bis 1910 verdreifachte. Die Gemeinde zählte 1920 rund 8400 Einwohner, verteilt auf 500 Häuser. Hauptarbeitgeber waren die Kürschner-Betriebe, die Markranstädter Automobilfabrik (MAF) sowie das Brauhaus am Promenadenring. In der Kleinstadt gab es zudem ein Amtsgericht, ein Elektrizitäts- und Wasserwerk und ein kleines Krankenhaus. Doch in den Zwanzigerjahren brach durch die ökonomi-

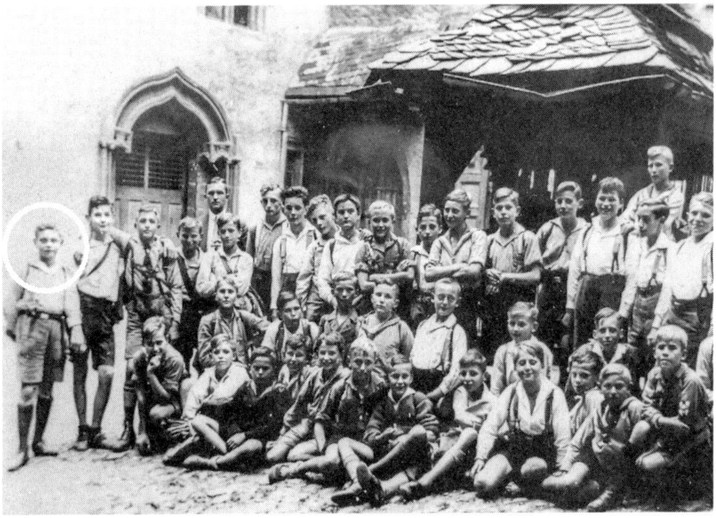

*Rolf steht gerne im Vordergrund (ganz links). Klassenfoto bei einem Schulausflug mit der Friedrich-List-Realschule in Leipzig, 1927*

schen Krisen auch in der sächsischen Kleinstadt die Wirtschaft ein. So war es zwar eine überschaubare Welt, in der Rolf seine Kindheit verbrachte, aber auch eine voller Zukunftsängste und Sehnsucht nach Orientierung und Stabilität.[6]

Rolfs Vater war wie so viele Veteranen und Invaliden durch den Krieg und den Verlust seines Beines stark traumatisiert. Er zeigte sich streng und unnahbar und neigte zu Stimmungsschwankungen, die auch sein Sohn mitunter zu spüren bekam. Aber er stemmte sich gegen sein Schicksal, bewies großen Erfindergeist und gab nicht auf, was Rolf an ihm bewunderte. Seine Mutter Margarethe war hingegen schöngeistig veranlagt, sie las viele Bücher, malte und liebte die Musik, weshalb Rolf Geige spielen lernen musste.

Er selbst erzählte später nie viel über seine Kindheit, hüllte lieber den Mantel des Schweigens darüber. Von seinen frühen Lebensjahren sind deshalb nur Episoden rekonstruierbar. Ver-

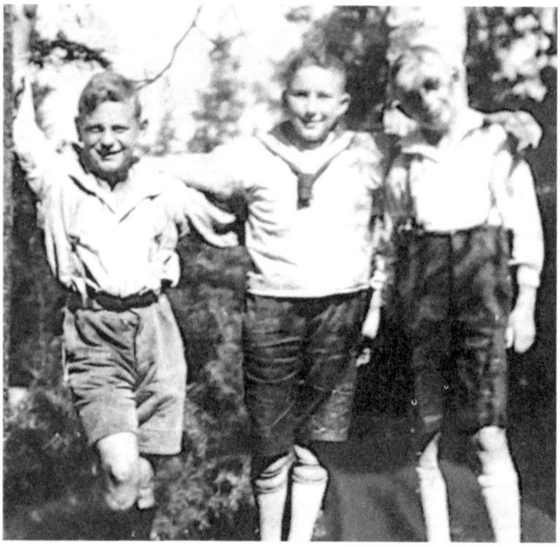

*Links: Mit Freunden unterwegs in der Natur, Mitte der Zwanzigerjahre*

*Rechts: Rolf Kauka als selbstbewusster Zehnjähriger, Markranstädt, ca. 1927. Ganz rechts mit seinem Schulfreund Georg Mitreiter beim gemeinsamen Musizieren, ca. 1931*

bürgt ist, dass er zwei Wochen nach seiner Geburt in der Sankt Laurentiuskirche in Markranstädt getauft wurde. Obwohl sein Vater Paul römisch-katholisch war, wurde er im evangelischen Glauben seiner Mutter getauft. Paul Kauka konvertierte später selbst. Zur Taufe seines Sohnes kam zahlreich Verwandtschaft aus Sachsen und Hessen. Rolf erhielt vier Taufpaten, jeweils zwei Verwandte von jeder Elternseite, die wirtschaftlich besser als seine Eltern gestellt waren. Von väterlicher Seite waren es seine Großmutter Marianne sowie sein Onkel Ignatz aus Sachsen, von der hessischen Linie seiner Mutter übernahmen seine Tante Margarete Schneider aus Wetterfeld sowie sein Onkel, der Kaufmann Heinrich Schneider aus Frankfurt am Main, die Patenschaft.[7]

Als er Ostern 1923 schulpflichtig wurde, zogen seine Eltern von der Albertstraße in eine größere Wohnung in die Bismarckstraße (heute Heidestraße) 8. Es war ein notwendiger Wohnungswechsel, wuchs doch die Familie Kauka weiter. Am 13. Juni 1923 wurde Rolfs Schwester Margarete Ingeborg geboren, Inge genannt. Für die nächsten vier Jahre besuchte Rolf

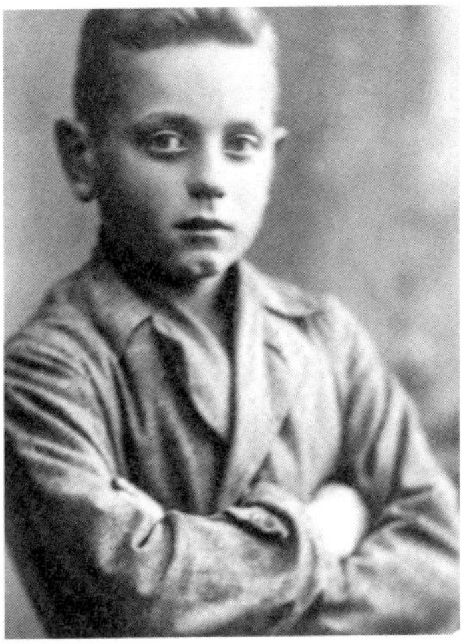

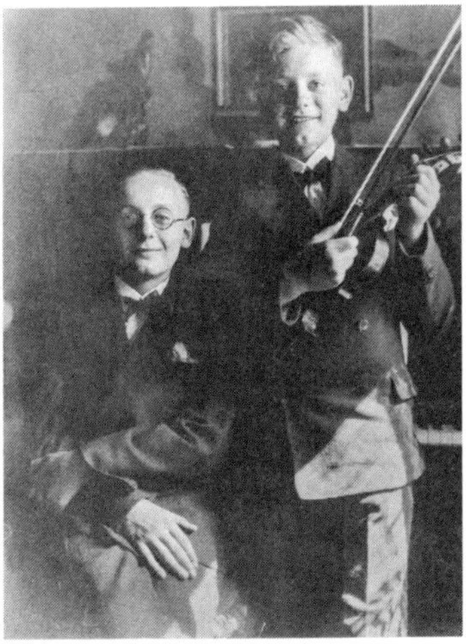

Kauka dann die Markranstädter Volksschule in der Parkstraße 9. Sein Klassenlehrer war Hermann Eissner. Mädchen und Jungen wurden entsprechend der Zeit damals getrennt unterrichtet.

Rolf freundete sich vor allem mit dem gleichaltrigen Mitschüler Georg Mitreiter an, der direkt neben ihm in der Bismarckstraße 4 wohnte. Es war eine Verbindung, die mit Unterbrechungen bis in die Neunzigerjahre Bestand haben sollte. Rolf und Georg erlebten gemeinsam den Schulalltag, unternahmen mit ihren 28 Klassenkameraden Schulausflüge, wie etwa 1924 nach Bad Dürrenberg. Mit Sicherheit gingen beide auch zum Schwimmen, nachdem das Stadtbad an der Weststraße Mitte Juni 1926 eröffnet worden war. Und Rolf wird auch an dem seit 1846 alljährlich stattfindenden Kinderfest teilgenommen haben. Jeweils eine Woche vor den großen Sommerferien ziehen hierbei bis heute die verkleideten Schulkinder im festlichen Kinderumzug mit Festwagen durch die Stadt.[8]

Zum Beginn des fünften Schuljahrs wechselte Rolf Kauka die Lehranstalt. Zusammen mit seinem Freund Georg Mit-

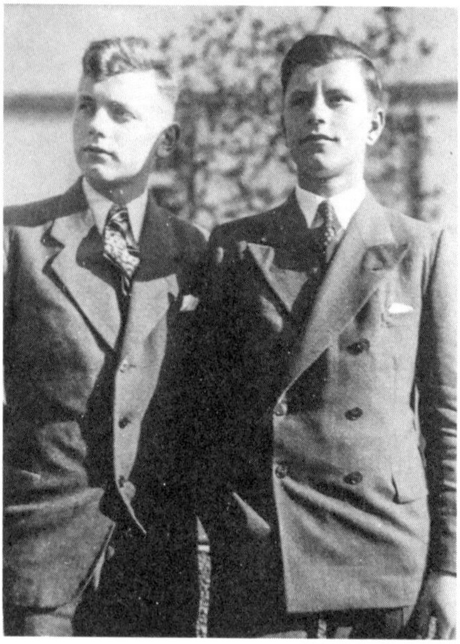

*Im feinen Anzug als Lehrling der Drogerie Borst in Markranstädt. Vermutlich zum Abschluss seiner Ausbildung 1934*

reiter besuchte er ab Ostern 1927 die Friedrich-List-Realschule in der Nordstraße 37 in Leipzig. Ihr Klassenlehrer war dort Dr. Bernhard Zill. Die zwölf Kilometer Entfernung von Markranstädt bis in die Messestadt fuhren sie täglich gemeinsam mit dem Zug. Leipzig war eine der größten Städte des Reiches, zählte zu dieser Zeit rund 700 000 Einwohner und bot Rolf Kauka vollkommen neue Möglichkeiten.

Er will in Leipzig zusammen mit seinem Schulfreund Georg zeitweise sogar im berühmten Thomanerchor gesungen haben. Allerdings ist er in den Chorannalen nicht als ordentliches Mitglied verzeichnet. Jedoch behauptete er später, dass er bei den Thomanern an den üblichen Sprachübungen teilgenommen habe. Kaukas Motto ist hier zu greifen: Was ist die Realität schon gegen eine gute Geschichte.

Gut dokumentiert ist seine ausgeprägte Musikalität. Er spielte zusammen mit Georg Geige und zudem gut Klavier.

Kauka spielte später fast alles, von Gitarre über Mundharmonika und Horn bis zum Schlagzeug. Paul, sein Vater, förderte das Musizieren des Sohnes ganz im Sinn der Mutter. Er erwarb für ihn einen Blüthner-Flügel, der bei Kaukas in der guten Stube stand. Mehr als zur Musik fühlte sich Rolf Kauka aber zu Pferden hingezogen. Früh lernte er das Reiten im nahen Quesitz, wo sein Großvater Franz und seine Onkel lebten und Pferde hielten. Dort konnte er sich einfach ein Pferd nehmen, wann immer er Lust dazu hatte, und entwickelte sich so zu einem leidenschaftlichen Reiter, der später eigene Rennpferde und Traber besitzen und züchten sollte.[9]

Fünf Jahre nach der ersten Tochter erhielt die Familie Kauka letztmalig Zuwachs. Am 10. Dezember 1929 wurde Rolfs zwölf Jahre jüngere Schwester Paula Brunhilde geboren. Paul Kauka pflanzte für seine drei Kinder aus guter Tradition jeweils einen eigenen Baum. So wuchs für Rolf Kauka symbolisch ein Birnbaum, für Inge ein Apfelbaum und für Brunhilde ein Kirschbaum im Garten des Hauses.[10]

Als Schüler der Friedrich-List-Schule nahm Rolf zwar gerne an sämtlichen sportlichen Aktivitäten und Ausflügen teil, zum Beispiel am 16. Juli 1929 an den Reichsjugendspielen in Leipzig, die unter der Patronage des Reichspräsidenten standen. Seine schulischen Leistungen aber waren nicht überragend. Überhaupt besuchte er ohne übergroße Begeisterung die Schule, sein Selbstbewusstsein litt aber nicht. Betrachtet man ihn auf frühen Fotografien, wie er etwa vor dem elterlichen Haus posiert oder beim Klassenausflug in der Gruppe abgelichtet wird, sieht man einen selbstbewussten Jungen. Der Hintergrund war auch damals schon nicht Rolf Kaukas Platz; man findet ihn auf diesen Fotos oft in der ersten Reihe oder im Zentrum.[11]

Dennoch unterschied sich der Zwölfjährige nicht sonderlich von den Jugendlichen seiner Generation, suchte Halt und Orientierung in den aufkommenden Jugendorganisationen dieser Zeit. Gerade in den Zwanzigern gab es zahlreiche Jugendgruppen und deren Organisationen, ob bündisch, politisch oder konfessionell orientiert. Rolf wählte zunächst den Verein Christlicher Pfadfinder (CP) in Markranstädt, in den er 1929 eintrat. Diesen Schritt unternahm er zur gleichen Zeit, als er auch den Konfirmationsunterricht seiner sächsischen Heimatgemeinde zu besuchen begann. Am Palmsonntag 1931 wurde der dreizehnjährige Rolf in der Sankt Laurentiuskirche in Markranstädt konfirmiert. Sein Konfirmationsspruch lautete: »Ich schäme mich des Evangeliums nicht; denn es ist eine Kraft Gottes, die selig macht alle, die glauben, die Juden zuerst und ebenso die Griechen«. (Römer 1,16).[12]

Das Jahr 1931 markierte für Kauka in schulischer Hinsicht einen Einschnitt. Er brach die Schule ab. Im Jahr zuvor waren weitere Schulzweige der Friedrich-List-Schule angegliedert worden, die jetzt zu einem städtischen Reformrealgymnasium mit Realschule, Aufbauschule und Oberschule wurde. Allerdings profitierte Rolf nicht von der neuen pädagogischen Ausrichtung. In der Obertertia, der neunten Klasse, war Schluss, so ist es in seinen späteren militärischen Dokumenten angegeben. Da die neunte Jahrgangsstufe regulär noch bis 1932 dauerte, wird er ohne mittlere Reife abgegangen sein.

Möglicherweise scheiterte die Fortsetzung der Schule aufgrund finanzieller Nöte auch am Schulgeld. Schließlich griff die Wirtschaftskrise weiter um sich. Die Arbeitslosigkeit steuerte auf ihren Höchststand zu, und bei sich gleichzeitig verteuernder Lebenshaltung wurden die Löhne niedriger. Belegt ist, dass Rolf mit vierzehn Jahren einen Lehrberuf ergriff. Er fing am 1. Juni 1931 seine Lehre als Drogist in der Markranstädter Fachdrogerie von Herrmann Curt Borst in der Leipziger Straße 25/27 an. Geschäftsführer war dort der Drogist Arthur Kremsier, der Schwiegersohn Borsts. Da Paul Kauka und Arthur Kremsier befreundet waren, konnte er seinen Sohn ohne Probleme unterbringen.

Ein Zeugnis aus Rolfs letztem Ausbildungsjahr ist erhalten geblieben. Auffallend dabei ist, dass er in den Fächern wie Buchführung, Chemie und Fotografie durchgehend die Note 2 hatte, in Betragen, Fleiß und Ordnungsliebe aber eine 1. Er war diszipliniert, pünktlich und genau, was er in seinem späteren Beruf gut gebrauchen konnte.[13]

Geprägt durch Elternhaus, Schule und Ausbildung wuchs Rolf Kauka in einem geistigen Umfeld auf, in dem der Versailler Friedensvertrag als demütigendes Diktat verstanden wurde. Unbefangen und selbstverständlich sprachen alle weiterhin nur vom Reich. Die Sehnsucht nach einem wiedererstarkenden Deutschland gehörte zum festen Kanon politischer Überzeugung. Und sie wuchs an und verfärbte sich braun. Als am 30. Januar 1933 die Machtergreifung Hitlers erfolgte und er Reichskanzler wurde, gewann die nationalsozialistische Bewegung auch in Markranstädt schnell an Zuspruch. Die Mitgliederanzahl der Nationalsozialistischen Arbeiterpartei (NSDAP) stieg im Januar 1933 von zuvor 75 auf 500 signifikant an. Bei den Reichstagwahlen am 5. März 1933 errang die NSDAP in Markranstädt zwar »nur« 25,9 % und lag deutlich hinter der Sozialdemokratischen Partei Deutschlands (SPD) mit 43,8 % zurück.

Doch die Familie Kauka war Teil der NS-Bewegung geworden und begann sich sowohl in der Partei als auch in deren Organisationen zu engagieren. Der einundvierzigjährige Weltkriegsveteran Paul Kauka wurde NSDAP-Mitglied. Während im Geleit der SA der Festzug zum Nationalfeiertag des deutschen Volkes unter dem Motto »Das Neue klingt, das Alte klappert« durch die Straßen Markranstädts marschierte, trat er am 1. Mai 1933 der Partei bei. Bald sollte er als Vorsitzender der parteizugehörigen Wohlfahrtsorganisation für die Schwerkriegsbeschädigten und Frontsoldaten des Ersten Weltkriegs, die Nationalsozialistische Kriegsopferfürsorge (NSKOV), wirken. Für die NSDAP war er bis zum Kriegsende als Ratsherr in

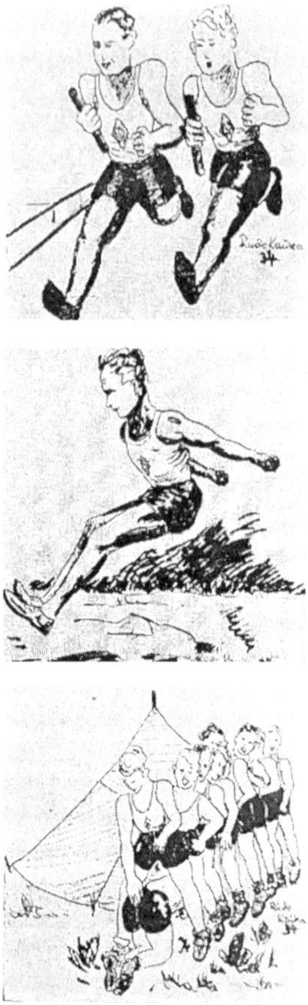

*Frühe Zeichnungen von Rolf Kauka. Hitlerjungen bei Sportübungen, 1934*

der Gemeinde kommunalpolitisch aktiv. Nach dem Zweiten Weltkrieg wurde Paul Kauka in den Akten als »fanatischer Nazi« bezeichnet. Nur aufgrund seiner Parteibeziehungen konnte sich Rolfs Vater mit seinem Eisenbahnergehalt und seiner Kriegsopferrente den Kauf eines Hauses überhaupt leisten. Die Familie Kauka profitierte vom nationalsozialistischen System und dessen Fürsorge. Neben Paul Kauka trat auch eine weitere Bezugsperson Rolfs, nämlich Arthur Kremsier, sein Chef und Ausbilder in der Drogerie, in die NSDAP ein.[14]

Im Monat zuvor, am Samstag, dem 1. April 1933, hatte die neue NS-Regierung im ganzen Reich jüdische Geschäfte besetzt und abgeriegelt. Auch in Markranstädt wütete der sogenannte Judenboykott gegen Mitglieder der jüdischen Gemeinde, etwa gegen das Warenhaus der Familie Bruno und Rose Mielziner. Am 10. Mai kam es zur öffentlichen Bücherverbrennung der Werke verfemter Autoren.

In dieser sich ideologisch aufheizenden Stimmung schloss sich auch Rolf Kauka der NS-Bewegung an. Am 1. Februar, dem Tag der Auflösung des Reichstages durch Reichspräsident Hindenburg und zwei Monate vor seinem 16. Geburtstag, wechselte er noch vor der offiziellen Auflösung der christlichen Pfadfinder zur Hitlerjugend (HJ). Formal gehörte er ab jetzt

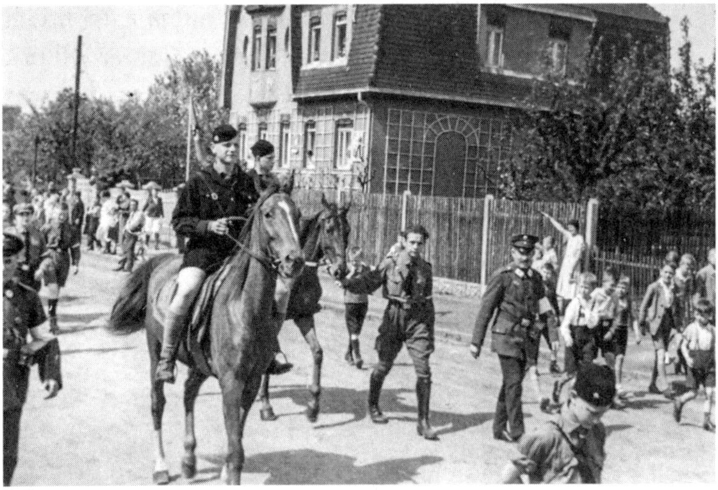

*Rolf Kauka in schwarzer Uniform bei einem Aufmarsch der Hitlerjugend, Markranstädt, 1. Mai 1935*

zum Bann 16 (Sachsen), Gebiet 24/107. Rolf Kauka wurde auf Führer und Vaterland verpflichtet. Hier wurde im Sinne der NS-Ideologie die Jugend durch gemeinsame Aktivitäten wie Märsche, Exerzieren und Schießausbildungen indoktriniert. Mehrmals die Woche hatte Kauka am Dienst teilzunehmen. Noch heute existieren seine Zeichnungen aus dem Jahr 1934, die Hitlerjungen im Sportdress mit Rautenzeichen auf der Brust beim sportlichen Wettkampf im Staffellauf und Weitsprung sowie bei Lagerspielen zeigen.[15]

Für viele Jungen bedeuteten der Dienst und die Übernahme von Aufgaben eher eine Pflicht, für andere, wie etwa den jungen Rolf Kauka, war es Anerkennung und Anreiz zum weiteren Aufstieg. Rolf war kein einfacher Mitläufer, sondern wie so viele seiner Gleichaltrigen von den NS-Jugendorganisationen begeistert. Glühend begeistert. Seine Leistungen und sein Engagement in der HJ müssen entsprechend gewesen sein, er wäre sonst nicht in eine Führungsposition gelangt, durch die er nun selbst Kinder und Jugendliche zu führen hatte. Rolf war, wie dokumentiert ist, zwei Jahre später Jungzugführer und zuständig für die Zehn- bis Vierzehnjährigen, die innerhalb der NS-Organisation als Deutsches Jungvolk (DJ) organisiert waren. Damit unterstanden ihm drei bis vier Jungscharen in Markranstädt, bestehend aus jeweils rund zehn Jugendlichen. Als Zeichen dafür trug er an seinem Braunhemd die grünweiß geflochtene Kordel, die von der Schulterklappe seiner dunklen Uniformjacke bis zur Tasche ging. Das war von weitem zu sehen, und jeder Pimpf musste ihn grüßen.

Kauka tauchte so immer weiter in die NS-Ideologie ein. Am 1. Mai 1935 marschierte er beim Aufmarsch der örtlichen Hitlerjugend durch Markranstädt und Quesitz nicht nur begeistert mit, sondern führte sie stolz auf einem Pferd reitend an. Auch wird er in den Sommern dieser Jahre stets auf Großfahrt mitgegangen sein, wenn es ins Riesengebirge und in den Böhmerwald ging. Während seiner HJ-Zugehörigkeit legte er unter anderem erfolgreich den Freischwimmer und die Prüfung für das Fahren eines Leichtkraftrades ab.

Die Jahre in der Hitlerjugend markierten für Kauka eine charakterlich prägende Episode. Seiner vierten Frau Alexandra gestand er später ohne erkennbare Reue, dass die HJ ihm vor allem »Power« vermittelt hätte. Nicht Kraft durch Freude, sondern die Freude an der Macht entdeckte Kauka. Er romantisierte auch in späteren Jahren die eigene HJ-Zeit, ohne erkennbare Distanz zur Nazi-Jugendorganisation und ihrem absoluten Erziehungsanspruch gegenüber der Jugend einzunehmen. Eine kritische Vergangenheitsbewältigung sah anders aus. Hier agierte Kauka wie so viele Deutsche. Formal gehörte er der NS-Organisation bis 1939 an, bis er Berufsoffizier werden sollte. Er entwickelte ein immer stärkeres Selbstbewusstsein. Dazu passt, so erzählte es Rolf Kauka selbst, dass er als Sechszehnjähriger gegenüber seinem Vater ein klares Zeichen setzte. Als er von Paul Kauka wieder einmal eine Ohrfeige erhielt, warnte er seinen Vater deutlich: »Schlag mich nie mehr, denn ab jetzt schlag ich zurück«.[16]

Neben der HJ wurde Rolf Kauka nachweislich in einer weiteren NS-Organisation Mitglied. Als Zwanzigjähriger trat er 1937 dem Reichsbund Deutsche Jägerschaft (RDJ) bei, dem er bis zu dessen Auflösung 1945 angehörte. Die Mitgliedschaft entsprach einer seiner weiteren späteren großen Leidenschaften: Kauka war begeistert vom Jagdsport. Überliefert ist, dass an der Mauer hinter seinem Elternhaus stets eine Zielscheibe hing, auf die er ausdauernd schoss. Noch beim Verkauf des Elternhauses Jahrzehnte später wurden von ihm versteckte Munitionsreste unter dem Dach entdeckt.[17]

Im Jahr 1934 endete Rolf Kaukas Lehrzeit. Am 24. Februar legte er beim Deutschen Drogisten-Verband in Leipzig seine Drogisten-Gehilfen-Prüfung mit der Note gut ab. Nach Ende seiner dreieinhalbjährigen Lehrzeit arbeitete Rolf nun als Gehilfe weiter in der Drogerie Borst, die »Drogen, Chemikalien, Spezialitäten, Farben und Fotomaterialien« im Sortiment hatte. Kurz darauf zog Paul Kauka mit seiner vierköpfigen Familie erneut um, und zwar von der Bismarckstraße 8 in die Nummer 3, wo sie ein dreistöckiges Haus bezogen. Kaukas bewohnten die große Wohnung in der ersten Etage, während das Erdgeschoss dauerhaft untervermietet wurde, ebenso wie später einzelne Zimmer in der oberen Wohnung. Dort hatte Rolf Kauka, auch nachdem er ausgezogen war, immer ein Bett im elterlichen Haus.

Er arbeitete insgesamt fünf Jahre in der Fachdrogerie Borst, leistete gute Arbeit, die auch Anerkennung fand. Doch am 21. März 1936, wenige Wochen vor seinem achtzehnten Geburtstag, verließ er das Geschäft plötzlich auf eigenen Wunsch. Der Geschäftsführer Kremsier zeigte sich überrascht, ließ seinen jungen Mitarbeiter nur ungern ziehen, da er »stets ehrlich, fleißig und pünktlich war« und man mit ihm gut arbeiten konnte.[18]

Ein Grund, warum Kaukas Chef das Ausscheiden bedauerte, war dessen besonderes »Händchen«. Zu Rolfs Aufgaben hatte neben den Arbeiten im Verkauf und Lager auch die wöchentliche Dekoration des Schaufensters gehört. Dem hatte er sich mit viel Engagement gewidmet und dabei auch sein zeichnerisches Talent geschult. Kleinere Bildergeschichten und Zeichnungen über das Angebot der Drogerie wurden schon bald regelrechte Blickfänge, die jeden Donnerstag aufs Neue Schaulustige anzogen. Arthur Kremsier, der Geschäftsführer der Drogerie, hob diese Eigenschaft explizit in Kaukas Abschlusszeugnis hervor. Damit war ohne Frage Rolfs kreatives Talent angesprochen. Mehr noch wird es aber um sein außergewöhnliches Verkaufsgespür gegangen sein. Rolf Kauka konnte Dinge vorteilhaft präsentieren und sehr überzeugend an den Mann oder die Frau bringen. Eine Eigenschaft, die ihn später auch als Comic-Verleger auszeichnete.[19]

Warum Rolf Kauka seinen sicheren Arbeitsplatz aufgab, wurde nicht mitgeteilt. Nur, dass er sich von nun an neuen Aufgaben verstärkt widmen wollte, um dort, wie es sein früherer Chef formulierte, seine Kenntnisse besser verwerten und weiter ausbauen zu können. Kaukas älteste Tochter Mascha erinnert sich, dass ihr Vater einmal erzählt habe, nach seiner Tätigkeit in der Drogerie auf eine Nationalpolitische Erziehungsanstalt (NAPOLA) gegangen zu sein. Ihr Vater sei schließlich »ein überzeugter Nationalsozialist« gewesen.

Doch diese Information ist falsch. Rolf Kauka hatte seiner Tochter einen braunen Bären aufgebunden. Offenbar stellte es für ihn kein Problem dar, sich für eine gute Geschichte fälschlicherweise der schulischen Führerelite zuordnen zu lassen. Er hätte nicht nur einen Auswahlprozess durchlaufen müssen, eine Prüfungswoche zum Test intellektueller und körperlicher Leistungen inklusive. Vor allem aber hätte er diese elitäre Ausbildungsstation in seinen weiteren Lebensläufen der Dreißiger- und Vierzigerjahre vermerkt. In seiner überlieferten Personalakte des Luftwaffen-Personalamts findet sich dazu jedoch keinerlei Eintrag. Seiner vierten Frau erzählte er stattdessen, er hätte auch für einen Architekten gearbeitet, was weder örtlich noch zeitlich einzuordnen ist.

Dennoch gibt es konkrete Hinweise und Belege, die seine Verortung nach 1936 zulassen. Rolf Kauka hatte damals bereits seinen bevorstehenden Militärdienst vor Augen. Im Jahr zuvor war am 16. März 1935 die allgemeine Wehrpflicht im Deutschen Reich eingeführt worden. Mit dem Erlass über die Erfassung und Musterung vom 24. Februar 1937 des Kriegs- und des Innenministers mussten, beginnend mit dem 2. April 1937, alle wehrpflichtigen Deutschen des Jahrgangs 1917 durch die polizeilichen Meldebehörden erfasst und im Sommer gemustert werden. Auch Rolf Kauka gehörte dazu. Er wurde bei der für ihn zuständigen Meldebehörde erfasst, die sich im April 1937 in Naumburg an der Saale befand. Die Wehrnummer seiner Wehrstammkarte (Naumburg/Saale 17/2/7/1) verweist dabei auf die polizeiliche Meldebehörde 2. Aus weiteren Angaben seines Wehrstammbuchs geht eindeutig hervor, dass er am 1. April 1937 nach Weißenfels in die Kleine Burgstraße 1 gezogen war bzw. diese Meldeadresse angegeben hatte, nachdem er zuvor aus Bitterfeld gekommen war.

Unter der Adresse in Weißenfels befand sich 1937 aber die Geschäftsstelle der *Mitteldeutsche National-Zeitung* (MNZ), einer nationalsozialistischen Tageszeitung. Diese war, mit entsprechenden Regionalablegern, das amtliche Verkündungsorgan sämtlicher Gliederungen der NSDAP und der entsprechenden Behörden im Gau Halle-Merseburg. 1934 war die MNZ auch in Weißenfels installiert worden, eine Regionalausgabe erschien in Bitterfeld. So spricht vieles dafür, dass Rolf Kauka Mitte 1936 seine Heimatstadt verließ, um in Bitterfeld und Weißenfels für Tageszeitungen der NSDAP als Texter und Zeichner zu arbeiten. Beleg findet dies in seiner frühen Karikatur über V*iolette Strümpfe* für das *Weißenfelser Tageblatt*

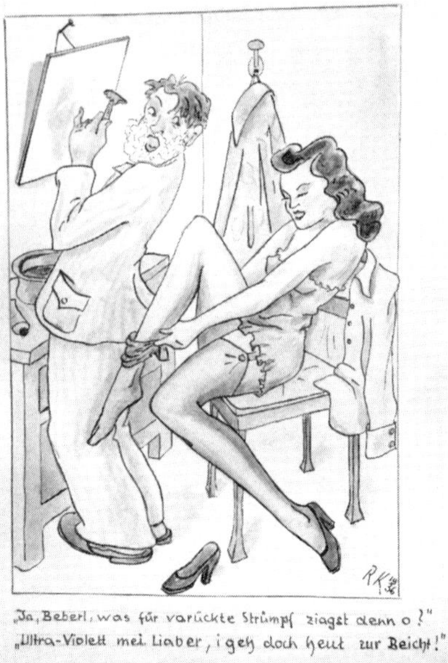


*Rolf Kaukas Karikatur für das Weißenfelser Tageblatt, 1936*

von 1936, die er mit »RK« signierte.[20]

Dazu passt, dass Kauka als Wehrmachtsangehöriger in einem Lebenslauf für die Zeit vor 1938 als Beruf Presse-Zeichner angab. Belegt ist, dass er Geschichten sowie Texte und Illustrationen an lokale Zeitungen verkauft haben muss: an die *Leipziger Neuesten Nachrichten* (LNN) und vor allem das *Weißenfelser Tageblatt*. Bereits als Teenager soll er sich sein Taschengeld mit dem Verkauf von Geschichten aufgebessert haben. Der Kontakt zum Verlag war dabei stets nur schriftlich erfolgt, da man nicht wissen durfte, wie jung er eigentlich noch war. Nun veröffentlichte er Texte und Illustrationen, beispielsweise die Weinlesegeschichte *Vom Herbsten*. Weitere drei Geschichten mit seinen Zeichnungen für das Tageblatt aus dem Jahr 1937 sind erhalten geblieben; er hat sie mit dem Pseudonym »Alexander«, inspiriert durch den zweiten Vornamen seines Vaters, vor allem aber mit »Rudo Kauka« signiert.

1937 nahm er auch an einer Sonntagsveranstaltung des Winterhilfswerks (WHW) zugunsten der Infanterie teil, besuchte den dienstäglichen Weißenfelser Zwiebelmarkt oder den dortigen Weihnachtsmarkt auf dem Marktplatz, um darüber kleine Geschichten mit einem Cartoon zu verfassen. Beides waren national-konservative Zeitungen, welche die nationalsozialistische Politik immer stärker unterstützten. Das Tageblatt veröffentlichte sogar durchgängig antisemitische Beiträge. Kauka arbeitete für Nazi-Zeitungen, schrieb und zeichnete im Geist der nationalsozialistischen Bewegung. Wie intensiv Rolf Kauka für die NS-Presse gearbeitet hat, lässt sich schwer sagen. Allerdings musste er sich schon bald beruflich umorientieren, denn am 6. Juli 1937 wurde er in Naumburg auf dem Wehr-

Am Dienstag war nun auch wieder Zwiebelmarkt in Weißenfels. Von nah und fern waren die Händler gekommen und hatten ihre appetitlich aussehenden Zwiebelberge und -ketten sowie die mannshohen quadratischen Selleriehaufen aufgetürmt. Natürlich fehlte auch der Majoran — im allgemeinen „Meiran" genannt — nicht. Was wäre unsere Leber- und Blutwurst auch ohne diese Würze? Jedenfalls waren zum Schluß die Zwiebeln alle restlos ausverkauft und man hat eigentlich noch nie vorher so viele Menschen beim Zwiebelmarkt gesehen wie in diesem Jahre. Es gab auch lustige Zwischenfälle. So sind z. B. dunkelrote Zwiebeln ziemlich selten und doch sehr begehrt, da sie die Farbe der Bouillon verschönern helfen. Die Fleischbrühe sieht dann nicht mehr so hell und bleich aus, sondern nimmt durch sie einen dunklen Ton an. Da gab es nun manchen, der besonders nach den roten Zwiebeln suchte. Zufällig wurden wir Zeuge eines Gespräches, das sich um die roten Zwiebeln entspann.

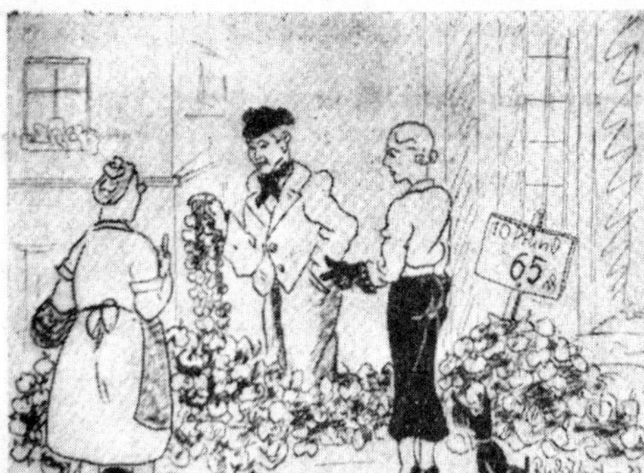


„Hamse keene roten Zwieweln?"

„Warum hamm S'en dies Jahr keene roten Zwieweln?" fragte eine waschechte Weißenfelserin.

„Warum mer keene roten Zwieweln ham, wolln Se wissen? Awer mei liewes Frauchen, das wiss'n Se doch, rot is doch nich mehr modern. Se ham doch keene roten Schuhe an, Sie ham doch ooch braune! Un da jibts eben dies Jahr ooch bloß braune Zwieweln Mer sin doch nich altmodsch, Frauchen! Fortschreit'n, Fortschreit'n mit der Mode, das is ooch unsre Parole!"

Es scheint also auch sowas wie eine Zwiebelmode zu geben!

*

*Geschichte und Zeichnung über den Zwiebelmarkt in Weißenfels, Weißenfelser Tageblatt, 1937* bezirkskommando gemustert. Der knapp 1,80 Meter große und 80 Kilogramm schwere Zwanzigjährige wurde tauglich für den Dienst in der Wehrmacht befunden. Rolf hatte eine klare Vorstellung von der Waffengattung und wünschte der Flak-Artillerie zugewiesen zu werden, die organisatorisch zur Luftwaffe zählte. Er wurde Soldat.[21]

# EIN AUSGEZEICHNETER SOLDAT

Der zweijährigen Wehrdienstzeit war eine sechsmonatige Arbeitsdienstpflicht für Männer und Frauen im Alter zwischen 18 und 25 vorgelagert. Rolf Kauka erhielt als Zwanzigjähriger am 22. Februar 1938 seine Einberufung zum Reichsarbeitsdienst (RAD) und hatte sich am Montag, den 4. April 1938, zum RAD zu melden. Als Arbeitsmann (Nummer 13/144/432) gehörte er der RAD-Einheit 13/144 im sächsischen Falkenberg an der Elster an, die sich seit November des vorherigen Jahres in einer Barackenunterkunft in der Uebigauer Straße befand. Kauka wurde beim Arbeitsdienst, der zugleich eine vormilitärische Ausbildung war, feierlich auf Adolf Hitler vereidigt. Die dienstverpflichteten jungen Männer wurden bei verschiedenen Baumaßnahmen der Umgebung eingesetzt, wie etwa der regelmäßigen Grundräumung des Neugrabens. Rolfs »Ehrendienst am deutschen Volke«, wie es offiziell hieß, sollte am 25. Oktober 1938 enden. Sein Führungsverhalten während seiner Dienstzeit wurde mit sehr gut beurteilt.[22]

Auch während der Zeit in Falkenberg blieb Rolf kreativ und bereicherte eine zum Abschied erstellte RAD-Zeitschrift mit seinen kleinen Zeichnungen und ironischen Texten; alle signiert mit »Rudo Kauka«. Seine Stubenkameraden waren neben einem Paul, dem Hornspieler, auch der pferdebegeisterte Karl-Heinz, der als sein bester Freund bezeichnet wurde. Rolf wurde treffend als kreativer und selbstbewusster Kopf charakterisiert und mit dem interessanten Hinweis beschrieben, dass er sogar eine »Verlobte«, also eine Liebelei, aus dem Nachbardorf hätte: Rudo ist talentierter Zeichner und Dichter und außerdem glücklich »verlobt« mit Hildegard aus Wiederau. Seinem großen Maul ist keiner gewachsen und die erst recht nicht, die am meisten annehmen, sie wären es. Er wickelt sie alle ein, zumal wenn er Urlaub haben will.[23]

Da Wiederau direkt an Falkenberg grenzt, wird Rolf seine Freundin Hildegard wohl während seiner Zeit als Arbeitsmann kennengelernt haben. Es ist gut vorstellbar, dass er sie tatsächlich gleich als seine Verlobte verstanden hat, denn das ist ein bei ihm wiederkehrendes Motiv. Kauka verkündete Heiratsabsichten immer schnell. Nachdem seine Arbeitszeit beendet war, kehrte er für wenige Wochen zu seinen Eltern nach Markranstädt zurück. Danach begann seine zweijährige Wehrpflicht.

Am 30. November 1938 wurde er Soldat der Flak-Artillerie. Als Kanonier (Kan) wurde er der 13. Batterie der III. (Abteilung)/Flak-Regiment 33, einer so genannten schwer motorisierten (sw. mot.) Einheit zugeordnet. Diese unterstand dem Luftverteidigungskommando (LG-Kdo.) 3. Sein Regiment war im Rahmen einer größeren Aufstellungswelle der Artillerie erst wenige Tage zuvor am 15. November in Halle an der Saale mit drei Abteilungen unter dem Kommando von Oberstleutnant Otto-Wilhelm von Renz aufgestellt worden. Am 10. Dezember 1938 wurde Rolf Kauka erneut auf Adolf Hitler vereidigt, nun als Wehrmachtssoldat. Nach Ende seiner mehrmonatigen Grundausbildung wechselte er am 1. Mai 1939 innerhalb seines Truppenteils, er wurde zur I./Flak-Regiment 33 versetzt, einer gemischt motorisierten (gem. mot.) Einheit. Sein Kommandeur und Abteilungschef war Oberstleutnant Karl Halberstadt. Zeitgleich mit der Versetzung erfolgte seine Beförderung zum Fahnenjunker-Anwärter, denn Rolf Kauka schlug die Offizierslaufbahn ein.[24]

In der Regel war die Offizierslaufbahn ohne entsprechenden höheren Schulabschluss nicht möglich, und Kauka hatte die

Schule abgebrochen. Er konnte den Weg aber als sogenannter Kriegs-Offizier (KrO) beschreiten, also als ein Wehrmachtsoffizier, der unter erleichterten Bedingungen aus den Mannschaftsrängen hervorkommend sich über seine Leistungen auszeichnete. Kaukas Regimentskommandeur schlug ihn zum Offizier vor. Doch mit dem Beginn seiner Offizierslaufbahn tauchten Ungereimtheiten in seinem Lebenslauf auf, etwa in seinen Papieren zur Beförderung zum Leutnant im September 1940. Plötzlich wollte Rolf zwischen 1931 und 1934 die II. Bürgerschule in Leipzig besucht, dort sogar die Obersekundareife abgelegt haben. Sowohl seine Ausbildung als auch sein Prüfungstermin zum Drogisten wurden umgedeutet.

Nach Kriegsende sollte gerade seine Wehrmachtszeit in weiten Teilen nebulös bleiben, wobei vor allem das spezielle Personalerfassungswesen der Luftwaffe dafür verantwortlich war. Der Oberbefehlshaber der Luftwaffe, Hermann Göring, hatte angeordnet, dass in den Truppenlisten lediglich die Ausgaben der Erkennungsmarken registriert, nicht jedoch weitere Personalveränderungen vermerkt wurden.[25]

Rolf Kaukas Einheit setzte sich aus fünf Batterien zusammen, wobei vier Geschütze eine Batterie ergaben, kommandiert von jeweils einem Batteriechef. Als gemischt motorisierte Einheit verfügte sie sowohl über eine schwere 8,8-cm-Flak wie auch über mittlere bzw. leichte 2- bzw. 3,7-cm-Geschütze. Jedes einzelne Geschütz wurde von einem Geschützführer und neun bzw. sechs Soldaten bedient. Rolf Kauka wurde als Kanonier an der Flak ausgebildet. Um auch die schweren Sonderfahrzeuge fahren zu können, erwarb er am 18. Juli 1939 die Wehrmachts-Kraftfahrer-Führerscheine (WKF) 2 und 3.

Nachdem er seine Grundausbildung beendet hatte, nahm er in seinem ersten Soldatenjahr mit seiner Einheit an der Sommer- und Herbstübung teil, welche bereits als Mobilmachung getarnt der Kriegsvorbereitung dienten. Im Frühjahr bzw. Sommer 1939 kam es in der Luftwaffe zu Umorganisationen, die auch Rolf Kauka betrafen, denn sein Regiment übernahm als Flak-Gruppe Halle-Leuna ab August 1939 die Objektverteidigung des industriellen Zentrums um Halle und Leipzig.[26]

Am 1. September 1939 überfiel die Wehrmacht Polen, der Zweite Weltkrieg begann. Rolf Kaukas Regiment nahm innerhalb der 8. Armee am Polenfeldzug teil. Die I. / Flak-Regiment 33 schützte zu Beginn des Angriffs Groß Wartenberg, also genau den Ort, in dem Kaukas Großvater gelebt hatte. Rolf kämpfte aktiv an den entscheidenden Kämpfen an der Warthe mit, war an der Entscheidungsschlacht an der Bzura vom 9. bis 19. September beteiligt. Es sollten für ihn viele Kampfeinsätze im Verlauf der nächsten fünfeinhalb Jahre folgen. Während des Krieges trug Rolf immer einen besonderen Glücksbringer bei sich, eine Buddha-Figur aus Elfenbein. Er hatte sie von einem Weltkriegs-Veteran aus Markranstädt erhalten, um dessen Pferde er sich kümmerte. Dieser Glücksbuddha bedeute ihm sehr viel, er behielt ihn sein ganzes Leben.[27]

Rolf Kauka hat, wie so viele Deutsche zu Kriegsbeginn, diesen als Abenteuerausflug missverstanden. Selbigen bizarren Eindruck vermittelt sein Kriegsalbum mit Fotos, Zeichnungen und Kommentaren im braunen Duktus. Es ist ein entlarvendes Zeugnis seiner damaligen Weltanschauung. So sieht man Kauka, wie er mit fest entschlossenem Blick in vorderster Reihe des Sonderkraftfahrzeugs (Sd. Kfz) sitzt. Locker wurden beim Stellungsbau in Görnau (pol. Zgierz) oder beim Baden in der Warthe (pol. Warta) Erinnerungsfotos geschossen. Aber auch polnische Flüchtlinge und zivile Gefangene wurden von ihm fotografiert und verächtlich kommentiert, denn sie »wollten Berlin erobern«. Der indoktrinierte Überlegenheitsirrglaube quoll auch bei Kauka aus jeder Pore.

Es dauerte nicht lange, bis er mit seinen Kameraden an seiner Flak, der Acht-Achter, einen Strich anmalen konnte. Sorgfältig dokumentierte Rolf Kauka den ersten Fliegerabschuss seines Geschützes, es war eine polnische Lublin R-13. Der

Krieg war erst wenige Tage alt. Der abgeschossene polnische Beobachter wurde noch wie ein seltenes Ereignis auf Bild festgehalten und ehrenvoll bestattet. Doch die Toten sollten bald keine Ausnahme mehr sein. Am 18. September floh die polnische Regierung. Auch wenn die letzten polnischen Truppen erst am 6. Oktober 1939 kapitulierten, wurde der deutsche Angriff als »Feldzug der 18 Tage« bezeichnet, so auch in Kaukas Kriegsalbum.[28]

Der Polenfeldzug war zwar schnell beendet, das Sterben aber fing erst an. Der Tod wurde zum ständigen Begleiter Kaukas. Zwei Tage nach dem Angriff auf Polen hatten Frankreich und Großbritannien dem Deutschen Reich den Krieg erklärt. Daraufhin war das Britische Expeditionskorps (BEF) nach Nordfrankreich übergesetzt. Französische Truppen rückten einige Kilometer auf deutsches Gebiet vor, wurden nach der polnischen Niederlage bis Mitte Oktober jedoch wieder an die Maginot-Linie zurückgeführt. Da sich beide Seiten in den folgenden Monaten meist auf militärische Aufklärung beschränkten, wurde diese Phase als Sitzkrieg bezeichnet. Die Zeit wurde zum Zusammenführen alter und neuer Einheiten sowie zum Stellungsausbau und zur Gefechtsausbildung genutzt. Die im Osten freigewordenen motorisierten Einheiten wurden an die Westfront überführt.

Auch Rolf Kauka war mit seiner Flak-Einheit an den Oberrhein verlegt worden, wo er im Abschnitt Schwarzwald bis zum 28. Oktober 1939 eingesetzt war. Konkret bezog er Stellung in Laufen bei Sulzburg, wenige Kilometer rechts des Rheins, gegenüber Mühlhausen gelegen. Sein Alltag bestand darin, Gräben auszuheben und seine Flakstellung auszubauen.[29]

Rolfs Einsatz im Hochschwarzwald fiel äußerst kurz aus, da er sich an der Ostsee melden musste. Der zweiundzwanzigjährige Rolf war seit Anfang Mai Fahnenjunker-Anwärter und absolvierte jetzt seine für die Offiziersausbildung notwendigen Lehrgänge. Am 21. September 1939 wurde er zum 2. Kriegs-offizier-Nachwuchslehrgang an die Artillerieschule I. nach Rerik, auf der Halbinsel Wustrow/Ostsee gelegen, abkommandiert und mit Wirkung zum 1. Oktober 1939 zum Fahnenjunker (Gefreiten) befördert. Sein mehrmonatiger Lehrgang in Mecklenburg, bei dem er vor allem das Gefechtsschießen auf Luftziele einübte, begann am 3. Dezember 1939 und dauerte bis zum 15. Februar 1940.[30]

Nachdem Kauka zwei Monate an der norddeutschen Küste ausgebildet worden war, kehrte er zur I./Flak-Regiment 33 nach Laufen an die Westfront zurück. Seine Offizierskarriere entwickelte sich wie von ihm erhofft. Bereits am 17. Februar erfolgte seine Beförderung zum Fahnenjunker. Gleichzeitig wurde er in den 6. Offiziers-Ergänzungsjahrgang der Luftwaffe eingereiht. Als Fahnenjunker (Unteroffizier) wurde er am 4. März seiner neuen Einheit, der 3. Batterie der I./Flak-Regiment 33 zugewiesen und schon einen Monat darauf zum Fähnrich ernannt. Kauka bezog nun Quartier bei einer mehrköpfigen Familie und lauschte dort dem Lied von den Fremdenlegionären, gesungen von den vier Töchtern des Hauses. Doch die Ruhe im westlichen Operationsgebiet sollte für Kauka nur bis zum 9. Mai 1940 andauern.[31]

Am 10. Mai 1940 begann der Westfeldzug der Wehrmacht mit dem Fall Gelb, dem Überfall auf Luxemburg, die Niederlande und Belgien. Kaukas Flak-Regiment marschierte als Schutz vor Luftangriffen und zur Panzerabwehr mit der 7. Panzer-Division. Diese stand unter dem Kommando von Generalmajor Erwin Rommel und wurde schon bald aufgrund ihres schnellen Auftauchens aus dem Nichts Gespensterdivision genannt. Zusammen mit Rommels ersten Panzertruppen durchbrach auch Kaukas Regiment am frühen Morgen die belgische Sperrzone bei Tondorf in der Eifel und bewegte sich in Richtung St. Vith.

Sie eilten durch die Ardennen, und Kauka war vom schnellen Vormarsch der Wehrmacht begeistert. Als seine Batterie am

11. Mai eine britische Fairey Battle I der 88. Staffel der Royal Air Force (RAF) abschoss, hielt er voller Stolz das Wrack als Erinnerungsfoto fest. Doch am 13. Mai stieß seine Division beim Erzwingen des Maas-Übergangs am Westufer bei Dinant erstmals auf ernsthaften Widerstand. Hier hatte sich französische Infanterie und Artillerie verschanzt, und es kam zu heftigen Panzerangriffen. Immer wieder versuchten französische Morane und englische Spitfire mit ihren Angriffen das Vordringen der deutschen Truppen aufzuhalten.

Rolf Kauka war mit Leib und Seele Soldat, hochmotiviert, brannte darauf, sich im Kampf auszuzeichnen. Notfalls beschoss er englische Jagdflugzeuge ohne Zögern weiter mit seiner Maschinenpistole. Dabei traf er durch einen Glücksschuss einmal den Piloten, woraufhin das Flugzeug am Boden zerschellte. Kaukas ungewöhnlicher Abschusserfolg fand im Tagesbefehl Erwähnung, er erhielt dafür am 1. Juni 1940 das Eiserne Kreuz II. Klasse (EKII). Aufgrund des Abschussdatums wurde die Zahl 13 Rolfs Glückszahl. Rolf Kauka definierte Glück im Krieg doch sehr eigen.[32]

Weiter ging der Eilmarsch über Onhaye in der Provinz Namur nach Morville und Froidchapelle. In der Nacht zum 17. Mai wurden die starken französischen Grenzbefestigungen westlich von Sivry in Richtung Avesnens durchstoßen. Rolf Kauka dokumentierte seinen Weg von Avesnens nach Landrecies, das am 17. Mai von Rommel erreicht wurde, durchgehend mit Fotos und kommentierte siegessicher. In den folgenden Tagen galt es für ihn, Brückenköpfe über die Sambre zu sichern und immer wieder starke Panzerverbände im Erdkampf abzuwehren. Ab dem 18. Mai war seine Einheit am »Durchbruch zum Meer« beteiligt, zur Sicherung der Nordflanke der Durchbruchsgruppe und zur Bildung der Abwehrfront an der Somme. Im Zuge der Kämpfe schoss Kauka mit seiner Batterie am 19. Mai erneut ein Flugzeug ab, eine französische Loire-Nieuport LN.40.

Vom 21. Mai bis zum 4. Juni 1940 nahm er an den sogenannten »Schlachten in Flandern und Artois« teil. Rommel setzte hierbei die ihm unterstellte schwere Flak ein, um den alliierten Angriffen mit ihren schweren Panzern zu entgegnen, was mit den leichter bestückten deutschen Panzern nicht möglich war. Als es am 22. Mai südlich und westlich um Arras zu heftigen Kämpfen kam, zerschoss Kaukas Batterie bei Mont-Saint-Éloi zahlreiche Panzer, bezog auf der Loretto-Höhe Stellung und bekämpfte französische Panzerverbände bei Cambrai.

Häufig zeichnete sich gerade Kauka bei Kampfhandlungen aus. So bekämpfte er zwischen dem 21. und 23. Mai 1940 mit seinem schweren 8,8-cm-Flak-Geschütz drei britische Panzer und war am Abschuss von weiteren zwei Flugzeugen beteiligt. Kauka nahm an der »Schlacht um Dünkirchen« teil. Immer weiter ging es für Rolf entlang zerstörter Brücken über La Bassée in Richtung Küste, wo Brückenköpfe für den Kanalübergang eingerichtet und gesichert wurden. Bis zum Ende des Monats kam es erneut zu heftigen Abwehrkämpfen vor Lille, bevor die Kräfte gesammelt wurden, um sich auf den Angriff über die Somme vorzubereiten.[33]

Während Rolf Kauka seine Offizierskarriere fest im Blick hatte und an der Westfront kämpfte, heiratete am 4. Juni 1940 seine achtzehnjährige Schwester Inge, die als Kontoristin in Leipzig arbeitete, den sieben Jahre älteren Feldwebel der Reserve Hermann Weingart standesamtlich in Markranstädt. Rolf konnte der Hochzeit nicht beiwohnen. Die Ehe der beiden hielt gerade einmal ein Jahr. Am 11. Juli 1941 wurde sie bereits wieder geschieden, und Ingeborg sollte am 5. Dezember 1941 ihren Familiennamen Kauka wieder annehmen.[34]

Nachdem die Niederlande und Belgien besetzt und damit der *Fall Gelb* abgeschlossen war, begann die Wehrmacht mit dem Vorstoß nach Südfrankreich die zweite Phase der Westoffensive *(Fall Rot).* Rolf Kauka nahm jetzt an der »Schlacht um

Frankreich« teil und kämpfte knapp drei Wochen auf französischem Boden. Die I./Flak-Regiment 33 hatte zunächst den Auftrag, den Übergang über die Seine und den Weitermarsch zu unterstützen; das geschah neben der Luftabwehr durch Eingreifen in den Erdkampf und durch Panzerabwehr. Hierbei agierte Kaukas Einheit im Verbund mit der motorisierten 2. Infanterie-Division.[35]

Am 5. Juni 1940 begann der Vormarsch der deutschen Truppen auf die französische Verteidigungslinie entlang von Aisne und Somme. In den folgenden Tagen legte die 7. Panzer-Division unter Erwin Rommel große Strecken pro Tag zurück: am 16. Mai rund 20 Kilometer Luftlinie bis zur Linie Hescampe-Agnieres-Eplessier, am 17. Mai rund 33 Kilometer über Fenquières bis zur Höhe Menerval. Am 19. Mai befand sie sich zwischen Sigy und Normanville. Dann erfolgte der Überraschungsangriff über die Steinbrücken von Tourville und Elbeuf, um bei schnellster Fahrt bis zum 10. Juni 60 Kilometer zum Meer bei Veulettes vorzustoßen. Am 11. Juni gelang der Vorstoß zur Küste, wo es Rommel gelang, den alliierten Kräften den Fluchtweg zu den Häfen Fecamp und St. Valery en Caux abzuschneiden. Tausende Soldaten des britischen Expeditionskorps (BEF) und Teile der französischen Armee wurden eingekesselt.

Nach der bekannten Evakuierung durch die Operation Dynamo in Dünkirchen zuvor, wurden nun auch weiteren alliierte Soldaten evakuiert. Die Rettungsaktion lief zwischen dem 10. und 11. Juni ab, 2137 britische und 1184 französische eingeschlossene Soldaten konnten dabei von der Marine über den Seeweg nach England gebracht werden. Das 8,8-cm-Flak-Geschütz von Rolf Kauka war zu diesem Zeitpunkt auf den Kreidefelsen der Steilküste in Stellung gegangen, und es war Kauka als Geschützführer, der einen der britischen Zerstörer, welche die Evakuierungsaktion schützen sollten, aus fünf Kilometer Entfernung in Brand schoss. Hierbei wird es sich um die HMS

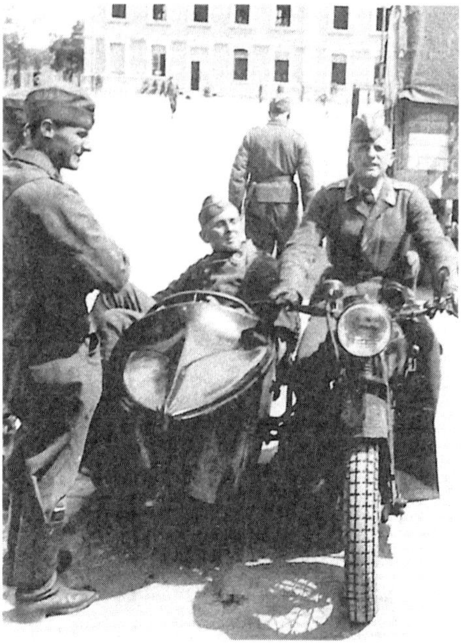

*Schnappschuss. Im Kasernenhof auf einem Krad in Marennes im besetzten Frankreich, Juni 1940*

Ambuscade gehandelt haben, die durch einen Flaktreffer von der Küste aus schwer beschädigt wurde, jedoch weiterhin manövrierfähig blieb.

Schlechte Sicht verhinderte die Rettung weiterer Soldaten, wobei sich am 12. Juni zwei Drittel der traditionsreichen schottischen Highland-Division ergeben mussten. Kauka, als sein eigener Kriegsberichterstatter, hielt interessiert gefangene Schotten im Kilt im Bild fest, so wie er zuvor die französischen Kolonialsoldaten aus Westafrika fotografiert hatte. Am 13. Juni erfolgte schließlich der Vorstoß auf Le Havre.[36]

Angesichts der anrückenden deutschen Truppen verließ die französische Regierung Paris und setzte sich über Tours nach Bordeaux ab. Tausende Einwohner flüchteten aus der Metropole. Nach Verhandlungen zogen Wehrmachtsverbände am 14. Juni 1940 kampflos in Paris ein. Zwei Tage später marschierte auch Rolf Kauka gemeinsam mit der 7. Panzerdivision auf die Seine zu. Die Flak-Einheiten sollten weiterhin den Vormarsch unterstützen. Aber die militärische Lage war für die französische Regierung aussichtslos, weshalb sie am 17. Juni mit Verhandlungen um einen Waffenstillstand begann.

Die französischen Truppen befanden sich auf dem Rückzug. Die Wehrmacht setzte nach – und Rolf Kauka war mit dabei. Am 17. Juni wurden französische Einheiten südlich der Seine auf der Höhe von Cherbourg auf über 250 Kilometern verfolgt, über Sees bis nach Le Fosses. An den beiden folgenden Tagen erfolgte der Angriff auf die Festung Cherbourg, bis diese kapitulierte.

Danach galt es, versprengte französische Einheiten aufzusammeln. Kauka machte hierbei Fotos von französischer Artillerie, die sie bei Fougeres überholten. Am 21. Juni verlegte man die 7. Panzerdivision mit einer Marschleistung von 280 Kilometer am Tag in den Raum um Rennes. Rolf Kauka befand sich mit seiner I. / Flak-Regiment 33 in Kergloff in der westlichen Bretagne. Am 22. Juni 1940 schloss Frankreich mit dem Deutschen Reich im Wald von Compiègne einen Waffenstillstand, Paris und das Land wurde in der Folge von deutschen Truppen zu 60 Prozent besetzt und geteilt. Im unbesetzten Teil bildete sich das eng mit Deutschland kooperierende Vichy-Regime unter Staatschef Philippe Pétain. Die deutschen Truppen fühlten sich unbesiegbar, ein Gefühl, das auf Rolf Kauka überging.

Am 24. Juni 1940 schied die I. / Flak-Regiment 33 aus den Verbänden aus, die dem Heer beim Feldzug zugeeilt waren. Bei der Verabschiedung des Regiments wurde darauf hingewiesen, dass dieses während des Frankreicheinsatzes allein 20 Flugzeuge und 22 Panzer zerschossen hatte. Rolf Kauka hatte daran seinen blutigen Anteil geleistet. Nach Beendigung der Kämpfe verblieb der Großteil des deutschen Heeres zunächst als Besatzungstruppe in Frankreich. Nach zwei Ruhetagen verlegte Kauka sein Regiment im Verbund mit der 7. Panzerdivision rund 340 Kilometer in den Raum um Saintes und Niort. Konkret kam er mit seinem Flak-Regiment südlich der Hafenstadt La Rochelle an, wo eine französische Kaserne des 101. und 103. Bataillons in der Ortschaft Marennes übergeben und besetzt wurde.

Begeistert fotografierte und kommentierte Kauka die deutsche Überlegenheit, dass »sechs Flaksoldaten 50 französische Offiziere und 800 Mannschaften bewachen« würden. Im Überschwang des Sieges fuhr Kauka mit einem französischen Motorrad einige Runden im Kasernenhof und posierte dabei für Schnappschüsse.

Rolf Kauka blieb noch bis Juli 1940 als Teil der deutschen Besatzungsmacht in Frankreich. Wie viele vom Sieg berauschte deutsche Soldaten fühlte auch er sich, wie er notierte, wie »Gott in Frankreich«. So zeigen ihn Aufnahmen seines Fotoalbums zusammen mit seinen französischen Bekannt- oder Liebschaften Madeleine und Therese in Beauvois, nahe Boulogne-sur-Mer und dokumentieren seine weitere »Fahrt durch die besetzten Gebiete«: von der Schwebefähre von Rochefort, dem Viadukt und der Brücke in Dinan, dem Ort der Waffenstillstandunterzeichnung von Compiègne, Versailles, Paris mit dem Eifelturm und Brüssel. Dass nun in Frankreich die schreckliche Zeit der Deportationen, der rassistischen Verfolgungen und Ermordungen begann, darüber legte Rolf Kauka kein Poesiealbum an. Die Gräueltaten der deutschen Truppen fanden in seiner subjektiven Wahrnehmung keinen Erinnerungsort.[37]

Rolf Kauka hatte sich mehrfach als Soldat im Kampf bewährt. Für seine erfolgreichen Abschüsse wurde er mit dem Eisernen Kreuz I. Klasse (EK I) ausgezeichnet, verliehen am 19. Juli durch Major Joachim Stelzer, dem Kommandeur der I./Flak-Regiment 33. Es sollten nicht die letzte Tapferkeitsehrungen im Krieg für ihn gewesen sein. Kaukas älteste Tochter erinnert sich daran, dass ihr Vater insgesamt »mehr als zwei Handvoll Orden« verliehen bekam und diese nach Kriegsende auch stolz mit nach Hause brachte. An ein einziges kritisches Wort des Vaters über den von Deutschland vom Zaun gebrochenen Krieg erinnert sie sich hingegen nicht.

Tatsächlich bewahrte er all seine Orden, inklusive seines Paradeschwertes, wie einen geheimen Schatz aus einer untergegangenen Zeit das ganze Leben lang auf. Erst im hohen Alter bat er seine vierte Frau darum, diese Kriegsdevotionalien nach seinem Ableben unverzüglich zu vernichten. Ob darin ein sehr spätes Schuldbewusstsein zu deuten ist, ob er ahnte, dass die Nachwelt sie nicht zu schätzen wissen würde, oder ob einfach niemand seine Auszeichnungen versilbern sollte, ist schwer zu sagen.

Erhalten geblieben ist hingegen sein mit eigenen kleinen Zeichnungen versehenes Fotoalbum, das er während des Polen- und Frankreichfeldzugs angelegt hatte und welches er ganz im Geiste seiner nationalsozialistischen Gesinnung mit dem Gedicht »Die letzten Goten« von Felix Dahn einleitete: »Gebt Raum, Ihr Völker, unserm Schritt / wir sind die letzten Goten / wir tragen keine Krone mit / wir tragen einen Toten.« Der Hochschullehrer und Schriftsteller Dahn war ein Bestseller-Autor zur NS-Zeit, ein Lieblingsautor von Heinrich Himmler, der eine vermeintlich rassistische und kulturelle Überlegenheit der Germanen gegenüber anderen Völkern behauptete.[38]

Rolfs Kriegstaten sprachen sich bis zur Heimatgemeinde herum und wurden propagandistisch genutzt. Seinem Vater Paul Kauka wurde am 4. September 1940 von der Markranstädter Geschäftsstelle der NSDAP zu den Leistungen seines Sohnes gratuliert. Die Familie war mächtig stolz auf ihren Sohn, den hochdekorierten Soldaten. Und auch er dürfte vor Stolz geplatzt sein. Alle erwarteten von ihm eine große Offizierskarriere. Auf den zerstörerischen Krieg konnte Kauka seine Karriere aufbauen.

Das EK I wurde Rolf Kauka schon nicht mehr auf französischem Boden verliehen, da seine Flak-Einheit zum Schutz von wichtigen Industrie- und Rüstungsanlagen im Ruhrgebiet ins Reichsgebiet zum Luftverteidigungskommando 4 in Düsseldorf versetzt worden war. Er gehörte zum Flak-Regiment 64 der Flakgruppe-Duisburg, die ihre Stellungen im Duisburger Stadtwald bei Mühlheim an der Ruhr hatte. Mühlheim war seit dem 13. Mai 1940 Feindeinflügen ausgesetzt.[39]

Kaukas Einsatz und Überzeugung als Soldat und Nationalsozialist sollten sich für ihn bezahlt machen. Aufgrund seiner militärischen Leistungen wurde Oberfähnrich Kauka am 7. September 1940 von seinem Abteilungskommandeur zur Beförderung zum Leutnant vorgeschlagen. In der Begründung lobte ihn sein Vorgesetzter: »Kauka ist ein Mensch von anständigem Charakter und aufgeschlossenem frischen Wesen. Er ist zielbewusst mit stark ausgeprägtem Selbstbewusstsein, ohne unkameradschaftlich zu sein. Er zeigt Dienstfreude und Passion für den Soldatenberuf. Sein Auftreten ist bestimmt und energisch. Er bejaht den nationalsozialistischen Staat und kann nationalsozialistisches Gedankengut seinen Untergebenen übermitteln. Körperlich ist er eine große Erscheinung. Sportlich gut durchgebildet. Geistig sehr gut veranlagt. Er ist frisch, beweglich und vielseitig interessiert. Als Vorgesetzter zeigt er straffe Haltung, ist klar und wirkt überzeugend. Er versteht es gut, seine Kenntnisse den Untergebenen weiterzugeben. Als Untergebener ist er aufgeschlossen und taktvoll. Seine gesellschaftlichen Formen sind gut. Zurzeit als Mess-Truppführer eingesetzt, ist er als Mess-Offizier vorgesehen. Im Einsatz gegen Frankreich hat Kauka sich durch Tapferkeit bewährt. Er wurde mit dem E.K. I und II ausgezeichnet. Obwohl keineswegs anspruchslos, versteht er hauszuhalten und in geordneten Verhältnissen zu leben. Kauka ist zur Beförderung zum Leutnant gut geeignet«.[40]

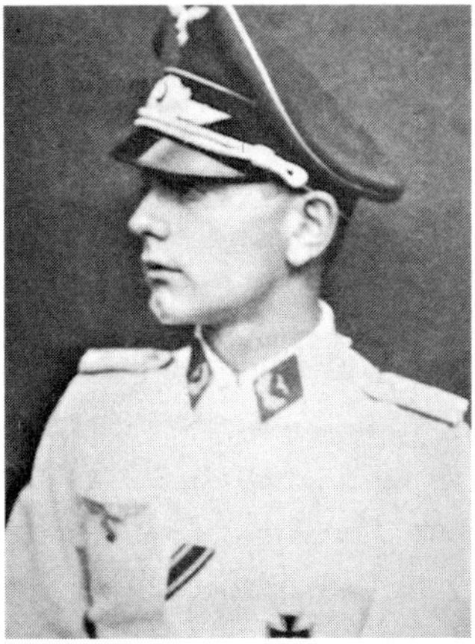

*Als frischgebackener Leutnant mit Eisernem Kreuz, September 1940*

Diesem positiven Urteil schloss sich am 12. September auch der Kommandeur der Flak-Gruppe Duisburg, Generalmajor Georg von Kutzleben, sowie zwei Tage darauf der Kommandeur des Luftverteidigungskommandos IV. an. Otto-Wilhelm von Renz war Kaukas erster Regiments-Kommandeur gewesen, konnte sich gut an ihn erinnern und hob besonders seine Kampfbewährungen hervor. Rolf Kauka wurde zum Leutnant befördert und versetzt. Wichtig war von Vorgesetztenseite, stets auf Rolfs nationalsozialistische Gesinnung hinzuweisen.[41]

Ab dem 24. September 1940 nahm Leutnant Kauka seinen Dienst bei der 2. Batterie der Reserve-Flak-Abteilung 404 (o) auf, die sich bei Düsseldorf befand. Seine Einheit gehörte zur 4. Flak-Division im Luftgau VI., welche erst zu Monatsbeginn gebildet worden war.[42]

Im Winter 1940/41 wechselten die Alliierten ihre bisherige Strategie und flogen nun in größeren geschlossenen Verbänden Angriffe gegen einzelne Ziele in Deutschland. Seit dem 10. Mai kam es zu nächtlichen Luftangriffen auch auf das Gebiet Rhein-Ruhr. Rolf Kauka befand sich inmitten des zunehmenden Luftabwehrkampfs. Unzählige Male wurde Fliegeralarm ausgelöst, weil sich alliierte Flugzeuge näherten. Bis zum 15. Juli 1941 wurden allein bei seiner Batterie 76 Tage Feindbeschuss notiert. Die Bezeichnungen seiner Flak-Einheit wechselten weiter: Ab dem 18. Juli war es die 1. Batterie der Reserve-Flak-Abteilung 133 (o) und ab dem 15. August 1941 die 2. Batterie der Reserve-Flak-Abteilung 133 (o).

Trotz wechselnder Bezeichnungen blieb seine Aufgabe bestehen, im Raum des Ruhrgebiets und bei Düsseldorf kriegswichtige Anlagen mit der schweren Flak vor Luftangriffen zu schützen. Kauka befand sich im andauernden Einsatz, wiederum wurden 76 Kampftage in seinem Wehrpass notiert. Ab März 1942 begannen die alliierten Bomber ihre Flächenangriffe auf die Industrieanlagen im Rhein- und Ruhrgebiet. Auch während dieser Einsätze wurde Rolf Kauka ausgezeichnet. Er erhielt am 15. Juni 1941 das Erdkampfabzeichen, nachträglich für den Frankreichfeldzug, und am 15. August das Flak-Kampfabzeichen, wofür er z. B. am Abschuss von fünf Flugzeugen und an drei verschiedenen Kampfhandlungen beteiligt gewesen sein musste.[43]

Bis 1942 war Leutnant Rolf Kauka zum Adjutanten aufgestiegen, also zum Stellvertreter des Kommandanten einer Batterie der schweren Flak-Abteilung 264 (v). Diese zählte zur Flakgruppe Krefeld und war dem Regimentsstab des motorisierten Flak-Regiments 5 unter dem Kommando von Oberst Franz Lotha unterstellt. Stationiert war Kauka bei Krefeld am linken Niederrhein, nordwestlich von Düsseldorf. Und hier hatten auch eine Sanitäts-Staffel und ein Lazarett ihr Quartier bezogen, wo er, ähnlich wie sein Vater, seine spätere Ehefrau kennenlernen sollte.[44]

# FLAKFEUERFARBEN

Erika Bahre, Jahrgang 1921, war gebürtige Münchnerin. Sie stammte aus einem gutbürgerlichen, streng national gesinnten Elternhaus. Ihre Eltern waren der 1940 in Argentinien verstorbene Kaufmann und Ingenieur Karl Ernst und Emma Margaretha Bahre, geborene von Zoellner. Erikas Vater hatte Mutter und Kind nach der Geburt sitzen lassen und sich nach Südamerika abgesetzt. Emma Bahre musste mit ihrem kleinen Kind nach Berlin zu ihrem Vater ziehen, dem bayerischen Generalleutnant a. D. Eugen Ritter von Zoellner, der im Ersten Weltkrieg im Großen Hauptquartier tätig gewesen war.

Emma Bahre hatte sich zu einer überzeugten Nationalsozialistin entwickelt. Sie trat bereits 1932 in die NSDAP ein, war Mitglied in der Deutschen Arbeitsfront (DAF) und in der NS-Frauenschaft und stellvertretende Blockwartin der NS-Volkswohlfahrt (NSV). Ihre Tochter Erika erwies sich als sehr intelligent. Sie machte bereits 1939 Abitur und begann an der Humboldt-Universität ein Medizinstudium. Zudem war sie sehr sportlich, spielte hervorragend Tennis. Auch sie trat im September 1940 in die NSDAP ein.

1941/42 unterbrach Erika Bahre ihr Medizinstudium, um als angehende Ärztin in einem Militärlazarett als Krankenpflegerin Dienst zu tun. Dieses unterstand formal eben jener Flakeinheit, zu der auch Rolf Kauka gehörte. Als beide sich kennenlernten, war es aber keineswegs Liebe auf den ersten Blick. Erika konnte Rolf zunächst nicht ausstehen. Als Offizier kommandierte er sie nur herum und war in ihren Augen ein aufgeblasener Angeber. Erst nach einiger Zeit kamen sich beide näher und verliebten sich ineinander.[45]

In Rolf Kaukas militärischen Beurteilungen wurde stets sein vorbildlicher soldatischer Charakter hervorgehoben. Mitunter schimmerte aber auch sein eigener Kopf durch, der sich sogar in Ungehorsam und in »Verstößen gegen Zucht und Ordnung« niederschlug. Kauka pflegte auch im Krieg seine Passion fürs Reiten. So nahm er sich verbotenerweise am 17. Februar 1942 einfach zwei Pferde des Stabes der Flak-Abteilung, um mit ihnen ein wenig auszureiten. Als er knapp zwei Wochen später am 8. März auch noch angetrunken zum Dienst erschien, erhielt er ab dem 18. März 1942 acht Tage verschärften Stubenarrest.[46]

Solch kleinere Vergehen verhinderten jedoch keineswegs, dass Rolf Kauka am 1. April 1942 zum Oberleutnant befördert wurde. Er verdiente monatlich nun 268 Reichsmark. Die Beziehung zu Erika Bahre wurde ernst. Rolf, der nur noch mit »Rudo« unterschrieb und auch so in den amtlichen Papieren geführt wurde, wollte sich im Oktober 1942 mit Erika verloben. Dazu forderte die vorgesetzte Dienststelle die Ausstellung eines polizeilichen Führungszeugnisses seiner Freundin und schrieb im Oktober das Polizeipräsidium in Berlin und im November auch die Münchner Kreisleitung der NSDAP an. Entsprechend der NS-Ideologie ließ Kauka sich selbst truppenärztlich am 16. Oktober in Bad Tölz auf Eheeignung untersuchen. Er war kerngesund. Am 11. Dezember 1942 erhielt er von der zuständigen Dienststelle die Erlaubnis, sich mit Erika Bahre, wohnhaft in der Münchner Conradstraße 7, zu verloben.[47]

Genau zu dem Zeitpunkt, als Oberleutnant Kauka beruflich von einer steilen Offizierskarriere träumte und privat in die Familie des Generalleutnants von Zoellner einheiraten wollte, zogen in seiner Heimatstadt dunkle Wolken auf. In Markranstädt hatte sich inzwischen still und leise ein familiäres Problem im

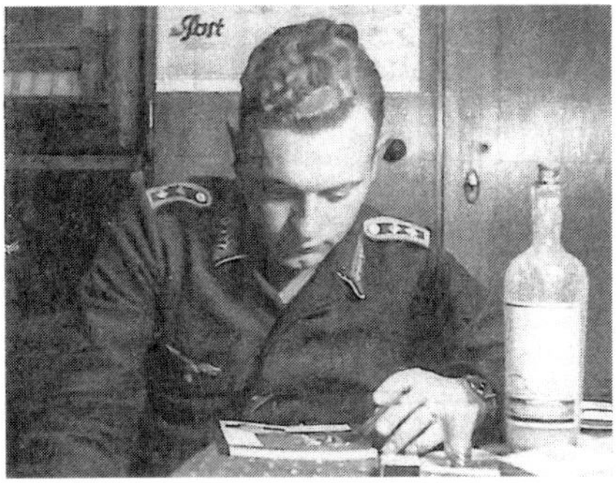

*Ein ruhiger Moment während des Weltkriegs. Rolf Kauka als Oberleutnant, um 1942*

Haus der Kaukas entwickelt, das sich durchaus negativ auf Rolf, seine geplante Hochzeit und seinen guten nationalsozialistischen Leumund auswirken konnte. Rolfs Vater arbeitete inzwischen als Pförtner für die Maschinenfabrik Dr. Gaspary & Co., die während des Krieges Rüstungszulieferer für die Junkers-Werke in Markkleeberg war. In der Fabrik wurden auch Kriegsgefangene zum Arbeitskommando eingesetzt. Rolfs Schwester Inge brachte täglich das Essen in die Fabrik. Sie verguckte sich in den französischen Kriegsgefangenen Paul Friant und wurde von ihm im Juni 1942 schwanger.

Im Nationalsozialismus waren intime Kontakte zwischen ausländischen Kriegsgefangenen und deutschen Frauen strikt verboten und konnten streng mit Haft geahndet werden, mindestens mit sozialer Ausgrenzung. Man machte sich der Wehrkraftzersetzung schuldig. Die daraus entstandenen Kinder waren tabu, galten abfällig als Franzosenkinder. Um dem zu entgehen und die Karriere Rolf Kaukas nicht zu gefährden, wurde Inge Kauka rechtzeitig vor dem Geburtstermin in das von der Wehrmacht besetzte Jugoslawien geschickt. Hier brachte sie am 23. Februar 1943 in der slowenischen Stadt Zilli (slow. Celje) einen Sohn zur Welt, der ebenfalls den Namen Rudolf Kauka erhielt. Er sollte sich später Pol Kauka nennen und sich als Maler den Künstlernamen Jean-Claude

Picard zulegen, eine Anspielung an seine französische Herkunft.[48]

Im Februar 1943 kam die schwere Flak-Abteilung 264 (v) nach Sizilien, zwei Batterien wurden nach Tunis verlegt. Rolf Kauka blieb jedoch in Deutschland. Für ihn standen erneut Lehrgänge an Flakschulen an. Aus einer Meldung vom 5. Februar 1943 geht hervor, dass Kauka inzwischen beim Reichsluftfahrtministerium der für die Ausbildung der Flak-Artilleristen zuständigen Inspektion 4 zugeteilt worden war. Allerdings war er zu diesem Zeitpunkt wegen einer Erkrankung ins 500 Betten starke Luftwaffenlazarett (o) 3/VII Bad Wiessee nach Oberbayern verlegt worden, rund 50 Kilometer südlich von München. Eine Woche, vom 5. bis zum 12. Februar, befand Kauka sich hier in ärztlicher Behandlung.

Zunächst ging es für drei Wochen wieder zurück an die Flakartillerieschule I. nach Rerik. Vom 22. März bis zum 17. April wurde er an der Ostsee in der Führung von Batterien geschult. Seine Ausbilder waren voll des Lobes hinsichtlich seiner soldatischen Leistungen. Auch nach der Vernichtung deutscher Truppen in der Schlacht von Stalingrad im Winter 1942/43, die als psychologischer Wendepunkt im Krieg gegen Russland gilt, verharrte Kauka im nationalsozialistischen Glauben und hatte nur seine eigene Offizierskarriere fest im Blick.[49]

Im April stand der nächste Offiziers-Lehrgang an, der ihn diesmal an die Flakartillerieschule III. in Berlin-Heiligensee, an die Spezialschule für Funkmessgeräte führte. Für die schwere Flak war ein neues Gerät entwickelt worden, welches nach dem Radar-Prinzip gegnerische Flugzeuge ortete und mithilfe eines Rechengeräts die Zielkoordinaten an die Geschütze lieferte. Nach der Entwicklung dieses Funkmessgeräts bildete die Schule hier Soldaten für den Funkmessdienst der Flakwaffe aus. Vom 16. bis zum 22. April 1943 nahm Kauka am Lehrgang für »Batterie-Chefs Schwere Flak« teil. Zusammen mit ihm wurde hier in Berlin auch Leutnant Karl Carstens geschult, der spätere deutsche Bundespräsident, der damals ebenso wie Kauka vom Nationalsozialismus überzeugt war.[50]

Nachdem er den Lehrgang abgeschlossen hatte, eilte Kauka weiter nach Stettin, wo sich seine neue Einheit befand. Mit Wirkung zum 29. April wurde er zur schweren Flak-Abteilung 616 versetzt, die der Flak-Gruppe Groß Stettin unterstellt war. Kauka war Chef der fünften Batterie unter dem Kommando von Oberstleutnant Paul Dönitz als Untergruppenkommandeur. Der Hauptauftrag der Flak-Gruppe bestand im Schutz der Hafenanlagen und des Hydrierwerkes Pölitz. In der pommerschen Landeshauptstadt waren wenige Tage zuvor in der Nacht vom 20. auf 21. April der erste große Luftangriff der RAF mit 339 Flugzeugen auf Stettin erfolgt. Einer von Kaukas namentlich bekannten Kameraden der Flak-Batterie, der zeitweise unter ihm als Messstaffelführer diente, war der Unteroffizier Hermann Mikus, der jugendliche Luftwaffenhelfer betreute, später katholischer Priester wurde und sich an ihn erinnerte.[51]

Als frisch ernannter Batterie-Chef stand für Rolf jetzt die Heirat seiner Verlobten Erika an. Er reichte dafür seine Papiere zur Erlangung der Heiratserlaubnis ein. Am 10. Mai versicherte er an Eides statt: »Ich, Rudo Kauka, geb. am 9. April 1917 in Markranstädt, erkläre hiermit nach bestem Wissen und Gewissen folgendes: Ich bin deutschblütiger bzw. artverwandter Abstammung nach den Nürnberger Gesetzen. Es ist mir nichts bekannt, was die Annahme rechtfertigen könnte, einer meiner Eltern oder Großelternteile wäre Jude gewesen oder hätte der jüdischen Religion angehört. (Der Nachweis meiner arischen Abstammung befindet sich bei meinen Personalpapieren.)«

Der Kommandeur seiner Flakgruppe meldete am 19. Mai, dass einer Vermählung nichts im Wege stehen würde. Kauka erhielt am 27. Mai 1943 die Genehmigung vom zuständigen Luftgaukommando III. und keine zwei Wochen später sollte Hochzeit gefeiert werden.[52]

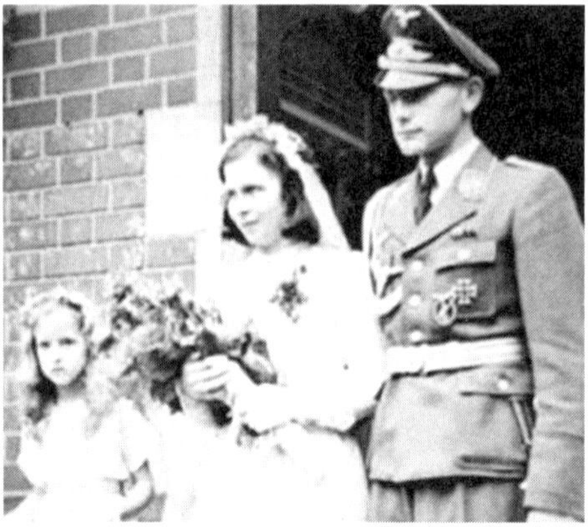

*Standesamt Berlin-Tiergarten. Oberleutnant Kauka heiratet Erika Bahre, unmittelbar bevor er an die Ostfront versetzt wird, 7. Juni 1943*

Am 7. Juni 1943, einem Montag, heirateten Rolf Kauka und Erika Bahre auf dem Standesamt in Berlin-Tiergarten. Aus seiner Familie nahmen neben seinen Eltern auch seine beiden Geschwister teil. Seine jüngste Schwester, die dreizehnjährige Brunhilde, befand sich gerade mit der Schule in Pommern und wurde von zwei Soldaten extra zur Hochzeit des Bruders nach Berlin eskortiert. Die Feierlichkeiten richtete Erikas Großvater aus, Eugen Ritter von Zoellner. Viel Zeit blieb den beiden Frischvermählten allerdings nicht, um ihr Glück zu genießen, denn noch am Abend seines Hochzeitstages musste Rolf Kauka zu seiner Flak-Einheit nach Stettin zurück.

Seine Ehefrau blieb in der Berliner Wohnung ihres Großvaters in der Levetzowstraße 12. Unter dieser Adresse firmierte auch der Freiheitsverlag E. Bahre, geleitet von Erikas Mutter Emma Margarethe Bahre, die Verlagsbuchhändlerin war. Ihr 1932 gegründeter Verlag beschäftigte rund sechs Mitarbeiter und galt als Polizeiverlag, weil er neben herausgegebener Reise- und Kolonialliteratur Polizeihandbücher verlegte und die Ideologie der NSDAP vertrat. Aber Anfang 1944 wurde die Berliner Wohnung von Kaukas Ehefrau bzw. die ihres Großvaters ausgebombt. Daraufhin verließ man Berlin. Erika Kauka zog zusammen mit ihrer Mutter und Eugen Ritter von Zoellner am 23. Januar 1944 in die Königinnenstraße 12 nach München. Freunde hatten für die aus der Isarhauptstadt stammende Familie eine Wohnung vermittelt.[53]

Auch für Oberleutnant Kauka rückte die Front näher, blieb er doch nur noch bis Anfang Januar 1944 Batterie-Chef innerhalb der Flak-Gruppe Groß Stettin. Es ging für ihn rund 1430 Kilometer weiter Richtung Osten. Mit Wirkung zum 9. Januar 1944 übernahm er eine neue Funktion, die ihn tief an den Südabschnitt der Ostfront zur 17. Flak-Division im I. Flak-Korps führte. Kauka wurde Batterie-Chef in der Flak-Abteilung II./241 (mot.).[54]

Sein neuer Kriegsschauplatz war der damalige Frontabschnitt der Heeresgruppe Süd, die als Großverband bis Frühjahr 1944 die Hauptlast der Kämpfe an der Ostfront zu tragen hatte. Die Ukraine war einer der Hauptkriegsplätze des Vernichtungs- und Eroberungskrieges, den die Deutschen begonnen hatten. Millionen von Soldaten ließen hier ihr Leben. In der Ukraine mussten Millionen Unterdrückung, Ausbeutung und Deportation durch die deutsche Besetzung erleiden.

Die 17. Flak-Division agierte zusammen im Verbund mit der 1. Panzerarmee und 8. Armee. Die Flakkräfte waren mit Schwerpunkt zum Luftschutz in den rückwärtigen Panzer-Auffangstellungen eingesetzt, kamen aber ebenso im Erdkampf zum Einsatz. Kaukas neue Flak-Abteilung befand sich bereits seit Ende November 1943 bis in den Februar 1944 hinein in der Auffrischung bei der zentralukrainischen Stadt Uman. Der Stab des Flak-Regiments 133 führte hierbei unter dem Kommando von Oberst Friedrich Ohnemüller drei Flak-Abteilungen. Neben der I/Flak-Abteilung 231 sowie der 251 (v) gehörte dazu auch Kaukas Einheit, die II/Flak-Abteilung 241, unter dem Kommando von Major Kurt Hortian. Oberleutnant Kauka führte die schwere 6. Batterie. Er war bereits der 17. Batteriechef dieser Einheit.[55]

Am 4. März 1944 begann der Großteil der 1. Ukrainischen Front der Roten Armee unter Marschall Georgi Konstantinowitsch Schukow eine Offensive gegen die Heeresgruppe Süd unter Generalfeldmarschall Erich von Manstein. Die Proskurow-Czernowitzer Operation und die Offensivoperation Uman-Botoşani waren erste Angriffsphasen und dauerten bis zum 17. April 1944. Hierbei sollten durch die 1. und 2. Ukrainische Front die deutsche 1. Panzerarmee, drei Divisionen der 4. Panzerarmee sowie weitere Einheiten um die Stadt Kamjanez-Podilsky in der Westukraine eingekesselt werden. Die deutschen Truppen versuchten sich dieser Umklammerung zu entziehen. Auch für Rolf Kauka und seinc Batterie verschärfte sich die Lage im Raum Uman Stunde um Stunde.

Die II./241 war am 7. März 1944 zum Schutz des Flugplatzes von Uman abgestellt worden. Rolf Kauka befand sich mit seiner Batterie zu schnellen Ausbildungszwecken in der Stadt und nutzte die Zeit, da die schweren Geschütze der Abteilung erst zugeführt und überholt werden mussten. Plötzlich rückte die Rote Armee bis auf 15 Kilometer vor. Kauka erhielt von seinem Kommandeur Kurt Hortian den Befehl, noch in der Nacht mit zwei weiteren Batterien eine Panzersperre zu errichten, was am 8. März auch gelang. Er erhielt am Nordrand von Woitowka, am nördlichen Rand Umans, das Kommando einer Flak-Kampfgruppe (FKG) von drei Batterien. Neben der eigenen 6./241 befehligte er taktisch die 3./251 und 4./251, die links von seiner Stellung rund 300 Meter entfernt lagen.

Kurz vor Mitternacht sah sich Rolf Kauka dem ersten heftigen Angriff auf seine Stellung ausgesetzt. Rund 20 Panzer, darunter T-34, Sturmgeschütze und ein Infanterie-Regiment versuchten, ihn zu überrennen. Wegen des hellen Mondlichts konnten die Geschütze das Feuer leicht auf die angreifenden Soldaten eröffnen. Dieser Angriff zog sich bis 1.30 Uhr hin, wobei einzelne Soldaten der Roten Armee sogar das Stadtzentrum erreichten. Die deutsche Infanterie hatte sich zu diesem

Zeitpunkt bereits abgesetzt. Kauka war ohne Unterstützung auf sich allein gestellt.

Gegen fünf Uhr am frühen Morgen des 9. März sah er sich in seiner Stellung neuen Angriffen ausgesetzt. Zunächst konnte das starke Infanteriefeuer einzelner Regimenter abgewehrt werden. Im Schutz der Morgendämmerung hatten einzelne Panzer die deutschen Linien durchbrochen und griffen seine Batteriestellung von hinten an. Kauka, angetrieben aus einer Mischung von purem Überlebenswillen und ideologischem Treuewahnsinn bis in den Tod, gab seine hoffnungslose Position nicht auf. Unter seinem Kommando wurden acht sowjetische Panzer durch die 8,8 cm Geschütze vernichtet. Unter seiner Führung zerstörten auch die beiden benachbarten Batterien weitere elf Panzer. Ein eigenes schweres Geschütz erhielt einen Volltreffer, drei Soldaten aus Kaukas Einheit starben.

Die Rote Armee hatte am Ende des Angriffs rund 500 Gefallene zu beklagen und zog sich zunächst zurück. Doch im weiteren Verlauf des Tages wurden weitere heftige Angriffswellen vorgetragen, unterstützt durch Panzer und starkes MG-Feuer. Oberleutnant Kauka wehrte sich mit seiner Flak-Kampfgruppe verzweifelt, bis die Angriffe gegen 18 Uhr nach heftiger Gegenwehr endlich zum Erliegen kamen und die Rote Armee sich zurückzog. Offiziell hieß es, dass die Kampfgruppe unter dem Kommando von Oberleutnant Rudolf Kauka 22 Panzer, vier Granatwerferstellungen und sechs MG-Stellungen zerstört sowie 490 Soldaten getötet hatte.[56]

Rolf Kauka hatte den richtigen Zeitpunkt erkannt, um sich, nachdem die gegnerischen Truppen so lange wie möglich aufgehalten wurden, ab 22 Uhr mit allen verbliebenen Soldaten nach Süden abzusetzen. Da inzwischen weitere feindliche Infanterieeinheiten die eigenen Linien durchbrochen hatten, mussten sich die Flak-Soldaten unter Kaukas Führung die Straße freikämpfen. Dabei kamen weitere Soldaten ums Leben, zahlreiche wurden verwundet. Kauka und seine Einheit konnten sich unbeschadet nach Westen absetzen. Durch die anhaltenden Angriffe erreichte er den vorgesehenen Sammelraum bei Teplik-Rosascha nicht. Über Berschad erreichte er aber schließlich Slobotka, von wo aus er zusammen mit anderen Marschgruppen mit der Eisenbahn Richtung Krakau verladen wurde. Er war mit dem Leben davongekommen und dem Kessel entronnen.[57]

Kaukas Flak-Regiment galt als zerschlagen. Im Auffangraum um Krakau (poln. Kraków) wurde seine Einheit in den folgenden Wochen materiell und personell aufgefrischt und neu geordnet. Seine Batterie befand sich seit dem 30. März bei Markow, wenige Kilometer von Krakau gelegen. Nach dem überstandenen Kampfeinsatz an der südlichen Ostfront in der Ukraine gelang es Erika Kauka als Offiziersgattin, ihren Ehemann im polnischen Rückzugsgebiet mit dem Zug zu besuchen. Überglücklich feierten beide ihr Wiedersehen. Hierbei wurde Ende Mai auch ihr erstes Kind gezeugt.[58]

Rund 50 Kilometer von Kaukas Familienglück entfernt befand sich das Konzentrations- und Vernichtungslager Auschwitz-Birkenau. Während dort der mechanisierte Horror auf Hochtouren lief, entwarf Rolf Kauka als neuer Batterie-Chef am 20. Mai 1944 gutgelaunt eine Frontzeitung, in der er sich humoristisch auch zu seiner Person äußerte. Scheinbar unbeeindruckt von Krieg und Vernichtung bekennt er sich weiterhin dazu, ideologisch verblendet und ganz im Sinn der nationalsozialistischen Kriegspropaganda, so gerne Soldat zu sein. Seine Zeilen sprechen für sich: »Im Vertrauen gesagt, meine eigentlichen Passionen können ja in diesem militanten Dasein nicht 100%ig zur Geltung kommen. Ich bin, z. B. ein begeisterter Segelsportler. Diesen Sport konnte ich leider in Russland und jetzt in Makow noch nicht ausüben. Leider, leider! Wie konnte man nur so leichtsinnig sein und einen so ungünstigen Auffrischungsraum wählen, in welchem keine Seen oder größere Flüsse sind. – Schade –! Vielleicht kommen wir noch öfter in die Verlegenheit einer weiteren Auffrischung und so Gott will in eine wässerige Gegend. – Hoffentlich. Das soldatische Leben bietet doch allerhand Möglichkeiten. Ach, deswegen bin ich auch so gerne Soldat. Meine zweite Passion, die auch in dieser Zeit zu ihrem vollen Recht kommt, ist meine Liebe zu Pferden. In dieser Beziehung bin ich allerdings vollkommen rücksichtslos. Wenn es nach mir ginge, würde jeder meiner Kanoniere, so wie ich, zum Gaucho ausgebildet und ich werde mich erneut dafür verwenden, dass die Soldaten der Flakartillerie die Traberprüfung ablegen können und neben ihrem Nahkampfmesser auch ein Lasso bekommen. Es ist doch viel zu langwierig, den beschwerlichen Weg zur Schreibstube jeweils zu Fuß zurückzulegen. Ich bin der Meinung, dass man auch zu den täglichen Besprechungen mit dem Spieß grundsätzlich auf der Schreibstube hoch zu Ross erscheint. Die Geschichte mit dem Segeln und die des Reitens erwähnte ich schon, bleibt also die des Jagens noch offen. Sie werden mir rechtgeben. Den Beweis über meine Liebe zum Pferd habe ich angetreten, den Beweis meiner Liebe zu Wildschweinen bin ich Ihnen noch schuldig. Kommt Zeit, kommt Rat –! Und glauben Sie mir, liebe Soldaten, auch der Wildschweinbraten ist nicht mehr fern«.[59]

Entsprechend Rolf Kaukas Weltanschauung war alles in Ordnung. Für seine außerordentlichen Kampfleistungen wurde er am 21. April 1944 für das Deutsche Kreuz in Gold vorgeschlagen. Seine Kriegsbeurteilung vom 19. Mai 1944 fiel dementsprechend positiv aus, besonders herausgehoben wurden seine NS-Überzeugung und Kampferfahrungen.[60]

Bis zum 12. Juni 1944 war Kaukas 6. Batterie in der II./241 wieder voll einsatzbereit. Sie sollte zusammen mit der Flak-Abteilung I./231 unter der Führung des Flak-Regiments 133 mit der Eisenbahn verlegt werden: zum Schutz der Industrieanlagen Kronstadt (rum. Braşov), Hermannstadt (rum. Sibiu) und Klausenburg (rum. Cluj-Napoca) im rumänischen Siebenbürgen. Sie wurde jetzt aus der 17. Flak-Division herausgezogen und der 15. Flak-Division voll unterstellt. Oberleutnant Kauka ging am 26. Juni 1944 mit seiner 6. Batterie in Kronstadt in Stellung und meldete um 20 Uhr Feuerbereitschaft. Es galt, die dortigen Bahnanlagen zu schützen.[61]

Am folgenden Tage wurde Rolf Kauka für seine Tapferkeit bei seinem Einsatz zur Verteidigung der Stellung in Uman im vergangenen März ausgezeichnet. Er hatte zuvor bereits am 14. Juni 1944 das Erdkampfzeichen der Luftwaffe erhalten, bekam nun am 27. Juni das Deutsche Kreuz in Gold verliehen. Die Auszeichnung wurde für »vielfach bewiesene außergewöhnliche Leistungen in der Truppenführung« vergeben. Sein Kommandeur Oberst Friedrich Ohnemüller beschrieb seine Leistungen wie folgt: »Oberleutnant Kauka war als verantwortlicher Führer der Flakkampfgruppe Nord mit 3 schweren Flakbatterien am Nordrand Woitowka eingesetzt. In rücksichtslosem Einsatz seiner eigenen Person, mit hohem taktischem Können und hervorragendem Kämpfertum gelang es ihm, den mit starken Kräften anrennenden Gegner blutigst abzuschlagen. Durch Einschließung seiner Batterie und Ausfall der Nachrichtenverbindung war K. längere Zeit auf sich selbst angewiesen. Er hat sich hierbei als ein äußerst tapferer und standhafter Offizier erwiesen. Es ist als sein besonderes Verdienst anzusehen, dass trotz der krisenhaften Lage, die nach der Überrennung der vorwärtsgelegenen HKL nördlich Uman entstanden war, alle Feindangriffe an seiner durch ihn eisern gehaltenen Panzerriegelstellung zusammenbrachen. Ich befürworte die Verleihung des Deutschen Kreuzes in Gold für Oberleutnant Kauka«.[62]

Während Rolf Kauka mit seiner Flak-Einheit bei Kronstadt Stellung bezog, war seine Frau wieder nach Bayern zurückgefahren. Aber die Luftangriffe der alliierten Bomberverbände hatten im Frühjahr 1944 auch auf München an Intensität zugenommen. Die Stadt erlebte heftige Angriffswellen der 8. und

15. US-Luftflotte. Am 19. Juli 1944 heulten wieder die Sirenen in der Innenstadt. Schwabing wurde getroffen, die Wohnung der Familie von Zoellner, Bahre und Kauka erneut ausgebombt. Eugen Ritter von Zoellner verließ nun mit seiner Tochter und Enkeltochter die Großstadt, um rund 100 Kilometer von München entfernt bei Prien am Chiemsee unterzukommen. Ihre Adresse war ab dem 25. Juli 1944 das Haus mit der Nummer 19 in Osternach, heute ein Stadtteil Priens. Durch die Umzüge seiner Ehefrau wurde nun auch der Sachse Rolf Kauka polizeilich mit umgemeldet und offiziell wohnhaft in Bayern. Ein geografischer Umstand, den er wenige Jahre später für sich zu nutzen wusste.[63]

In seiner sächsischen Heimat berichtete am 27. Juli 1944 die NS-Propaganda in den Zeitungen stolz über Rolf Kaukas Heldentaten in Uman und über seinen Orden. Auch die Ortsgruppe der NSDAP gratulierte ihm persönlich zur Auszeichnung. Ebenso wurde in Bayern über ihn geschrieben. Wenige Monate später, am 21. September 1944, wurden seine Kriegstaten in Uman in seinem neuen Wohnort Osternach in Prien am Chiemsee öffentlich bekannt gemacht: »Das Deutsche Kreuz in Gold für Oberleutnant Kauka«. In dem Artikel, in dem seine Kampfleistungen und Abschüsse detailliert aufgelistet waren, wurde dabei fälschlicherweise angegeben, dass er der Enkelsohn von Generalleutnant a. D. Eugen Ritter von Zoellner sei. Eine Verwechslung mit der Familie seiner Frau, die sicherlich ganz nach seinem Geschmack war.[64]

Am 20. August 1944 begann die russische Sommeroffensive gegen die Heeresgruppe Südukraine, die seit dem 30. März unter dem Oberbefehl von Generaloberst Ferdinand Schörner stand, einem der brutalsten und kompromisslosesten Generäle überhaupt. Die deutsche Front wurde an mehreren Stellen durchbrochen, mehrere Armeen wurden vernichtet, zahlreiche Divisionen eingekesselt. König Michael von Rumänien beendete offiziell seine Allianz mit Deutschland, am 23. August erklärte Rumänien dem Deutschen Reich den Krieg. Ende August 1944 marschierte die Rote Armee in Bukarest ein und der Balkanstaat wurde erobert.

Rolf Kauka befand sich im Raum Kronstadt, das am 4. September eingenommen wurde. Die gesamte Heeresgruppe brach zusammen, die 15. Flak-Division erlitt schwere Verluste. Die verbliebenen Verbände des I. Flak-Korps wurden nach Ungarn verlegt. Nach der Winteroffensive der Roten Armee im Winter 1944/45 ging es für Rolf Kauka aber nach Niederschlesien, wo er wieder der 17. Flak-Division zugeordnet wurde. Deren Divisionsstab hatte seit Januar 1945 ihren Gefechtsstand in Ohlau (poln. Oława). Hier bestand die Aufgabe darin, die Flakverbände in der Festung Breslau zu führen. Die Division wurde operativ bis Kriegsende der 4. Panzerarmee zugewiesen. Oberleutnant Kauka übernahm die Aufgabe des Verbindungsoffiziers (VO) der Flak zur 4. Panzerarmee. Die Panzerarmee gehörte schließlich zur Heeresgruppe A, bis diese zum 25. Januar 1945 erneut unter dem Kommando Schörners stand. Es erfolgte die erneute Umbenennung der Kommandobehörde in Heeresgruppe Weichsel.[65]

Die Rote Armee startete im Januar 1945 von ihren Brückenköpfen an der Weichsel aus eine Großoffensive. Vom 12. bis 15. Januar an erfolgte der Großangriff entlang der gesamten Front, von der Memel bis zur oberen Weichsel. Binnen weniger Wochen führte dies die Rote Armee nach Westen an Oder und Neiße. Die Erfahrungen aus dem ersten Einbruch der sowjetischen Truppen in Ostpreußen führte dazu, dass sich die Bevölkerung nur durch rechtzeitige Evakuierung dem Zugriff der Roten Armee entziehen konnte.

Rolf Kauka erzählte gegenüber seiner vierten Frau in seiner typischen Art und Weise eine Episode aus den letzten Kriegstagen in Schlesien im Stil einer Landser-Romantik. So habe er die Mutter Manfred von Richthofens, des berühmtesten Fliegers im Ersten Weltkrieg, Kunigunde von Richthofen, zur

Flucht vor der anrückenden Roten Armee überreden können. Am 19. Januar 1945 stand die Rote Armee schlagartig bereits vor Breslau und ganz in der Nähe von Schweidnitz und der südöstlich gelegenen Villa von Richthofens. Für die ländliche Bevölkerung wurden sofortige Evakuierungsmaßnahmen befohlen. Viele aber glaubten nicht an den Ernst der Lage.

Auch Kunigunde von Richthofen weigerte sich beharrlich, ihr Herrenhaus zu verlassen und dabei das Richthofen-Museum im ersten Stock aufzugeben. Als die sowjetische Artillerie bereits zu hören war, soll Oberleutnant Kauka den Auftrag erhalten haben, die Dame des Hauses zur sofortigen Evakuierung zu bewegen. Er war erfolgreich. Kauka will sie sogar im Beiwagen seines Motorrads ein Stück mitgenommen haben. Kunigunde von Richthofen gelang schließlich die Flucht durch eisige Schneestürme über Mecklenburg und Cuxhaven bis schließlich nach Wiesbaden. Zuvor hatte sie Rolf Kauka zum Dank und als Erinnerung noch ein Paar goldene Manschettenknöpfe ihres berühmten Sohnes geschenkt, die sich bis heute im Besitz der Kaukas befinden.[66]

Aufgrund seiner Kampferfahrungen, Leistungen und Auszeichnungen nahm Rolf Kauka in den letzten Kriegsmonaten eine neue Funktion wahr. Er lernte als Vorgesetzten Oberstleutnant i.G. Gerhard Wessel kennen, der zuvor nachrichtendienstlich unter dem Kommando von Generalmajor Reinhard Gehlen in der Abteilung Fremde Heere Ost (FHO), der Dienststelle zur Bewertung der Feindlage im Osten, gearbeitet hatte.

Wessel war Ic-Offizier der Heeresgruppe Weichsel und hierbei neben der Feindaufklärung u. a. auch für die Erteilung der Aufklärungsaufträge an die Ic-Offiziere der unterstellten Verbände verantwortlich. Kauka wird als Ic der Luftwaffe (Ic/Lw), also als Nachrichtenoffizier fungiert haben. Unter Wessel ist Kauka nach eigenen Angaben am Ende des Krieges sogar im Oberkommando der Luftwaffe (OKL) im Objekt Kurfürst als

Verbindungsoffizier eingesetzt gewesen, wobei Kurfürst neben der zentralen Bunkeranlage in Potsdam immer auch den jeweiligen Aufenthaltsort des Hauptquartiers bezeichnete.

Im Rahmen seines Ic-Dienstes hatte Kauka in den letzten Kriegsmonaten aber auch Kontakt zu deutschen Partisanenverbänden unterhalten. Partisanentätigkeiten gehörten in den Aufgabenbereich des Ic, die im rückwärtigen Feindgebiet für die Informationsbeschaffung zuständig waren, denn die Heeresgruppe bereitete ab Ende Januar 1945 Maßnahmen für die Guerillakriegsführung vor. Hierbei sollten dies in Zersetzungsfragen vollkommen unerfahrene Soldaten bewerkstelligen. Rolf Kauka gehörte zu ihnen. Er musste vereinzelt mit dem Fallschirm hinter den feindlichen Linien abspringen, erhielt dazu nur eine rudimentäre Sprungschulung. Im Rahmen dieser Einsätze lernte er vermutlich den Fallschirmjäger Oberleutnant Herbert Kuntze kennen, mit dem er freundschaftlich verbunden blieb.[67]

Rolf Kauka kam über seine Ic-Stellung funktional und über Gerhard Wessel persönlich in die Nähe nachrichtendienstlicher Arbeit. Später war das ein offenes Geheimnis. So erinnert sich Kaukas langjähriger Chefredakteur Peter Wiechmann daran, dass Rolf Kauka eine »kleine Geheimdienst-Karriere« hinter sich hatte, er ordnete Kaukas Beziehungen aber fälschlicherweise Wilhelm Canaris und dem Amt Ausland/Abwehr ein. Wiechmann schrieb in seinen Erinnerungen zu Kauka unter der Chiffre »Canaris & Co.«. Und auch Kaukas älteste Tochter Mascha wusste von ihrem Vater über die Verbindungen zum Geheimdienst, die auch nach Kriegsende Bestand haben sollten.[68]

Im Februar 1945 wurde Rolf Kauka dann erstmals Vater, Verständlicherweise war er sehr aufgeregt. Beglückt vor Freude auf seinen Nachwuchs, schrieb er schon seinem ungeborenen Kind liebevolle Briefe und formulierte, wie sehr er sich freute. Aber Rolf Kauka pflegte ein sehr konservatives Familienbild, hoffte zunächst auf einen Jungen und Stammhalter. Töchter zählten in seinen Augen weniger. Erika Kauka ging als Offiziersgattin zur Geburt ihres Kindes in das Entbindungsheim nach Bad Reichenhall ins Berchtesgadener Land. Am Valentinstag, den 14. Februar 1945, kam ihre Tochter Margarete »Mascha« Elisabeth Kauka in Bad Reichenhall zur Welt. Rolf Kauka war ein wenig enttäuscht.[69]

Der Krieg war verloren. Auch Kauka gab sich jetzt keinen Illusionen mehr hin. Um sich rechtzeitig absetzen zu können, hatte er inzwischen einen kleinen Rucksack mit dem Allernötigsten gepackt und stets griffbereit. Er bezeichnete das selbst als »Wenn's-mal-schief-geht-Gepäck«. Es war ein gefährliches Unterfangen, denn mit Deserteuren wurde kurzer Prozess gemacht. Als seine Vorbereitungen einem vorgesetzten Offizier auffielen, wäre er beinahe kurz vor Kriegsende verurteilt und erschossen worden. Doch er hatte Glück. Er konnte sich absetzen, wie etwa auch Gerhard Wessel, Teile von FHO und so viele andere, und schlug sich in Richtung Bayern zu seiner Familie nach Prien am Chiemsee durch. Er marschierte nur nachts und versteckte sich tagsüber vor der Roten Armee. Er selbst gab nach Kriegsende an, dass er auf seinem Weg einmal für zwei Tage in amerikanischen Gewahrsam geraten sei, daraus jedoch nach kurzer Zeit wieder fliehen konnte. Schließlich erreichte er unversehrt und glücklich Frau und Kind am Chiemsee. Sicherheitshalber versteckte er sich aber bis Kriegsende zunächst noch hinter dem Haus in einer Hütte.[70]

Am 8. Mai 1945 kapitulierte die deutsche Wehrmacht bedingungslos. Der Zweite Weltkrieg ging damit auch für Rolf Kauka zu Ende. Doch gesundheitliche Folgen sollten ihn sein Leben begleiten. Durch die harten Winter während seiner Russlandfeldzüge hatte er sich eine rheumatische Erkrankung zugezogen, eine primär chronische Polyarthritis. Diese machte sich mit zunehmendem Alter schmerzhaft bemerkbar. Bis zu seinem Tode litt er zudem unter posttraumatischen Störungen, schweren Kriegsalpträumen. Eine Mauer des Schweigens wurde meist aufgebaut, und auch Rolf Kauka sprach nicht über seine Kriegserlebnisse. Kriegstraumata blieben in der deutschen Nachkriegsgesellschaft über Jahrzehnte ein Stigma. Die verhärmte Seele hielt die Betroffenen mitunter ein Leben lang im Würgegriff, prägte die Beziehung zur Familie.

Eine Möglichkeit, mit den Traumata durch den Krieg umzugehen, war der zwanghafte Ehrgeiz der Erschaffung einer heilen Welt. Zu den Prägungskräften gehörten Verlässlichkeit, Selbständigkeit und Tatkraft, gepaart mit Strenge gegenüber sich und seinen Nächsten. Dieses wurde auch von Rolf Kauka von der eigenen Familie eingefordert. Er hatte im Krieg gelernt zu überleben und sich durchzusetzen, notfalls mit aller Härte. Notfalls auch ohne auf andere Rücksicht zu nehmen. Das durch den Krieg verfestigte soldatische Denken sowie seine nationalsozialistische Gesinnung hatten ihn charakterlich geformt. Für ihn zählten Loyalität und Männerfreundschaften. Die im Krieg geknüpften kameradschaftlichen Verbindungen wie beispielsweise zu Oberleutnant Herbert Kuntze, der in den letzten Kriegstagen als Batteriechef der Fallschirm-Flak-Abteilung 11 den Endkampf um Berlin miterlebt hatte, oder Kontakte zu Geheimdienstmitarbeitern wie Gerhard Wessel hatten daher auch nach Kriegsende für ihn eine große Bedeutung.[71]

# VERLAGS-WELT 1945–1957

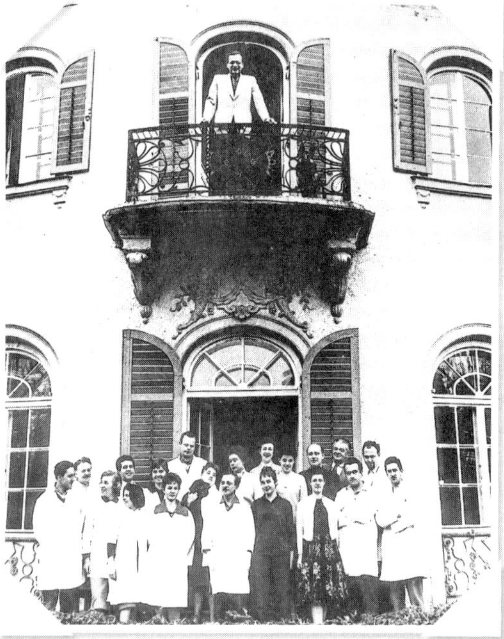

*Rolf Kauka (oben) und seine Mitarbeiter im Grünwalder Verlagsschloss, Mitte der Fünfzigerjahre*

# ZEILENUMBRUCH

Rolf Kauka war mit seinen achtundzwanzig Jahren vom Krieg tief gezeichnet und in jeder Hinsicht heimatlos. Politisch, geografisch und familiär. Frau und Kind waren Ergebnis seiner kurzen Fronturlaube, sie kannten ihn bis dahin meist nur als Foto und lebten inzwischen in Bayern, wohin er selbst keinerlei eigene Verbindung hatte. Nach Markranstädt zu seinen Eltern wollte er aber auch nicht zurückkehren, da Sachsen nach dem Juli 1945 von den Sowjets kontrolliert wurde. Kauka hatte berechtigterweise Angst vor den Russen. Sein Vater, der nach dem Krieg im Gartenbaubetrieb Willing in Seebenisch arbeitete, wurde einige Monate später von den Behörden aufgrund seiner NS-Vergangenheit belangt, nachdem man ihn wegen mutmaßlicher »Verbrechen gegen die Menschlichkeit« angezeigt hatte.

Rolf musste ein neues Leben beginnen, und weil Erika gebürtige Münchnerin war, blieb er mit ihr in Süddeutschland. Genauer gesagt, verschlug es ihn dahin, wo die Familie bereits seit 1944 wohnte, in die Gemeinde Osternach bei Prien am Chiemsee, einen kleinen malerischen Ort von rund 3000 Einwohnern. An das Bayerische Meer war sie zuerst allein wegen des Großvaters, Eugen Ritter von Zoellner, gezogen. Der war allerdings bereits am 19. Februar 1945, kurz nach der Geburt seiner Urenkeltochter, im Alter von 78 Jahren verstorben.

Emma Bahre, Erika Kauka und die kleine Mascha waren danach zuerst einmal auf sich allein gestellt. Sie erlebten mit, wie sich in den letzten Kriegstagen Kolonnen deutscher Soldaten über Prien absetzten oder einzelne Versprengte ankamen, so wie Rolf Kauka. Am 3. Mai 1945 zogen schließlich amerikanische Truppen in den Ort ein. Bayern wurde amerikanische Besatzungszone.[1]

Wie viele Deutsche schlug sich der heimat- und arbeitslose frühere Luftwaffenoffizier Kauka mit Gelegenheitsjobs durch, hielt sich und seine Familie mühsam mit Schwarzmarktgeschäften über Wasser. Etliche Male brach er in ein amerikanisches Post Exchange ein, ein PX-Zentrum, zu dem nur amerikanische Militärangehörige Zugang hatten. Er stahl Lebensmittel, wurde aber nie erwischt. Kauka brachte alles, was er eintauschen oder zu Geld machen konnte, auf den Schwarzmarkt. Dabei nutze er einen kaputten Horch, der nur noch fahren wollte, wenn seine Frau während der Fahrt ständig auf den Kühler einschlug.

Schwarzmarkthandel war streng verboten und wurde mit Gefängnis bestraft. Doch Kauka war geschickt, versteckte seine »heiße« Ware unter Papierrollen. Seine Schwiegermutter verfügte noch über ihre Berliner Verlagslizenz und durfte deshalb das Material transportieren. Auch Erika, intelligent und vielseitig talentiert, trug mit Tennisunterricht zum Auskommen bei. Gegen Geld, Lebensmittel oder Tauschwaren unterrichtete sie amerikanische Offiziere.[2]

Rolf Kauka hatte im Krieg gekämpft, aber mit seinen soldatischen Fähigkeiten konnte er im Nachkriegsdeutschland nichts anfangen. Auch als Drogist wollte er nicht mehr arbeiten. Er suchte nach einer Alternative, um seinen Unterhalt zu bestreiten, und nutzte die frühere verlegerische Tätigkeit seine Schwiegermutter: Er beabsichtigte, selbst in das Verlagswesen einzusteigen. Weil massenhaft alte NS-Literatur eingestampft wurde, konnte die Mehrzahl der Buchhändler in München und Umland den Bedarf der Kunden kaum mit genehmigter Literatur versorgen. Zudem herrschte über Jahre aufgrund des Papiermangels eine Kluft zwischen Nachfrage und Angebot. Niemand in Deutschland konnte Bücher oder Zeitungen von sich aus verlegen und vertreiben, dazu benötigte man in allen vier Besatzungszonen eine Verlagslizenz der jeweiligen Militärverwaltung. Damit sollte verhindert werden, dass wieder faschistische oder militärische Literatur auf den Markt kam. Eine Lizenz war grundsätzlich an diejenige Person gebunden, der sie erteilt worden war, und sie setzte voraus, dass der Inhaber sich vor 1945 nicht aktiv an der nationalsozialistischen Politik beteiligt hatte. Emma Bahre verfügte zwar über eine Lizenz, war jedoch über ihre Zugehörigkeiten zur NSDAP und zu NS-Organisationen politisch belastet. In Berlin wurden im Februar 1946 vom dortigen Senat aufgrund der weltanschaulichen Nähe zur NSDAP die frühen Werke ihres Verlages aus den öffentlichen Büchereien entfernt. Sie selbst wurde als Belastete bzw. Schuldige der Kategorie 2 entnazifiziert.

Rolf Kauka bemühte sich Ende November 1945, von der zuständigen amerikanischen Militärverwaltung, vom District Information Services Control Command (DISCC) in München, eine Lizenz zu erhalten. Die DISCC leitete daraufhin Untersuchungen über Kauka und auch über den Freiheitsverlag E. Bahre ein.

Kauka war nicht auf den Kopf gefallen; er wusste, dass ihm seine nationalsozialistische Gesinnung und seine Organisationszugehörigkeiten angelastet werden konnten. Allein durch seine Funktionärsfunktion in der Hitlerjugend galt er de jure als formal belastet. So machte er gegenüber der Behörde falsche Angaben zu Person und Lebenslauf. Er ging geschickt vor, spielte mit Wahrheit und Fiktion, gab zwar ein richtiges Geburtsdatum an, jedoch wurde aus dem Sachsen plötzlich ein gebürtiger Münchner. Auch gab er vor, bis 1935 in der Hindenburgstraße in Leipzig, danach in Breslau und ab 1938 in Berlin gewohnt zu haben. Sein Heimatort Markranstädt und seine ersten ihn prägenden achtzehn Lebensjahre verschwanden aus der Vita.

Bei seinen Angaben log er teilweise so sehr, dass sich regelrecht die Balken bogen. Er wurde zu einem akademischen

Hochstapler, der bewusst halbwahre bis vollkommen falsche, aber nur schwer überprüfbare Fährten zu seiner Vergangenheit in Ostdeutschland legte. Obwohl er die Schule bereits 1931 ohne Abschluss verlassen hatte, trat er gegenüber der Militärverwaltung dreist als »Dr. Rudolf Kauka« auf. Er behauptete, 1935 sein Abitur in Leipzig gemacht und danach drei Jahre an der Schlesischen Friedrich-Wilhelms-Universität in Breslau Gesellschaftswissenschaften studiert zu haben. Schließlich sei ihm mitten im Krieg erlaubt worden, an der Berliner Humboldt-Universität 1943 seinen Doktor zu machen: Kauka, der promovierte Literaturwissenschaftler. Nachdem er aus amerikanischer Kriegsgefangenschaft entlassen worden sei, hätte er angeblich sogleich im Freiheitsverlag angefangen, Bücher zu verlegen.

Rolf Kauka erfand seine Lebensgeschichte vollkommen neu. Neu wird seine politische Einstellung dagegen nicht geworden sein. Zwar ist nicht überliefert, was er über die Zeit des Nationalsozialismus gedacht hat. Aber als befreit hat er Deutschland nicht verstanden.[3]

So verwundert es nicht, dass auch seine geschickteren Modifizierungen die amerikanische Behörde nicht überzeugen konnten. Kauka versuchte vergeblich, seine nationalsozialistische Prägung herunterzuspielen und führte dazu den bayerischen Generalleutnant Jakob Kasper als Zeugen an. Der war der Großonkel von Kaukas Ehefrau und kannte Rolf seit ihrer Hochzeit in Berlin. Seine Aussage, Rolf Kauka sei kein Nazi, wurde schlicht als unglaubwürdig bewertet. Kauka vermochte gegenüber dem US-Vertreter auf Nachfragen seine politische Haltung nicht überzeugend wiederzugeben. Er wurde zwar als Antikommunist, aber eindeutig »rechts von der Mitte stehend« eingeordnet. Weitere Zeugen konnte Rolf nicht aufbieten. Keiner hier kannte den angeblich gebürtigen Münchner.

Für die Überprüfung Rolf Kaukas war der amerikanische Kontrolloffizier Erich W. Isenstead zuständig, der seit Juni

1945 die Intelligence Services leitete und wenige Jahre später Mitarbeiter der Central Intelligence Agency (CIA) wurde. Er entschied über die Tätigkeit aller Kulturschaffenden in Bayern. Der in Danzig geborene Geheimdienstmitarbeiter Isenstead war als deutscher Emigrant, geflüchtet vor den Nazis und seit 1943 amerikanischer Staatsbürger, mit den Verhältnissen im Dritten Reich sehr gut vertraut und fällte am 15. Januar 1946 sein Urteil über Rolf Kauka. Aufgrund seiner nationalsozialistischen Prägung, so die Begründung, erhielt Kauka keine Lizenz als Verleger: »Dr. Rolf Kauka bears the clear stamp of the 12 years of national-socialism but he is not entirely unable to absorb other ideas and to do some own thinking. His mind is pliable and if given the opportunity of re-orientation he should be able to fulfill the requirements for a publisher under present conditions. Until such time as he has a greater experience in a free society license should not be granted.«[4]

Der frühere DJ-Führer Kauka war außer sich über die Entscheidung und fühlte sich als Opfer einer ungerechten Siegerjustiz. Dieses Verständnis lässt sich auch an frühen Arbeiten festmachen. Als am 24. Oktober 1945 die Vereinten Nationen, die United Nation Organization (UNO), gegründet wurden, ließ er seinem Unmut mit einer politischen Karikatur freien Lauf. Er zeichnete, mit Bezug zum Gedicht *Das Johanniswürmchen* von Gottlieb Konrad Pfeffel, die neu geschaffene Weltgemeinschaft als eine giftige Kröte, die das Johanniswürmchen, also die Deutschen, mit ungerechten Diffamierungen wie »Verbrecher«, »Mörder« und »Du bist an allem schuld«, anspuckte. Noch Jahre später beklagte er sich verbittert und ohne erkennbare Annäherung an eine Schuldfrage: »Mich hielten unsere Befreier für unwürdig. Ich konnte keine positiven Taten nachweisen, keine politische Vergangenheit, kein K.Z., keine Emigration – nur sechs Jahre Krieg als aktiver Offizier, davon zwei Jahre in Russland.«[5]

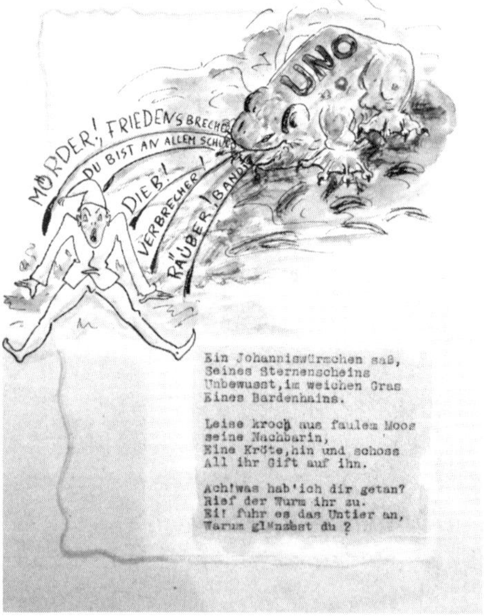


*Kaukas Karikatur über die UNO, um 1945/46*

Für Kauka war Reue nicht der Tugend Morgenrot. Also schlug er sich behelfsmäßig weiter durch, und seine Frau Erika gab Tennisstunden. Um ihr Englisch aufzubessern, nahm sie Sprachunterricht bei Dr. Norbert Pohl, einem in Prien ansässigen Rechtsanwalt. Bald schon befreundete sich die Familie Kauka mit den Pohls, die im Februar 1945 vor der Roten Armee aus Breslau über Dresden nach Bayern geflüchtet waren. Norbert Pohl wurde zu einem der engsten Freunde von Rolf Kauka, sogar Geschäftspartner, und ihre beiden Kinder Ulrich Pohl und Mascha Kauka heirateten später.[6]

Der promovierte Jurist Pohl war im Dritten Reich ein überzeugter Nationalsozialist gewesen, 1933 in die Allgemeine-SS und 1937 in die NSDAP eingetreten. Zwei Jahre darauf bekleidete er die Funktion eines Richters im Hauptamt SS-Gericht, von 1941 bis 1942 war er am SS- und Polizeigericht als Chefrichter in Krakau tätig und wurde 1943 zum SS-Obersturmführer befördert. Im Rahmen der SS-Panzergrenadierdivision Wiking hatte er ab März 1942 am Russlandfeldzug teilgenommen und dabei im Februar 1943 beide Beine verloren.

Ab Sommer 1944 war er zusammen mit dem SS-Hauptamt nach Prien am Chiemsee verlegt worden. Als SS-Richter war er zuständig für Disziplinar- und Beschwerdewesen. Als Rechtstheoretiker plädierte Pohl für ein täterorientiertes Strafrecht: hielt er als Richter den Angeklagten für unwert, spielte das Schuldmaß keine Rolle mehr. Nach Ende des Krieges machte sich Pohl für die amerikanischen Behörden allerdings schnell nützlich, arbeitete als Dolmetscher und trat als Zeuge bei den Nürnberger Kriegsverbrecher-Prozessen auf. So konnte er schnell wieder als Rechtsanwalt in Prien arbeiten.[7]

Rolf Kauka lebte nun seit beinahe einem Jahr ohne berufliche Perspektive in der Gemeinde am Chiemsee. Zunehmend wurde er ungeduldiger, wollte endlich richtiges Geld verdienen und musste sich jetzt auch noch der offiziellen Entnazifizierung durch die amerikanische Militärverwaltung stellen. Seit dem 5. März 1946 existierte in der US-Zone das Gesetz Nr. 104 zur Befreiung von Nationalsozialismus und Militarismus. Es bestimmte die Registrierung früherer Nationalsozialisten und deren Belastungseinstufungen. Zuständig für den in Prien am Chiemsee lebenden Kauka war die Spruchkammer Rosenheim-Land. Da er sich gegenüber den Behörden als gebürtiger Münchner und promovierter Verlagsinhaber neu erfunden hatte, hoffte er auf eine für ihn günstige Beurteilung. Am 29. April 1946 reichte er seinen Meldebogen ein.

Doch es dauerte über ein halbes Jahr, bis, ausgehend von seinen Angaben, die Behörden an seinen früheren Wohnorten mit der Bitte um Informationsübermittlung zu Kaukas Vergangenheit angeschrieben wurden. Er selbst wurde nochmals im Januar 1947 aufgefordert, seine früheren Wohnanschriften

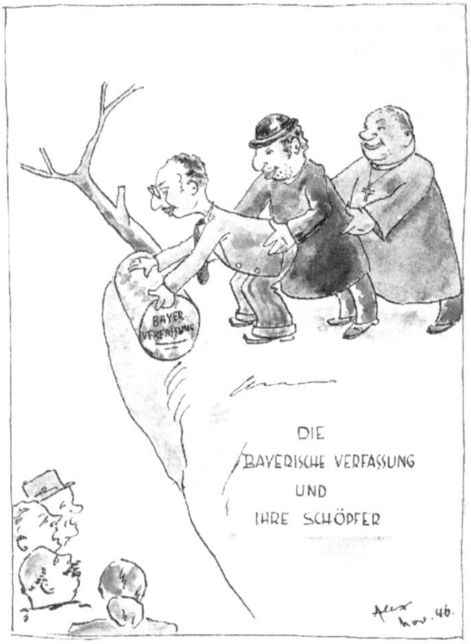


*Rolf Kauka übt Kritik an der bayerischen Verfassung, 1946*

sowie Gehälter genauer mitzuteilen. Auch die Nachrichtendienstabteilung der Information Control Division (ICD) in München wurde eingeschaltet. Aufgrund der unvollständigen und falschen Angaben Kaukas zu seiner Herkunft verwundert es kaum, dass keine der konsultierten Behörden belastende Informationen ermitteln konnte. Nachträglich hatte Kauka auch die Angaben zu seiner Funktion bei der Hitlerjugend bzw. DJ modifiziert und behauptet, lediglich Führer einer Pfadfindergruppe gewesen und sogar 1935 bereits wieder ausgetreten zu sein. Er log über seine Zugehörigkeit zu NS-Organisationen. Auch seinen Vermögensstand musste er korrigieren. Es seien ihm, so entschuldigte sich Kauka, einfach Tippfehler unterlaufen. Seine Angaben bedurften immer einer Überprüfung, interpretierte er doch oft die Wahrheit um.[8]

Nach wie vor zeigte sich Rolf Kauka über die politischen Verhältnisse im seiner Meinung nach ungerechterweise »besetzten« Deutschland mehr als unzufrieden. Bezeichnenderweise übte er auch an der am 8. Dezember 1946 in Kraft getretenen bayerischen Verfassung auf seine spezielle Art und Weise Kritik. Unter seinem alten Pseudonym »Alex« erstellte er Karikaturen über einzelne Verfassungsartikel wie Paragraf 116 (Beschwerderecht), 131 (Schulbildung) und 135 (Volksschulen). Hierbei schlug Kauka auch revanchistische Töne an und ließ den Vater der Verfassung, den bayerischen Ministerpräsidenten Wilhelm Hoegner, Mitglied der Sozialdemokratischen Partei Deutschlands (SPD), von jüdischen und katholischen Kräften beeinflusst erscheinen. Wo diese Zeichnungen publiziert wurden, ist jedoch unbekannt.[9]

# VERLAGS-SCHARADEN

Im Herbst 1946 verließ die Familie Kauka ihre Unterkunft in Osternach. Sie zog in ein eigenes kleines Häuschen in die Harras-Straße 29 nach Prien, direkt am Ufer des Chiemsees gelegen. Freunde hatten ihnen das Haus vermittelt. Erst im April 1947 erhielt Rolf Kauka seinen lang erwarteten Spruchkammerbescheid, wurde in der Kategorie 4 amtlich entnazifiziert. Als Mitläufer durfte er zwar ohne Probleme einer Beschäftigung nachgehen, aber konnte immer noch keine eigene Verlagslizenz vorweisen. Diese Erlaubnis verwehrte ihm die amerikanische Militärverwaltung aufgrund seiner früheren nationalsozialistischen Prägung weiterhin.[10]

Rolf Kaukas größte Stärke war ohne Frage sein schier grenzenloser Ideenreichtum, und er erwies sich auch angesichts seiner Situation als kreativ. Durch einen einfachen Trick bediente er sich einer vorhandenen Lizenz, und zwar indem er einfach die Namensähnlichkeit zweier Verlage ausnutzte. Über den Namen des im Dezember 1946 gegründeten Berliner Freiheitsverlags E. Bahre, der Firma seiner Schwiegermutter Emma Bahre, begann Kauka unter der Lizenz No. 17 zu veröffentlichen. Diese war auf den Heidelberger Verleger Kurt Sellin zugelassen.

Rolf Kauka ließ unter falscher Flagge verlegen, sichtbar war das im Impressum. Sein in Prien ansässiges Unternehmen, das aber nicht ins Melderegister eingetragen wurde, nannte er selbst zunächst nur Kauka-Verlag. Damit war jedoch nicht er, sondern seine Ehefrau gemeint. Der Vorteil bestand darin, dass sie sich mit ihrem Mädchennamen ebenfalls wie ihre Mutter mit E. Bahre abkürzte. Noch in späteren Adressbüchern erschien sie als alleinige Verlegerin des Kauka-Verlags.

Der Verlag griff zunächst das alte Berliner Programm von Polizeifachbüchern auf. Als einzig bekanntes Werk aus dieser Frühzeit veröffentlichte Rolf Kauka Anfang 1947 den 200 Seiten umfassenden *Leitfaden für Polizeibeamte* von Dr. Ernst Günter Mayer, einem städtischen Rechtsrat beim Polizeipräsidium München. Das Buch wurde in der zulässigen Höchstauflage von 5 000 Stück gedruckt, war erfolgreich und wurde in neuen Auflagen weiter verlegt. Da es den Kauka-Verlag offiziell gar nicht gab, erschien er auch namentlich nicht im Impressum, lediglich versteckt auf der Titelseite und im Anzeigenbereich, um auf weitere Produkte hinzuweisen.[11]

Auch wenn Eugen Ritter von Zoellner bereits verstorben war, profitierte Rolf Kauka von den Bekanntschaften und Beziehungen der Familie seiner Ehefrau. Schnell lernte er viele interessante und einflussreiche Personen vor allem auch aus dem Kulturbereich privat kennen, die ihm beruflich nutzen konnten. Darunter befand sich ab 1949 der Kontakt zur Verlagsfamilie Ullstein, speziell zum Sohn von Louis-Ferdinand Ullstein und Elsa Lansberger, Heinz Ullstein, dem Enkel des berühmten Verlagsgründers.

Die Ullsteins waren eine jüdische Familie, die nach der Machtergreifung der Nazis von diesen 1934 zwangsenteignet wurden und in die Emigration gingen. Von Zoellner war mit den Ullsteins freundschaftlich verbunden. Nach Ende des Ersten Weltkrieg sollte er als General im Preußischen Generalsstab nach Frankreich ausgeliefert werden, hatte sich aber bei seinem Freund Ullstein in Berlin versteckt und unter Pseudonym sogar als Lektor im Verlag gearbeitet.[12]

Heinz Ullstein war ein verlegerischer Freigeist. Er hegte zugleich Theater- und Filmambitionen, war unter dem Namen Heinz Hull auf der Bühne aufgetreten und pflegte einen Hang zur Gastronomie. Als einziges Mitglied der Ullstein-Familie war er nicht emigriert und hatte den Krieg dank seiner couragierten Frau überlebt. Nach Kriegsende gründete er mit Helmut Kindler den Heinz Ullstein-Helmut Kindler-Verlag in Berlin-Zehlendorf, Frankfurt am Main sowie München und brachte ab dem 24. August 1947 die Wochenzeitschrift *sie* heraus. Der gemeinsame Verlag war nicht lange erfolgreich und scheiterte Anfang 1949. Ullstein führte den Buchverlag als Heinz Ullstein-Verlag zunächst allein weiter und fand eine Nebenbeschäftigung bei seinem Schwager, dem Weingroßhändler Robert Boos. Denn Heinz Ullstein war mit Aenne Gettke verheiratet, Boos wiederum mit deren Schwester Josefa Gettke, die in erster Ehe bis 1939 die Frau des bekannten Schauspielers Paul Hörbiger gewesen war.[13]

Robert Boos unterhielt bei Ottobrunn Traberpferde. Über den Kontakt zu Heinz Ullstein und die gemeinsame Begeisterung für den Pferdesport lernten Rolf Kauka und seine Frau die Familien Boos und Hörbiger näher kennen. Alle freundeten sich schnell an und feierten bald Faschingsfeste, Geburtstage und Jahreswechsel gemeinsam.[14]

Rolf Kauka lebte nun inzwischen schon seit über zwei Jahren in Prien und war in Bayern heimisch geworden. Im Herbst 1947 erhielt die Familie noch einmal Nachwuchs. Am 5. September wurde Rolfs Tochter Gabriele geboren. Er zeigte sich enttäuscht, war doch auch sein zweites Kind wieder ein Mädchen.

Auch geschäftlich lief es für ihn nicht nach seinen Vorstellungen, weil keine weiteren Bücher unter seinem Label mehr verlegt wurden. Es setzte ihm persönlich zu, dass er nach wie vor von der amerikanischen Militärverwaltung keine Lizenz erhielt. Um im Verlagsgeschäft Fuß fassen zu können, musste er sich einen Partner suchen, der über eine Berechtigung verfügte.

Dabei half ihm Heinz Ullstein, wohl in Unkenntnis seiner früheren Gesinnung, über den Rolf Kauka in München den

Schriftsteller und Journalisten Harry Paul Schulze-Wilde kennen lernte. Ullstein und Schulze-Wilde kannten sich, was ein Foto anlässlich einer Pressekonferenz der Münchner *Echo der Woche* am 1. Januar 1949 belegt, auf dem beide mit dem Regisseur Paul Verhoeven und der Schauspielerin und Durchhalte-Sängerin Zarah Leander zu sehen sind.

Schulze-Wilde hatte früher als Sekretär des *Stalingrad*-Autors Theodor Plievier gearbeitet. So lernte Kauka bald auch Plievier persönlich kennen. Dessen Buch war eine schonungslose Beschreibung der Schlacht und des Versagens der deutschen militärischen Führung. Eine Abrechnung mit dem größenwahnsinnigen Hitlerregime.

Kauka diskutierte mit ihm sehr kritisch nächtelang über die Zukunft Deutschlands und sein Buch. So fragte er ihn etwa, warum er nicht mehr darübergeschrieben habe, dass von den knapp 100 000 deutschen Gefangenen nur so wenige nach Hause zurückgekehrt seien. Kauka vermittelte ihm als Unterkunft eine Dachgeschosswohnung in einem Landhaus am Chiemsee. Von hier aus unternahm Theodor Plievier längere Spaziergänge, unter anderem an den Tegernsee, wo er auf die berühmte Romanautorin Hedwig Courths-Mahler traf. Ein Kontakt, den später wiederum Kauka für sich nutzte. Gerade in der Nachkriegszeit wusch eine Hand bekanntlich die andere.[15]

Schulze-Wilde war politisch vollkommen anders als Rolf Kauka orientiert, hatte bis 1932 der Kommunistischen Partei Deutschlands (KPD) angehört und war 1942 ins Exil in die Schweiz geflüchtet. Von hier wurde er nach Kriegsende von den Amerikanern nach München geholt, damit er, ähnlich der Schweizer *Weltwoche*, eine Wochenzeitschrift herausbringen sollte. Dazu gründete er den Verlag Die blaue Presse und verlegte ab Februar 1947 die Zeitschrift *Echo der Woche*. Vor allem aber verfügte Schulze-Wilde über eine Lizenz für die amerikanische Besatzungszone. Unter der Redaktionsadresse in der

Weinstraße 4 in München firmierte ebenfalls der Verlag der Zwölf, 1918 von Theodor Plievier gegründet.[16]

Harry Schulze-Wilde setzte sich dafür ein, dass Rolf Kauka, der wahrlich keine linken politischen Ansichten vertrat, in seinem Verlag ab Anfang 1948 arbeiten konnte, Erstgehalt 750 Reichsmark. Offenkundig spielte Kaukas Vergangenheit keine Rolle für ihn. Zeit seines Lebens war Kauka Schulze-Wilde dafür dankbar. Kritiker warfen Wilde später gerne vor, sich bei seinen Geschichten nicht kritisch genug mit seinen Quellen auseinanderzusetzen und sie ungeprüft zu übernehmen.

Ab Januar 1948 konnten so einige Bände der juristischen Reihe *Elemente der Rechtswissenschaft* von »Dr. R. Kauka« herausgegeben werden, für die auch sein Freund Norbert Pohl Studien verfasste. Allein der Schein zählte. Dabei handelte es sich um Kurzlehrbücher für Studium und Praxis, speziell für das Jurastudium an den Universitäten geschrieben. Kauka nutzte Schulze-Wildes amerikanische Lizenz aber auch, um einen eigenen Verlag zu gründen. Dieser Schritt wurde wenige Monate nach der Währungsreform vom 20. Juni1948 und der Einführung der Deutschen Mark (DM) angegangen. Beide schlossen sich am 18. September 1948 zur Münchner Verlagsbuchhandlung Harry Schulze-Wilde & Co. zusammen, die ihre Redaktionsadresse ebenfalls in der Weinstraße im vierten Stock hatte.

Rolf Kauka gelang damit geschäftlich der verlegerische Sprung nach München. Als Gründungsgesellschafter blieb er bei seinem falschen akademischen Titel und trat als »Dr. Rudolf Kauka, Verlagsbuchhändler aus Prien« auf. Dies war zumindest konsequent, folgte er damit doch nur den unrichtigen Angaben, die er zuvor gegenüber den amerikanischen Behörden getätigt hatte. Aber bald schon stand ein echter Doktortitel vor der Haustür. Erika Kauka hatte 1947 ihr Medizinstudium an der Ludwig-Maximilians-Universität (LMU) in München wieder aufgenommen und am 20. Dezember 1948 mit der Promotion erfolgreich abgeschlossen. Der Titel ihrer knapp 60 Seiten umfassenden Dissertation erschien im Verlag ihres Mannes.[17]

Ein stringentes Verlagsprofil war nicht erkennbar, das Verlagsprogramm eher Resultat persönlicher Kennverhältnisse. Neben Pohl tauchen als Autoren weitere Personen mit NS-Vergangenheit auf, die allerdings für die amerikanische Militärregierung tätig waren. So verlegte Kauka 1948 das Buch *Halder. Schuld oder Tragik?* des Rechtsanwalts Dr. Martin Horn, der die amerikanische Militärregierung in München juristisch beriet, Joachim von Ribbentrop beim Nürnberger Prozess verteidigt hatte und Franz Halder juristisch vertrat. Gleichzeitig veröffentlichen die Verlage aber auch Werke von Exilanten und Kommunisten, wie *Die Gefangene bei Hitler und Stalin* von Margarete Buber-Neumann. Entsprechend seiner Zeit erwies sich auch Kauka als sehr geschmeidig. Es ließ sich ohne festen Moralkompass eben leichter durch die Untiefen der Nachkriegszeit steuern.[18]

Genauso vielfältig wie ihre Autorenschaft entwickelten Harry Schulze-Wilde und Rolf Kauka unterschiedliche Romanreihen, wie etwa ab Ende 1948 *Der neue Filmroman* sowie das *ax Kriminalmagazin*. Für das ab Oktober 1948 vierzehntägig erscheinende Kriminalmagazin gewann man den Münchner SPD-Politiker Josef Seifried als Herausgeber, der von 1945 bis 1947 bayerischer Innenminister gewesen war. Es kam ab Oktober 1948 vierzehntägig heraus und beinhaltete Kurzgeschichten verschiedener Autoren. Allerdings erschien das Format lediglich über vier Ausgaben und wurde dann durch ein neues Kriminalmagazin abgelöst. Erfolgreicher war das Filmjournal, von dem in der Verlagsbuchhandlung immerhin 42 Ausgaben erschienen.

Die Münchner Redaktion in der Weinstraße war kurzzeitig auch noch mit einer weiteren Verlagsanschrift identisch, denn von 1949 bis 1951 firmierte hierunter auch der Heinz Ullstein

Verlag, der am 19. Januar gegründet worden war. Unter Ullstein erschien das *Neue Kriminal-Magazin* mit einer Auflage von 85 000 Stück, welches laut Impressum von der Münchner Verlagsbuchhandlung vertrieben wurde. Nachdem Kaukas Kriminalreihe *ax* nach vier Ausgaben eingestellt wurde, übernahm Ullstein diese Serie. Das *Neue Kriminalmagazin* wurde bis zur Einstellung mit der Nummer 27 im Jahr 1951 unter den wechselnden Obertiteln *Club Kriminal Magazin*, *Kriminalclub* weitergeführt, ebenso wie *Der neue Filmroman*, später *Filmroman* bzw. *Delphin Roman*.

Auch wenn der gemeinsamen Verlagstätigkeit kein großer Erfolg beschieden war, kamen Kauka und Schulze-Wilde doch gut miteinander aus. So gut, dass sogar das Gerücht aufkam, Rolf sei ebenso wie Harry homosexuell. Weit entfernt von einer Homophobie, kommentierte Rolf Kauka so etwas dennoch zeittypisch unter dem Deckmantel seines sehr subtilen Humors und soll gesagt haben: »Wenn ich bei ihm bin, stehe ich lieber immer mit dem Rücken zur Wand«.[19]

Mit Gründung der Bundesrepublik Deutschland (BRD) hob die amerikanische Militärverwaltung am 22. August 1949 den Lizenzzwang für Verlage auf. Daraufhin fand bis zum Herbst die Zusammenarbeit zwischen Rolf Kauka und Harry Schulze-Wilde ihr Ende. Die gemeinsam betriebenen Verlagseinheiten stellten ihre Arbeit ein. Gleichzeitig zog die Familie Kauka Ende des Jahres von Priem in die Parzivalstraße 8 nach München um. Mit dem Tag der Lizenzaufhebung schied Schulze-Wilde als Gesellschafter der Firma aus, die jetzt in die Münchner Verlagsgesellschaft Rudolf Kauka oHG mit Redaktionssitz in der Parzivalstraße 8 umgewandelt wurde.

Jedoch vermochte Rolf Kauka es nicht, einen Verlag finanziell allein zu stemmen, und benötigte einen Kompagnon. Neben Dr. Rudolf Kauka trat als persönlich haftender neuer Gesellschafter für Schulze-Wilde jetzt Bernd Freiherr Freytag von Loringhoven in Erscheinung, der bereits seit Anfang Mai 1949

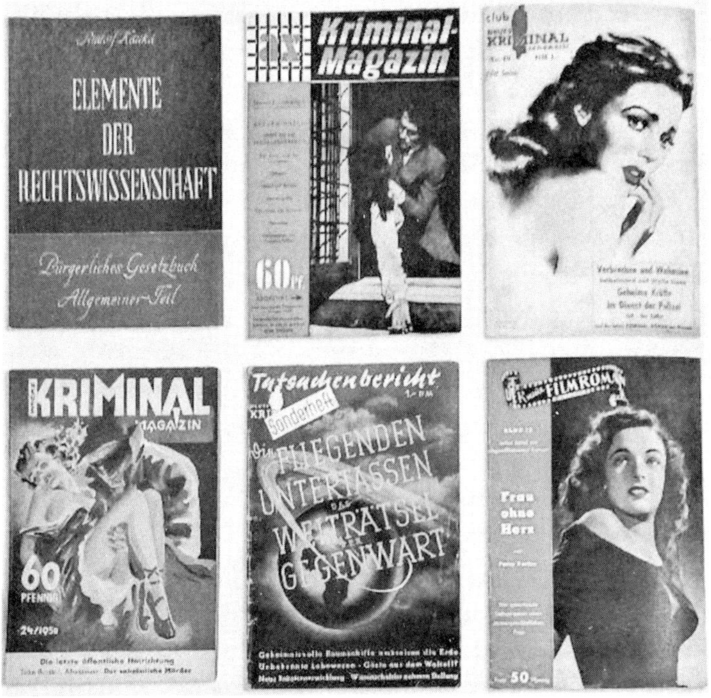


*Frühe Publikationen von Rolf Kauka, 1948 – 1950*

mit Kauka zusammenarbeitete. Der frühere Major i.G. hatte als Adjutant des Generalstabschefs des Heeres die tägliche Lagebesprechung im Führerbunker in Berlin bis Ende April 1945 vorbereitet. Im März 1948 war er aus der britischen Kriegsgefangenschaft bei Delmenhorst-Adelheide entlassen worden.

Von Loringhoven, der in Verlagsangelegenheiten verkürzt auch als Bernd von Freytag firmierte, knüpfte über den Verlag zahlreiche Kontakte. Da er Mitte 1949 sehr knapp bei Kasse war, betätigte er sich als Autor und unterstützte etwa den Schriftsteller Heinz Bongartz alias Jürgen Thorwald bei seinen Büchern *Es begann an der Weichsel* und *Das Ende an der Elbe*. Thorwald war Mitbegründer der evangelisch-konservativen Wochenzeitung *Christ und Welt*, die von den Amerikanern 1948 als »Nazi-Zeitung im Untergrund« eingeschätzt worden war.

In von Loringhovens offiziellen Lebensläufen trat er beruflich offen als Verleger auf. Doch er war sowohl vor als auch nach seiner Zusammenarbeit mit Kauka in der Verlagsbuchhandlung für den westdeutschen Geheimdienst tätig. Freytag von Loringhoven hatte bereits von Juli 1948 bis Mai 1949 für die im Auftrag der USA arbeitende Organisation Gehlen, die Vorgängerorganisation des BND als Auslandsgeheimdienst, gearbeitet und sollte ihr erneut vom März 1952 bis 1956 angehören. Seine verlegerische Zusammenarbeit mit Kauka diente faktisch seiner zivilen Abdeckung und Legende zwischen seinen Tätigkeiten im Geheimdienst.[20]

Während der Zusammenarbeit mit Freytag von Loringhoven kam eine Mitarbeiterin zum Verlag, die er noch aus dem Führerbunker in Berlin kannte: Traudl Junge, Adolf Hitlers letzte Sekretärin. Junge war der sowjetischen Kriegsgefangenschaft entkommen und hatte sich April 1946 zu ihrer Familie nach München absetzen können, wo sie 1947 entnazifiziert worden war. Danach verdiente sie ihr Geld wieder als Sekretärin, half dem Rechtsanwalt Dr. Hans Raff mit Schreibarbeiten aus.

Traudl Junge arbeitete meist vormittags als Redaktionsassistentin für Kaukas Kriminalmagazin und am Nachmittag für den Journalisten und Schriftsteller Karl Ude, den sie 1948 kennen gelernt hatte. Sie arbeitete knapp drei Jahre für Kauka, der gerne der früheren Sekretärin Hitlers beruflich helfen wollte. Offenbar verfasste sie auch einzelne Artikel wie etwa *Madam, Ihre Augen* in der *Mix* von 1950. Anfang 1950 schied sie aus der Redaktion aus und nahm eine Sekretärinnen-Stelle bei der Illustrierten *Quick* an. Im Arbeitszeugnis der Münchner Verlagsbuchhandlung schrieb Rolf Kauka über sie: »Frau Junge war uns eine außerordentlich wertvolle Mitarbeiterin, die wir nur ungern verloren haben. Durch ihre Leistungen genoss sie sowohl bei der Geschäftsleitung wie bei der Kollegenschaft ganz besondere Achtung. Durch ihr gegenüber jedermann liebenswürdiges Wesen war sie überall beliebt«.[21]

Neben Traudl Junge arbeitete auch noch Ruth Irene Kalder zeitweise als Sekretärin für Rolf Kauka, die ebenfalls eine braune Vergangenheit hatte. Sie war die Lebensgefährtin des NS-Verbrechers Amon Göth gewesen, dem berüchtigten Lagerkommandanten des Konzentrationslagers Plaszów, der spätestens mit Steven Spielbergs Film *Schindlers Liste* traurige Berühmtheit errang. Im Kauka-Verlag gefiel es Irene Kalder gut.[22]

Neben Bernd Freytag von Loringhoven entwickelte Rolf Kauka auch noch zu einem weiteren Geheimdienstmitarbeiter engen Kontakt. Kaukas früherer Ic-Vorgesetzter Gerhard Wessel lebte seit Ende 1947 in Pullach bei München. Das aber wusste niemand offiziell, denn Wessel arbeitete im amerikanischen Auftrag im Geheimen für die Organisation Gehlen. Nach Wessels eigenen Aussagen sah er Kauka erstmals 1950 wieder. Verlief ihr Kontakt anfangs noch eher sporadisch, trafen sich beide bald schon regelmäßig alle paar Monate.

Trotz der diametral unterschiedlichen Charaktere entwickelte sich daraus über die Jahre eine enge Freundschaft. Wessel wiederum pflegte eine Freundschaft zu Wolfgang Ernst, einem im Krieg mehrfach ausgezeichneten Jagdflieger. Ernst gehörte dem Jagdgeschwader 77 an, dem Herz-Ass-Geschwader, hatte 36 Feindabschüsse und war fünfzehnmal selbst abgeschossen worden. Geschichten, mit denen man bei Rolf Kauka punkten konnte.

Wolfgang und seine Ehefrau Lena-Renate Ernst gründeten noch während ihres Studiums 1947 das Institut zur Erforschung der öffentlichen Meinung am Zeitungswissenschaftlichen Institut in München mit. Daraus entwickelte sich 1955 das Meinungsforschungsinstitut Infratest zur Erforschung der Wirkung publizistischer Mittel. Bei einer Münchner Faschingsveranstaltung lernte schließlich auch Rolf Kauka über

Gerhard Wessel das Ehepaar Ernst näher kennen und befreundete sich mit ihnen. So zählten ein Geheimdienstmann und ein Markforscher bald zu Kaukas engstem Kreis – Beziehungen, die er auch geschäftlich zu nutzen wusste.[23]

Nicht allein der Bekannten- und Freundeskreis der Kaukas vergrößerte sich, inzwischen lebte auch Rolf Kaukas Schwester Ingeborg in Bayern, genauer gesagt im mittelfränkischen Rückersdorf. Rolfs Beziehung zu ihr war jedoch stets angespannt, da er ihr unstetes Leben ablehnte. Ingeborg hatte nach ihrer ersten Ehe 1941 und der Geburt ihres unehelichen Sohnes 1943, Resultat einer verbotenen Beziehung mit einem französischen Kriegsgefangenen, am 15. Juli 1946 ihre Tochter Dagmar Kauka in Grafenwöhr zur Welt gebracht, erneut unehelich. Der Vater blieb unbekannt, dürfte vermutlich ein amerikanischer Besatzungssoldat gewesen sein, hatte sie doch nach dem Krieg als Sekretärin für die amerikanische Militärverwaltung gearbeitet.

Rolfs Schwester heiratete am 18. Februar 1950 den Dolmetscher Siegfried Max Seifert. Auch Rolf war eingeladen, nahm jedoch an der Hochzeit seiner Schwester nicht teil, deren Ehe schon im März 1953 wieder geschieden werden sollte. Allerdings blieb er Monate später konsequent auch der Eheschließung seiner zweiten, jüngeren Schwester fern, obwohl er ein sehr gutes Verhältnis zu ihr und ihrem Ehemann pflegte. Brunhilde heiratete am 29. November 1950 ihren Verlobten Lothar Wagner. »Brunhilde heiratet Wagner«, hätte die Hochzeitsanzeige gelautet, ganz im Sinne Rolf Kaukas.[24]

Der Schwerpunkt von Rolf Kaukas Verlagsbuchhandlung lag zunächst im Großhandel mit Büchern und Zeitschriften. Ab 1950 verlegte der Kauka-Verlag auch Liebesromane der am Tegernsee lebenden Autorin Hedwig Courths-Mahler als Taschenbücher. Kauka war bemüht, das Zeitschriftengeschäft weiter auszubauen und sich möglichst breit aufzustellen. Ab März 1950 erschien vorübergehend die Zeitschriften *Techni-*

*sche Neuheiten und Erfindernachrichten*, später *Neuheiten aus Industrie und Technik*, die aber nach wenigen Ausgaben eingestellt wurden. Wahrscheinlich hatte er diese im Auftrag verlegt, da zeitgleich im Frühjahr die Export-Messe im vierten Jahr in Hannover lief, dabei vom 4. bis 14. Mai die Technische Messe, als erste deutsche Industriemesse überhaupt wieder mit ausländischer Beteiligung. Herausgeber war letztmalig die Münchner Verlagsbuchhandlung.

Kauka versuchte danach mit einer Magazinreihe erfolgreich zu sein. Ende 1950 übernahm er die Monatsrevue *Mix*, die zuvor als *Neues Magazin* erschienen war und bald bei ihm mit dem Untertitel *Die neue bunte Monatsrevue* herauskam. Die Redaktionsleitung der Zeitschrift hatte Ingeborg Rösener, die bereits Romane für *Der neue Film-Roman* verfasst hatte. Die Magazin-Reihe wurde mit Heft 7 eingestellt.

Als Nachfolger von *Mix* kam *Er – die Zeitschrift für den Herrn*. Chefredakteur war hierbei Hubert Miketta, der vor dem Krieg verantwortlich für Magazine wie *Die elegante Welt* oder *Revue des Monats* gewesen war. Unter der Verantwortung des NSDAP-Mitglieds Miketta warb der Verlag 1933 damit, dass jeder Deutsche ein Hitler-Porträt besitzen sollte. Ein Mann, der sich mit dem Zeitgeist offenkundig gut auskannte.

Kauka brachte verstärkt leicht bekleidete Mädchen bzw. Aktbilder aufs Titelbild. Das Format aber erregte schnell behördlichen Unmut. So wurde Rolf Kauka am 29. Dezember 1950 wegen der »Verbreitung unzüchtiger Werke« (§ 184 StGB) sogar zu einer Strafe von 100 D-Mark verurteilt. Gegenstand der Anklage war eine Bilderserie. Ende des Jahres wurde auch diese Zeitschrift nicht mehr von ihm weitergeführt und ging zur Hamburger Verlags-Union. Kaukas Ansatz, als Verleger mit Sex und Verbrechen Leser zu gewinnen und Geld zu verdienen, war gescheitert.[25]

All diese Niederlagen und Misserfolge entmutigten Rolf Kauka nicht, sie spornten ihn eher an. Er war nicht einfach nur ideenreich, er war vor allem vom Ehrgeiz getrieben. Unermüdlich versuchte er sein Verlagsgeschäft auf allen möglichen Wegen zu etablieren, was seine ganze Energie in Anspruch nahm. Für Familie, Frau und Kinder, blieb immer weniger Zeit. Aber Erika Kauka dachte nicht daran, das Leben einer Hausfrau in den Fünfzigerjahren zu fristen und geduldig auf die abendliche Heimkehr ihres Ehemanns von der Arbeit zu warten. Nicht zuletzt auch aufgrund der finanziell unsicheren Verlagssituation verfolgte sie nach ihrer Promotion an der LMU konsequent, sich weiter als Assistenzärztin zu qualifizieren. Die Lebensentwürfe von Rolf und Erika Kauka entfernten sich immer weiter voneinander.

Die bayerische Landeshauptstadt München zählte 1950 rund 800 000 Einwohner und galt bereits im Frühjahr desselben Jahres laut Zeitungsberichten als die am besten vom Schutt geräumte deutsche Großstadt. Dennoch waren viele Gebäude zerstört und mussten abgerissen werden, zahlreiche Neubauten entstanden. Ebenso wie die Stadt befand sich auch Rolf Kauka dauerhaft in einer Phase des Aufbruchs und der Neuorientierung. Häufig wechselten Wohnanschrift und Firmenadresse. Allein im Jahr 1951 änderte sich Kaukas Verlagsadresse mehrfach, wechselte von der Parzivalstraße 8 über die Hofmannstraße 7 zur Habsburgerstraße 12.

Hier bezog Rolf mit seiner Familie unweit des Englischen Gartens eine großräumige Sechs-Zimmer-Wohnung in der ersten Etage, die er für 240 Mark im Monat mietete. Im Adressbuch waren unter der Schwabinger Anschrift seine Frau als »Dr. Erika Kauka« und er als Verleger »Dr. Rudolf Kauka« des Verlages *Dr. Erika Kauka, HR* (Handelsregister) eingetragen.

Zusammen mit ihnen lebte auch seine achtundfünfzigjährige Schwiegermutter Emma Bahre in der Wohnung. Das frühere NSDAP-Mitglied war der gute Geist der Familie, besonders für seine beiden kleinen Töchter. Die größere Wohnung war notwendig geworden, weil sich Erika Kauka seit Herbst 1949 in anderen Umständen befand. Am 13. Juni 1950 wurde ihre dritte Tochter Irene Kauka in der Frauenklinik Maisstraße in München geboren. Wieder hatte sich Rolf Kaukas Hoffnung voll und ganz auf einen Sohn gerichtet, seine Enttäuschung war abgrundtief. Angeblich, so erinnerte sich seine älteste Tochter, hatte Rolf im Krankenhaus nur kurz angerufen, um das Geschlecht des Kindes zu erfahren und sei dann gar nicht mehr zu einem Besuch gekommen. Doch später hatte Rolf Kauka zu seiner Tochter Irene eine sehr gute Vater-Tochter-Beziehung.[26]

In der Habsburgerstraße wohnten in der vierten Etage Dieter Baron von der Recke mit seiner Frau Gunhild. Er hatte 1949/50 in zwei kleinen Filmchen mitgewirkt. Die beiden benachbarten Familien freundeten sich schnell an, es entwickelte sich eine jahrzehntelange enge Freundschaft. Von der Recke arbeitet sogar einige Zeit im Vertrieb von Kaukas Zeitschriften mit, da seine Schauspielerei nicht sonderlich erfolgreich war. Bei der in Kaukas Wohnung gefeierten Taufe übernahm daher Gunhild von der Recke eine Patenschaft für Irene Kauka. Die zweite Patin wurde Monica Hörbiger, die Tochter Paul Hörbigers. Auch sie arbeitete inzwischen beim Kauka-Verlag in der Habsburgerstraße, wollte später in den Verlag ihres Onkels Heinz Ullstein wechseln. Doch nach ihrer Hochzeit mit Robert Tramitz 1952 änderte sie ihren Lebensentwurf. Drei Jahre später wurde ihr Sohn Christian Tramitz in München geboren, der als Schauspieler, Synchronsprecher und Komiker große Bekanntheit erlangte.[27]

Zu dieser Zeit begann Rolf Kauka, die Romanheftserie *Bill Rocky* zu verlegen, die erstmals am 9. Mai 1950 im Kauka-Verlag in der Parzivalstraße erschien. Kauka arbeitete bei *Bill Rocky* ebenso wie beim *Delphi-Roman* mit Heinrich Korth zusammen. Korth war vor 1945 Leiter der Wiener Niederlassung des Franz-Eher-Verlags gewesen, des früheren Zentralverlags der NSDAP. Der Romanheftforscher Heinz J. Galle hat belegt, dass Kauka zur Herstellung der Westernreihe einfach die Vorkriegshefte der Reihe *Billy Jenkins* und *Heinz Class* sowie gekürzt die *Billy-Jenkins*-Bücher übernahm. Er tauschte die Namen aus und veröffentlichte alles unter *Bill Rocky*. Von den ersten 60 Titeln waren allein 35 solche modifizierte Vorkriegsmanuskripte.

Rolf Kauka führte hier erstmals ein persönliches Grußwort zu Heftbeginn ein, das später ein Markenzeichen von ihm werden sollte. Im Grunde richtete *Bill Rocky* sich mit seinen einführenden Worten an die Leser, die Editorials begannen immer mit »Liebe Freunde« und waren mit »euer Bill Rocky« unterschrieben. Die für *Bill Rocky* verantwortliche Redaktion arbeitete vom Wohnzimmer der Kaukas aus. Monica Hörbiger half damals beim Westernheft mit und muss heute noch schmunzelnd daran denken, dass Unterschrift, Eingangsstatement und die Beantwortung der Fanpost meist von Erika Kauka geschrieben wurden.[28]

Das Geschäftsmodell einer Verlagsbuchhandlung, das ohne eine Buchhandlung im eigentlichen Sinn existierte, entwickelte sich so gut, dass bis zu 20 Personen Beschäftigung fanden. Doch die positive Lage änderte sich bis Ende 1951 genauso schnell wieder zum Schlechten. Der Firma ging es finanziell mehr als kritisch, es kam mit Gläubigern zu einem Zahlungsmoratorium. Dem Kauka-Verlag drohte die Pleite. Am Ende der Geschäftsbeziehung blieb Kaukas Partner Bernd Freytag von Loringhoven auf mehreren zehntausend Mark Schulden sitzen und machte Rolf Kauka wegen der wirtschaftlichen Misere persönlich schwere Vorwürfe. Es kam zum Zerwürfnis.

Im Oktober 1951 wurde deshalb die oHG aufgelöst und die Münchner Verlagsbuchhandlung Rudolf Kauka aus der Taufe gehoben. Als alleiniger Inhaber trat Rolf Kauka als Buchhändler in München auf. Einen Monat später wurde auch ein Kauka-Verlag gegründet, der allerdings am 16. November 1951 unter dem Namen seiner Frau als Kauka-Verlag Dr. Erika Kauka ins Handelsregister eingetragen wurde. Die promovierte Ärztin firmierte als Journalistin und Verlegerin.[29]

Kurz vor seinem fünfunddreißigsten Geburtstag sollte Rolf Kauka erstmals überhaupt im Verlagsgeschäft eigenständig entscheiden können. Am 31. März 1952 erteilte ihm seine Frau, de jure die Verlagsbesitzerin, Einzelprokura für den Verlag. Sie hatte ihren Fokus gänzlich auf die Medizin gelegt, begann als Assistenzärztin am Universitätsklinikum in der Frauenklinik zu arbeiten. Erika Kauka wurde Gynäkologin; das war für sie mehr Berufung als Beruf und forderte ihre gesamte Aufmerksamkeit und Zeit. Ihre beruflichen Ambitionen entsprachen jedoch keineswegs Rolf Kaukas konservativem Familien- und Frauenbild. Er sah sich allein verantwortlich dafür, die Familie zu ernähren. Nur für ihn machte es Sinn, eine Karriere anzustreben.

# EULENSPIEGELS FÜCHSE

Rolf Kauka suchte nach neuen Möglichkeiten, wie er eine Leserschaft enger an sich binden konnte, dafür beschritt er zunächst einmal ihm bekannte Wege. Er griff auf das frühere Erfolgsmodell von Zigarettensammelbildern zurück und produzierte ab 1952 bunte Sammelbilder in Anlehnung an die Westernserie *Bill Rocky*. Jeweils 25 dieser Bilder konnte man in spezielle Hefte der Reihe einkleben. Zusätzlich wurden zwei großformatige Alben herausgegeben, im März 1952 der 55 Bilder umfassende Band *Der Wilde Westen* und im Mai 1952 *Indianerland* mit 85 Bildern. Die Sammelalben erschienen zwar bei Kauka, wurden jedoch durch den Verlag des Kaufmanns und Buchdruckers Erich Pabel hergestellt und vertrieben.[30]

Erich Pabel hatte schlesische Wurzeln und war wie Kauka vom Spruchkammerbescheid betroffen gewesen. Er war am 8. September 1948 als Minderbelasteter entnazifiziert worden, hatte eine dreijährige Bewährungsfrist sowie eine Geldbuße von 200 D-Mark aufgrund seiner politischen Belastung erhalten. Pabel war Mitglied in zahlreichen NS-Organisationen gewesen, er war 1933 in die NSDAP und in das Nationalsozialistische Kraftfahrkorps (NSKK) eingetreten, wo er 1942 zum Truppführer aufstieg, 1934 in die Nationalsozialistische Volkswohlfahrt (NSV) und 1937 in die Deutsche Arbeitsfront (DAF). Auch er durfte zunächst nicht eigenständig verlegerisch tätig werden. Zudem war er noch 1941 für den Sicherheitsdienst des Reichsführers SS (SD) im Reichssicherheitshauptamt (RSHA) tätig gewesen und hatte für diesen Fachartikel sowie Film- und Pressekritiken verfasst.

Der Pabel-Verlag war 1949 nach dem Ende der Lizenzpflicht mit 21 Mitarbeitern mit dem Schwerunkt Buchbinderei und Verlagsauslieferung in Rastatt gegründet worden. Er war vor allem mit *Lore*-Romanen erfolgreich, die als eine der ersten Heftroman-Reihen nach dem Zweiten Weltkrieg gelten. Kauka hatten den Kontakt zu Pabel gesucht und war eines Tages zu ihm mit dem Auto nach Rastatt gefahren.[31]

Dementsprechend war das erste Album Erich Pabel in Dankbarkeit gewidmet, als »Förderer wertvollster Wildwest- und Jugend-Literatur«. Kauka trat hierbei unter dem Pseudonym »Rolf Sandor« auf. 53 Ausgaben erschienen unter Kaukas Verantwortung. Ende des Jahres 1951 übernahm dann der Erich Pabel-Verlag ab Nummer 54 die Reihe *Bill Rocky*, ebenso wie ab Heftnummer 51 auch den *Delphin Roman*. Es begann eine frühe verlegerische Kooperation zwischen Pabel und Kauka, bei der Pabel die Herstellung, Auslieferung und Fakturierung für die im Kauka-Verlag erscheinende *Delphin*-Serie übernahm. Allerdings zeichnete der Kauka-Verlag noch eine Zeitlang verantwortlich für die Manuskriptauswahl und den Kontakt zu den Romanautoren. Beispielsweise fuhr Erika Kauka zusammen mit ihrem Mann im Frühjahr 1952 nach Tegernsee zu Margarete Elzer, der Tochter von Hedwig Courths-Mahler, und begutachtete Roman-Manuskripte für die *Delphin*-Reihe. Erika Kauka teilte ihr dann mit, dass der Roman *Sei Du mein Glück* im Juli als *Delphin*-Roman Nr. 79 erscheinen würde.[32]

Für die Motive seiner beiden Sammelalben hatte Rolf Kauka den Zeichner Dorul van der Heide engagiert, der unter dem Pseudonym »Dorul V. Douglas« für ihn arbeitete. Der gebürtige Münchner stammte aus einer niederländisch-französischen Künstlerfamilie. Van der Heide galt als wahres Genie.

Er war Pressezeichner, Grafiker, Plakat- und Kunstmaler, seine Bilder waren in den Dreißiger- und Vierzigerjahren auf zahlreichen nationalen wie internationalen Kunstausstellungen zu sehen gewesen. Um Geld zu verdienen, spezialisierte er sich nach dem Krieg auf Zeichnungen und gemalte Bilder für Zeitschriften und Bücher. Zusammen mit seinem jüngeren Bruder Adrian van der Heide, einem Sänger und Schauspieler, wohnte er in der Tizianstraße 22. In der zweiten Etage befand sich sein Zeichenatelier.

Anfang 1949 hatte Rolf Kauka den Künstler bei einem Besuch des bekannten Münchner Nachkriegs-Kabaretts Die Schaubude kennen gelernt. Van der Heide hatte ein Heft aus dem Umfeld des Kabaretts illustriert, das die Aufmerksamkeit Kaukas fand. Rolf Kauka war wie sein Freundeskreis der Familien Boos, von der Recke und Ernst regelmäßiger Gast im berühmten Studio 15 in einer kleinen Villa an der Leopoldstraße 15, dem zwischen 1952 und 1958 sehr angesagten Münchner Jazz-Klub von Freddie Brocksieper.[33]

Als sich im Dezember 1952 das alte Jahr langsam dem Ende zuneigte, brachte Rolf Kauka noch schnell ein neues Format auf den Markt. Das Jugendmagazin *Colombo* mit dem Untertitel »Menschen, Tiere, Abenteuer, Humor und Wissenswertes aus aller Welt« richtete sich besonders an Jugendliche. Die Redaktion befand sich in der Fliegenstraße in der Isarvorstadt und wurde von Georg Friedel geleitet, das Heft bei Ullstein in Berlin gedruckt. Allerdings war auch dieser Reihe kein Erfolg beschieden, schon nach nur drei Ausgaben erfolgte im Februar 1953 die Einstellung der Serie. Interessant an diesem kurzlebigen Format war der erstmals erscheinende Comic *Dagobert*, der erneut aus der Feder von Dorul van der Heide stammte. Mit van der Heide als Illustrator an der Seite plante Kauka bereits ein weiteres Format, auf das ihn ein Mitglied der Ullstein-Familie brachte. Es sollte sein Leben verändern.[34]

Karl H. Ullstein, der fast sechzigjährige Enkel des Firmengründers, war 1950 aus dem mehrjährigen Exil in den USA nach Deutschland zurückgekehrt. Er widmete sich von nun an der Restitution und dem Aufbau des Familienverlags. Im Januar 1952 erhielt die Familie den Ullstein-Verlag und seinen Besitz zurück. Der Verlag war jedoch überschuldet, sein Maschinenpark veraltet. Kreativität war gefordert und Rolf Kauka sollte davon profitieren. Da Karl Ullstein viele Jahre in Amerika gelebt hatte, kannte er den dortigen Zeitungsmarkt, die Werbemöglichkeiten und die Filmbranche aus erster Hand. Zudem war es der Ullstein-Verlag selbst gewesen, der frühzeitig und erfolgreich Comic-Reklame in Deutschland betrieben und in den 1920er Jahren die erfolgreichste Kinderzeitschrift dieser Zeit, *Der heitere Fridolin*, herausgebracht hatte. So unterbreitete er Rolf Kauka die Idee, Zeichentrickfilme für Werbezwecke und Unterhaltung für Ullstein zu produzieren.

Kauka erklärte dazu in einem Interview 1979: »Ursprünglich wollte ich mit dem Ullstein Verlag Cartoon-Filme herstellen. Das war eine Idee von Karl Ullstein. Es gab allerdings keine Zeichner in Deutschland, und da begann ich, Zeichner auszubilden. Um nicht dauernd für den Papierkorb zu arbeiten, haben wir dann Comics hergestellt, die erst bei Ullstein erscheinen sollten. Ullstein war dann aber der Meinung, daß die Comics wie in den USA im Offsetdruck hergestellt werden sollten, und es gab in Deutschland noch keine entsprechenden Maschinen. Also bot ich die Sachen Pabel an, der sie dann herausbrachte«.[35]

Rolf Kauka griff Karl Ullsteins Idee auf und suchte nach fähigen Zeichnern, die er allerdings zu dieser Zeit nicht fand. Weil eine Trickfilmproduktion zudem sehr kostspielig und organisatorisch und vertrieblich schwierig umzusetzen war, versuchte er sein Glück zunächst mit dem Druck von Bildergeschichten. Denn mit Dorul van der Heide hatte er dafür ja bereits einen Zeichner an der Hand, und schließlich war im

September 1951 das erste *Micky Maus* für den stolzen Preis von 75 Pfennigen beim Ehapa-Verlag auf dem deutschen Markt erschienen.

Kauka war aber weit davon entfernt, wie in seinem Interview behauptet, selbst Zeichner auszubilden. Dazu wäre er künstlerisch gar nicht in der Lage gewesen. Was er jedoch erfolgreich konnte, war, Ideen zu einem Konzept zu entwickeln und lustige Bildergeschichten – bewusst in der Tradition deutscher Märchen, Fabeln und Volkssagen gehalten – an den Kiosk zu bringen. Der Kunstmaler Dorul van der Heide entwarf dazu zunächst zwei Figuren nach dem Vorbild Till Eulenspiegels und des Barons von Münchhausen. Beide literarische Charaktere ganz nach dem Geschmack von Kauka. Seiner Meinung nach lagen seiner Idee folgende marktstrategischen und psychologischen Überlegungen zugrunde: »Da war Till Eulenspiegel. Wir haben versucht, die deutschen Märchen zu verarbeiten, und knüpften an bekannte Figuren an, weil ich damals glaubte, neue Figuren würden eine zu lange Einführungszeit benötigen. Es ging auch darum, den Widerstand der Eltern gegen Comics zu überwinden, und das war mit *Till Eulenspiegel* oder *Münchhausen*, Figuren also, die sie kannten, leichter möglich«.[36]

Im Mai 1953 erschien die erste Ausgabe von *Till Eulenspiegel* in einer Auflage von 30 000 Exemplaren. Es war die erste originäre Serie Kaukas. 60 Pfennige waren ein immer noch stolzer Preis, verglichen etwa mit der Jugend-Zeitschrift *Zelt* für 25 Pfennige. Der Eulenspiegel enthielt auf insgesamt 28 Seiten drei Comics, alle von Dorul van der Heide gezeichnet. Von Vorteil war dabei, dass van der Heide Kaukas Ideenwelt bereits kannte und sie problemlos umsetzen konnte. In den ersten Jahren wurde die Heftserie komplett von Rolf Kauka getextet.

Aufgrund unterschiedlicher Vorstellungen hinsichtlich des Druckverfahrens erschien *Till Eulenspiegel* nicht über Ullstein, sondern über den Pabel-Verlag. Da Rolf Kauka als Geschäftsmann geschmeidig war, konnte er leicht von der jüdischen Verlegerfamilie Ullstein zu Pabel, dem späteren Verleger der kriegsverherrlichenden *Landser*-Hefte, springen. Erich Pabel war bereits mit einem breiten Angebot an Heften erfolgreich, verfügte über genügend Finanzmittel und hatte Interesse, seinen Geschäftsbereich weiter auszubauen. Also investierte er in die Idee von Kauka, der zeitgleich gerade *Bill Rocky* nach Rastatt abgegeben hatte.

Rolf Kauka war nun nicht Verleger im eigentlichen Sinne, sondern vielmehr Produzent. Zwar erschien die Serie im Pabel-Verlag, dennoch erreichte Kauka geschickt, dass sein Name mit der Serie prominent verbreitet wurde. Zeitgleich kam man 1953 mit der Gebrüder Franz'sche Buchdruckerei G. Emil Mayer ins Geschäft, die eben erst einen Neubau in der Karlstraße 35 bezogen hatte, als Rolf Kauka gerade für seine Mitarbeiter ebenfalls Räumlichkeiten im Erdgeschoss mietete. Das Bild- und Textmaterial der Kauka-Redaktion wurde von der Druckerei auf Bogen-Offsetmaschinen gedruckt, Auflage rund 30 000. Es wurde eine Geschäftsaufteilung von Dauer: Produktion bei Kauka, Druck bei Franz'sche Druckerei/Franzis und Vertrieb von Pabel.[37]

Rolf Kaukas *Till Eulenspiegel* war ohne Frage seine spezielle Antwort darauf, dass zwei Jahre zuvor erstmals eine Ausgabe von *Micky Maus* in Deutschland erschienen war. Im Untertitel nannte sich der Eulenspiegel in der vierten Ausgabe daher auch »Die erste deutsche Bilderzeitschrift«. Den Terminus Comic mochte Rolf nie sonderlich gut leiden, zumal dieser noch mit Schmutz und Schund verbunden war und fast als Schimpfwort galt.

Kauka traf damit den Nerv der konservativen Zeit. So trat am 9. Juni1953 das Gesetz über die Verbreitung jugendgefährdender Schriften in Kraft, was ein Jahr später, am 18. Mai 1954, zur Einrichtung der Bundesprüfstelle für jugendgefährdende Schriften (BPjS) führte. Tatsächlich wurde am 9. Juli

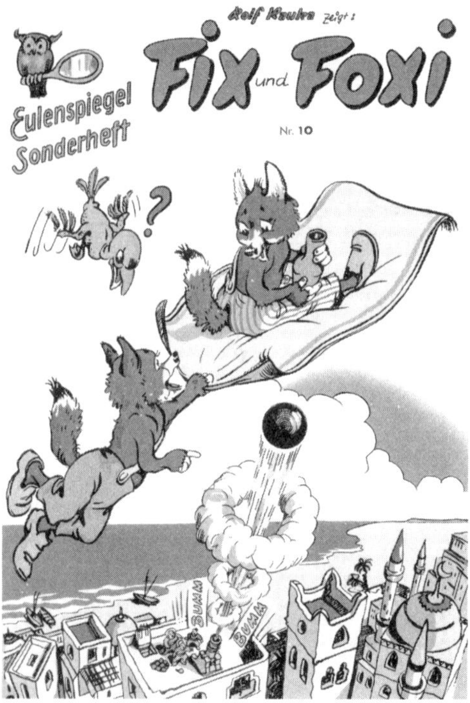


*Eulenspiegel mit Füchsen. Das erste Fix und Foxi, 1953*

1954 der Comic *Tarzan* auf die Rote Liste gesetzt, weil er »verrohend wirken und in eine Lügenwelt versetzen« würde. Im Deutschen Bundestag wurde darüber debattiert, dass Comics zu verbieten seien, wenn es sich um Schund handle.[38]

Weil Comics Mitte der Fünfzigerjahre noch als Gefährdung für die Jugend betrachtet werden konnten, griff Kauka bewusst auf klassische Märchen- und Sagenfiguren zurück. So hatten neben der bereits eingeführten Figur *Dagobert* eben *Till Eulenspiegel* und bald auch der *Baron Münchhausen*, Reineke Fuchs und Isegrim einen Auftritt. Die fünfte Ausgabe erschien mit dem Hinweis »Lustige Tiere« auf dem Titelbild und kündigte das erste Abenteuer vom schlauen Fuchs und dem bösen Wolf an.

Aus diesem Paar entwickelte sich bald schon ein Eigenleben mit eigenen Charakteren. So tauchten bereits in der sechsten Ausgabe erstmals zwei kleine Füchse namens *Fix und Foxi* in Latzhosen auf, die sich mit dem bösen Wolf auseinandersetzten. In der achten Ausgabe, die am 10. November 1953 erschien, entwickelte sich aus dem bösen Wolf die Figur Lubo, woraus bald *Lupo* wurde. Am 15. Dezember 1953 wurde eine Sonderausgabe herausgebracht, die *Fix und Foxi* hieß. Ab dieser Ausgabe war über dem Titel auch der Zusatz »Rolf Kauka zeigt« zu lesen, weshalb jeder Leser annehmen musste, Kauka habe die Geschichten selbst gezeichnet. Die Hefte erschienen nun zunächst im Dreiwochen-Rhythmus, wobei sich *Eulenspiegel* mit den beiden Füchsen als Titel abwechselte. Erst ab Ausgabe 29 etablierte sich Anfang 1955 die reguläre Ausgabe von *Fix und Foxi*.[39]

Rolf Kauka äußerte sich später in einem Interview gegenüber dem Bayerischen Rundfunk (BR) zu seiner Idee mit den Füchsen: »Damals gab es noch keine deutschen Comics, es gab ja nur amerikanische. Wir stellten fest, dass sie der Mentalität unserer Kinder, unserer Jugend, wenig entsprechen. Der größte Nachteil, meiner Meinung, ist der, dass sie die kindliche Fantasie völlig einengen. Nun habe ich angefangen, neue Figuren zu entwickeln, und versucht, die Geschichten so laufen zu lassen, dass sie die Fantasie anstoßen, dass der Leser die Geschichten auch selbst weiterentwickeln kann.«[40]

Kauka erwies sich mit solchen Aussagen als ein Genie in Sachen eigener Vermarktung. Comics loten allgemein die Fantasie aus, unabhängig von ihrer Provenienz. Worauf Kauka vielmehr abzielte, war die kulturelle Wertediskussion in der frühen Bundesrepublik und die latent vorhandene Angst gegen eine Verdrängung der deutschen Kultur durch eine allumfassende Amerikanisierung. Dieses wusste er zu nutzen. Dabei argumentierte er interessanterweise wie in der DDR, die ebenfalls schon die Begrifflichkeit Comic als amerikanisch ablehnte.

Im Atelier in der Tizianstraße arbeitete seit März 1953 Werner Hierl als Dorul van der Heides Assistent – »im freien Schüler- und Praktikantenverhältnis«. Hierl kam direkt von der Münchner Kunstakademie, er hatte einen Aushang am Schwarzen Brett gesehen, mit dem ein Trickfilmzeichner gesucht wurde.[41]

In dieser frühen Verlagsphase kam Rolf Kauka zu Arbeitsbesprechungen immer mit dem Wagen in die Tizianstraße gefahren und musterte, meist versteckt hinter seiner dunklen Brille, die Arbeitsergebnisse. Die Geschichten und Sprechblasentexte der ersten Ausgaben verfasste Kauka selbst, die Umsetzung der Zeichnungen und das Lettering lagen bei van der Heide und Hierl. Sie arbeiteten gemeinsam an einem ausladenden Eichentisch. 15 Mark erhielt van der Heide zur Anfangszeit pro Magazinseite. Zum Jahreswechsel, nach den ersten Monaten der Zusammenarbeit, erstellte Kauka für van der Heide einen Sammelband der ersten zehn *Eulenspiegel*-Ausgaben und versah ihn mit einer Widmung, die Dank an den Zeichner und Erwartung auf weitere Zusammenarbeit ausdrückte.[42]

Rolf Kauka hatte mit seinem neuen Heft das schwierige erste Jahr überstanden. Das große Geld allerdings machte er damit nicht. Die Kosten für die Druckerei und den Vertrieb waren zu hoch, zudem hatte er noch Kreditschulden aus der Anfangsfinanzierung. Kauka begann, sich auch kaufmännisch am Vorbild von Walt Disney zu orientieren, und versuchte die von van der Heide geschaffenen Produkte mehrfach zu verwerten. Dadurch sollten der Bekanntheitsgrad vergrößert und eine Kundenbindung erzielt werden. *Münchhausens tolle Abenteuer* hatte er bereits erfolgreich an die *Münchner Abendzeitung* verkauft. In der dortigen kostenlosen Zeitungsbeilage für Kinder, der *Kleinen Zeitung*, erschienen die Comics erstmals Juli 1953 in der Mittwochsausgabe. Dies war bis mindestens April 1954 der Fall.[43]

Um ein breiteres und älteres Publikum anzusprechen, startete Rudolf Kauka zusammen mit Erich Pabel im Oktober 1953 das neue Comicprodukt *Bilderpost*. Um im Zeitungsformat für anfangs 20 Pfennige mit Abenteuercomics namens *Cowboy Jimmy* oder *Das Inka-Geheimnis* neue Leser zu gewinnen, waren amerikanische Sonntagszeitungen das Vorbild. Mehrfach wurden Konzept, Titel und Format geändert, ab Dezember hieß es neu *Bambuli. Die lustige Bilderpost*, nun mit humoristischen Geschichten um *Fix und Foxi* oder *Knickebein und Brummel*. Nach 15 Ausgaben sollte auch dieses Experiment im Januar 1954 wieder enden.[44]

Indessen wurde kräftig die Werbetrommel für Kaukas Hauptformat gerührt. In *Der neue Vertrieb* (DNV), einem Magazin für den Pressevertrieb, erschien zuerst in der Ausgabe 98 ein Kurzbericht über *Till Eulenspiegel – ein deutsches Bilderbuch*, in der Ausgabe 108 im Oktober 1953 dann ein ohne Frage von Rolf Kauka lancierter Artikel der Münchner Kinderpsychologin Maria Renner, die seinen Figuren attestierte, dass sie einen besonderen Humor hätten und sich aus moralischer Sicht wohltuend von den amerikanischen Serien abheben würden. Weiter schilderte Renner, dass sie den Verlag in Schwabing persönlich besucht habe, und sie erklärte fälschlicherweise, dass Rolf Kauka selbst zeichnen würde.

Kauka berichtete Renner auch von seinen Zukunftsplänen: »Was für mich auch sehr interessant war, ist die Tatsache, dass diese deutschen Comics auch vom Ausland begeistert aufgenommen werden. In Finnland und in einem anderen skandinavischen Land laufen *Eulenspiegel, Münchhausen* und *Fix und Foxi.* Die ausländischen Verleger haben sich deshalb für die deutschen Kauka-Comics entschieden, weil sie anständig sind, Gangster-Motive meiden und mit einem treffenden Humor geladen sind«.[45]

Tatsächlich war zu dieser Zeit bereits die Vermarktung im Ausland, nämlich in Finnland, angelaufen – bezeichnender-

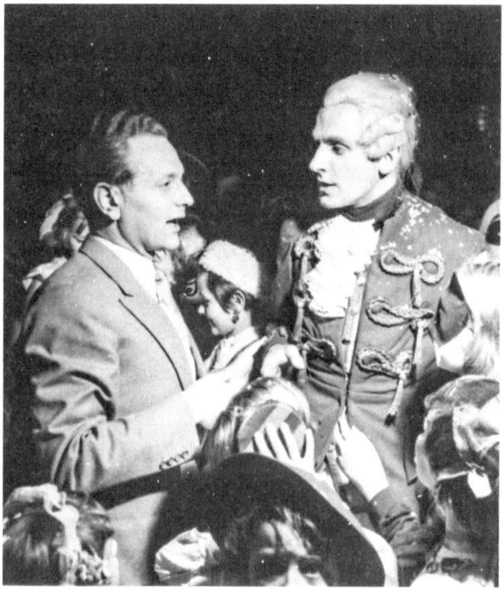

Ein wegweisendes Gespräch. Rolf Kauka mit Joachim Böse als Münchhausen beim Münchner Kindermaskenball, 20. Februar 1954

weise im Land von Kaukas Vorfahren. Über Erich Pabel kam 1953 zufällig der Kontakt zum dreiundsechzigjährigen finnischen Verleger Urho Lanamäki und seiner Frau, der Journalistin Marianne Karjojoki, zustande. Sie besuchten Pabel aus geschäftlichen Gründen in Deutschland und interessierten sich für sein neues Verlagsprodukt: Kaukas *Eulenspiegel.* Finnland wurde so das erste Land, in dem Rolf Kauka sein in München produziertes Material verkaufen konnte. Schon Anfang 1954 erschien über Lanamäkis Vaasa Oy-Verlag die erste Ausgabe des finnischen Eulenspiegels *Jännä Jussi.* Bis 1959 sollte nun dort die finnische Ausgabe erscheinen, deren Titel ab Oktober 1958 auf *Vili ja Vippi* (deutsch *Fix und Foxi)* umgesetzt wurde. Weitere skandinavische Länder folgten erst Jahre später.[46]

Rolf Kauka entwickelte weiter neue Ideen. Er brachte Anfang 1954 ein Sonderheft *Münchhausen* in 3-D auf den Markt, 3-D-Brille inklusive. Eine Novität zu der Zeit. Auf den letzten Seiten sieht man ihn im Gespräch mit dem Schauspieler Joachim Böse in der Rolle des Münchhausen, umgeben von jubelnden Kindern, aufgenommen im Münchner Fasching am 20. Februar 1954 beim Kindermaskenball der *Münchner Abendzeitung* im Deutschen Theater in der Schwanthalerstraße. Es war eine richtungsweisende Botschaft für eine weitere Geschäftsidee, die wenige Jahre später folgen sollte.[47]

Symptomatisch für die Anfangsjahre war die ständige Suche nach immer neuen Produkten. Gemeinsam mit Erich Pabel unternahm Kauka 1954 den Versuch einer eigenen Bilderbuchreihe: *Eulenspiegels Bunte Kinderwelt*, die mindestens über sechs Ausgaben lief und in aufwendigem Konturschnitt Märchen wie *Hans im Glück*, *Die Bremer Stadtmusikanten* und ähnliche Kindergeschichten wie *Emil, der Kater* oder *Quaak, der Frosch* erzählte. Dieser sehr leicht zu beschädigenden Heftform war kein Erfolg beschieden.[48]

Trotz Kaukas bekannter Ablehnung von Walt Disneys amerikanischem Figurenuniversum blitzten auch bei ihm vereinzelt bekannte Vorlagen auf. In den Münchhausen-Geschichten kam es durch das eigenwillige Aufgreifen von Disneys Elefanten *Dumbo* zu einer Copyright-Verletzung, die dazu führte, dass diese Erzählung mit Ausgabennummer 36 abrupt endete. Auch taucht später das Reh *Kizzi* auf, das einen berühmten Doppelgänger hat. »Nein, *Bambi* ist ein Hirschkalb und *Kizzi* ein kleines Rehkalb.« In einem Interview versuchte Rolf Kauka Jahre später Plagiatsvorwürfe zu entkräften: »Aber das liegt daran, dass ich kaum Disney-Geschichten gelesen habe. Man nimmt so leicht Ideen auf und verwendet sie später selbst, und davon wollte ich mich freimachen.«[49]

Rolf Kauka versuchte auch, seine Produkte einem möglichst breiten Publikum näher zu bringen und seine Geschichten nach amerikanischem Vorbild als Zeitungsstrips zu platzieren. Erfolgreich konnte er ab Mitte Januar 1954 bis mindestens Mitte 1955 Comic-Geschichten in der *Göttinger Zeitung* als Wochenendbeilage hineinbringen. In den folgenden Jahren sollte Kauka eine solche Übernahme in einzelnen Zeitungen gelingen.

Dazu nahm er unter anderem Kontakt mit dem Geschäftsführer der internationalen Agentur Keystone Press auf, um seine Comicserien in Zeitungen und Zeitschriften unterzubringen. Kaukas Idee fand bei Keystone keinen Widerhall, doch eine neue Idee wurde dabei geboren.[50]

# WERBUNG IN EIGENER SACHE

Kauka war ständig an der Erweiterung seines Angebotes und ganz besonders am Aufbau seiner Filmproduktion interessiert, doch dafür benötigte er erfahrene Zeichner und Trickfilmer. Außerhalb der USA gab es zu dieser Zeit talentierte Trickfilmzeichner in Jugoslawien. Die Volksrepublik, in der im Januar 1953 Josip Broz Tito zum Staatspräsidenten gewählt worden war, öffnete sich als sozialistischer und blockfreier Staat zunehmend dem Westen. Und Belgrad begann sich auch für Rolf Kauka in München zu interessieren.

Am 5. März 1954 meldete sich bei ihm wieder die Münchner Vertretung der internationalen Agentur Keystone Press und eröffnete ihm, dass ihr jugoslawischer Vertreter Gavra Mačejin, der zudem Generalsekretär des jugoslawischen Schachverbandes war, mit ihm sprechen wolle. Er unterbreitete Kauka das überraschende und zudem unkonkrete Angebot, doch mit einem jugoslawischen Verlag zusammenzuarbeiten. Mačejin ging noch weiter, er lud Kauka persönlich nach Belgrad ein. Bei dem kamen Zweifel auf, schloss er doch beispielsweise aufgrund seiner eigenen Erfahrungen auch einen geheimdienstlichen Ansatz nicht aus. Weil er aber zu dieser Zeit intensiv nach Trickfilmzeichnern zum Aufbau einer angedachten Filmproduktion suchte und ihm eine Kontaktvermittlung sowie die Übernahme der Reisekosten zugesagt wurden, entschied er sich im Sommer 1954, nach Jugoslawien zu reisen.

Es sollte der Beginn zahlreicher Geschäftsreisen nach Südosteuropa werden, die er in den nächsten Jahren unternahm. Kauka verband das Geschäftliche mit dem Privaten, er reiste mit dem Auto und seiner ganzen Familie an, die so ihren Sommerurlaub am Meer verbrachte. In ihrem ersten Jugoslawienurlaub ging es nach Opatija, einer kroatischen Küstenstadt an der Adria. Da Jugoslawien zum sozialistischen Machtbereich zählte, wurde ihnen für die Fahrt ans Meer zur Absicherung und Kontrolle eine Partisanenkämpferin mitgegeben.[51]

Rolf Kauka erhielt in Jugoslawien über Gavra Mačejin zunächst Kontakt zum Zagreber Werbeunternehmen Interpublic und dessen Generaldirektor Robert Kramer, einem ausgewählten Parteigenossen, und schließlich auch zum erst wenige Monate zuvor gegründeten Zeichenatelier Zagreb-Film. Hier fertigten die Brüder Norbert und Walter Neugebauer, Söhne von nach Jugoslawien ausgewanderten deutschen Eltern, für die Agentur Interpublic Trick-Werbefilme auf Bestellung. Kauka interessierte sich für dieses Trickfilmstudio und ganz besonders für das Talent des Trickfilm-Zeichners Walter Neugebauer, auch wenn sich daraus zunächst noch keine konkrete Kooperation entwickelte. Die sollte aber schon wenige Monate später folgen.[52]

Rolf Kaukas Zielgruppe waren Kinder, denen er mit seinen Bildergeschichten Spaß und Freude bringen wollte, um selbst dadurch Geld zu verdienen. Er etablierte sich als liebevoller »Onkel Rolf«, der duldsam zu Kindern sprach, viel Verständnis für ihre Welt aufbrachte, sie aber auch moralisch belehrte. Als Vater brachte er gegenüber seinen eigenen Kindern dieses Verständnis nicht immer mit, vertrat er doch gerade in Erziehungsfragen sehr konservative Ansichten. Eine Tracht Prügel konnte hier schon einmal dazugehören.

Je häufiger Kauka aus beruflichen Gründen von zu Hause weg war, desto überzogener wurde seine Erwartungshaltung an die Familie, wenn er zu ihr zurückkehrte. Er erwartete Gehorsam und eine Familienidylle nach seinen Vorstellungen. Als zum Beispiel Emma Bahre einmal einen Nachtisch mit Weinschaum kochte, hatten seine beiden älteren Töchter zu viel davon gekostet und waren ein wenig beschwipst. Als Rolf nach Hause kam und das sah, ließ er sie zur Strafe so lange um einen Kochlöffel im Kreis herumlaufen, bis es ihnen schwindelig und schlecht war. Dann versohlte er ihnen den Hintern. Aber die meiste Zeit war Rolf Kauka sowieso in seinem Verlag.[53]

Im Atelier in der Tizianstraße 22 entstanden bis April 1954 die Ausgaben von *Eulenspiegel*, hier wurden auch die ersten Episoden von *Fix und Foxi* entworfen. Um seine Comics beim Zielpublikum bekannter zu machen, verteilte Rolf Kauka persönlich in dieser Anfangszeit seine Hefte eifrig auf Münchner Schulhöfen. Verantwortlich für den Druck der Hefte war die Franz'sche Druckerei. Konsequenterweise zog im Mai 1954 das Atelier mit Rolf Kauka als Produktionschef und Dorul van der Heide als Chefgrafiker in das Druckereihaus in die Luisenstraße. Werner Hierl und Josef Braunmüller, der das Team inzwischen verstärkt hatte und bald den Grundstein für die späteren Figuren *Hops & Stops* legen sollte, waren mit von der Partie.

Während in Finnland die erste Auslandsausgabe des *Eulenspiegels* verkauft wurde, griff Rolf Kauka seine in Zagreb geknüpften Kontakte zu den jugoslawischen Trickfilmzeichnern wieder auf. Er wagte sich an die ursprüngliche Idee Ullsteins und stieg in die Werbefilmbranche ein. Diese Anfänge verliefen zunächst eher improvisiert und wurden von der schon vorhandenen Redaktionsmannschaft umgesetzt. Einer der ersten Aufträge war ein animierter Werbespot für eine deutsche Waschmittelfirma. Die Figuren dazu wurden nach Aussage von Werner Hierl von ihm animiert, während die Hintergrundbilder aus der Feder von Dorul van der Heide stammten.[54]

Im Januar 1955 ändert Rolf Kauka mit Beginn des dritten Jahrgangs den Titel seiner Comic-Reihe. Von Heft-Num-

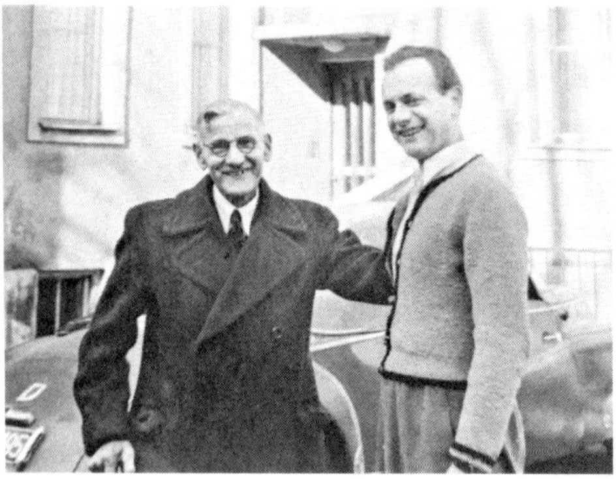

*Zu Besuch in München. Paul Kauka zusammen mit seinem Sohn Rolf vor seiner Wohnung in der Habsburgerstraße, ca. 1955*

mer 59 an hieß die Serie nun *Fix und Foxi*, sie erschien jetzt vierzehntägig jeden Freitag. Aber Kauka war ein Getriebener, der fortwährend neue Ideen entwickelte und nach neuen Produkten Ausschau hielt und seine Produktionspalette immer weiter auszudehnen versuchte. Im März 1955 lancierte er ohne Erich Pabel ein Monatsheft: *Kunterbunt. Die Zeitschrift für große und kleine Kinder*. Das Heft wurde ab April über den eigens dafür gegründeten Eulenspiegel-Verlag hergestellt, der zur Franz'schen Druckerei gehörte.

*Kunterbunt*, schon ab Juni *Eulenspiegels Kunterbunt* genannt, war einerseits Auffangbecken verschiedener Nebenserien aus *Eulenspiegel* und *Fix und Foxi*, andererseits Testmöglichkeit neuer Konzepte. Dazu gehörte auch eine Abenteuergeschichte namens *Ralph Renn*, in der auch über einen Ich-Erzähler die Erlebnisse Kaukas während seines Jugoslawienaufenthalts verarbeitet wurden. So wurde ein Foto präsentiert, das Kauka zeigt, wie er stolz einen gefangenen riesigen Mantarochen an der dalmatischen Küste präsentiert.

Kauka nutze das Heft auch geschickt, um Produktplatzierungen unterzubringen. In der Juli-Ausgabe, in Heft 5 von *Kunterbunt*, wird auf dem Titel mittels eines beginnenden Preisausschreibens die neue BMW Isetta beworben, und in der

Geschichte von *Tips und Taps* preisen beide die Vorzüge des Automodells. Gleichzeitig konnte Kauka mithilfe seiner jugoslawischen Kontakte nun auch Werbefilme produzieren.[55]

In Zagreb hatten sich seit Januar 1955 die politischen Bedingungen so weit entwickelt, dass kommerzielle Werbefilmaufträge für das kapitalistische Ausland über Interpublic durchgeführt werden konnten. Rolf Kauka gelang es, weitere Werbefilmaufträge an Land ziehen, nach einem Waschmittelhersteller nun auch den deutschen Schuhfabrikanten »Salamander«. Kauka erhielt den Auftrag über den Prokuristen und Werbeleiter Erwin Kühlewein. Anfang der Sechzigerjahre versuchte Kauka sogar, Kühlewein als Texter für *Fix und Foxi* zu gewinnen. Ohne Erfolg.

Kauka entwickelte das Drehbuch für einen Zeichentrick für Salamander, deren Feuersalamander *Lurchi* als Comic- und Werbefigur große Bekanntheit in Deutschland seit vielen Jahren hatte. Kaukas Film entstand dann unter der Regie von Norbert Neugebauer und der maßgeblichen künstlerischen Leitung seines Bruders in deren Studio in Jugoslawien. Dorul van der Heide, inzwischen als freier Mitarbeiter für Kauka tätig, fertigte dazu in München die Hintergrundbilder an. Werner Hierl animierte sie. Immer wieder fuhr van der Heide mit seinem VW-Käfer voller Trickfilm-Folien nach Jugoslawien, während umgekehrt die Neugebauers, mit kurzer Arbeitsaufenthalten ausgestattet, als Feuerwehr vor Ort in München weilten.

Rolf Kauka hatte in der Landeshauptstadt einen weiteren großen Werbeauftrag an Land gezogen. Es galt, einen Werbefilm für den bayerischen Automobilhersteller BMW und dessen neues Modell Isetta zu produzieren, das im März 1955 auf den Markt kam. Wieder erstellte Kauka das Drehbuch. Der fertige Werbefilm war auf 35 Millimeter und in Farbe gedreht, sein Titel lautete *Man müsste* und wurde ein großer Erfolg. Er lief in über 160 Kinos und wurde von rund zwei Millionen Menschen gesehen.

Kritisiert wurde von BMW nur die Überlänge des Films, der nicht wirklich einer prägnanten Werbeabsicht entsprach. Die späteren Isetta-Werbefilme wie *Höchste Zeit* oder *Kaum zu glauben* durften dann nur noch ein Viertel der Länge vorweisen. Weil es bei den Werbefilmen galt, auch Tanzszenen umzusetzen, kam Rolf Kauka in Kontakt mit Irene Mann, Tänzerin, Schauspielerin und Choreografin. Zwischen beiden entwickelte sich eine kurzzeitige Beziehung.[56]

Wieder verbrachte er den gesamten Sommer in Jugoslawien, zusammen mit seiner Familie, die dort Urlaub machte. In diesem Jahr ging es weiter nach Süden, auf die Insel Hvar. Um hinzugelangen, unternahm die Familie Kauka eine abenteuerliche Reise, zunächst per Flugzeug über Zagreb und Split, ehe man auf die Insel übersetzen konnte. Rolf Kauka verfügte durch seine Werbefilme in Jugoslawien über Geldmittel, die er aber nicht nach Deutschland ausführen durfte. Daher reiste die gesamte Familie nach Südosteuropa, um, wie Kauka es selbst auf seine eigene Art formulierte, »das Geld wegzufressen«.[57]

Seit dem Frühjahr 1956 begann Rolf Kauka auch Beziehungen in das Königreich Spanien zu knüpfen. Sein Gesprächspartner im Reich des faschistischen Diktators Francisco Franco war das seit vielen Jahren etablierte Verlagshaus Hispano Americana de Editiones in Barcelona, ein Ableger des italienischen Lotario Vecci Editore, welches sich der Produktion von Comics wie *Yumbo*, *Adventurer* oder *Popeye* widmete. Inhaber waren Jorge Parenti Senior, der wiederum mit dem italienischen Großverleger Vecci in Mailand verwandt war, und sein Sohn Jorge Parenti, die sich über Erich Pabel um die Lizenz der Kauka-Produkte in Spanien bemühten.

In den kommenden Monaten trafen sie sich mehrfach mit Kauka, wechselseitig in Barcelona und München. Der spanische Verlag bemühte sich, Lizenzen für die Comic-Produkte Kaukas zu erhalten, was am Ende jedoch ergebnislos blieb, nicht zuletzt aufgrund des in Spanien herrschenden Papier-

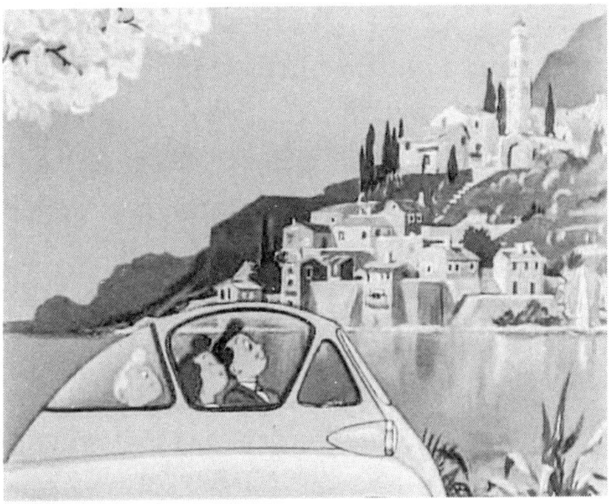

*Ausschnitt aus dem BMW-Werbefilm Man müsste, 1955*

mangels. Letztmalig besuchte Kauka im Ostern 1957 Barcelona. Erst 1958 sollten *Fix und Foxi* sowie andere Comic-Figuren Kaukas im spanischen Magazin *Yumbo* erscheinen. Ausgehend von den Kontakten zum spanischen Verlagshaus entwickelten sich auch Geschäftskontakte nach Italien und Frankreich.[58]

Nach Finnland wurden 1956 weitere Geschäftskontakte zu Skandinavien geknüpft. Der zeitliche Beginn der geschäftlichen Beziehungen nach Schweden und Dänemark war dabei an eine bestimmte Person gekoppelt, der große Erfolg von Kaukas BMW-Werbefilm ermöglichte ihm hier die Erweiterung seines Geschäftsbereichs. Über einen inzwischen etablierten Kontakt zur BMW-Direktion hatte er in München den schwedischen Journalisten Jan Söderström kennen gelernt, dessen Vater BMW-Generalvertreter in Schweden war. Dieser interessierte sich für die Verlagsrechte Kaukas, und Söderström wiederum vermittelte ihm den Kontakt zum dänischen Verleger Jørgen Grusgaard aus Kopenhagen, der die amerikanische Lizenzausgabe der *Popular Mechanics* verlegte.

Rolf Kauka begann nun mit Lizenz-Verhandlungen, die schließlich mit dem Erscheinen von *Fix og Foxi* ab Herbst 1957 in Kopenhagen erfolgreich abgeschlossen werden sollten. Bis 1960 lief die Serie in Dänemark in Lizenz. Ein Jahr später sollten im Oktober zunächst über den Osloer Odvar-Lamer-Verlag in Norwegen, dann auch noch als *Fix och Foxi* im Förlagshuset Norden aus Malmö in Schweden eigenständige Serien bis 1961 folgen.[59]

Kauka nutzte seine Hefte nicht nur für Produktwerbung wie im Fall von BMW. Nach seinem autoritären Verständnis durfte Kindererziehung nicht dem Zufall überlassen werden. Aber er ging auch einen Schritt weiter. Um Kinder und Jugendliche in seinem Sinne zu beeinflussen, entwickelte er mitunter Geschichten, die durchaus eine klare politische Aussage beinhalteten. Nach der Gründung der Bundesrepublik Deutschland war das Thema der Wiederbewaffnung ein gesellschaftlich kontrovers diskutiertes Thema. Die Frage war, ob es im entnazifizierten und demilitarisierten Deutschland mit den alten Offizieren wieder eine »neue Wehrmacht« geben durfte. Nachdem die Bundeswehr am 5. Mai 1955 offiziell gegründet worden war, beschloss der Deutsche Bundestag im Juli 1956 die Einführung der Wehrpflicht.

Die politischen Debatten gegen eine Wiederbewaffnung Deutschlands, die vor allem auch auf die zukünftigen Wehrpflichtigen zielten, kulminierten in Parolen wie »Ohne mich« und »Nie wieder Krieg«. Rolf Kauka war zu dieser Zeit noch immer ein überzeugter Soldat und glühender Patriot, der Bundeswehr und Wehrpflicht befürwortete. Genau in dieser Phase gesellschaftlicher Diskussion erschien am 29. September 1956 *Fix und Foxi* Nummer 69, in der die von Dorul van der Heide gezeichnete Geschichte des Hauptmann *Lupo* erzählt wurde. *Lupo, Fix und Foxi* sowie *Pauli* marschieren im Gleichschritt und singen »Wir sind tapfere Soldaten – marschieren immer geradeaus«.

Auch in späteren Jahren gelangten vereinzelt immer wieder soldatische Themen in das Heft. Beispielsweise in Heft 102 vom 6. Dezember 1957 per Titelbild, als General *Lupo* »tüchtige Soldaten« für seine Armee sucht, die interessanterweise in der Ausgabe zuvor politisch vollkommen untragbar als »*Lupos* Wehrmacht« angekündigt wurde. Es handelte sich hierbei um keine Ausnahme und kein Versehen. Rolf Kauka platzierte solche Botschaften ganz bewusst; zehn Jahre später führte das zu einem handfesten politischen Skandal aufgrund seines rechtskonservativen und revanchistischen Jargons in den ersten *Asterix*-Übersetzungen.[60]

Rolfs älteste Tochter Mascha wurde im Sommer 1956 schulpflichtig. Sie besuchte, wie auch ihre beiden Schwestern nach ihr, die Volksschule Wilhelmschule in der Wilhelmstraße 29 in Schwabing, danach das Maria-Ward-Mädchenrealgymnasium der Englischen Fräulein in Nymphenburg. Vor Schulbeginn ging es aber erst einmal wieder in den Sommerurlaub. Aufgrund der engen Geschäftsbeziehungen mit Interpublic in Jugoslawien verbrachten Rolf Kauka und seine Familie erneut mehrere Wochen am adriatischen Meer. Diesmal entschied man sich für Lovran, ein Seeort rund fünf Kilometer südlich von Opatija. Nach den Erfahrungen des letzten Jahres fuhr man wieder selbst mit dem Auto, mit Sack und Pack, Großmutter Emma Bahre und ihr Pudel inklusive.

Von hier aus wurden zahlreiche Unternehmungen und Besichtigungen unternommen. So besichtigte Rolf Kauka auch die Altstadt von Dubrovnik und lernte dort zufällig Zuzo Baldani kennen. Dieser war mit Vladimir »Vlado« Magdić, einem Bildhauer an der Kunstakademie Zagreb, befreundet, der während seines Studiums im Atelier von Walter Neugebauer sein Geld mit einem Volontariat aufgebessert und sich das Comic-Zeichnen aneignet hatte. Er vermittelte Kauka Vlados Anschrift, und der wurde schon bald nach München eingeladen, um für Kauka zu arbeiten.[61]

Im August 1956 brach Vlado Magdić von Dubrovnik nach München auf. Weil jugoslawische Staatsbürger damals für einen längeren Auslandsaufenthalt keine Ausreisegenehmigung erhielten, gab er offiziell an, als Austauschstudent nach London zu reisen, blieb zunächst aber für ein Jahr in Deutschland, bis ihn das Heimweh wieder nach Jugoslawien zurückführen sollte. So war es mit Rolf Kauka abgesprochen; das eigentliche Ziel war aber das Atelier des Filmproduktionsbereichs des Kauka-Verlags in der Gabelsbergerstraße 12, Ecke Türkenstraße.

In den abbruchreifen Halbruinen der zerbombten Türken-Kaserne in der Maxvorstadt hatte man seit 1954 im zweiten Stock Quartier bezogen. Hier gab es einen großen Raum für die Trickfilmproduktion, mehrere Räume für die Zeichner und ein Büro für Rolf Kauka selbst. Werner Hierl hatte im Atelier aus künstlerischer Sicht das Sagen, während Dorul van der Heide als Chefzeichner weiterhin von zu Haus arbeitete. Eine Etage darüber quartierte Kauka seine jugoslawischen Gastarbeiter ein, wie etwa Norbert und Walter Neugebauer, wenn sie kurzzeitig vor Ort waren, oder von nun an auch Vlado Magdić. Dieser fing am 1. Oktober 1956 vertraglich für Kauka zu arbeiten an, für 50 D-Mark brutto in der Woche. Neben den Zeichnern Werner Hierl und Josef Braunmüller zählten noch Rudolf Dehnert und weitere Mitarbeiter zur ersten Ateliermannschaft des Kauka-Verlags.[62]

In der Ehe zwischen Rolf und Erika Kauka waren inzwischen längst dunkle Wolken aufgezogen. Kauka selbst brachte seine ganze Energie in den Aufbau seines Unternehmens ein, die Ehefrau sollte sich hingegen möglichst um den Haushalt und die Kinder kümmern. Doch diesem Bild wollte Dr. Erika Kauka nicht entsprechen. Sie war eine Vollblut-Ärztin, die sich selbst ganz ihrer eigenen beruflichen Karriere widmete. Als angehende Frauenärztin war sie oft tage- und nächtelang außer Haus, wenn etwa die Geburt eines Babys anstand, wenn sie Nacht- oder Bereitschaftsdienst hatte oder aufgrund eines Notfalls länger operieren musste. Bald arbeitete sie unter Prof. Dr. Werner Bickenbach, der seit 1954 ein in München sehr bekannter Gynäkologe war und Chef der im Aufbau begriffenen Frauenklinik am Universitätsklinikum wurde.

Da auch die Mutter oft nicht zu Hause war, wurde für die drei Töchter die in der Wohnung mit lebende Großmutter Emma Bahre, genannt »Opi«, die wichtigste Bezugsperson. Sie wurde zur wahren »Mama«. Sie kochte, begleitete die Kinder zum Klavier- und Ballettunterricht oder in die Schule. Während Rolf Kauka die größte Kinder- und Jugendzeitschrift Deutschlands aufbaute, waren seine eigenen Kinder vor allem mit sich selbst beschäftigt. Die Eltern mussten schließlich den Wiederaufbau und das Wirtschaftswunder ermöglichen, wäre Kaukas Erklärung gewesen.[63]

Rolf Kauka war im besten Mannesalter, hatte mit seiner tiefen Bariton-Stimme gerade bei den Frauen eine große Überzeugungskraft. Er liebte den Reitsport und war begeisterter Jäger, Vorlieben, die ihm bei beiderlei Geschlecht leicht Sympathien verschafften. Zudem fuhr der motorsportbegeisterte Kauka zu dieser Zeit noch seinen BMW-Sportwagen. Er begann, in München das Leben eines Junggesellen zu führen. Das war ihm wichtig, denn er hatte ein großes Bedürfnis nach Anerkennung. Gerade weil er die Schule abgebrochen, kein Abitur und Studium hatte, arbeitete er wie besessen und bildete sich ständig weiter. Er wollte es allen zeigen.[64]

Ein gemeinsames Leben mit seiner Ehefrau war so aber nicht mehr sinnvoll. Beide hatten sich auseinandergelebt. Schon seit einigen Jahren hatte Rolf Kauka auf der Couch im Wohnzimmer genächtigt, war Anfang 1956 aus der gemeinsamen Wohnung ausgezogen und hatte sich ein Appartement in der Nymphenburger Straße genommen. Nur noch am Samstag kam er kurz zu einem gemeinsamen Essen nach Hause, um seine Kinder zu sehen und mit ihnen am Wochenende etwas zu unternehmen.

Für den rund vierzigjährigen Rolf Kauka war das Rechtfertigung genug, um nach neuen Frauen Ausschau zu halten. Seit

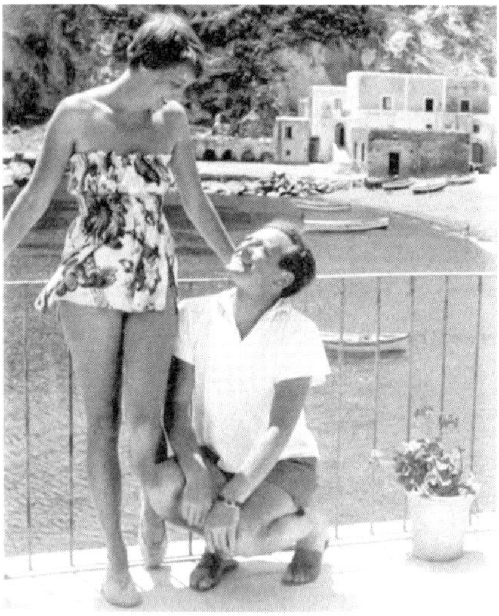

Links: Rolf Kauka kniet vor Rosemarie Beringer nieder. Sommerurlaub mit Freundin in Jugoslawien, um 1956

Rechts: Kauka als Teufel. Mit Rosemarie Beringer beim Fasching in München, um 1958

Mitte der Fünfzigerjahre war seine langjährige Hauptfreundin Rosemarie Beringer, Witwe des bekannten Architekten und Designers Otto Beringer. Rosemarie war Inhaberin von Die Einrichtung, einem bekannten Münchner Geschäft für Möbel und Inneneinrichtungen, welches sich für einige Zeit auch in der Gabelsbergerstraße 12 befand. Sie vermietete zudem in der Türkenkaserne Räumlichkeiten, so hatten sie und Kauka sich kennengelernt.

Rosemarie Beringer, um wenige Jahre jünger als er, hatte einen dreizehnjährigen Sohn und trat als seriöse Dame auf. Durch sie erhielt Kauka den Zugang zu weiten Kreisen der feineren Münchner Gesellschaft. Er verstand sich gut mit Rosemarie und auch prächtig mit ihrem Sohn Kaj. Regelmäßig war Kauka nun bei Beringers in deren Schwabinger Wohnung in der Werneckstraße zu Gast und brachte Kaj Beringer gerne die neuesten *Fix-und-Foxi*-Hefte mit. Rolf Kauka trat gegenüber dem Jungen wie ein väterlicher Freund auf. Die beiden mochten sich.

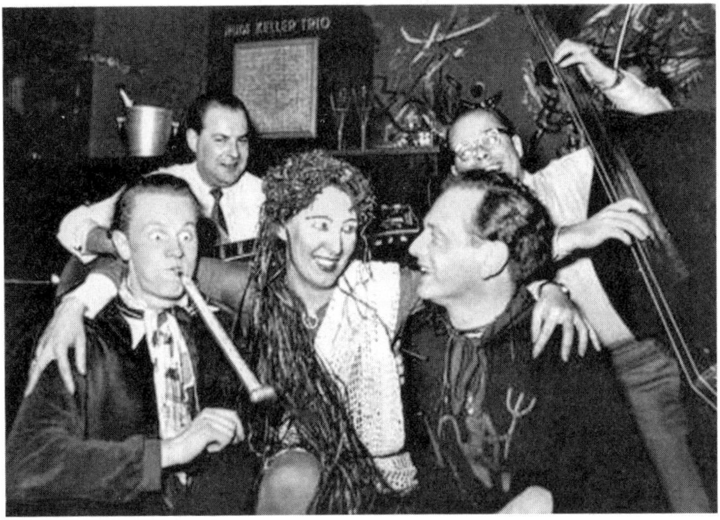

Kauka versteckte seine Freundin nicht, sondern zeigte sich offen mit ihr. Gemeinsam gingen sie auf gesellschaftliche Anlässe, feierten wild Fasching, bei dem Kauka auch einmal als Teufel verkleidet war, etwa beim traditionellen Ball der Künstlerverbände im Haus der Kunst in der Prinzregentenstraße, wo die Kapellen von Ernst Jäger und Max Greger einheizten. Natürlich fuhren sie auch gemeinsam in Urlaub. So reiste Rolf nun mit Rosemarie und ihrem Sohn im Sommer wie zuvor mit seinen eigenen Kindern wieder auf die Insel Hvar oder zusammen mit Beringer im Sommer 1956 mit seinem schwarzen Alfa Romeo nach Dubrovnik. Dazu lud er auch Werner Hierl ein, doch ebenfalls ein paar Tage Urlaub in Jugoslawien zu machen. Während Hierl im Zelt übernachtete, wohnte Rolf Kauka mit seiner Freundin und ihrem Sohn im Hotel in Dubrovnik.[65]

Mitte August 1956 erhielt er Besuch aus seiner sächsischen Heimat. Sein alter Schulfreund Georg Mitreiter aus Markranstädt machte mit Frau und Tochter Urlaub in Bayern. Sie besuchten Kauka in seinem kleinen Appartement, wo er bereits das Leben eines Singles lebte. Er nahm sich nicht sonderlich viel Zeit für seine Gäste, erzählte jedoch von der Trennung von seiner Frau und schenkte seinem Freund Georg zum Abschied ein kleines limitiertes Bilderbuch, handsigniert am 19. August 1956, Auflage 35 Stück, mit Geschichten und Märchen. Ein Wiedersehen zwischen beiden sollte es erst 32 Jahre später geben.[66]

Im Oktober 1956 wurde *Eulenspiegels Kunterbunt* eingestellt, *Fix und Foxi* war nun der einzige Titel. Allerdings wuchs der Erfolg des Heftes stetig an, sodass die Verkaufszahlen zum Jahreswechsel 1956/57 erstmals die 100 000 überschritten. Rolf Kauka überwarf sich in dieser Phase mit Dorul van der Heide, der ein deutlich höheres Honorar verlangte und zudem seine Mit-Urheberechte an den Figuren geltend machte. Gerade über die Frage der Urheberrechte war mit Kauka nicht zu diskutieren, auch in späteren Jahren nicht, weshalb nach drei Jahren Zusammenarbeit, die ohne Vertrag per Handschlag vereinbart worden war, von einem auf den anderen Tag Schluss war. Ein wiederkehrendes Muster bei Kauka. Ein Handschlag bedeutete für ihn immer mehr als nur eine rechtliche Bindung, wofür er aber auch eine Loyalitätspflicht ihm gegenüber erwartete. Kauka konnte auf van der Heide verzichten, hatte er doch inzwischen andere Zeichner wie Werner Hierl und Josef Braunmüller an der Hand, die seinen Weggang kompensieren sollten.[67]

Nur im Einzelfall gelang es Kauka, die Popularität seiner Figuren auch über Gastauftritte zu verbreitern. Ab Juni 1957 gelang ihm das für rund drei Jahre in *Der Glückspilz*, einem seit den Fünfzigerjahren bestehenden Werbeheftchen für Kinder der Lotto-Gesellschaft. So wurde beispielsweise ab der Heftnummer 26 von 1957 die ältere Geschichte *Fix und Foxi mit der Traumfee* in Fortsetzung veröffentlicht.

Wie sehr Kauka mit seinen Comics noch alte Geister in Deutschland vertreiben musste, konnte er deutlich an der neuerlichen Aktion der Sammlung »Schundheftl« des Münchner Stadtjugendamtes ablesen. Am 14. Juni1957 verteilte die Behörde an »jeden Buben und Mädchen zwischen 11 und 18 Jahren« für zehn bis zwanzig ihrer Schundheftl, also Comics, einen Gutschein für eine Mark, um sich ein Kinder- und Jugendbuch zu kaufen.[68]

Über seine finnischen Geschäftskontakte lernte Rolf Kauka 1957 Pirjo Miettinnen kennen. Die gebürtige Finnin studierte seit Ende 1956 in München. Miettinnen kannte Marianne und Urho Lanamäki, die in Finnland *Vili ja Vippi* verlegten, weil sie gelegentlich für Lanamäkis Zeitungen schrieb. Auf dessen Empfehlung hin stellte sie sich in München bei Rolf Kauka vor und arbeitete kurzzeitig nebenher für die Kauka-Filmproduktion. Bei einem Geschäftsessen mit den Lanamäkis Mitte des Jahres lernte Kauka Miettinnen und ihren späteren Ehemann kennen, den gebürtigen Ungarn Järtur Samuel Galbory. Der war ein Mann nach Kaukas Geschmack. Ein überzeugter Antikommunist, der aus politischen Gründen wegen des Volksaufstandes 1956 aus Ungarn geflohen und über Ingolstadt nach München gezogen war. Galbory war zudem zwischen 1933 und 1945 Angehöriger der königlich ungarischen Armee gewesen, zuletzt im Rang eines Rittmeisters, und hatte in den letzten drei Kriegsjahren für den dortigen Geheimdienst gearbeitet. Zudem hatte Galbory in Ingolstadt im Filmgeschäft gearbeitet, wofür sich Kauka als Werbefilmproduzent interessierte.[69]

Wenige Tage darauf rückte die Werbefilmbranche wieder für Rolf Kauka in den Fokus. Kauka reiste geschäftlich nach Italien, wo vom 12. bis zum 27. Juni 1957 die Mailänder Messe stattfand. Die Kauka-Film-Produktion war hier als Werbefilmer im Pavillon 41 des italienischen Fernsehsenders Radio Televisione (RAI) vertreten. Im Rahmen dieser Messe fand auch die VII. Internationale Werbefilm-Ausstellung für Industrie und Technik statt. Auf der Mailänder Filmschau wurden

466 Filme aus 14 Ländern präsentiert. Kauka war einer der 31 deutschen Vertreter. Er präsentierte seinen 1955 produzierten Werbefilm *Der wohlklingende Akkord*, der in Mailand tatsächlich den Großen Preis der Presse gewann.

Nach den erfolgreichen Werbefilmen für BMW und dem internationalen Preis in Italien sah sich Rolf Kauka ermutigt, stärker ins Filmgeschäft einzusteigen. In Zeitungsinterviews kündigte er selbstbewusst an, dass er jetzt den ersten abendfüllenden Zeichentrickfilm seit Kriegsende in Deutschland produzieren wolle. Das würde ihn rund eine Million Mark kosten. In Deutschland begannen die Medien, Kauka mit seinem großen Vorbild in den USA zu vergleichen und nannten ihn den »bayerischen Walt Disney«.[70]

Rolf Kauka verlegte nicht nur seinen Firmensitz von München nach Grünwald, er zog auch privat um. Auch dem letzten Mitarbeiter wurde jetzt klar, dass er von seiner Frau und Familie getrennt war. Erika Kauka lebte weiterhin mit ihrer Mutter und den drei Kindern in der Wohnung in der Habsburgerstraße. Obgleich er mit Rosemarie Beringer eine feste Freundin hatte, die ihm auch die gesamte Inneneinrichtung des Schlosses in Geiselgasteig ausstattete, wurden Rolf immer wieder Affären nachgesagt. Und dies nicht zu Unrecht. Kauka begann, wie ein Junggeselle aufzutreten.[71]

Noch während die Wiesn in München lief, stand zu Beginn Oktober 1957 endlich der erhoffte Firmensitzwechsel für den Verlag von Rolf Kauka an. Alles zog mit einer Spedition von der Münchner Türkenkaserne in ein Schlösschen nach Grünwald hinaus, nach Geiselgasteig. Kauka mietete die ehemalige Villa Larisch in der Gabriel-von-Seidl-Straße 41 an, die er ein Jahr später kaufen sollte. Es war ein 1922/23 von den Architekten Carl Jäger und Peter Birkenholz entworfener mehrgeschossiger Bau im Stil des französischen Neubarocks, mit Mansardenwalmdach und zwei symmetrischen Pavillonbauten, ein wahrlich herrschaftliches Gebäude, in das Kauka nun

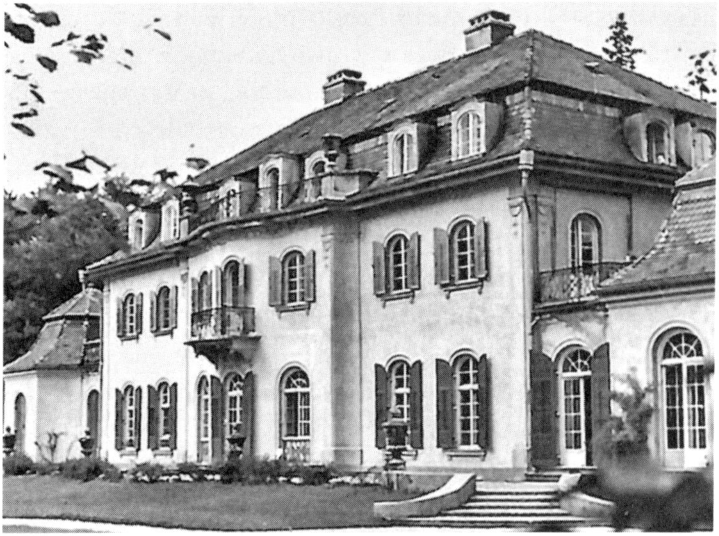

*Kaukas Verlagsschloss in Grünwald, Ende der Fünfzigerjahre*

einzog. Die betagte Gräfin Maria Luise Larisch hatte Nießbrauch im Kavalierhaus.

Der Zutritt auf das großzügige Grundstück führte über eine breite Einfahrt, die mit massiven Torpfeilern und schweren Laternen bekrönt war. Dann betrat man einen ovalen Gartenplatz mit altem Baumbestand, links von einem Wirtschaftsgebäude und einem Kavalier- bzw. Gesindehaus, rechts vom Schloss als eigentlichem Wohnhaus begrenzt. Im Parterre befand sich die gewölbte Eingangshalle mit breiten Fliesen in geschliffenem Muschelkalk und Solnhofener Stein und mit einem eingebauten Marmorkamin.

Zum Schmuck der Eingangshalle fertigte Werner Hierl drei prachtvolle Gemälde im Stil alter Meister an. Als »Ritter von Grünwald« mit Insignien: *Fix* mit Raabe, *Foxi* mit Buch und *Lupo* mit Säbel. Hinter der Halle erstreckten sich drei helle, rund vier Meter hohe Wohnräume, ehemals ein fast zehn

Meter breites Wohnzimmer, Speisezimmer und die Bibliothek des Grafen. Kauka brachte hier zwei Direktionszimmer sowie einen privaten Kinovorführraum und ein Arbeitszimmer für Fotoaufnahmen unter. Links und rechts befanden sich jeweils Übergänge zu einem Eckpavillon, rechter Hand mit früherer Hauskapelle, in der bald die große Trickfilmkamera untergebracht wurde.[72]

Von der Eingangshalle nach rechts gehend schwang sich eine große Holztreppe mit rotem Teppich nach oben in den ersten Stock. Eine behagliche Treppenhalle mit anschließendem Balkon wandelte oben die Dreiteilung der unteren südlichen Zimmerfront in eine Vierteilung um. Die Verbindungsbauten zu den Pavillons wurden zu geräumigen Altanen umgenutzt. Rolf Kauka hatte hier seine Privaträume sowie Arbeitszimmer mit Zeichentischen eingerichtet.

Links von der Treppe im großen Raum saßen bald die Animatoren um Walter Neugebauer, während das mittlere Zimmer die Kopisten und Koloristen beherbergte. Im Obergeschoss befanden sich weitere vier Zimmer und ausgedehnte Arbeits- und Wohnbereiche der früheren Dienerschaft. Der Kauka-Verlag nutze es für Mitarbeiter sowie für das Hausmeisterehepaar zum Wohnen. Hier oben lebten in den kleinen Zimmern rechts und links vom langen Korridor später die jugoslawischen Mitarbeiter, aber auch Kaukas finnische Mitarbeiterin. Das Kellergeschoss schließlich beherbergte Wirtschaftsbereiche mit einer Küche, Spülküche und Kellerräumen. Bald schon sollte hier eine eigene Köchin wirken.

Unter Kauka wurde das Untergeschoss aber auch als Labor genutzt, um mit Kunststoffmaterialien für Trickproduktionen zu experimentieren. Er versuchte, bewegliche Figuren seiner Helden aus Kunststoff herzustellen. Er hatte sich bereits am 16. August 1956 als »Dr. Rudolf Kauka« beim Europäischen Patentamt die Rechte an einer biegsamen Figur in »Menschen- und Tiergestalt« sichern lassen.[73]

Drei Wochen nach dem Umzug änderte Kauka seinen Firmenstatus. Seit vier Jahren hatte er unter dem Label seiner Frau, Kauka-Verlag Dr. Erika Bahre, Comics verlegt und Werbefilme produziert. Mit Blick auf diese beiden Firmenschwerpunkte rief er am 21. Oktober 1957 die Kauka Film-Produktion und Verlag KG ins Leben. Wichtig für sein geschäftliches Ego war, dass der Name seiner Frau als offizielle Inhaberin gelöscht wurde, die allerdings noch als Kommanditistin mit einer Haftungseinlage von 5000 Mark auftrat. Als persönlich haftender Gesellschafter wurde nun allein Rolf Kauka als Münchner Filmproduzent geführt.

Die geschäftliche Trennung zwischen Rolf und Erika Kauka war nur die logische Konsequenz ihrer privaten Entfremdung. So markierte der Umzug ins Grünwalder Schloss privat wie auch geschäftlich einen neuen Lebensabschnitt. Vor allem wurden die räumlichen und organisatorischen Voraussetzungen geschaffen, um die geschäftlichen Aktivitäten so ausweiten zu können, wie es Kauka vorschwebte. *Fix und Foxi* sollte bald schon zu einem Massenphänomen und zur eine Generation prägenden deutschen Marke werden.[74]

# BILDER-BUCHWELT 1957–1969

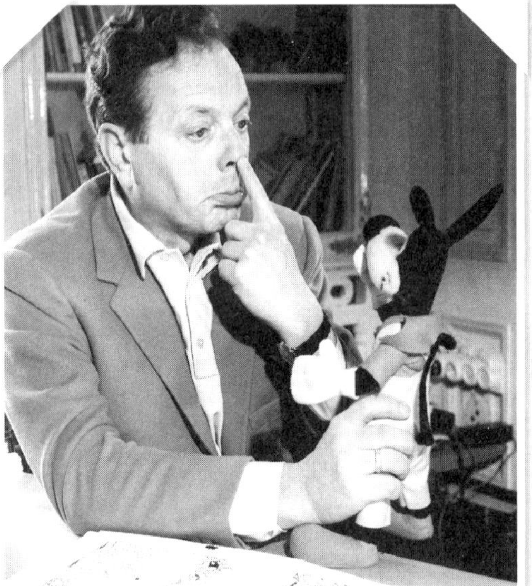

*Spiegelbild. Lupo und Kauka zeigen sich gegenseitig eine lange Nase. Typischer Rolf Kauka-Humor, Sechzigerjahre*

# TAUSENDSASSA

Im Oktober 1957 kam die Nummer 97 von *Fix und Foxi* auf den Markt, das Heft erschien nun wöchentlich. Immerhin lag Rolf Kauka damit einen Monat vor Walt Disneys *Micky Maus*, die erst im Dezember auf den Wochenrhythmus umstellte. Kaukas vier Comic-Geschichten auf 24 Seiten kosteten 50 Pfennige. Das Heft erschien pro Woche in einer Druckauflage von 130 000 Exemplaren. Die Kosten- und Erlösrechnung eines Heftes berechnete Kauka wie folgt:

| Kostenberechnung | | |
|---|---|---|
| Druckpreis | DM | 11 900 |
| Papier- | DM | 5 800 |
| und Bindereikosten | DM | 1 560 |
| Versand und Verpackung | DM | 1 950 |
| allgemeine Unkosten | DM | 1 500 |
| Honorar | DM | 2 750 |
| Werbung | DM | 1 000 |
| Gesamtkosten pro Auflage | DM | 26 460 |
| | | |
| Erlösrechnung | | |
| 130 000 à DM 0,50 | DM | 65 000 |
| ./. Großrabatt 45 % | DM | 29 500 |
| | DM | 35 750 |
| ./. Remission 10 % | DM | 3 575 |
| | DM | 32 175 |
| ./. Herstellungskosten | DM | 26 460 |
| | | |
| Gewinn | DM | 5 715[1] |

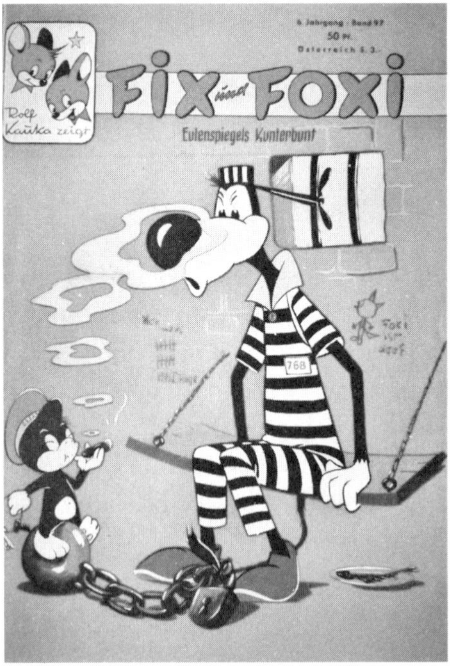


*Fix und Foxi, Ende der Fünfzigerjahre*

Demzufolge verdiente Rolf Kauka Ende 1957 allein in der Bundesrepublik Deutschland mit *Fix und Foxi* monatlich rund 23 000 Mark. Zusätzlich kamen neben Einnahmen über die Werbefilmproduktion auch noch Gewinne aus den finnischen und bald aus den dänischen Lizenzausgaben hinzu, bis diese Edition Ende 1960 eingestellt wurde. Sein monatliches Gesamteinkommen wird rund 30 000 D-Mark betragen haben. Dies war wahrlich nicht wenig, vergleicht man es mit dem durchschnittlichen Einkommen dieser Zeit, das 1957 in Westdeutschland bei rund 5 000 Mark lag – und zwar im Jahr. Rolf Kauka war auf dem besten Weg, mit Comics reich zu werden.

Die Produktionsanforderungen durch die Umstellung auf ein wöchentliches Erscheinen des Heftes bedingten aber auch eine breitere personelle Verlagsausrichtung. Der Mitarbeiterstamm musste vergrößert werden. Gleichzeitig zog sich Kauka, der bislang als Texter am Produktionsbetrieb beteiligt war, von der kreativen Arbeit zurück. Als geschäftsführender Verlagsleiter sah er seine Schwerpunkte in den Lizenzgeschäften, dem Merchandising und der Werbung.[2]

Werbefilme produzierte er seit einigen Jahren, allerdings sollten die ihm nur als Sprungbrett zum Kino dienen. So äußerte er sich gegenüber der Presse selbst. Sein großes Ziel war ein abendfüllender Trickfilm über *Münchhausen* – eine geradezu bezeichnende Figur mit Parallelen zu Kauka selbst, ging Baron Münchhausen mit der Wahrheit doch stets kreativ um. Der angepriesene große Film diente Kauka zugleich als Lockvogel, um die jugoslawischen Trickzeichner aus Zagreb ganz nach Grünwald in sein Schloss zu locken. Besonders hatte er es auf den talentierten Walter Neugebauer abgesehen.[3]

Um seine Werbefilmproduktion und vor allem seine eigentliche Idee des abendfüllenden Kinofilms umsetzen zu können, benötigte Kauka dringend geeignetes Personal. Hervorragende Trickzeichner gab es in Jugoslawien, allerdings erwies sich das von ihm bislang praktizierte Reiseverfahren allmählich als zu umständlich. Fachwissen und Equipment der erfahrenen Trickfilmer benötigte er dauerhaft in seinem Schloss in Grünwald. Zudem fehlten in Kroatien, anders als in Deutschland, die technischen Voraussetzungen für Farbproduktionen.

Im Herbst 1967 machte Kauka sich wieder einmal auf den Weg nach Zagreb, um mit Walter Neugebauer zu sprechen. Rolf Kauka besaß das große Talent, Menschen für sich einzunehmen und für seine Ideen gewinnen zu können. Es gelang ihm, Neugebauer zu überzeugen, groß in die Trickfilmproduktion einzusteigen. Endlich zog dieser von Jugoslawien ganz nach Deutschland, um von nun an fest in Grünwald zu arbeiten.

Zusammen mit Neugebauer suchte Kauka weitere Zeichner und Trickanimatoren wie etwa Branimir »Branko« Karabajić auf, unterbreitete ihnen ebenfalls das verlockende Angebot, für seinen großen Trickfilm zu arbeiten. Die Ausreise der jugoslawischen Staatsbürger in die Bundesrepublik gestaltete sich zu dieser Zeit aber nicht ganz unproblematisch. Karabajić stellte vergeblich drei Visa-Anträge. Am Ende erhielt er lediglich ein Durchreisevisum über München in die Schweiz, wobei er einfach von Bayern aus nicht weiterfuhr. Nach und nach reisten weitere jugoslawische Trickfilmer illegal ein und folgten dem Beispiel Neugebauers, so dessen Bruder Norbert Neugebauer, Berislav Fabek oder Nikola Mucavac. Das jugoslawische Produktionsteam arbeitete nun fest im Grünwalder Schloss, räumlich getrennt von der Comic-Redaktion.[4]

Der Kauka-Verlag in Geiselgasteig befand sich in fußläufiger Nachbarschaft zu den Bavaria-Filmstudios, wodurch Rolf Kauka immer wieder direkten Kontakt zu Filmschaffenden, Produzenten, Schauspielern und speziell Schauspielerinnen hatte. In unmittelbarer Nähe, nur von der Isar getrennt und einen Kilometer entfernt, verbarg sich aber in Pullach seit zehn Jahren auch die Zentrale des westdeutschen Auslandsgeheimdienstes, des Bundesnachrichtendienstes (BND). Als ehemaliger Ic-Offizier pflegte Kauka inzwischen wieder intensiveren Kontakt zu Kreisen früherer FHO-Angehöriger und Geheimdienstmitarbeiter, ganz besonders zu Gerhard Wessel, dem letzten Abteilungsleiter der Fremde Heere Ost.

Rolf Kauka hatte den knapp vier Jahre jüngeren Gerhard Wessel in den letzten Kriegsjahren kennen gelernt. Nachdem seit 1950 wieder Kontakt bestand, begannen sich die beiden Kriegskameraden ab 1957 häufiger zu treffen. Daraus entwickelte sich eine lebenslange Freundschaft.

Wessel hatte inzwischen die Organisation Gehlen in Pullach verlassen und arbeitete seit November 1955 als Oberst der Bundeswehr auf dem Gebiet der militärischen Sicherheit im Bundesministerium der Verteidigung (BMVg). Hier leitete er seit Anfang 1956 die Unterabteilung Innere Sicherheit der Streitkräfte. Dabei war er mit einer besonders geheimen Aufgabe betraut: dem Aufbau des Amtes für Sicherheit in der Bundeswehr (ASBw), der militärischen Spionageabwehr und Vorläuferorganisation des Militärischen Abschirmdienstes (MAD). Mit dem Tagesbefehl vom 3. Oktober 1957 wurde das ASBw geschaffen.

Zum Aufbau der Bundeswehr im Allgemeinen und der Militärabwehr im Besonderen gehörte auch die Soldatenausbildung mittels neu zu produzierenden Lehrfilmen, die als geheim eingestuft waren. Eine öffentliche Ausschreibung dafür war nicht vorgesehen. Die Vergabe erfolgte vor allem aufgrund von gutem Leumund und persönlichem Kennverhältnis. Hier kam Gerhard Wessel das Vertrauensverhältnis zum Münchner Werbefilmproduzenten Rolf Kauka gerade recht. Er wollte dafür sorgen, dass Kaukas Filmproduktion den geheimen Auftrag erhielt, Ausbildungsfilme für die Bundeswehr bzw. für die Spionageabwehr zu produzieren.[5]

Um solche Filme produzieren zu können, musste Rolf Kauka auch Zugang zu eingestuften Informationen erhalten, was eine Sicherheitsüberprüfung seiner Person notwendig machte. Aufgrund des angestrebten Auftrages fielen er und sein Verlag unter die Geheimschutzbetreuung des zuständigen Bundesministeriums für Wirtschaft (BMWi), aus der er formell nach fünf Jahren wieder entlassen werden sollte. Kauka und ebenso seine mit der Produktion betrauten Mitarbeiter mussten sicherheitsüberprüft werden. Entsprechend dem üblichen Verfahren wurde dafür neben Polizeibehörden, dem ASBw und Bundesamt für Verfassungsschutz (BfV) auch beim BND nachgefragt, ob »negative« Informationen vorliegen. Darunter verstand man vor allem mutmaßliche Beziehungen in den Osten. Eine NS-Vergangenheit stellte dagegen kein Problem dar. Im Gegenteil. Es wurden gerade ehemalige Nazis als stramme Antikommunisten gesucht. Der Antikommunismus prägte den Umgang mit der NS-Vergangenheit in der Bundesrepublik über Jahrzehnte.[6]

Während Gerhard Wessel den Abschirmdienst der Bundeswehr in Bonn aufbaute, besuchte er häufig den BND in Pullach und Rolf Kauka in Grünwald. Auch im Sommer 1957 trafen sich beide in Kaukas Verlagsschloss zum lockeren Plausch. Während Wessel allgemein über seinen geheimen Auftrag erzählte, schilderte Kauka in bunten Farben seine Filmproduktion und Verlagsarbeit, die immer internationaler werden sollte. Aufgrund seiner politischen Grundüberzeugung, aber auch als gewiefter Geschäftsmann, bot er Wessel an, bei Interesse gerne mit seinen ausländischen Geschäftskontakten behilflich zu sein.

Das stellte für Rolf Kauka nicht nur kein moralisches Problem dar, sondern entsprach, gemäß seinem erzkonservativen und antikommunistischen Weltbild, vielmehr seinem soldatischen Verständnis und seiner patriotischen Pflicht. Wessel fand das Angebot interessant, allerdings war seine aktuelle Aufgabe auf die Spionageabwehr der Bundeswehr beschränkt. Er stand aber im regen Austausch mit seinem früheren Chef, dem BND-Präsidenten Reinhard Gehlen, der für seinen Dienst immer auf der Suche nach interessanten Kontakten war.

Ein Geheimdienst hat grundsätzlich immer Interesse daran, durch sogenannte »Tipper und Forscher« Hinweise und Informationen über möglicherweise nachrichtendienstlich interessante Personen zu erhalten. Rolf Kauka schien dafür der richtige Mann zu sein, galt er unter seinen Freunden nicht umsonst als Tausendsassa. Dass Kauka sich mit dem Nimbus des Geheimen umgeben und damit spielen konnte, empfand er als reizvoll, auch jenseits seiner patriotischen Grundüberzeugung. Zudem spekulierte er darauf, aus der Beziehung zu Pullach, wie schon beim ASBw über Wessel, irgendwie geschäftlich einen Nutzen ziehen zu können. Allerdings hatte sein Verlagsaufbau für ihn klare Priorität.

Kaukas eigenen Verlagsmitarbeitern im Schloss wie auch seiner Familie blieben diese geheimnisvollen Besuche keineswegs verborgen. Kaukas Familie wusste von seiner BND-Beziehung, die ihren Ursprung in Gerhard Wessel hatte. Schließlich war der beste Freund der ältesten Kauka-Tochter auch noch der Sohn des BND-Vizepräsidenten Hans-Heinrich Worgitzky. Kauka sollte auch Gehlen persönlich kennenlernen, sogar ein Erinnerungsgeschenk von ihm erhalten und davon gerne erzählen. Auch Kaukas Freundin Rosemarie Beringer erfuhr unmittelbar von seiner Nähe zu Geheimdienstmitarbeitern, etwa, wenn er sich mit ihr am Schloss Berg am Starnberger See traf, nachdem er von einem Treffen mit Reinhard Gehlen und Gerhard Wessel kam. Rolf Kaukas Nähe zum Geheimdienst war also ein offenes Geheimnis.[7]

Aus den wenigen zu Rolf Kauka vom BND freigegebenen Dokumenten geht hervor, dass für ihn der Bereich 180,1 zuständig war. Dahinter verbarg sich der Strategische Dienst von Wolfgang Langkau, der im BND den Dienstnamen (DN) Langendorf führte und dessen Stellvertreter Kurt Weiß, DN Winterstein, war. Dieser Bereich war nicht nur für die außenpolitische Informationsbeschaffung zuständig, sondern auch für spezielle Kontakte zu Medienvertretern und öffentlichen Persönlichkeiten. Zudem hat später ein Mitarbeiter von Langkau und Weiß, nämlich Hans Langemann alias DN Lückrath, mit Pressevertretern über Kaukas Nähe zum BND gesprochen.[8]

Interessanterweise scheint eine Nähe von Comic-Produzenten zu Sicherheitsbehörden nichts Außergewöhnliches gewesen zu sein, denn es gab eine gewisse Parallele zu Walt Disney. Auch dieser hatte in den USA Kontakte zur Central Intelligence Agency (CIA) und zum Federal Bureau of Investigation (FBI) gesucht. Er kooperierte mit der CIA, wenn er sich einen geschäftlichen Vorteil davon versprach, wie zum Beispiel beim Landerwerb in Florida in den Sechzigerjahren. Zudem wird ihm nachgesagt, dass er Informant für das FBI gewesen sein soll.[9]

Bis 1958 konnte Rolf Kauka weitere Werbeaufträge an Land ziehen und neue Werbefilme produzieren. Nach Salamander und BMW hatte er auch für die Dunloplan GmbH einen zweiminütigen Zeichentrick-Werbefilm *Mach Dir's leicht*, über die Entwicklung des Fußbodens von der Steinzeit bis in die Moderne produziert. Weiter stellte Kauka Werbung für Jägermeister, SABA-Radio, Metzler-Reifen und DUAL-Plattenspieler her und produzierte 1958 den 35-Minutenfilm *Was Euch gefällt*. Allein als Filmproduzent erwirtschaftete er zwischen Januar und Juli 1958 ein Einkommen von geschätzten 32 000 Mark.

Ohne Frage erhoffte sich Rolf Kauka, aus seinen persönlichen Kontakten zu Pullach zukünftig auch geschäftlich Nutzen bei Kontaktvermittlungen zu anderen Behörden ziehen zu können. Im Jahr 1957 bemühte er sich beispielsweise darum, einen aufrüttelnden Verkehrserziehungsfilm für Schulkinder zu produzieren, den er sogar kostenlos oder zum Selbstkostenpreis zur Verfügung stellen wollte. Im Verteidigungsministerium hatte er bereits positive Gespräche mit dem zuständigen Ansprechpartner vom dort zuständigen Referat »Film-Bild-Ton« geführt. Er machte sich berechtigte Hoffnungen darauf, schon bald mit der Produktion von geheimen Ausbildungsfilmen für die Bundeswehr beginnen zu können. Dazu suchte er jetzt spezielles Personal, nach seiner Vorstellung idealerweise ehemalige Soldaten mit Geheimdiensterfahrungen.

So traf es sich gut, dass ihn Samuel Galbory, der Freund und spätere Ehemann seiner finnischen *Fix-und-Foxi*-Mitarbeiterin, um ein Gespräch bat. Galbory war an Kauka als Filmproduzent interessiert, da er mit verschiedenen ungarischen Flüchtlingen, die ebenfalls in der Filmbranche tätig waren, zu tun hatte. In Kaukas Brust schlug immer auch ein soldatisches Herz. Er mochte den früheren ungarischen Offizier mit Geheimdiensterfahrung und unterbreitete ihm im April das Angebot, doch nebenher für seine Kauka-Filmproduktion zu arbeiten. Kauka fühlte sich zu dieser Zeit körperlich erschöpft. Wie besessen war er darum bemüht, immer neue Projekte anzustoßen und mehr Gewinn zu erwirtschaften, und dadurch wahrlich ein Getriebener seiner eigenen Erfolgssucht. So konnte er vor allem für die anstehenden Bundeswehr-Lehrfilme eine vertrauensvolle Unterstützung bei der Umsetzung seiner Pläne gut gebrauchen. Der ehemalige ungarische Offizier schien dafür prädestiniert zu sein.[10]

Der Umzug nach Grünwald brachte Rolf Kauka auch private Vorteile, da man sich ganz in der Nähe der Bavaria-Filmstudios befand. Er lernte so zahlreiche Filmstars wie auch Sternchen kennen. Seine neue Freundin wurde die zweiundzwanzigjährige Synchronsprecherin und Schauspielerin Helga Trümper. Kauka war mächtig stolz auf sie, gab sie gerne als etablierte Theaterschauspielerin aus. Allerdings spielte sie eher kleinere Rollen in Filmen wie *Die Schwestern*, *Daphnis und Chloe* oder *Das Dreimädel-Försterhaus*, alle unter der Regie von Kurt Wilhelm für den Bayerischen Rundfunk (BR) produziert.[11]

Rolf Kauka befand sich in den besten Jahren, holte mitunter auch seine Jugend nach, die er kriegsbedingt nicht hatte ausleben können, und war in München als Frauenheld bekannt. Freunde wie Dieter Baron von der Recke wussten, dass er im Schlafzimmer hinter seinem Bett die Daten seiner Liebschaften notierte, fast wie Kerben an einem Bettpfosten. Aber nicht nur das, Kauka hatte später im Schlafzimmer auch immer ein Schlagzeug stehen, auf dem er nach einer Liebesnacht gerne einmal lautstark trommelte. Er hatte eben seine Eigenarten. Wenn er sich aber für eine Frau aufrichtig interessierte, verliebte er sich sofort und ging aufs Ganze.

Mit einundvierzig Jahren plante er also, wieder zu heiraten, wobei er noch nicht einmal geschieden war. So erzählte er Anfang Mai 1958 Bekannten, dass er seine Freundin Helga Trümper so schnell wie möglich ehelichen wolle. Er sei inzwischen mit ihr verlobt und hätte bereits einen Hochzeitstermin festgelegt. In knapp vier Monaten, am 12. September 1958, wolle er seine Helga in Grünwald zum Traualtar führen.

Kauka hatte, wenn es um seine Freundinnen ging, ein selbstbewusstes Auftreten und zeigte sich überall mit ihnen. In seinem Freundeskreis herrschte dennoch große Aufregung, hatten sich doch alle über die Jahre an Rosemarie Beringer als seine feste Hauptfreundin gewöhnt. Auch seine Familie, seine Ehefrau und Kinder waren bestürzt über das Tempo der neuen Beziehung, die bei ihnen einfach nur die »Frau mit den tizianroten Haaren« genannt wurde. Auch für die mit ihm im Schloss arbeitenden Mitarbeiter war seine Liebschaft ein mehr als offenes Geheimnis. Viele fanden nichts Anstößiges an seiner Freundin, dachte man doch fälschlicherweise, dass er längst geschieden sei.[12]

Durch die maßgebliche Förderung seines Fürsprechers Gerhard Wessel beim Militärgeheimdienst war Rolf Kauka inzwischen in seinen Bemühungen weitergekommen, für die Bundeswehr bzw. für das ASBw Ausbildungsfilme zu produzieren. Bedenken gegen den bekennenden Antikommunisten Kauka gab es nicht. Offenkundig hatten seine Kontakte nach Jugoslawien ebenso keine Rolle gespielt. Am 8. Mai 1958 konnte er über das für Geheimhaltung in der Wirtschaft zuständige BMWi auf die Geheimhaltungsbestimmungen für Verteidigungsaufträge der North Atlantic Treaty Organization (NATO) verpflichtet werden. Das BMWi betreute diejenigen Firmen, die von Bundesbehörden Aufträge von Verschlusssachen (VS) erhalten hatten.[13]

Kauka erstellte so schließlich im Auftrag des ASBw mit der Kauka-Film-Produktion sogenannte »militärische Sicherheitshinweise« für die Bundeswehr. Zwölf solcher fünf- bis neunminütiger SW-Filme sind unter der Rubrik *Das geht auch Dich an* bekannt. Sie behandelten Themen des sicheren Umganges mit Informationen und der Spionageabwehr. Die Kurzfilme trugen solch bezeichnende Titel wie *Ein merkwürdiger Besucher*, *Unter falscher Flagge*, *Trau schau wem* oder *Sabotageverdacht*. Kauka arbeitete bei den Filmen mit Wolfgang

D. Huhne als Regisseur zusammen, der später auch bei den *Fix-und-Foxi*-Schallplatten mitwirkte. Die Sicherheitsfilme folgten einer eigenen Story und wurden mit Schauspielern wie beispielsweise Klaus Dahlen gedreht, der später durch die Fernsehsendung *Klimbim* einem breiten Publikum bekannt wurde.[14]

Inzwischen zog es eine alte finnische Bekannte zum Kauka-Verlag zurück. Pirjo Miettinnen war zunächst in ihre Heimat gegangen, um dort ihren Universitätsabschluss zu machen. Anfang Juni 1958 kehrte sie dann von Helsinki nach München zurück, um bei Kaukas Filmproduktion anzufangen. Miettinnen zog nach Grünwald hinaus und wohnte für zwei Jahre im Schloss unterm Dach, als Zimmernachbarin von Vlado Magdić.

Gerade die Beziehungen nach Finnland waren für Rolf Kauka von besonderem Interesse. So wurde 1958 im finnischen Verlag Vaasa Oy Kaukas Münchhausen-Buch *Neue Münchhausen Abenteuer* gedruckt, das parallel zur eigentlichen Trickfilmherstellung des großen Münchhausenfilms von den Trickfilmzeichnern unter der Leitung von Walter Neugebauer und Rudolf Dehnert erstellt worden war. Mit der *Fix-und-Foxi*-Ausgabe 97 vom 1. November 1957 war in 29 Folgen auf je zwei Seiten bereits dafür geworben worden, dass der berühmte Luftikus mit *Neue Münchhausen Abenteuer* nach 160 Jahren wieder zurückkehren werde. Die kleine Serie endete mit Heftnummer 126 am 16. Mai 1958, bevor sie dann komplett als Buch herauskam.[15]

Im Frühsommer 1958 schaute Gerhard Wessel von Pullach aus kommend bei Rolf Kauka in dessen nahe gelegenem Schloss in Grünwald vorbei. Kauka erwies sich wie immer als ein guter Gastgeber. Man aß und trank ausgiebig zusammen. Neben dem obligatorischen Austausch von Kriegserinnerungen tauschten sich beide auch über ihr Privatleben aus, ebenso wie über ihre beruflichen Pläne. Wie aus Familienkreisen bekannt, schwebte Kauka die Idee einer besonderen Jugendzeitschrift vor. Diese sollte, ganz im Sinne der beiden Kalten Krieger, politisch korrekt und antikommunistisch sein. Auch wenn ein konservatives Jugendmagazin in der Realität nicht umzusetzen war, sollte die Jugendzeitschrift, in der immer wieder politische Botschaften platziert wurden, kein Luftschloss für Kauka bleiben.[16]

Im Sommer 1958 unternahm Rolf Kauka Geschäftsreisen nach England, Finnland und schließlich Dänemark – wo er sogar persönlich auf den berühmten Walt Disney traf. Möglich wurde das, weil Disney auf der Suche nach neuen Ideen Europa bereiste und unter anderem Ende Juni Station in Köln und Hamburg machte. Er besuchte in Berlin die achte Berlinale und erhielt vom Regierenden Bürgermeister Willy Brandt einen Bären überreicht. Zwischen dem 2. und 6. Juli besuchte er die Weltausstellung Expo 58 in Brüssel, weitere Länder folgten.

Vor seinem Deutschlandaufenthalt weilte Disney nun am 28. und 29. Juni in Kopenhagen und besuchte in der dänischen Hauptstadt auch den Vergnügungspark Tivoli. Durch die angelaufene ausländische Lizenz-Vergabe von *Fix und Foxi* wurde er auf Kaukas Lizenzprodukte aufmerksam. Disney suchte einen Organisator, um seine weltweit verstreuten Lizenzproduktionen zu koordinieren, da er diese vollständig in den USA bündeln wollte.[17]

Rolf Kauka berichtete 1979 in einem Interview, dass er Walt Disney 1958 vorher in Stuttgart getroffen habe, wo dieser sich tatsächlich auch ins Gästebuch des Flughafen-Hotels eintrug. Gemeinsam sei man dann über Frankfurt am Main nach Kopenhagen geflogen. Der direkte Kontakt zwischen Disney und Kauka sei über den dänischen Egmont H. Petersen Verlag gelaufen. Kauka gestand ein, vor dem Treffen sehr nervös gewesen zu sein und sich, wie er später zugab, doch »klein« gefühlt zu haben.

Disney trat ihm gegenüber so auf wie es auch sonst seine Art war: freundlich, aber bestimmend. Nach Kaukas Erzählungen sagte er mit einem Augenzwinkern zu ihm: »You have foxes, I have ducks – let's have a zoo together.« Walt Disney ging es dabei nicht um einen Höflichkeitsbesuch. Er hatte Kauka bereits vor dem Treffen ein schriftliches Angebot unterbreitet und bot ihm viel Geld, angeblich dafür, dass Kauka fünf Jahre für ihn von Florida aus als Koordinator für internationale Lizenzproduktionen arbeiten sollte – für 80 000 Dollar Jahreseinkommen, nach heutiger Kaufkraft umgerechnet rund eine Million Euro. Allerdings sollte er mit seinen eigenen Produkten für weitere fünf Jahre selbst geblockt sein.

Rolf Kauka aber wollte unter keinen Umständen seine Rechte an den eigenen Figuren abgeben. Deshalb verzichtete er auf eine weltweite Vermarktung seiner Figuren. Allerdings, so Kauka später, brachte Walt Disney ihn mit seinem Angebot auf die Idee, sich von den bestehenden Vertragsbindungen mit seinen Partnern zu lösen und alle Dinge mehr selbst zu bestimmen. Der Gewinnaspekt war hierbei das schlagkräftigste Motiv.[18]

In späteren Jahren wurde Rolf Kauka immer wieder mit Walt Disney verglichen, erstaunlicherweise war er darüber nicht glücklich. Er begründete seine Haltung dazu eigenwillig so: »Ich schätze Walt Disney als Freund der Kinder und einfallsreichen Zeichner sehr: Trotzdem nehme ich für mich in Anspruch, aus anderer Erzählertradition zu kommen und an andere Entwicklungsstufen der Graphik anzuschließen. Meine Bildergeschichten sind eher gegen als nach dem Vorbild amerikanischer Comic-Strips entstanden. Amerikanische Strips sind mir etwas zu grotesk. Sie liefern ein fertiggebackenes Ergebnis und dämmen damit die Fantasie der Kinder ein. Meine Geschichten sind so, dass man sie auch nach dem Schlussbild noch ins Unendliche fortspinnen kann«.[19]

Kauka versuchte mit solchen Äußerungen geschickt, sich einer direkten Konkurrenz mit Disney zu entziehen, indem er sich wiederholt auf die urdeutschen Wurzeln eines Wilhelm Busch bezog. Die kindliche Fantasie wurde aber durch Enten und Mäuse genauso wenig gehemmt, wie sie durch Füchse und Wölfe gefördert wurde.

In Finnland besuchte er seinen Freund, den Verleger Urho Lanamäki. Zu dessen Hobbys gehörte die Ahnenforschung, und er hatte für Rolf Kauka eine Überraschung aufzubieten. Zusammen mit seiner Frau fuhren Lanamäki und Kauka nach Vassa. Nach Stunden kamen sie zu einem Bauernhof, wo ein Bauer mit zahllosen Verwandten seinen angeblich einhundertvierten Geburtstag feierte. Er hieß Kaukomieli, genannt Kauka, und begrüßte Rolf als seinen Verwandten. Kauka erhielt bei dieser Feier Kenntnis von seiner finnischen Abstammung und von dem Familienwappen mit der Brombeere, das er später selbst führen sollte.[20]

Nach der Episode mit Walt Disney und seinen Geschäftsreisen ins Ausland ging es für den in dieser Zeit mehr als rastlosen Rolf Kauka kurze Zeit später nach Italien. Nach vorherigen Urlauben am nahen Schliersee und Walchensee verbrachte seine von ihm getrenntlebende Frau mit den gemeinsamen Kindern seit Sommer 1958 fast die ganzen bayerischen Sommerferien in einem Ferienhaus im italienischen Lignano Pineta an der adriatischen Küste. Er selbst kam immer nur für wenige Tage dazu. Zudem reiste er meist nicht allein an, sondern brachte Freunde mit, wie beispielsweise Gerhard Wessel.[21]

Während Rolf Kauka geschäftlich in Europa herumreiste und Gerhard Wessel sich mit seinem Einfluss bemühte, ihm Aufträge zu verschaffen und ihn auch näher an Pullach heranzuspielen, begann sich plötzlich ein ganz besonderer BND-Mitarbeiter aus dem Bereich 606/III, der Gegenspionage Sowjetunion, für den Comic-Produzenten zu interessieren: Heinz Felfe. Hochbrisant daran war, dass Felfe seit Jahren als unerkannter Maulwurf des sowjetischen Geheimdienstes KGB den westdeutschen Auslandsgeheimdienst ausspionierte. Felfes Interesse an Rolf Kauka wird einem Zufall entsprungen sein. Er interessierte sich für jegliche Personen, die in irgendeiner Beziehung zu Pullach, wie über die Freundschaft zu Gerhard Wessel, standen.[22]

So holte sich also der Gegenspionage-Spezialist und KGB-Spion Heinz Felfe im Spätsommer 1958 Auskünfte über Kaukas Geschäfte und Privatleben bei Polizei und Sicherheitsbehörden ein, und dies nicht nur beim BND. Wie üblich wurde gefragt, ob etwas über die wirtschaftlichen Dinge Kaukas bekannt und vor allem, ob er politisch zuverlässig sei. Über die Zollfahndung bekam Felfe jetzt heraus, dass Kaukas Filmfirma mit der Bundeswehr zusammenarbeite und sogar bereits NATO-verpflichtet sei. Zudem erfuhr er, dass Kauka seine Trickfilme in Jugoslawien herstellen ließ, die, in einzelne Phasen zerlegt, häufig illegal über die Grenze geschmuggelt wurden. Dabei wurde als »Drahtzieher« namentlich Walter Neugebauer genannt, der vom Zoll München zur Fahndung ausgeschrieben sein sollte.[23]

Rolf Kauka hatte natürlich keinerlei Ahnung, dass sich der KGB-Spion Heinz Felfe für ihn und *Fix und Foxi* interessierte. Dass Moskaus Maulwurf sich auch zu seinem Privatleben vorgrub, ist anzunehmen. Schließlich ging Rolf Kauka damit immer sehr offen um. So erfuhr auch bald schon sein Umfeld vom jähen Ende seiner Beziehung mit Helga Trümper. Über Monate war er mit seinem jungen Glück regelrecht hausieren gegangen und hatte jedem erzählt, dass er seine Freundin bald heiraten würde. Sie wohnte auch inzwischen bei ihm in seiner Wohnung in der ersten Etage im Schloss in Geiselgasteig.

Doch dann kam es an dem Wochenende vom 18. und 19. Oktober 1958 zu einem heftig endenden Streit. Kauka war irgendwie in seiner männlichen Ehre verletzt und wollte sie nicht mehr heiraten. Er war eine schillernde Persönlichkeit mit Stimmungsschwankungen. Sein familiäres Umfeld und seine

Mitarbeiter wussten damit umzugehen und sein Temperament einzuordnen. Was die Ursache des finalen Streits war, ist unbekannt, aber da die private Auseinandersetzung offen ausgetragen wurde, erlebten Verlagsmitarbeiter den Rausschmiss der Schauspielerin persönlich mit. In einem späteren Magazinbeitrags wurde Horst Kaskeline als Kronzeuge des Geschehens zitiert. Demzufolge hätte Rolf Kauka seine Freundin samt Koffer die große Treppe des Schlosses sprichwörtlich »mit einem Tritt« hinunterbefördert. Ob diese Formulierung bösartig überzogen war oder doch irgendwie der Wahrheit entsprach, weiß man nicht. Fakt ist, dass Helga Trümper aus dem Schloss hinausgeworfen wurde. Über Rolf Kauka wollte sie danach kein Wort mehr verlieren.[24]

# MÜNCHHAUSENS ABENTEUER

Nach dem jähen Beziehungsende suchte Rolf Kauka Trost und Ablenkung. Er fand wieder Zuspruch bei seiner langjährigen Freundin Rosemarie Beringer. Es war so, als ob nie etwas geschehen wäre. Er überließ zum Beispiel ihrem Sohn Kaj, der während eines Austauschjahres in den USA 1958/59 seinen Führerschein machen sollte, einfach einen schönen alten Studebaker. Kauka hatte ihn über Dreharbeiten erhalten. Der Junge durfte das Cabriolet fahren, solange er das Benzin bezahlen konnte. Gemeinsam mit Rosemarie Beringer unternahm Rolf Kauka Ende 1958 / Anfang 1959 eine dreiwöchige Abenteuerreise in die noch junge Republik Ägypten. Seit vier Jahren herrschte Oberst Gamal Abdel Nasser als Staatspräsident in dem nordafrikanischen Staat, der seit Februar 1958 mit Syrien als Vereinigte Arabische Republik (VAR) politisch verbunden war.[25]

Rolf Kauka und Rosemarie Beringer bereisten das Land der Pharaonen ausgiebig, besichtigten Sphinx und Pyramiden. Der begeisterte Pferdeliebhaber Kauka nutzte jede Gelegenheit für ausgiebige Ausritte entlang des Nils und durch die weiten Wüstenebenen der Sahara bis an die sudanesische Grenze. Um seine Weltläufigkeit zu dokumentieren, ließ sich Kauka – wie einst Lawrence von Arabien – in arabischen Gewändern nur allzu gern auf einem Pferd vor den Pyramiden von Gizeh mit seinem einheimischen Führer ablichten. Auch von Rosemarie Beringer existiert ein solches Bild.

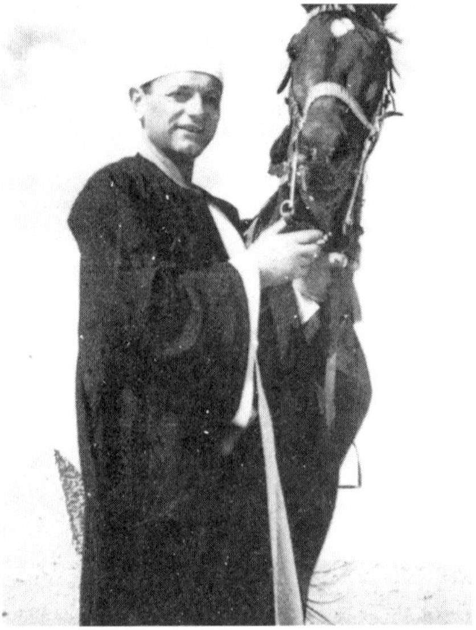

*Der getarnte Kauka, Ägypten 1958/59*

Neben seinen touristischen Interessen nutzte Rolf Kauka den Aufenthalt auch für geschäftliche Kontakte. Doch zu dieser Zeit begannen gerade Experten aus Westdeutschland für Nasser die ägyptische Rüstungsindustrie aufzubauen, wobei besonders die Raketentechnik eine zunehmende Rolle spielen sollte. Zeitgleich fand aber auch eine diplomatische Annäherung zwischen der VAR und der DDR statt. Der ostdeutsche Ministerpräsident Otto Grotewohl sollte sich mit einer Delegation vom 4. bis 7. Januar 1959 in Ägypten aufhalten. Sowohl die westdeutschen Wissenschaftler und Militärberater als auch die diplomatische Annäherung Ägyptens an die DDR waren außen- und sicherheitspolitisch für die Bundesrepublik hochinteressante Themen.

Kauka unternahm die Ägyptenreise wohl nicht aus rein privaten Gründen, um etwa seiner Freundin schönen Schmuck zu kaufen. Nach seiner Rückkehr berichtete er der Familie ausführlich, was er alles in Ägypten unternommen, auch, wen er in Kairo getroffen hatte. Rolf Kauka behauptete später vollmundig gegenüber seinen Kindern und seiner Ehefrau, dass er im Auftrag des BND unterwegs gewesen sei. Treffenderweise stand auf den Rückseiten seiner wenigen Reisebilder »Mission Ägypten«.[26]

Rolf Kauka nutzte sein Schloss immer wieder, um alte und neue Geschäftsfreunde zu sich einzuladen. So etwa am 20. Februar 1959, als er wieder einmal eine kleine Party veranstaltete. An diesem Freitagabend trugen sich in dem ausliegenden Gästebuch sein Rastatter Verleger Erich Pabel, der Filmproduzent Peter Bamberger, der Schlager- und Filmkomponist Lotar Olias und der Pressevertreter Hermann Urban mit ihren Begleitungen ein. »Kauka konnte sich in jede Gesellschaft stellen und stand immer seinen Mann«, urteilte ein späterer Weggenosse. Schnell sammelte man sich um ihn herum, und er wurde Mittelpunkt des Gesprächs. Er war ein gekonnter Selbstdarsteller. Kauka hatte bei solchen Anlässen nicht nur private Freude, für ihn waren solche Kontakte immer auch geschäftlich perspektivisch von Nutzen.

»Bambi«, wie Peter Bamberger von seinen Freunden genannt wurde, war einer der jüngsten deutschen Filmproduzenten; er hatte sechs Jahre in sowjetischer Kriegsgefangenschaft verbracht. 1950 war er zurückgekehrt und hatte ein Jahr danach die Plenny-Film gegründet. Bambergers Filmproduktion hatte später in der Habsburgerstraße ihre Anschrift, unweit der Wohnung der Kaukas. Der bekannte Komponist Lotar Olias war ein NSDAP-Kulturwart und Leiter eines Fronttheaters gewesen, er feierte gerade große Erfolge mit Freddy-Quinn-Liedern. Urban war Pressemanager der Münchner Rekord-Film-Verleih.[27]

Immer wieder profitierte Rolf Kauka von der Nähe zu den Bavaria-Filmstudios. Quasi im Vorbeigehen lernte er weltberühmte Stars persönlich kennen, wie zum Beispiel Elvis Presley. Der King of Rock'n'Roll, war als Soldat der US-Armee von

1958 bis 1960 in Deutschland stationiert. Als er am 3. März 1959 einige Tage Urlaub erhielt, besuchte er München und Umgebung. Begleitet wurde er von Vera Tschechowa, die er zuvor im Januar in Frankfurt am Main kennengelernt hatte und die nun als seine Fremdenführerin fungierte. Zusammen besuchten sie am Vormittag das Bavaria-Filmgelände in Geiselgasteig.

Hier nutzte Kauka die seltene Gelegenheit, den King ebenfalls kurz persönlich zu treffen und ein Erinnerungsbild zu schießen. Er war von Presley positiv angetan, weil er als junger Weltstar sehr »zurückhaltend, scheu und wohlerzogen« gewesen sei. Kauka lud daraufhin die achtzehnjährige Vera Tschechowa und ihre Mutter Ada Tschechowa, die auch als Filmagentin arbeitete, zum Tee auf sein Schloss ein. Über diesen Termin freute sich besonders Veras jüngerer Bruder Michael, der ein so begeisterter *Fix-und-Foxi*-Fan war, dass er in der Familie den Spitznamen »Luto« trug: eine Mischung aus Disneys *Pluto* und Kaukas *Lupo*.[28]

Während Kauka privat mehr und mehr wie ein Junggeselle lebte und in die Münchner Schickeria eintauchte, sah er seine Familie immer seltener. Seit Jahren lebte er jetzt von seiner Ehefrau und seinen drei kleinen Töchtern getrennt. Für die vierzehnjährige Mascha, die zwölfjährige »Didi« und für »Ene« mit ihren zehn Jahren gehörte die elterliche Trennung längst zum Alltag. Gemeinsamen Urlaub mit dem Vater, so wie früher, gab es nicht mehr. Die Mädchen lebten bei ihrer Mutter Erika und ihrer Großmutter Emma Bahre in der Schwabinger Wohnung in der Habsburgerstraße.

Mehr oder weniger regelmäßig besuchten sie aber ihren Vater mit seiner neuen Freundin vor allem am Wochenende, um das Schloss in Grünwald für ausgelassene Feiern zu nutzen oder um hier zu reiten. Eine der Leidenschaften Rolf Kaukas waren seine Pferde Annabella und Diana, die er sich kurz nach dem Einzug in Grünwald gekauft hatte. Unterhalb der Hauskapelle des Verlagsschlosses gab es eine eigene Einfahrt mit drei Pferdeboxen, und neben der Wiese mit Koppel war sogar eine Reitbahn angelegt. Nicht nur Kaukas Töchter ritten hier. Immer wieder kam auch Mario Adorf, der mit Rolf befreundet war, zum Ausreiten vorbei. Adorf hatte bei den Münchner Kammerspielen ein Engagement als Schauspieler und wurde durch seine Kinofilme Jahr für Jahr bekannter.

Trotz der gelebten Trennung hielt Rolf Kauka bei Familienfeiern weiterhin am traditionellen Familienbild fest. Als beispielsweise seine älteste Tochter Mascha am 15. März 1959 in München konfirmiert wurde, ließ er es sich nicht nehmen, in der Kirche eine schwülstige Rede über die Bedeutung von Familie und Moral halten. Alle Gäste aber wussten nur zu gut, dass er seit Jahren mit verschiedenen Freundinnen zusammenlebte, und fanden seine Worte nicht ganz passend. Aber auch wenn Rolfs Ehefrau Erika, seine Schwiegermutter und die älteste Tochter von dieser Art von Doppelmoral nicht begeistert waren, entsprach es doch einem professionellen Denken: Als Verleger von Kinderzeitschriften dachte Kauka eben immer an sein öffentliches Bild.[29]

Im Frühjahr 1959 dann konnte er als Filmproduzent mit Stolz auf die Fertigstellung des ersten Teils seines großen abendfüllenden Films blicken. Zu diesem Anlass richtete er am 21. März 1959 in seinem Schloss eine große Premierenfeier mit geladenen Gästen aus. Vorgeführt wurden *Münchhausens erste Abenteuer*. Dass es sich zunächst nur um rund sechs Minuten Zeichentrickfilm handelte, war für ihn nicht der entscheidende Punkt, denn die große Party war vor allem zur Promotion des Films gedacht.

Zahlreich gab sich die Prominenz, gerade aus dem Filmgeschäft, beim Fürsten der Füchse die Ehre und bezeugte mit ihrem Erscheinen, wie bekannt Kauka inzwischen in München war. Mit ihm feierten an diesem Abend die Schauspielerinnen Ada und Vera Tschechowa, der Fotograf und Unternehmer

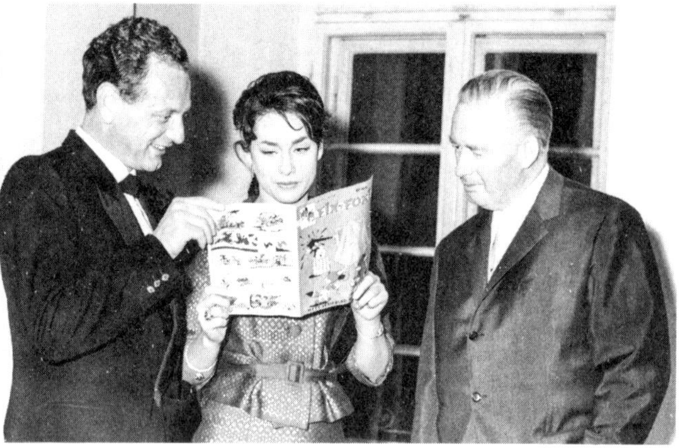

*Rolf Kauka zeigt Vera Tschechowa und Carl Wenzel das erste Fix-und-Foxi-Heft der norwegischen Ausgabe von Oktober 1958. Auf der Premierenfeier von Münchhausen im Grünwalder Schloss, 21. März 1959*

Gunther Sachs, der Industrielle Carl Wenzel und Ludwig Martin von der Presseagentur Keystone. Der deutsch-amerikanische Schauspieler Peter van Eyck schaute ebenso vorbei wie die freiberufliche Tänzerin und Choreografin Irene Mann, mittlerweile eine sehr gute Freundin Kaukas. Die sechsundzwanzigjährige gebürtige Königsbergerin wurde öfter im Schloss gesehen, weshalb viele in ihr eine weitere Liebschaft vermuteten.[30]

Und auch wenn sein Schlossfest gesellschaftlich ein voller Erfolg war, läutete es doch faktisch das Ende der großen Filmträume ein. Denn langsam, aber kontinuierlich, ging dem Projekt *Münchhausen* die Luft aus. Immer wieder kamen Werbeaufträge dazwischen, die immerhin mit gutem Geld bezahlt wurden. Der Zeichentrickfilm hingegen kostete viel Geld, Sekunde für Sekunde mehr. Vor allem aber baute der geschäftstüchtige Kauka in dieser Zeit seine Comic-Produktion immer weiter aus. In der Konsequenz nahm sie mehr und mehr Personal und Zeit in Anspruch. Mühsam hielt Kauka so die Idee sei-

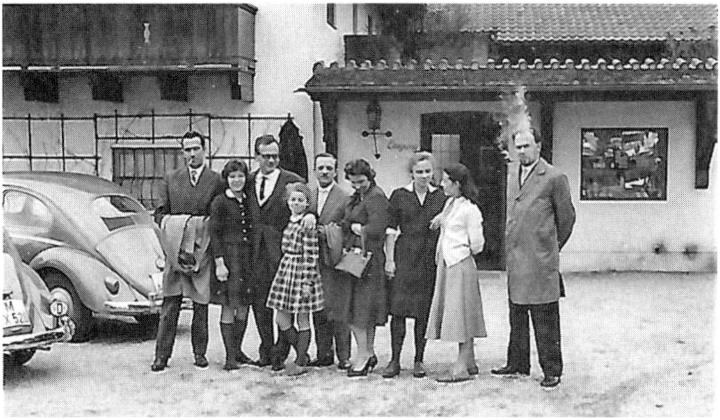

*Nach einem gemeinsamen Essen mit Familie und Mitarbeitern, Ostern 1959 in Grünwald. (v.l.n.r) Branko Karabajić, Gabriele Kauka, Rolf Kauka, Irene Kauka, Walter Neugebauer, Erika Kauka, Mascha Kauka, Kaukas Haushälterin Rosario und Vlado Magdić*

nes großen Films noch zwei weitere Jahre aufrecht, bis er die Hoffnungen auf eine Fertigstellung endgültig begrub und die ersten Filmminuten in die Schublade verschwanden.[31]

Aber während er seine großen Filmträume langsam begraben musste, machte Rolf Kauka in seinem Privatleben wieder einmal schnell Nägel mit Köpfen. Seine vor Monaten geplatzten Hochzeitspläne mit Helga Trümper hatte er leicht kompensieren könne. Sein Herz war inzwischen voll für eine neue Liebe entbrannt. Er hatte ein Auge auf ein Hamburger Mannequin geworfen, die neunzehnjährige Gisela »Gi« Reimers, die als Model für den italienischen Stardesigner Emilio Schuberth arbeitete. Sie war eine hochgewachsene, blonde, hanseatische Schönheit aus gutem Hause.

Wie immer in seinem Leben konnte es für Kauka gar nicht schnell genug gehen, gerade wenn es Frauen betraf. Hier zeigte er keine Geduld. Er wollte seine Gi möglichst schnell ehelichen. Der Haken an der Sache war jedoch nicht neu, denn auch wenn er keinen Ehering mehr trug, war er noch immer verheiratet. Ende März 1959, passend zum Osterfest, setzte er seine Ehefrau Erika kurzentschlossen telefonisch von den neuen Tatsachen in Kenntnis. Sie könne ihm gratulieren, so Rolf zu seiner Immer-noch-Ehefrau, denn er habe sich wieder verlobt und werde bald heiraten. Obwohl beide schon seit vielen Jahren getrennt lebten, war Erika Kauka doch über seine Kaltschnäuzigkeit schockiert. Die Scheidung wurde daraufhin von beiden Seiten eingeleitet.[32]

Im Sommer 1959 musste Rolf Kauka noch einen großen persönlichen Verlust verkraften. Am 30. Juni verstarb seine Mutter Margarethe in Markranstädt, ihr Tod ging ihm sehr nahe. Nach wie vor hatte er Kontakt zu den Seinen gehalten. Dennoch nahm er nicht an ihrer Beerdigung teil, besuchte auch nicht seinen Vater in Sachsen. Wegen seiner geheimdienstlichen Kontakte? Hatte er etwa Angst vor einer Internierung in der DDR? Rolfs Vater Paul sollte nach dem Tod seiner Frau noch einige Jahre allein in Ostdeutschland leben, bevor er schließlich zu seinen Kindern in die Bundesrepublik übersiedelte.[33]

Rolf Kauka fokussierte seinen Blick schnell wieder auf die Geschäfte. Seine strategische Planungen Ende der Fünfzigerjahre sahen vor, sich verstärkt als Filmproduzent zu engagieren. Konsequenterweise gründete er am 27. Juli 1959 auch noch die 3 F Werbung Kauka & Co. Kg Spezial Agentur für Fernsehen, Funk und Film (HRA 15 409) mit Sitz in Grünwald, die bis zum 20. Juli 1963 existieren sollte. Doch was genau diese Firma verlegen, vertreiben und produzieren sollte, blieb stets im Unklaren – nicht verwunderlich, war die Firma doch wohl vor allem als Scheinunternehmen gegenüber dem Finanzamt gedacht.

Ungeachtet solcher Steuertricks arbeitete Kauka weiter intensiv in der Marketingbranche. In seiner Rolle als Fachmann nahm er deshalb als einer von 2 500 Teilnehmern am Kongress der Werbung teil, der vom Zentralausschuss der Werbewirtschaft e.V. (ZAW) vom 9. bis zum 12. September 1959 in München ausgerichtet wurde. Auf der Veranstaltung wurde besonders über die Zukunft des Werbefernsehens diskutiert. Rolf Kauka war als Filmproduzent der Filmreihe *Ein schöner Tag in zwanzig Minuten* vertreten, die er für den Hessischen Rundfunk (HR) hergestellt hatte, und gab dazu auch eine kurze Stellungnahme gegenüber dem *Spiegel* ab: »Die Leute sollen, wenn sie von der Arbeit abgehetzt nach Hause kommen, zur Ruhe gebracht werden. Sie sollen sich mal eine schöne Blume ansehen, sollen zur Besinnung kommen und nach zwanzig Minuten ruhiger geworden sein als vorher«.[34]

So erläuterte er, als »Dr. Kauka« auftretend, offiziell das Konzept der von ihm produzierten Werbeprogrammreihe, die von den Sendern des Südwestbereichs und in Berlin ausgestrahlt wurde. Kauka kooperierte hierfür mit dem Frankfurter Werbefachmann Willy Köhler als Autor.

Zur Realisierung seiner Filmprojekte arbeitete Kauka auch mit der Internationalen Film- und Theateragentur Jovanic & Wieler in München zusammen. Die vermittelte ihm beispielsweise den Kontakt zu dem ungarischen Kameramann und Regieassistenten Imre Lázár. Der später in Hollywood lebende Regisseur und Autor von *Der Fall Horst Wessel* bereiste aus familiären Gründen im August 1959 den Libanon und berichtete Kauka über die Möglichkeit, einen Dokumentarfilm über die Familie des neuen libanesischen Präsidenten Fuad Schihab zu drehen. Typisch für Rolf Kauka zu dieser Zeit war, dass er von diesem möglichen Projekt sogleich seinen Freund Gerhard Wessel unterrichtete, der angeblich Reinhard Gehlen persönlich informieren wollte. Der Anlass dafür wird wohl die Frage der Finanzierung gewesen sein. Kauka sprudelte nur so über mit kreativen Ideen, auch wenn ein solcher Film nicht überliefert ist.[35]

Das pittoreske Grünwald-Schloss, in dem der Kauka-Verlag residierte, diente oft auch als Kulisse für Filmdrehs, seien es die Freitreppe im Garten, der Park oder auch Rolf Kaukas Büro selbst. Natürlich geschah das nur gegen gutes Geld. Mitarbeiter im Kauka-Verlag erinnerten sich daran, wie der große deutsche Charakterschauspieler Curd Jürgens eines Tages zu Besuch kam. Jürgens drehte vom 12. Oktober bis zum 12. Dezember 1959 seinen neusten Film in München-Geiselgasteig: *Ich greif nach den Sternen*. Er spielte darin Wernher von Braun, den verantwortlichen Entwickler der V2-Raketen für die Nazis, aber vor allem Vater der amerikanischen Raumfahrt, für die Kauka sein Leben lang eine große Begeisterung hegte. Rolf Kauka ließ es sich nicht nehmen, Curd Jürgens persönlich durch sein Haus zu führen und ihm auch ausführlich die Zeichenateliers zu zeigen. Jürgens soll nur mäßiges Interesse an den Comics geäußert haben. Kaukas Faible für den Film und für Stars und Sternchen aber tat das keinen Abbruch. Auch Curd Jürgens besuchte in den folgenden Jahrzehnten immer wieder einmal Kauka und wurde ein guter Bekannter des Hauses.[36]

Bereits 1959 verschwanden in Finnland und Norwegen die dortigen Lizenzausgaben von *Fix und Foxi* vom Markt. Aber Rolf Kauka konnte das kompensieren. Er hatte seine Verlagstätigkeiten inzwischen auf die Niederlande und Belgien ausgeweitet, neue Verlagsabschlüsse getätigt und Firmen gegründet. In Bussum bei Hilversum eröffnete er die Kauka Film Nederlandse und begann mit Nederlandse Rotogravure in Leiden zusammenzuarbeiten. Mit dem sechsundvierzigjährigen Stephan Carl Hugo »Bob« Coebergh, Chef von Rotogravure, entwickelte sich eine über Jahrzehnte andauernde Geschäftsfreundschaft.

Das niederländische *Fix en Foxi* startete am 10. Oktober 1959 und sollte 361 Ausgaben lang bis zum 27. August 1966 Bestand haben. *FiFo*, wie die holländische Ausgabe genannt wurde, sollte am Ende die umfangreichste Lizenz-Ausgabe aus dem Hause Kauka sein. Zudem gelang es Kauka auch noch, einen Vertrag mit dem seit 1946 bestehenden belgischen Traditionsverlag Editions Lombard in Brüssel abzuschließen, der besonders durch *Tim und Struppi* bekannt war.[37]

Als Repräsentant Kaukas in den Niederlanden war der Niederländer Jan Bense vorgesehen, ein früherer Mitarbeiter bei der NATO und im Auskunftsbüro der Organisation für wirtschaftliche Zusammenarbeit und Entwicklung (OECD). Rolf hatte klare Vorstellungen von seinem neuen Repräsentanten. Der sollte erst einmal im Münchner Verlagsschloss in seine Arbeit eingewiesen werden. Bense fing am 18. Januar 1960 beim Kauka-Verlag an. Nach dreimonatiger Probezeit erhielt er am 14. April 1960 einen Vertrag und begann die Kauka Film-Produktion und Verlag KG in den Niederlanden zunächst von Lochem, dann von Voorburg in Den Haag aus zu vertreten.

Sein Einsatzgebiet war groß gewählt und zeugte von Kaukas Expansionsoptimismus, denn er sollte neben Holland und Belgien zudem die Auslandsvertretungen für Luxemburg, Frankreich, Großbritannien, Irland, Spanien und Portugal übernehmen. Auch die Aufgaben seines Auslandsvertreters verweisen auf Kaukas geschäftlichen Optimismus: Er sollte sich um Aufträge für Werbefilme, Fernsehspots, Dokumentar- und Industriefilme bemühen, von Kauka produzierte Fernsehserien und Spielfilme im Ausland verkaufen und Koproduktionen eingehen, den Kontakt zu *Fix-und-Foxi*-Lizenzpartnern halten, *Fix und Foxi* im englischen Sprachraum etablieren und die Vertriebsorganisation von Kauka-Produkten übernehmen. Dafür erhielt er ein Fixum im Monat und Provisionszusagen. Bei diesem Auftragsvolumen verwundert es kaum, dass die Zusammenarbeit zwischen Bense und Kauka nicht von langer Dauer war und nach wenigen Monaten im Streit um Honorar- und Spesenfragen endete.[38]

Kauka war immer offen für neue Geschäftsmodelle. Im Herbst 1959 hatte er neben den Lizenzausweitungen auf das Ausland gerade im aufkommenden deutschen Fernsehen vollkommen neue Möglichkeiten für sich und sein Unternehmen erkannt. Am 30. September 1959 hatte die Bundesregierung den Entwurf eines Gesetzes über den Rundfunk verabschiedet, wodurch der Weg für ein zweites Fernsehprogramm, das ZDF, frei wurde. Kauka sah in dem neuen Sender die Möglichkeit, seine Produkte künftig einem Millionenpublikum zu präsentieren. Am 6. November traf er sich dafür mit Wilhelm Reissmüller, der als Vertreter der am zukünftigen zweiten Fernsehprogramm beteiligten Verlegergruppe fungierte. Er sollte bei der Programmplanung ein gutes Wort für ihn einlegen.

Reissmüller sagte ihm volle Unterstützung zu und wollte ihn in diejenigen Verlagskreise einführen, die auf die neue Fernsehproduktion Einfluss nehmen konnten. Auffallend ist, dass der Ingolstädter Herausgeber des *Donaukuriers* als Sonderverbindung (SV) Rotfuchs mit dem BND in Kontakt gestanden haben soll. Das krakenartige BND-Netzwerk und die guten Kontakte zum Geheimdienst über seinen Freund Gerhard Wessel schienen für Kauka profitabel zu sein.[39]

Privat ging jetzt das offizielle Trennungsjahr zu Ende. Kurz vor Ostern war es für Rolf Kauka endlich so weit, am 12. April 1960 wurde er von seiner Frau Erika geschieden. Nun konnte er vier Monate später endlich seine neue Verlobte heiraten und im Schloss zog bald ein ungewöhnliches Familienleben ein.[40]

Am 22. April 1960 lancierte Rolf Kauka ein neues Produkt auf dem Markt. Über den Erich-Pabel-Verlag ließ er die erste Ausgabe von *Fix und Foxi* mit Schallplatte vertreiben. Für den Preis von einer Mark erwarb man damit zwar nur 16 Seiten, das aber mit einer Schallfolie, einer Flexidisc mit Liedern und Geschichten. Ende 1962 wurde das Produkt bereits wieder vom Markt genommen.

Der Verkauf von Schallplatten aber brachte Rolf Kauka auf eine ganz andere kreative Idee. Am 17. Mai 1960 begannen in Oberammergau die berühmten Passionsspiele. Die nur alle zehn Jahre stattfindende Theateraufführung mit 1 400 Laienschauspielern und 5 000 Ehrengästen aus dem In- und Ausland sollte bis zum 3. Oktober laufen. Kauka hatte die Idee, dieses seltene Kulturereignis mitzuschneiden, um es Interessierten als Langspielplatte zur Verfügung zu stellen. Über das Musiklabel Electrola produzierte die Rolf-Kauka-Produktion so die Schallplatte *Oberammergau. Die Passion des Herren*. Allerdings sollte sich aus der Idee kein wirkliches Geschäft entwickeln. Auch eine Vermarktung über die niederländische Auslandsvertretung war nicht sonderlich erfolgreich. Am Ende lagerten die Schallplatten unverkäuflich im Schlossarchiv. Aber Rolf Kauka sollte wenigstens immer eine Abrechnung der GEMA erhalten.[41]

Am 1. Juli 1960 läuteten die Hochzeitsglocken, und der dreiundvierzigjährige Filmproduzent und Verleger Rolf Kauka, so seine Berufsangaben gegenüber dem Standesamt, konnte endlich zum zweiten Mal heiraten. Seine neue Ehefrau war die zwanzigjährige Gisela Reimers. Als Trauzeuge der noch nicht volljährigen Braut fungierte ihr Vater Heinz Reimers.

Für Rolf bezeugte die Ehe ein alter Freund aus Kriegszeiten, Herbert Kuntze, ein früherer Oberleutnant und Chef einer Flak-Batterie, wie Kauka, der jetzt Oberstleutnant der Bundeswehr war. In beständiger Regelmäßigkeit tauchte er immer wieder aus dem Nichts bei Kauka auf. Auch später in den USA sollte er ihn noch etliche Mal besuchen.

Die Hochzeit fand diesmal zusätzlich kirchlich statt, und zwar in der Thomaskirche in Grünwald. Das Brautpaar erschien dabei ganz in Weiß, Rolf Kauka im weißen Smoking mit schwarzer Sonnenbrille. Im Anschluss wurde ein rauschendes Fest im Schloss gefeiert. Rolf und seine neue Frau schnitten ihre vierstöckige Hochzeitstorte mit einem Samurai-Schwert an. Unter den Gästen war viel Prominenz: etwa der Filmregisseur Wolfgang Becker, Peter Bamberger, Irene Mann, Gunther Sachs oder die britisch-österreichische Schauspielerin Mara Lane, die wenige Monate zuvor *Peter Voss, der Millionen-*

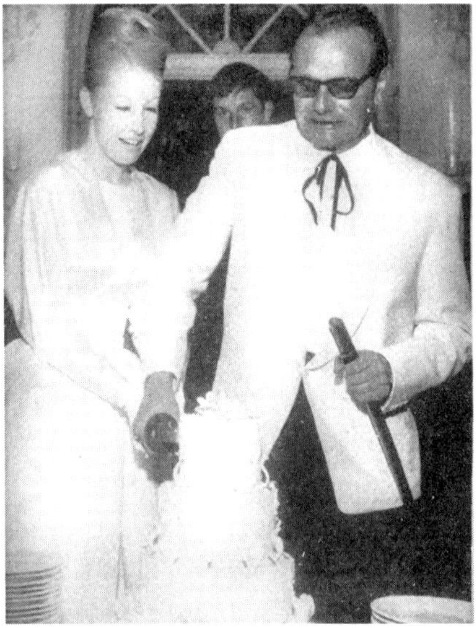

*Symbolträchtiger Kampf mit Torte und Ehe. Hochzeit mit Gi Reimers in Grünwald, 1. Juli 1960*

*dieb* gedreht hatte und Kauka durch die Filmaufnahmen bei den Bavaria-Studios kannte.

Die Hochzeitsfeier fand ohne seine minderjährigen Kinder und seine geschiedene erste Frau statt. Kaukas Töchter verstanden sich jedoch erstaunlich gut mit ihrer neuen Stiefmutter. Abwesend war auch seine langjährige Freundin Rosemarie Beringer. Die Inhaberin des wohl bekanntesten Münchner Nobeleinrichtungshauses ließ ein Geschenk abliefern: einen riesengroßen Gartenzwerg – als ätzendes Zeichen ihrer Wertschätzung.

Rolf Kauka fuhr inzwischen einen sehr schnellen Sportwagen. Der zweitürige BMW 507 war eines der begehrtesten Sportautos seiner Zeit und kostete als Einstiegspreis rund 26 000 D-Mark. Nach seiner Hochzeit fuhr er zusammen mit seiner Frau von München aus über die Schweiz Richtung Süden. Bei der schnellen Fahrt durch die Schweizer Serpentinen kam es zu einem Unfall. Das Hochzeitspaar stürzte 15 Meter mit seinem Wagen in die Tiefe. Wie durch ein Wunder blieben beide unverletzt. Rolf Kauka zog daraus seine persönlichen Lehren und leistete sich danach kein derart PS-starkes Auto mehr, sondern »nur« einen Mercedes 220S.[42]

Leider hatte Kaukas in Ostdeutschland lebender Vater nicht an der Hochzeit seines Sohnes teilnehmen können. Der seit einem Jahr verwitwete Paul Kauka verließ jetzt als Rentner die DDR und siedelte wenige Wochen nach der Hochzeit am 16. Juli 1960 in die Bundesrepublik über. Vater und Sohn sahen sich seit Jahren erstmals wieder, der Vater lebte abwechselnd für eine kurze Zeit zunächst bei seinen Töchtern, aber auch bei seinem Sohn, bevor er nach Nürnberg zog.[43]

Wie sein übergesiedelter Vater verließen damals viele DDR-Bürger ihr Land Richtung Westen, nicht wenige durch Flucht, darunter auch Comic-Zeichner. Für Kauka arbeiteten im Laufe der Zeit verschiedene Zeichner unterschiedlicher Nationalität. Ende 1960 kam mit Nikol Dimitriadis auch ein DDR-Bürger hinzu. Er hatte deutsch-griechische Vorfahren und zeichnete bereits seit März 1957 für das erfolgreiche DDR-Comic *Mosaik* von Hans Hegen. Im April 1960 war er aus politischen Gründen nach Westdeutschland geflohen und erhielt kurze Zeit später eine Anstellung bei Kauka. In Grünwald zeichnete er aber nur für einige Monate, ehe er, unzufrieden mit den Arbeitsbedingungen, wieder kündigte.[44]

Neben dem Verlegen von Comics und der Produktion von Werbefilmen versuchte Rolf Kauka immer wieder neue Projekte anzugehen; dafür nutzte er seine persönlichen Beziehungen ganz im Sinne seiner politischen Überzeugung. Darunter befanden sich etwa Projekte wie ein Brieffreundschaftsklub für die NATO oder eine antikommunistische Fernsehserie. Es waren Projekte, die jedoch nie realisiert wurden.

Regelmäßig meldete sich der inzwischen zum Brigadegeneral beförderte Gerhard Wessel bei Rolf Kauka. Um für seinen Freund neue Aufträge an Land zu ziehen, erwies Wessel sich als recht kreativ. So bemühte er sich Ende Dezember 1960, in seinem militärischen Zuständigkeitsbereich ein neues Geschäft mit NATO-Bezug voranzutreiben. Wessel stand mit dem seit 1958 amtierenden Direktor der NATO-Informations- und Presseabteilung, dem Amerikaner John E. McGowan, in Kontakt. Die NATO unterstützte seit Jahren eigene Jugendprogramme. Aus Familienkreisen ist bekannt, dass Kauka sogar über ein Mitgliedermagazin nachgedacht haben soll. So lag es für Wessel nahe, Rolf Kauka als einzig vertrauenswürdigen Verleger vorzuschlagen, um ein transatlantisches Jugend-Magazin aufzubauen. Die Idee solch einer Zeitschrift wurde dann aber schließlich im Jahr 1962 aufgegeben.[45]

Rolf Kauka bemühte sich auch weiter, im Fernsehprogramm Fuß zu fassen. So entwarf er im März 1961 die Idee, Sendungen zur Aufdeckung kommunistischer Infiltrationstätigkeiten in der Bundesrepublik zu produzieren. Zweifellos dachte er dabei an seine besonderen Beziehungen zu Pullach und hoffte auf Unterstützung. Um mit Fernsehserien politisch auf Zuschauer einzuwirken, erschien die Zeit günstig. Kauka hatte gehört, dass entsprechende Serien für den kommenden Herbst andernorts bereits in Vorbereitung seien, dem wollte er zuvorkommen.

Kauka arbeitete hierbei mit Josef von Ferenczy zusammen, dem Inhaber der Agentur Film-Press-Agentur (FPA). Ferenczy, der als Nazigegner 1944 von den Nationalsozialisten interniert worden war, wurde ein guter Freund Kaukas. Später war er sogar der erste Literaturagent seiner vierten Frau. Kauka erwies sich oft als ein Magnet für besondere Beziehungen. Ferenczy bewegte sich nicht nur in der Münchner Schickeria und verfügte über ausgezeichnete politische Kontakte. Er sammelte Material für einen Film über den BND, was auch dem Dienst in Pullach nicht verborgen blieb. Ferenczy war nicht nur einer der bedeutendsten Medienmanager dieser Zeit, sondern auch Nachrichtenhändler in eigener Sache. Er diente ab 1970 zeitweise selbst dem BND als Kontaktmann DN Flachsmann.

Aber auch aus diesem politischen Projekt einer Kauka-Fernsehserie wurde am Ende nichts. Erfolgreich blieb er als Comic-Produzent.[46]

# CIRCE LOCKT ODYSSEUS

Ein Jahr nach seiner Hochzeit vollzog Rolf Kauka auch die geschäftliche Trennung von seiner ersten Frau. Am 24. Juli 1961 wurde die seit 1957 bestehende Rechtsform seiner Firma, der Kauka Film-Produktion und Verlag KG, aufgehoben. Mit der Auszahlung ihrer Einlage schied seine Ex-Frau Erika als Kommanditistin aus dem Unternehmen aus und Kauka wurde Alleininhaber. Währenddessen wuchsen nicht nur der Wohlstand, sondern auch seine Familie, denn Gi war schwanger. Da die Kaukas im Verlagsschloss wohnten, wurde jetzt nach einem eigenen Wohnsitz gesucht.

Kauka hatte dafür schon längst ein geeignetes Objekt gefunden, nach einem Schloss in Grünwald sollte es nun ein großer Gutshof in Oberbayern sein. Kauka hatte ein Auge auf Gut Eichenhof in der Gemeinde Zolling im Landkreis Freising geworfen, knapp 40 Kilometer nördlich von München gelegen. Das 1917 errichtete Herrschaftsanwesen befand sich auf einem Grundstück von rund 30 Hektar mit viel Wald, einem stattlichen Park und eigenen Fischteichen. Neben dem großen Herrenhaus gab es noch ein Gäste- und ein Verwalterhaus sowie umfangreiche Scheunen und Stallungen.

Der Eigentümer des Hofes, der Münchner Privatbankier August Lenz, zugleich Vorsitzender des Vorstandes der Aktiengesellschaft für Grob- und Feinkeramik (AGROB), war erst vor wenigen Monaten verstorben und die Erbengemeinschaft wollte die Immobilie veräußern. Als Verhandlungsbeauftragter trat das Vorstandsmitglied des Bankhauses August Lenz & Co. und der AGROB, Karl Wild, in Erscheinung, der, wie Kauka es formulierte, ein alter Kriegskamerad von ihm war. Obgleich es noch weitere Mitinteressenten gab, gelang es ihm so, im September 1961 die ursprünglich geforderte Summe von 1 800 000 Mark auf 1,2 Millionen herunterzuhandeln.

Eine Million vermochte Kauka aufzubringen, der Restbetrag aber fehlte. Kauka war ein kluger Geschäftsmann und wollte daher, so die Fama, sogar in Pullach die Nutzung des Gutes in Aussicht stellen, wenn man sich am Kaufpreis beteiligen würde. Als Nutzungsmöglichkeit wurde die Idee einer Funkeinrichtung skizziert. Aber das war ein unrealistisches Unterfangen, wenngleich Kauka dann bei der nächsten Immobilie wiederum versuchte, Pullach in irgendeiner Form einzubinden. Gut Eichenhof kam erst einmal in den Besitz des Wiener Kommerzialrates Franz Baumkirchner.[47]

Es entsprach Rolf Kaukas Charakter, dass er mit seinen Geheimdienstkontakten und besonders mit seiner Freundschaft zu Gerhard Wessel nicht hinterm Berg hielt. In seinem Grünwalder Verlagsschloss, nur wenige Minuten von der BND-Zentrale in Pullach entfernt gelegen, waren seine Geheimdienstverflechtungen längst Gesprächsstoff. Jeder wusste davon, wenn wieder einmal Mitarbeiter aus Pullach Kauka einen Besuch abstatteten. Rolf Kauka nahm mitunter vertrauenswürdige Verlagsmitarbeiter wie Peter Wiechmann zu seinen Gesprächen mit BND-Mitarbeitern mit: »Und noch zu meiner Zeit in den 60er Jahren schauen ab und an alte Kameraden aus der Top-Secret-Zeit auf ein Gläschen vorbei. Rolf Kauka sieht zu, dass meist ein Neutraler in das Treffen hineinschneit. So habe ich ein paar Mal die Ehre im Kreis derer zu sitzen, für die der ›Eiserne Vorhang‹ durchsichtig ist. [...] Ein, zweimal wurden auch [von Kauka] ›neue‹ Redakteure zugeteilt, die ich besser in Ruhe lassen sollte. Wahrscheinlich war deren Job bei Kauka Teil der jeweiligen Legende«.[48]

Rolf Kauka war inzwischen als Comic-Produzent erfolgreich und wohlhabend geworden, seine Lebensweise zog auch Neid und Missgunst an. Mit den bayerischen Sommergewittern drohten jetzt über seinem Kopf dunkle Wolken aufzuziehen, sein Privatleben war in Gefahr, zum öffentlichen Skandal zu werden. Im Juni 1961 hatte Kauka den Verlagsmitarbeiter Hans Eberhard Gabriel hinausgeworfen, angeblich wegen einer Betrugssache. Diese Kündigung sollte bald Folgen haben, denn Gabriel wollte sich rächen.

Eine günstige Gelegenheit ergab sich schnell, als er Redakteur bei einem neuen politischen Magazin wurde. Die *aktuell. Deutsches Wochenmagazin* war am 17. Juni 1961 mit der ersten Ausgabe auf den Zeitungsmarkt gegangen, wollte dem Nachrichtenmagazin *Spiegel* Konkurrenz machen, politisch jedoch von einer ganz anderen Position aus. Herausgeber der Zeitung war der einflussreiche Verleger Hans Kapfinger. Gabriel wollte sich nicht nur ausgiebig über Kaukas Privatleben auslassen, über seine Liebesbeziehungen und sein Wirken in der Münchner Schickeria. Es drohte die Gefahr, dass er auch die Geheimdienstkontakte nach Pullach öffentlich machen würde. Rolf Kauka erfuhr vorab von der drohenden Schlammschlacht. Gerhard Rauchwetter, der Bildstellenleiter der Deutschen Presseagentur (dpa) in München, informierte ihn davon, dass Gabriel eine skandalträchtige Geschichte in der *aktuell* veröffentlichen wolle. Deren Chefredakteur Oskar Hatz hatte sich bereits wegen Bildmaterials an Rauchwetter gewandt. Kauka war darüber sehr erbost; um den Artikel zu verhindern, soll er sogar seine Kontakte nach Pullach genutzt haben.[49]

Doch am Samstag, den 18. November 1961, erschien in der 19. Ausgabe der *aktuell* Gabriels Artikel über »Deutschlands Walt Disney. Rolf Kauka zwischen guten Taten im Heft und fröhlichen Partys im Schloss«. Wie von Kauka befürchtet, wurde es eine grandiose Abrechnung über drei Seiten. Der *aktuell*-Artikel wollte Rolf Kauka dabei gleich auf ver-

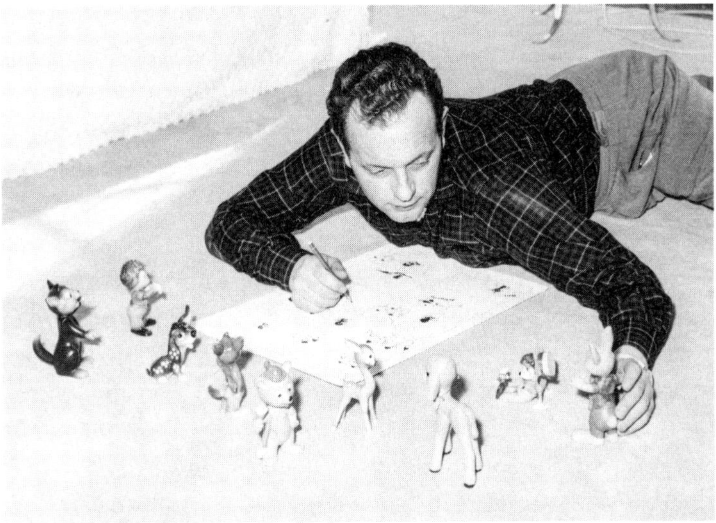

*Propagandafoto zu Werbezwecken. Rolf Kauka setzt sich als Zeichner seiner Comics in Szene, was er jedoch niemals war, Mitte 1961*

schiedenen Ebenen diskreditieren und als Lügner und Hochstapler entlarven.

Der Tenor: Während Kauka gegenüber seinen jungen Lesern gottesfürchtig den Moralapostel spiele, würde er in Wahrheit mondän wilde Orgien mit Playboys und leicht bekleideten Mädchen auf seinem Schloss feiern. Zudem würde er Walt Disney nur kopieren, keine eigenen Ideen entwickeln, und selbst gar nicht zeichnen können. Walt Disney würde ihn deshalb als ernsthaften Konkurrenten nicht wahrnehmen, vielmehr sogar belächeln. Kauka würde sich fälschlicherweise eines Doktortitels schmücken und seine Mitarbeiter mit hörbarer Leipziger Herkunft im Kasernenton anbrüllen.

Zudem sei er ein schlechter Vater und überhaupt kein Familienmensch. Während er den verständnisvollen Kinderversteher vorgebe, würden die eigenen Kinder unter seiner Strenge und seinen privaten Eskapaden leiden. Allein aus finanziellen

Gründen habe er ein Verhältnis mit einer Millionärswitwe gehabt, womit die Beziehung zu Rosemarie Beringer gemeint war, und hätte seine Verlobte Helga Trümper am Ende die Treppe hinuntergestoßen, um schließlich schnell ein junges Mannequin zu heiraten. Kauka sei zudem ein schlechter Geschäftsmann, sei schon bankrott gewesen und hätte viele Projekte in den Sand gesetzt. Aufgezählt wurden die Oberammergau-Platten, die fehlgeschlagene Puppenproduktion sowie die geplatzten Fernsehprogrammideen. Während im Artikel noch kurz auf die Produktion von Bundeswehrfilmen eingegangen wird, fehlen aber sämtliche Querverweise auf Kaukas Geheimdienstbeziehungen.[50]

Seine Mitarbeiter wunderten sich später, dass Kauka nie gegen den Verfasser des Artikels und gegen das Magazin rechtlich vorging und warum nie ein Dementi erfolgte. Der Grund dürfte einfach gewesen sein: Die angesprochenen Punkte entsprachen einfach der Wahrheit. Kauka dürfte am Ende froh gewesen sein, dass nicht weitere Details seines Lebens ans Tageslicht gezerrt wurden. An seinem Verhalten änderte der Artikel aber nichts.[51]

Im Frühjahr 1962 interessierte sich plötzlich der bayerische Verfassungsschutz für Kauka und bat Pullach sogar um eine Auskunft über den Werbefilmproduzenten. Der Kontext zum Nachfassen der Sicherheitsbehörden erklärt sich aus dem zu dieser Zeit größten Spionageskandal des BND und der Bundesrepublik, dessen tatsächlicher Verratsumfang behördenübergreifend erst mühsam aufgeklärt werden musste. Denn bereits 1958 hatte sich ein ganz besonderer BND-Mitarbeiter für Rolf Kauka interessiert und darüber mit dem bayerischen LfV korrespondiert. Bei diesem Mitarbeiter handelte es sich um den bereits erwähnten Heinz Felfe, der am 6. November 1961 in Pullach als langjähriger KGB-Spion verhaftet worden war. Davon, dass das KGB in Moskau seit Jahren Kenntnis von Rolf

Kauka und seinen besonderen Beziehungen zu Pullach hatte, sollte der Betroffene selbst nie erfahren.[52]

Im späten Frühjahr 1962 hätte Kauka sich ausnahmsweise auch überhaupt nicht für geheimdienstliche Dinge interessiert. Am 9. Mai 1962 war er nämlich zum vierten Mal Vater geworden, und seine Freude kannte keine Grenzen: Sein Sohn Michael Rolf wurde in Grünwald geboren. Endlich ein Stammhalter. Wie stolz Rolf Kauka auf Michael war, erkennt man auch an einer speziellen Geschichte wenige Jahre später, in der dritten *Lupo*-Ausgabe vom 29. Dezember 1964. In einer Mischung von Fotoroman und Comic spielten dort der Verleger und sein zweieinhalbjähriger Sohn die Hauptrolle. Dies hätte Kauka mit seinen Töchtern niemals gemacht. Michaels Kinderzimmer und das seiner ein Jahr später geborenen Schwester Alexandra wurden auf dem Flur gleich neben den Redaktionsräumen eingerichtet.

Mit einem neugeborenen Kind wurde eigentlich ein anderer Haushalt im Schloss benötigt, doch der war, was zunächst paradox klingt, weil auf zwei Etagen verteilt, beengt. Die Arbeits- und Privatwelt Rolf Kaukas, seine Wohnung und Arbeitsräume und auch die seiner Redaktion gingen fließend ineinander über. Es gab in Grünwald keinen abgeschlossenen Wohnbereich. Doch er wollte das ändern.[53]

Nachdem Rolf Kauka Gut Eichenhof nicht kaufen konnte, stürzte er sich auf ein anderes Immobilienprojekt. Er richtete seinen Blick nach Italien, genauer gesagt, ins Latium. Dies geschah nicht zufällig. Denn seit den späten Fünfzigerjahren galt das Örtchen Terracina, eine Autostunde südlich von Rom gelegen, als wahrer Sehnsuchtsort und Kolonie wohlsituierter Deutscher. Vor allem Personen der Münchner Gesellschaft, wie der Gesellschaftskolumnist Johann »Hunter« Obermaier, der Party-Gastronom Gerd Käfer oder die *Abendzeitung*-Herausgeberin Anneliese Friedmann hatten hier ihre Villen in Strandnähe errichtet. Kauka war mit ihnen allen inzwischen gut bekannt, das durchgehend warme Klima am Tyrrhenischen Meer sagte ihm ebenfalls zu. Er mochte die Mentalität der Italiener und nicht zuletzt die südländische Küche.

Die typischen Feriendomizile seiner Münchner Freunde waren ihm allerdings zu eintönig. So fuhr er einige Zeit die Umgebung ab, bis er knapp 20 Kilometer weiter westlich entfernt in San Felice Circeo fündig wurde. An der steinigen Felsenküste auf der Rückseite des Monte Circeo fand er seinen persönlichen Sehnsuchtsort. Die Rauheit der Natur und der unverbaubare Blick aufs Meer gefielen ihm so sehr, dass er beschloss, hier sein Haus bauen zu lassen. Das musste aber regelrecht in den Felsen gesprengt werden, wenngleich der Berg zum 1934 gegründeten Nationalpark Circeo zählte. Mit Geld aber war in Italien vieles möglich. Kauka erwarb ein Grundstück und begann sein Ferienhaus zu planen. Mitten im steinigen Nirgendwo. Aber genau an der sagenumwobenen Stelle, wo Odysseus entsprechend der griechischen Mythologie von der Zauberin Circe angelockt worden und an Land gegangen sein soll. Für Rolf Kauka, der besonders die Sagengeschichten Homers liebte, gab es keine geeignetere Stelle.[54]

Der Hausbau sollte im Juni 1962 beginnen. Und weil das seinen Preis hatte, wurde Kauka wieder einmal kreativ und bot dem BND offenbar erneut bei entsprechender Kostenbeteiligung die perspektivische Nutzung des Anwesens an, etwa für die Errichtung einer geheimen Funkresidentur. Doch auch aus dieser Idee wurde nichts, da man in Pullach entschied, dass der Einbau einer geheimdienstlichen Funkresidentur in Kaukas Haus aus politischen Gründen zu unterbleiben habe. Der damalige italienische Geheimdienstchef Giovanni di Lorenzo soll die angedachte Aktion vereitelt haben. Rolf Kauka baute sein Haus in Italien dann ohne Unterstützung.[55]

Die Villa sollte 30 Meter direkt über dem Meer eine große Terrasse haben, mit einem kleinen und sehr steilen privaten Abstieg in Wasser. Der Gebäudekomplex befand sich auf ei-

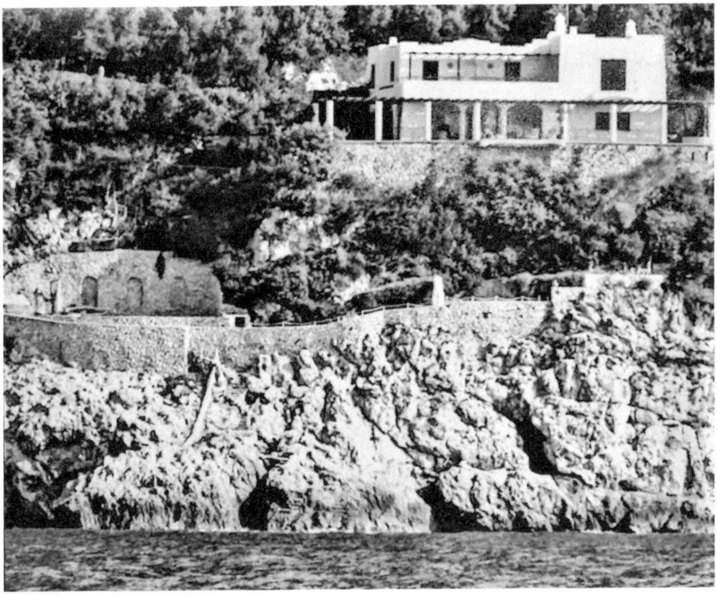

*Sehnsuchtsort am Meer. Rolf Kaukas Villa in San Felice Circeo, ohne Datum*

nem rund 3000 Quadratmeter großen Anwesen. Neben der exzellenten Lage gab es handfeste finanzielle Vorteile. Rolf Kauka beabsichtigte, von nun an mehrere Monate im Jahr im Ausland zu leben, weil es für ihn steuerlich von Vorteil war. Kauka plante sogar seinen Lebensmittelpunkt offiziell in den Süden zu verlegen. Italien wurde zum kreativen Rückzugsort.[56]

Zurück in Deutschland nahm Rolf Kauka Anfang Juli 1963 erneut eine Geschäftsänderung vor. Seine bestehende Firma wurde zum 4. Juli 1963 gelöscht, und die Rechte wurden von nun an von der am 26. Juli gegründeten Kauka GmbH & Co Filmproduktion und Verlag KG (HR 17518) wahrgenommen. Persönlich haftender Gesellschafter war die Kauka GmbH, beide Unternehmen hatten ihren Sitz in Grünwald. Rolf Kauka, als Filmproduzent und Verleger, erschien hierbei als Kommanditist mit einer Einlage von 23000 Mark. Etwa zur selben

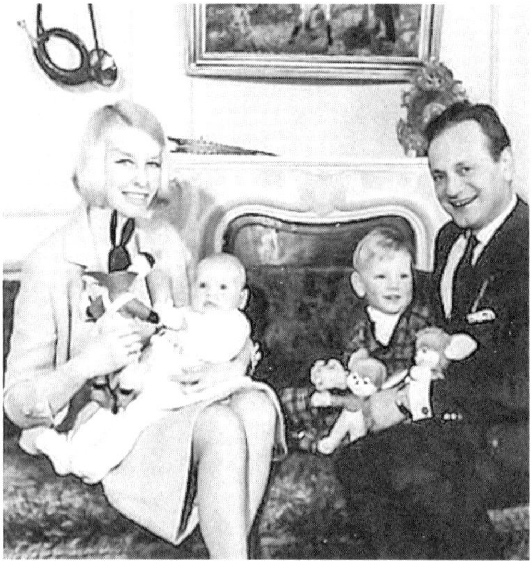

*Flüchtiges Glück nach Familienzuwachs: Gi, Putzi, Michael und Rolf, Herbst 1963*

Zeit wurden die Nutzungsrechte auf Kaukas Firma Europress Verlagsanstalt in Schaan in Liechtenstein übertragen.

Wichtiger als die neuen Firmenbezeichnungen waren jedoch die Neuigkeiten in seiner Familie. Knapp drei Jahre waren Rolf und Gisela Kauka inzwischen miteinander verheiratet, und sie führten eine harmonische Ehe. Kauka war besonders glücklich über seinen einjährigen Sohn. Als seine Frau Anfang des Jahres wieder schwanger wurde, platzte er vor Stolz und war zugleich voller Zuversicht, noch einen zweiten Sohn zu bekommen. Voller Vorfreude hatte er bereits im Januar in seinem Bekanntenkreis von der erneuten Schwangerschaft berichtet und einen Sohn angekündigt. Am 21. September 1963 kam schließlich seine Tochter Alexandra Gisela Kauka zur Welt, von allen später nur »Putzi« genannt.[57]

Im neuen Jahr 1963 versuchte Rolf Kauka, seine Heftreihen um neue historische und realistische Abenteuergeschichten zu erweitern. Der Zeitpunkt war nicht zufällig gewählt. Am 31. Dezember 1962 war die Urheberschutzfrist für die gesamten Werke von Karl May ausgelaufen und die von Horst Wendland produzierte erste Karl May-Verfilmung *Der Schatz im Silbersee* lief erfolgreich an den Kinokassen. Mit *Winnetou I* wurde bereits der nächste Film gedreht. Kauka sah eine Marktchance. Ende 1963 brachte er ein Winnetou-Album heraus, vermarktete es angesichts der am 11. Dezember 1963 stattfindenden Uraufführung des gleichnamigen Films geschickt als Zeichenfilmbuch. In Deutschland war bis dahin das Albumformat von Comics, die auch Erwachsene ansprechen sollten, weitgehend unbekannt. Voller Optimismus wurden weitere Bände angekündigt, sie sollten nicht nur über Kioske, sondern auch Supermärkte und Warenhäuser verkauft werden. Auch das waren innovative Schritte. Doch mit vier Mark war der Preis zu hoch angesetzt, das Album blieb eine Einzelaktion.[58]

Immer wieder ließ Kauka sich gerade vom Kino beeinflussen. Er war begeistert, als am 20. Dezember 1963 der Abenteuerfilm *Jason und die Argonauten* in die deutschen Kinos kam. Kauka liebte die Geschichten der griechischen Mythologie. Mit seinem seit 1962 für ihn arbeitenden taubstummen türkischen Zeichner Mehmet Gülergün besuchte er mehrfach die Jason-Vorstellungen im Kino. Die Besuche dienten der akribischen Recherche, da Gülergün eine Adaption des Themas zeichnen sollte, das dann ab dem 11. Februar 1964 in *Fix und Foxi* von Heft 426 bis 429 lief.[59]

Bei all den Bestrebungen, immer wieder auch auf anderen Gebieten und mit anderen Formaten erfolgreich zu sein, blieb *Fix und Foxi* doch das Flaggschiff der Verlags-Flotte. Es erschien seit 1963 sogar als *Fix y Foxi* im Verlag Editorial Novaro in Mexiko. Dennoch kam es zu einer existenziellen Krise. Im November 1963 kündigen plötzlich auf einen Schlag die für *Fix und Foxi* verantwortlichen Redakteure Max Reindl und Joseph Dachsel. Sie wurden für ein neues Projekt vom Investor Anton Maria Kirchdorfer durch die finanzstarke Konkurrenz der WAZ-Mediengruppe abgeworben.

Die Redaktion war daraufhin verwaist und konnte zunächst nur behelfsmäßig besetzt werden. Doch Reindl und Dachsel warben schon bald weitere wichtige Stützen seines Verlages ab: Branko Karabajić, Vlado Magdić, Heinz Körner, Franz Roscher, Mehmet Gülergün und neben weiteren auch Werner Hierl. Während sie unter Kauka zwischen 20 und 50 Mark pro Seite verdient hatten, erhielten sie beim neuen Arbeitgeber nun 80 Mark. Walter Neugebauer und seine Assistentin Gisela Künstner verhandelten ebenfalls mit Reindl, entschieden sich aber dagegen und blieben bei Kauka.[60]

Im April 1964 erschien ein neues Comic-Format des Düsseldorfer Libro-Verlags namens *Max & Molly* am Kiosk, in Anlehnung an Max und Moritz. Hinter dem neuen Heft verbargen sich nicht nur die abtrünnigen Kauka-Mitarbeiter, in den ersten Ausgaben wurden auch Geschichten von Walter Neugebauer veröffentlicht, angeblich ohne seine Erlaubnis. Rolf Kauka schäumte vor Wut und beschritt den Rechtsweg, um den Konkurrenzverlag mit seinen früheren Mitarbeitern zu verklagen.

Der Comic-Prozess stellte in der Bundesrepublik ein Novum dar, doch für Kauka ging er verloren, da die Rechtsprechung in Sachen Plagiatsschutz und Urheberechten zu dieser Zeit noch nicht eindeutig geregelt war. Kauka wurde von anwaltlicher Seite empfohlen, seine früheren Mitarbeiter einfach mit einem besseren Angebot zurückzuholen. Als freischaffende Künstler konnten sie nämlich selbst entscheiden, für wen sie arbeiteten. Aber den Weggang seiner Mitarbeiter vermochte er zu kompensieren, da *Fix und Foxi* ab Mitte 1964 weitgehend durch die Neuzugänge Florian Julino und Ludwig Fischer gestaltet wurde, unter der neuen redaktionellen Aufsicht der gebürtigen Ungarin Jolán Sohn.[61]

Klappern gehört bekanntlich zum Geschäft und bei der Werbung bleibt meist die Wahrheit auf der Strecke. Das war oft auch bei Rolf Kauka der Fall, der schon frühzeitig der Zeit entsprechend um sich und seinen Verlag Legenden gestrickt

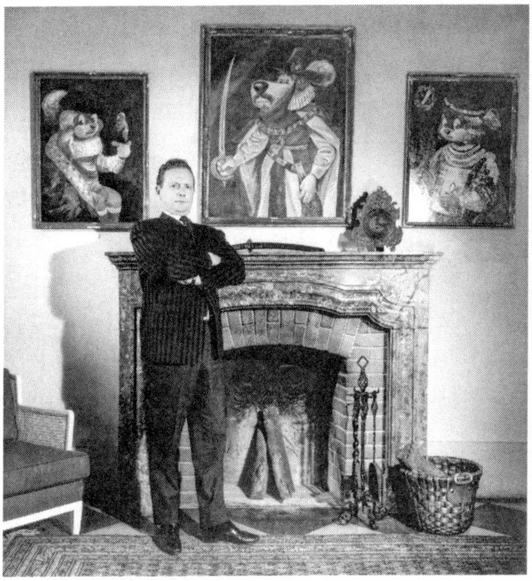

*Der Fürst der Füchse vor seiner Galerie im Verlagsschloss, 28. Februar 1964*

hatte. Es galt eben stets, sich selbst zu inszenieren. Erkennbar wurde das zum Beispiel, als Rolf Kauka sich und seinen Verlag 1964 über die zehn Jahre zuvor in München gegründete PR-Agentur ringpress mit einer geschönten Geschichte, einer Mischung aus Wahrheit und Legende bewerben ließ: »Eine erstaunliche Karriere: Rolf Kauka ist heute Europas beliebtester Jugendautor – Über sechs Millionen Jugendliche lesen wöchentlich seine lustigen Bildergeschichten – Auch Amerika hat er bereits erobert! Draußen vor den Toren Münchens, in Grünwald im Isartal, liegt wirklich so etwas wie ein verwunschenes Märchenschloss im Abseits. Aber dem Besucher ist, als wehe immer Kinderlachen um dieses stille Haus, denn hier lebt und arbeitet Rolf Kauka, dessen *Fix & Foxi*-Hefte allwöchentlich in acht Sprachen in die Welt hinaus gehen und rund sechs Millionen junge Menschen begeistern. Der Weg zu diesem großartigen Erfolg war lang. Er begann, so meint Rolf Kauka gutgelaunt, eigentlich schon vor tausend Jahren, als seine Vorfahren in Finnland als Kalewala-Sänger von Einöde zu Einöde zogen, um den Bauern von den Geschehnissen draußen in der Welt zu berichten. Das Weitergeben alter Volkssagen, von Liedern und lustigen Begebenheiten, vererbte sich vom Vater auf den Sohn – viele Generationen hindurch – bis zu Rolf Kaukas Urgroßvater. Dem war es im hohen Norden zu kalt. Aber schon in Polen lernte er ein schönes Mädchen kennen und aus war's mit der Weltreise. Der Großvater setzte die Reise fort. Und für ihn waren ein schönes Mädchen und Deutschland Endstation. Und so kam Rolf Kauka in Leipzig zur Welt. Als der junge Volkswirt nach dem Krieg in die Heimat zurückkehrte, erinnerte er sich an den alten Familien-Wahlspruch: ›Mach anderen eine Freude, dann hast du deinen Spaß!‹. Einfallsreich wie er war, ein Fabulierer aus Passion, verlegte er sich aufs Geschichtenerzählen in Wort, Ton und Bild. Er brauchte nur zwölf Jahre, um Walt Disneys ernsthafter Rivale zu werden – nicht nur in Europa, auch in Amerika!«.[62]

Aufgrund der ständigen Abwanderungsbewegung musste Rolf Kauka dringend neue Zeichner ausfindig machen. Da er inzwischen mehrere Monate im Jahr in Italien lebte und es dort viele talentierte Kreative gab, machte er sich auch jenseits der Alpen auf die Suche. Allerdings sprach er kein Wort Italienisch. Er inserierte deshalb im Frühjahr 1965 eine Stellenannonce in der *Süddeutschen Zeitung*, dass der Kauka-Verlag eine Dolmetscherin für Italienisch, Französisch und Englisch suche. Auf diese Anzeige hin bewarb sich die siebenundzwanzigjährige Dorothea Gräfin von Stillfried und Rattonitz. Eine Gräfin im Schloss! Kauka war sofort von ihr begeistert und stellte sie ein, verfügte sie doch zusätzlich über gute Bankkontakte in die Schweiz. Kauka hatte dort inzwischen Konten. Fünf Jahre später sollte sie seine dritte Frau werden.[63]

Dorothea war die älteste Tochter des 1940 gefallenen Heinrich Graf von Stillfried und Rattonitz, und der Agnes, gebürtige von Bonin, Freiin zu Innhausen und Knyphausen. Nach der Flucht der Familie aus Pommern hatte sie früh Verantwortung für ihre jüngeren beiden Geschwister übernommen, nach dem Besuch einer Fremdsprachenschule eine Banklehre in der Schweiz absolviert und bei einer Bank im Tessin gearbeitet, bevor sie im Frühjahr 1965 nach München zog. Hier fing sie im Sommer für Rolf Kauka zu arbeiten an. Ihre Aufgabe war es, in Italien talentierte Zeichner ausfindig zu machen. Über Mailand nahm sie mit einer Vermittlungsagentur Kontakt auf. Einer der Zeichner war Riccardo Rinaldi, der, bevor er im Verlag anfing, von Rolf Kauka, Walter Neugebauer und Dorothea von Stillfried in Mailand begutachtet wurde.[64]

Kauka verbrachte inzwischen immer mehr Zeit in seinem Domizil an der Steilküste des Mittelmeers. Zwei bis drei Monate am Stück lebte er jetzt unter der südlichen Sonne und entging so den kalten Monaten in Deutschland. Dennoch verfolgte er auch aus der Ferne mit strenger Hand weiterhin die Verlagsgeschäfte und die redaktionelle Arbeit. Die Redaktion erhielt Kritik und Anweisung mittels Telefons und Tonband. Das funktionierte, war aber ein umständliches und zeitraubendes Verfahren, durch das seine Anweisungen oftmals spät Grünwald erreichten und bereits fertige Ausgaben immer wieder umgeändert werden mussten.[65]

Wie in München empfing Kauka auch südlich von Rom regelmäßig Prominenz. Zu seinen Nachbarn gehörte die schwedische Schauspielerin Anita Ekberg, die besonders durch Federico Fellinis Film *La dolce vita* aus dem Jahr 1960 weltberühmt geworden war. Sie wohnte seit 1963 in dem von Circeo wenige Kilometer entfernten Badeort Sabaudia in einer 650 Quadratmeter großen Villa. Auch Anna Magnani lebte in direkter Nachbarschaft; 1955 hatte sie als erste italienische Schauspielerin einen Oscar gewonnen. Man kannte sich als gute Nachbarn und traf sich zum Essen bei Alfonso al Faro, einer bekannten Fischerkneipe vor Ort.

Aber auch Schauspieler wie Alberto Lupo und Mario Adorf waren gerne Gast bei Kauka, ebenso wie der deutschsprachige

Schriftsteller und Filmschauspieler Gregor von Rezzori. Er lebte seit den Sechzigerjahren in Italien und hielt sich bevorzugt in dem nahegelegenen Hotel und Villenkomplex Punta Rossa auf. Zu Rezzori hielt Kauka über viele Jahre engen Kontakt. Nur allzu gern probierte er seine typischen Wortspiele an ihm aus, bei denen er Wörter erfand oder diese in einen besonderen Kontext setzte, die jedoch allzu leicht von Rezzori entlarvt wurden. In Rolf Kaukas Bibliothek befanden sich zahlreiche seiner Bücher, von denen er besonders Rezzoris *Ödipus siegt bei Stalingrad* und *Memoiren eines Antisemiten* schätzte. Es gehörte zum guten Ton, dass sich alle Nachbarn abwechselnd gegenseitig besuchten, zusammen feierten oder das nahe Rom unsicher machten.

Gi Kauka war besonders eng mit Anita Ekberg befreundet, sie verbrachten häufig Zeit miteinander. Das öffentliche Auftreten der beiden Blondinen aus Schweden bzw. Norddeutschland erregte regelmäßig Aufsehen, allein schon wegen ihrer Autos. Während Ekberg einen auffälligen amerikanischen Jeep in hellblauer Farbe fuhr, hatte Kaukas Frau das identische Modell in Pink. Damit fielen beide sogar in Rom auf, erst recht, wenn sie die Spanische Treppe mit ihren Jeeps hinunterfuhren.[66]

# LUPOS ALESIA

Im Oktober 1964 brachte Rolf Kauka ein neues Format auf den Markt. Von nun an erschien monatlich das junge Magazin *Lupo*, das auf ein älteres Publikum als das von *Fix und Foxi* zielte, und für das sich der fünfundzwanzigjährige Berliner Florian Julino in der ersten Ausgabe mit einer Geschichte über den Jazz verantwortlich zeigte. Der Inhalt des Heftes setzte sich aus Comics, Foto-Geschichten, Lebenshilfe und Storys aus der Welt von Film, Fernsehen und Musik zusammen, im Editorial wurden aktuelle Trends aufgegriffen.

Kauka hatte durchaus seine Probleme mit dem feinsinnigen Humor Julinos, griff allerdings mit *Lupo* seine frühere Idee eines politischen Jugendmagazins in reduzierter und versteckter Form auf. Er nutzte das Heft über Jahre hinweg, um jugendliche Leser in seinem Sinn zu politisieren. Beispielsweise ging Kauka in der Novemberausgabe in einem politischen Vorwort auf die Zustände in der DDR ein: »Wir sind frei, wir können wählen, wen und was wir wollen […] Wenn in Ostdeutschland, in der Sowjetzone, keiner lacht, das verstehe ich. Wer da lacht, hat nichts zu lachen. Da hat auch keiner die Freiheit zu wählen, wen er will, und zu lachen, über wen er will«.[67]

Aber es blieb nicht nur bei der Systemkritik an Ostdeutschland. Auch aus der zweiten Ausgabe im November 1964 ist Kaukas politische Haltung herauszulesen. Er hatte keinerlei Berührungsängste, in seinen Comics frühere NS-Größen zu platzieren. So werden in der Fotogeschichte *Rasende Reporter – heute und früher* unbefangen der Kameramann Erich Stoll und die Pilotin Thea Rasche erwähnt. Stoll, ein engagierter Nazi, war als Kameramann für die NS-Kriegspropaganda der NSDAP zuständig. Er war nicht nur für die Deutsche Wochenschau tätig gewesen, sondern wirkte auch an Filmen wie *Feldzug in Polen* und *Der ewige Jude*, das schlimmste antisemitische Machwerk, mit. Kaukas eigenwilliger, fast schon entschuldender Umgang mit deutscher Politik und brauner Vergangenheit in seinen Heften sollte bald große öffentliche Aufmerksamkeit auf sich ziehen und mehr als Kopfschütteln auslösen.

In der *Lupo*-Ausgabe vom November 1964 ließ Kauka *Schnieff und Schnuff* mit einer einseitigen Geschichte debütieren. Es war eine eingedeutschte Fassung des belgischen Originals *Boule & Bill* aus der Feder von Jean Roba, auf die der Kauka-Verlag ganz frisch zurückgreifen konnte. Denn während Rolf in seinem italienischen Domizil weilte, hatte sein kaufmännischer Geschäftsführer Norbert Pohl Ende 1964 über die belgische Lizenzagentur Schovaerts günstig ein umfassendes Lizenzpaket französischsprachiger Comics erworben.

Der Kauka-Verlag kaufte sich so die Rechte vom belgischen Dupui-Verlag in Macinelle bzw. Charleroi, darunter *Lucky Luke*, *Spirou et Fantasio* oder *Les Schtroumpfs*. Gleichzeitig wurde auch vom Pariser Dargaud-Verlag die Lizenz an *Asterix* akquiriert. Rolf Kauka trug in den folgenden Jahren wesentlich zur Popularität der franko-belgischen Comics in Deutschland bei. Pohl, der fließend französisch sprach und Teile der Serien selbst übersetzte, freute sich über den gelungenen Coup. Kauka hingegen konnte zunächst weder etwas mit der Sprache noch mit dem feinsinnigen Humor anfangen. Allerdings weckte *Asterix* sein Interesse als Kalter Krieger, erkannte er doch darin politisch nutzbares Potential.[68]

Für die redaktionelle Betreuung der Jugendzeitschrift und die Weiterentwicklung seiner Produkte sollte sich kurz darauf ein neuer Mitarbeiter verantwortlich zeigen. Am 1. Januar 1965 fing Peter Wiechmann im Kauka-Verlag an. In einer Anzeige im *Kress-Report* hatte er gelesen, dass ein Redakteur in

Grünwald gesucht wird. Wiechmann erhielt 800 D-Mark Anfangsgehalt und sollte am Ende mit Unterbrechung bis 1975 im Verlag arbeiten. In diesen zehn Jahren stieg er zum wichtigsten Mitarbeiter Kaukas und zu einer Vertrauensperson auf, die Programm und Inhalt der Comics entscheidend mitprägte.

Die Ausgabe von *Lupo modern* vom 11. Mai 1965 wies Wiechmann erstmals als verantwortlichen Redakteur aus. Er selbst durfte mit Erlaubnis der betagten Gräfin Larisch sogar im ehemaligen Pferdestall des Gesindehauses direkt gegenüber dem Schloss wohnen und für sich und seine Familie eine Wohnung ausbauen. Zu der kleinen Einweihungsfeier unter Nachbarn kamen Rolf und Gi Kauka vorbei, übergaben als Gastgeschenk einen Barkredit in Höhe von 2400 Mark und erzählten den Neubewohnern nur allzu gern die Spukgeschichten vom Schlossgespenst Amalie. Wiechmann, der Kauka in der jahrelangen Zusammenarbeit intensiv kennenlernte, wies ihm einen ambivalenten Charakter zu. Er sei eine »schillernde, faszinierende, umtriebige, zupackende, unberechenbare Persönlichkeit [gewesen]. Aufbrausend, geduldig, nobel, kleinkariert. Alles in Personalunion«.[69]

Rolf Kauka blickte zufrieden auf seine personell neu aufgestellte Redaktion und deren Eigenständigkeit. So konnte er sich ohne Probleme über Wochen auf seinen Sommersitz in San Felice Circeo zurückziehen, während sein Vertrauter Norbert Pohl als faktischer Stellvertreter vor Ort nach dem Rechten sah. Nach wie vor kontrollierte Rolf jede einzelne Heftentwicklung auch von Italien aus, gab Anweisungen über Telefon und Tonband. Und wenn er aus Italien zur Redaktionsvisite zurückkehrte, sparte er bei seiner Kritik nicht an deutlichen Worten, etwa gegenüber der *Fix-und-Foxi*-Redaktionschefin Karin Arndt.

Zwar erklärte Kauka im Detail stets seine Kritikpunkte, doch im Eifer leidenschaftlich geführter Diskussionen konnten mitunter Glastüren zu Bruch gehen. Wenn Rolf Kauka wü-

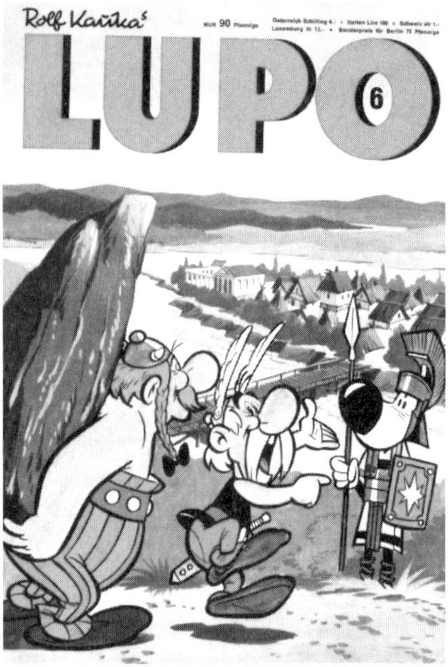


*Rolf Kaukas Lupo mit Siggi und Babarras, 1965*

tend war und brüllte, meinte man das durch ganz Grünwald hören zu können. War allerdings der Anlass der Auseinandersetzung beigelegt und alles geregelt, war auch die Sache schnell wieder vergessen. Vor allem, wenn man seinen Anweisungen folgte.

So kam es regelmäßig im Monat zu einem reinigenden Gewitter. Kauka pflegte danach zu sagen: »Das hat gutgetan.« Ehemalige Mitarbeiterinnen wie Gaby Schuster ordneten dies später so ein: »Seine Art […] zu kritisieren war vielleicht nichts für empfindliche Gemüter, aber man konnte eine Menge dabei lernen.«[70]

In der April-Ausgabe von *Lupo* starteten die Geschichten von Morris über *Lucky Luke* und die eingedeutschte Fliegergeschichte *Rolf und Miki*, die im französischen Original *Michel Tanguy*, später *Tanguy et Laverdure* hieß. Die Namensfindung der beiden jetzt deutschen Luftwaffenhelden Rolf Randers und Miki Kabel ging auf den früheren Luftwaffenoffizier Rolf Kauka selbst zurück. Er wollte damit sich und seinen vierjährigen Sohn Michael widerspiegeln. Die in Frankreich sehr beliebten Fliegerabenteuer waren gut verpackte Propaganda für eine streng konservative französische Politik. Auch Kauka nutze seine Möglichkeiten als Verleger, seinen jugendlichen Lesern verdeckt konservative politische Aussagen zu vermitteln. Das entsprach seinem Verständnis von Bildungsauftrag.

Ein besonders gut geeignetes Spielfeld erkannte er in den *Asterix*-Abenteuern. Der Pariser Dargaud-Verlag hatte die Verwertungsrechte der erstmals am 29. Oktober 1959 in Frankreich erschienene Serie von deren Schöpfern René Goscinny und Albert Uderzo erworben. 1961 kamen eigene *Asterix*-Bände vom französischen Verleger Georges Dargaud dazu und die Auflage stieg mit jedem neuen Band. Mit der Lizenz an den Gallier-Geschichten erwarb Kauka zugleich das Recht auf freie textliche Bearbeitung für den deutschsprachigen Raum. Diese Freiheit nutzte er, um die Geschichte historisch und national vollkommen neu umzudeuten.[71]

In Kaukas deutscher Fassung wurden die französische Helden *Asterix* zu *Siggi* und *Obelix* zu *Babarras*, dessen getragener Hinkelstein gewagt revanchistisch interpretiert wird, denn »wie andere einen Schuldkomplex, so schleppt er stets einen riesigen Findling mit sich herum«. Es war eine zeitgemäße rechtslastige Metapher gegen die Aufarbeitung des Holocaust. Kaukas Häuptling hieß nun Hein Mark, wohl weil die Deutsche Mark so stark war und der Barde Parlame(n)t wurde nur zu gern geknebelt. Der Druide Miraculix verwandelte sich in Anlehnung an Bundeskanzler Konrad Adenauer zu Konradin, dass ehemals gallische Dorf zum rechtsrheinischen Bonnhalla. Die Römer wurden zu Nachkriegsbesatzern mit amerikanischem Akzent, das Römische Reich selbst wurde in Anspielung auf die NATO als Natolien bezeichnet.

Eindeutig antisemitisch war, dass der gute Deutsche Siggi auch noch einen jiddisch sprechenden Händler namens Schieberius bekämpfen musste. Gudrun Penndorf, die langjährige Übersetzerin von *Asterix* beim Ehapa-Verlag, bezeichnete Rolf Kauka daher später als »stockreaktionär« und »deutschnational«.[72]

Rolf Kauka etikettierte den Kampf der Gallier gegen die römische Herrschaft kurzerhand historisch und national zum Widerstand der Deutschen gegen alliierte Besatzungsmächte um. Eine Sichtweise, die seine eigenen Erfahrungen mit der Besatzung in der Nachkriegszeit und Denkweise widerspiegelte. Waren bei Goscinny und Uderzo politische Anspielungen im Original nur mit feinem Florett angedeutet, wählte Kauka bewusst den Säbel. Figuren, Handlungen und Orte wurden in die deutsch-deutsche Auseinandersetzung und in die Zeit des Kalten Krieges transformiert. Peter Wiechmann, Kaukas Chef-Redakteur bei *Lupo*, lehnte später jegliche Verantwortung dafür ab und behauptete, dass es Rolf Kaukas Idee gewesen sei und dieser auch die Texte umgesetzt hätte. »Der politische Aspekt«, so Wiechmann, »kam ganz bestimmt von Rolf Kauka.« Was er nicht wusste, war, dass Kauka über *Lupo* seine über sieben Jahre zurückliegende Idee einer Zeitschrift zur politischen Erziehung der Jugend umgesetzt hatte.[73]

Während im Juni 1965 der vierte Teil von *Siggi und die goldene Sichel* in *Lupo modern* erschien, erfolgte eine erste öffentliche Kritik von unerwarteter Seite. Die literarisch-satirische Zeitschrift *pardon!*, die von 1962 bis 1982 erschien, veröffentlichte in ihrer Juni-Ausgabe einen Artikel, der für Rolf Kauka zum Politikum werden sollte. Der Satiriker Peter Sulzbach griff in seinem Text *Politische Bildung für die Kleinen* auf zwei schmalen Seiten die deutsche *Asterix*-Übersetzung auf. Er riet der Bundesprüfstelle für jugendgefährdende Schriften dringend, dieses »rechtsradikale Kindermagazin« zu überprüfen. Allerdings brachte Sulzbach das Heft nur mit dem Pabel-Verlag direkt in Verbindung, der ihm allein schon aufgrund seiner wehrmachtsverherrlichenden *Landser*-Hefte suspekt vorkam. Rolf Kauka wurde namentlich mit keinem Wort erwähnt oder gar kritisiert.[74]

Der Vorwurf, dass *Lupo* ein »rechtsradikales Kindermagazin« sei, schlug sich nicht in der Presse nieder. Auch hat der Bundesprüfstelle selbst nie ein Antrag auf Einleitung eines Indizierungsverfahren gegen Veröffentlichungen von Rolf Kauka vorgelegen. Sulzbach hatte zudem ein Jahr zuvor im Aprilheft von *pardon!* durchaus vergleichbar *Micky Maus* des Kommunismus' überführt.

Die Zeitschrift tauschte sich allerdings mit dem französischen Satirejournal *Hara-Kiri* in Paris aus, und Albert Uderzo erhielt zusätzlich einen Hinweis von einem deutschen Bekannten. So erfuhren Goscinny und Uderzo von der deutschen Version ihrer gallischen Geschichte und waren erzürnt. Sie übermittelten zunächst über Georges Dargaud ihren Protest, schalteten daraufhin den französischen Konsul ein, um Kaukas *Asterix* zu stoppen, und schickten ihm schließlich eine Abmahnung.

Gerade der Rabbiner-Enkel René Goscinny, aus dessen Familie viele Angehörige während des Holocaust ermordet wurden, fand deutliche Worte und beschimpfte Kauka als »waschechten Neo-Nazi«. Albert Uderzo erzählte später, dass Kauka ihn lange Zeit wegen des Lizenzentzuges beschimpft und sogar die Geschichte erfunden hätte, Uderzo sei ein Kollaborateur für die Deutschen im Krieg gewesen. Zudem hätte er sich auf deutschen Pressekonferenzen unter die Journalisten gemischt und ihn zu *Asterix* attackiert, sei schließlich vor die Tür gesetzt worden. Uderzo bezeichnete Kauka als »ein bisschen verrückt«.[75]

Kauka gab sich in der Öffentlichkeit unbeirrt, ließ keinerlei Verunsicherung erkennen und veröffentlichte drei weitere Siggi-Episoden. Im Juli 1965 begann mit Heft 16 die elfteilige Serie *Kampf um Rom,* der Geschichte, die später als *Asterix der Gladiator* bekannt werden sollte. Kaukas Titel stellte eine

Hommage an den gleichnamigen Roman von Felix Dahn dar, der 1968 in Hollywood verfilmt werden sollte. Seinen Kurs, die Geschichtsdeutung nach seinem Verständnis politisch zu gestalten, wollte er nicht ändern. Er dachte vielmehr an eine professionelle und vertrauenswürdige Politikberatung.

Nach der heftigen öffentlichen Schelte an seiner *Asterix*-Übersetzung im Juli wandte er sich ratsuchend an seinen alten Freund Gerhard Wessel, in der Hoffnung, von ihm eine Art von Hilfestellung bei der richtigen Formulierung politischer Aussagen in seinem Heft zu erhalten. Wessel übte inzwischen eine hochrangige militärische Position in Washington D.C. aus. Seit dem 1. Oktober 1963 im Rang eines Generalleutnants, fungierte er in den USA als Deutscher Militärischer Vertreter (DMV) beim NATO-Militärausschuss, dem höchsten militärischen Planungsgremium der Organisation. Die richtige diplomatische Wortwahl in der Zeit des Kalten Krieges war sein Metier, deshalb auch Kaukas naheliegende Überlegungen.

Sein Freund Wessel unterstützte ihn nach seinen Möglichkeiten auch von den USA aus. Kurz vor Beginn seines Urlaubs wandte er sich Mitte Juli 1965 privat an Oberst Joachim von Seydlitz-Kurzbach, den Schwager Reinhard Gehlens und BND-Personalchef. Er machte ihn speziell auf Kaukas seit Oktober 1964 erscheinendes Jugendmagazin *Lupo* aufmerksam und warb für das Format. Der deutsche NATO-Vertreter unterstützte die Idee, die Jugendlichen in Deutschland in einer vernünftigen Weise politisch »zu beeinflussen«, mit dem Ziel, »das Staatsbewusstsein zu heben«. Wessel war für seinen Freund Kauka und dessen Redaktion auf der Suche nach einem »innerlich und äußerlich unabhängigen politisch versierten Gesprächspartner«. Dieser solle dabei helfen, dass »die begrüßenswerte Grundtendenz der Zeitschrift nicht durch Fehlgreifen in der Wahl der Mittel« gefährdet werde. Er könne sich eine Art redaktioneller Hilfestellung vorstellen.

Allerdings hatten sowohl Wessel als auch Seydlitz-Kurzbach noch kein *Lupo modern* selbst gelesen; sie besorgten sich privat eine Ausgabe und betrachteten erstmals überhaupt einen Comic. Offenbar muss das ein Schlüsselerlebnis gewesen sein, denn daraufhin ließen beide die Idee fallen, Rolf Kauka zu unterstützen. Den beiden Geheimdienstmitarbeitern erschien die bunte Comic-Welt offenbar zu fremd, um darin propagandistisches Potential zu erkennen.[76]

Die medial erhobenen Vorwürfe, Rolf Kauka würde nationalsozialistische und rechtsradikale Gedanken verbreiten, wogen so schwer, dass sich Sommer 1965 sogar der bayerische Verfassungsschutz erneut für Kauka und seinen Verlag interessiert haben soll, wozu Mitarbeiter befragt wurden. Der Vorwurf kam in einer Zeit auf, in der das Thema Rechtsradikalismus politisch kontrovers und hoch emotional in der Gesellschaft debattiert wurde.

Ab dem 20. Dezember 1963 fanden in der Bundesrepublik die Ausschwitz-Prozesse statt, deren Urteilsverkündungen am 19. August 1965 begannen. Erst wenige Monate zuvor, am 28. November 1964, hatte sich die Nationaldemokratische Partei Deutschlands (NPD) gegründet, die bei der folgenden Bundestagswahl aus dem Stand heraus zwei Prozent erreichte. Und im Deutschen Bundestag fand am 10. März 1965 die große Verjährungsdebatte statt, ein zentraler Einschnitt für die Vergangenheitsbewältigung.

Zwanzig Jahre nach Kriegsende rang Westdeutschland mit sich, den richtigen Umgang mit seiner schwierigen nationalsozialistischen Vergangenheit zu finden. Kauka befand sich mit seinen Comics plötzlich mittendrin. Dabei sorgte er selbst über Jahre hinweg immer wieder mit Vorworten in seinen Heften dafür, dass man ihn berechtigterweise längst politisch rechts einordnen konnte. Zu Rolf Kaukas eigenem Selbstverständnis von autoritärer Kindererziehung gehörte es einfach, dass er Kinder und Jugendliche auch über Geschichte und Politik informierte, denn seinen pädagogischen Zeigefinger verstand er als politischen Wegweiser.

Nachdem zwei Jahre zuvor eine Weihnachtsedition herausgekommen war, erschien so zum Beispiel Ende 1963 das zweite *Fix-und-Foxi-Sonderheft* zu Weihnachten. In seiner weihnachtlichen Botschaft wurde der frühere Wehrmachtsoffizier Kauka offen revanchistisch und schilderte seinen jugendlichen Lesern das harte Schicksal von Wehrmachtssoldaten nach Kriegsende: »Millionen Männer litten schuldlos hinter Stacheldraht.« In der Weihnachtsausgabe von 1966 ging Kauka dann noch einen Schritt weiter: »Was ich mir, Euch und Euren lieben Eltern vom Nikolaus wünsche: Friede in allen Ländern, Freilassung der unschuldig Gefangenen in Spandau und allen anderen Gefängnissen, Freude und Lachen auf der ganzen Welt – und ein ganz besonders fröhliches Weihnachten«.[77]

Doch im Kriegsverbrechergefängnis Spandau saß kein Unschuldiger, sondern nur noch der zweiundsiebzigjährige Rudolf Heß ein, der ehemalige Stellvertreter Adolf Hitlers. Ein Kriegsverbrecher. Kaukas Worte erfolgten nicht zufällig, sie waren eine eindeutige Reaktion darauf, dass Ende September 1966 Albert Speer und Baldur von Schirach aus dem Berliner Gefängnis der Alliierten entlassen worden waren. Gegen diesen Umstand, dass Heß, der von vielen wegen seines England-Fluges verklärt wurde, allein die gegen ihn verhängte lebenslange Freiheitsstrafe verbüßen musste, protestierten vor allem zahlreiche rechte und nationale Kreise mit Solidaritätsbekundungen.[78]

Auch in der Sache *Asterix* blieb Rolf Kauka unbelehrbar. Im August 1965 legte er nochmals nach und brachte in *Lupo modern* mit Heftnummer 27 die Geschichte *Siggi und die Ostgoten*, eine Überarbeitung von *Asterix und die Goten*. Daraufhin wurde ihm der Lizenzvertrag wegen Vertragsbruchs gekündigt. Rolf Kauka klagte dagegen, sollte am Ende aber in zwei Instanzen verlieren. Das Gericht entschied, dass Kauka durch seine deutsche Bearbeitung den französischen Kern verändert habe.

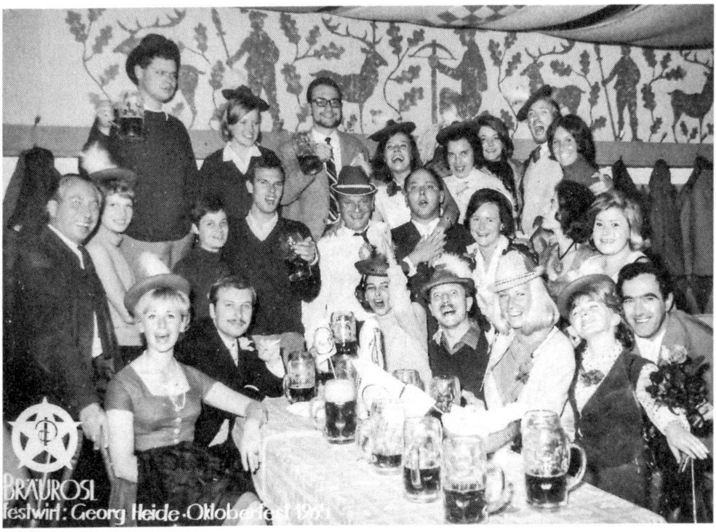


*Immer im Mittelpunkt. Rolf feiert mit seinen Mitarbeitern vom Kauka-Verlag in der Bräurosl auf dem Münchner Oktoberfest, September 1965*

Möglicherweise standen hinter dem Rechtsstreit aber auch handfeste monetäre Motive, da Kauka die *Asterix*-Rechte seinerzeit sehr günstig erworben und der Ehapa-Verlag bereits ein deutlich höheres Angebot unterbreitet hatte. Trotz Urteil und Lizenzentzug sollte er im Frühjahr 1966 nochmals eine Geschichte veröffentlichen.

Kauka gab sich selbstbewusst, feierte ungeachtet der juristischen Auseinandersetzungen mit seinen Verlagsmitarbeitern in alter Tradition gemeinsamen auf dem Münchner Oktoberfest. Wie immer ging es dabei ins Festzelt Bräurosl. Auf einem der Erinnerungsfotos in seliger Bierlaune thront Kauka bestgelaunt in der Mitte seiner Mitarbeiter mit gewissem Blick in die Zukunft. Während seine Frau mit Distanz zu ihm am Tisch sitzt, steht in seiner Nähe bereits seine Fremdsprachensekretärin, Dorothea Gräfin von Stillfried und Rattonitz, seine spätere dritte Frau.[79]

Im Herbst 1965 kam es zwischen Rolf Kauka und seinem Redaktionsleiter Peter Wiechmann wegen Gehaltsfragen zu einem Streit und daraufhin zur Kündigung Wiechmanns. Nach Wiechmann habe Kauka ihm eine Erhöhung um 100 Mark versprochen, sich aber nicht daran gehalten. Dagegen vertrat Walter Neugebauer in einem Interview die Auffassung, dass Kauka Wiechmann für die deutsch-nationale *Asterix*-Übersetzung mitverantwortlich gemacht und einen Schuldigen gesucht hätte.

Welche Version davon auch stimmt, Wiechmanns leitende Position bei *Lupo modern* nahm bald darauf die Neueinstellung Monika Achtelik ein. Sie war attraktiv, voller Energie und hatte eine einnehmende Persönlichkeit. Kauka war bereits seit ihrem Vorstellungsgespräch von ihr begeistert. Neben der redaktionellen Zusammenarbeit kamen sich Rolf und Monika in den Monaten danach auch privat näher. Bald wurde in der Redaktion von einer Beziehung hinter vorgehaltener Hand gesprochen.

Denn neben seinen Geschäfts- und Imageproblemen hatte Rolf Kauka zunehmend auch mit seinem Eheleben Probleme. Immer häufiger ließ er seine junge Frau mit den kleinen Kindern in der Villa in Italien zurück und lebte sein eigenes Leben in München. Gi mangelte es nicht an materiellen Gütern, aber sie langweilte sich und empfand die Idylle am Mittelmeer zunehmend als eine Art von goldenem Käfig. Sie wollte selbst über ihr Leben entscheiden, zumal ihr Ehemann ganz selbstverständlich seinen außerehelichen Interessen nachging. So fing auch Gi mit Liebschaften an. Die Eskalation war vorprogrammiert und nur eine Frage der Zeit, zumal sich aus der Affäre mit Dorothea von Stillfried eine festere Beziehung entwickelte.[80]

Mit dem neuen Jahr 1966 ging *Fix und Foxi* nun bereits in den 14. Jahrgang, und am 14. Februar, am Valentinstag, feierte Rolfs älteste Tochter Mascha ihren einundzwanzigsten Geburtstag, wurde volljährig. Für ihren Vater Anlass genug, um am darauffolgenden Wochenende in Grünwald ein großes Fest zu feiern. Er interessierte sich zwar nicht gerade täglich und intensiv für seine Kinder, zumal sie dafür nach seinem Verständnis nun bereits zu groß waren, aber er wusste solche Events würdig zu begehen. Das Fest ließ er vom Feinkostgastronomen Gerd Käfer mit großem Pomp ausrichten. Da gerade die närrische Zeit in München ausgebrochen war, wurde es aufwendig als Faschingsfeier in Szene gesetzt. Käfer etablierte sich zu dieser Zeit als Partyausrichter der Münchner Society, Kauka gehörte zu seinen frühesten Kunden. Beide sollten über die Jahre miteinander befreundet sein, die Familien feierten regelmäßig zusammen.[81]

Wenige Wochen später startete Kauka im März letztmalig eine *Asterix*-Serie mit zwölf Folgen über *Siggi der Unverwüstliche* (später herausgebracht als *Asterix der Gallier*) in seinem Verlag. Mit Veröffentlichung des letzten Titels am 1. April lag ihm nun kein Originalmaterial mehr vor. Angesichts des wachsenden Erfolges von *Asterix* in Frankreich und weil zuvor sogar *L'Express* am 19. September mit dem Gallier als Titelbild aufmachte, griff der *Spiegel* im November 1966 das Thema auf, um sich in dem Artikel über Kaukas streng »nationale« Version lustig zu machen.[82]

Der nahm die Angelegenheit persönlich. Er wollte sich mit dem Desaster von *Siggi und Babarras* nicht abfinden und ging mit einer eigenen Serie in die Offensive. In der *Lupo modern*-Ausgabe vom 4. Mai 1966 präsentierte er die Eigenproduktion *Die Pichelsteiner* als die »legendären Vorfahren von *Siggi und Babarras*«, die durch die Zeichenfeder von Riccardo Rinaldi geprägt waren. Die Serie vermochte allerdings nicht an den Erfolg ihrer Vorfahren anknüpfen.

Also ging Kauka noch einen Schritt weiter. Nach seinen Vorgaben ließ er von Branko Karabajić ein Plagiat um zwei Germanen namens *Fritze Blitz* und *Dunnerkiel* entwerfen.

Die beiden erschienen in den *Tip-Top*-Ausgaben 79 und 80 im Juni 1967. Rolf Kauka, der sich maßlos über den wachsenden Erfolg von *Asterix* bei der Stuttgarter Konkurrenz ärgerte, schrieb selbst unter dem Pseudonym »Tacitus Minor« das Drehbuch zum ersten Band *Als die Römer frech geworden*. Aber die Ähnlichkeiten mit dem französischen Originalasterix waren offensichtlich, und Dargaud klagte daher erneut gegen Kauka. Diesmal entschied das Gericht zugunsten des Münchner Verlags. Der juristische Erfolg erwies sich jedoch als Pyrrhussieg, da die Serie aufgrund schlechter Verkaufszahlen nach 1969 eingestellt wurde.[83]

Rolf Kauka war bei diesem Rechtsstreit durch Alfred Stiefenhofer, Rechtsanwalt und Steuerberater der Münchner Kanzlei Noerr, juristisch vertreten worden. Er hatte Stiefenhofer Mitte der Fünfzigerjahre über seinen Geschäftsfreund Hans Staas kennengelernt, dem er selbst wiederum während des Faschings begegnet war. Der promovierte Jurist war vor 1945 Oberzahlmeister und Einkäufer des Oberkommandos der Luftwaffe und Hermann Görings gewesen. Nach dem Krieg stieg er zum Staatssekretär und Chef der thüringischen Staatskanzlei auf, bevor seine NS-Vergangenheit ruchbar wurde und er sich 1947 in die Schweiz zurückzog. Staas war Vorstandsmitglied der AGROB AG für Grob- und Feinkeramik und Bevollmächtigter von Felix Buttersack, dem Miteigentümer des *Münchner Merkur*.[84]

# KAUKASISCHE WENDEKREISE

Im Sommer 1966 räumte Rolf Kauka seine Wohnung in Grünwald und zog mit der Familie aus dem Verlagsschloss aus. Fünf Jahre nach seinen ersten Bemühungen hatte er am 16. Juni 1966 das Gut Tüntenhausen bzw. Eichenhof bei Zolling doch noch vom Wiener Kommerzialrat Franz Baumkirchner kaufen können. Kauka taufte es in Gut Kaukasien um. Es war eine seiner typischen und eigenwilligen Sprachschöpfungen. Von nun an teilte er seine Zeit zwischen Grünwald und Zolling auf. Wo er selbst seinen Lebensschwerpunkt sah, konnte man unschwer daran erkennen, dass er seinen Verlagssitz weiterhin als »drinnen« und seinen Familiensitz als »draußen« bezeichnete.

Gut Eichenhof lag inmitten der Natur, von einem alten und üppigen Baumbestand umgeben. Kauka ließ sein Anwesen umzäunen, was der alteingesessenen Bevölkerung vor Ort nicht sonderlich gut gefiel und zu Protestbriefen in der Lokalzeitung führte, denn von nun an konnte man nicht mehr ohne Einschränkung über das weitreichende Gelände spazieren gehen. Das Gut verfügte über rund 28 Hektar landwirtschaftlichen Grund mit eigenen Fischteichen und Altwasser-Armen der Amper. Ein norddeutsch anmutendes reetgedecktes Haupthaus stand in einem rund vier Hektar großen Park, flankiert von Nebengebäuden.

Die privaten Räume, Schlafzimmer sowie einer der größeren Salons befanden sich im Obergeschoss. Im Erdgeschoss lagen der Küchentrakt, der Speiseraum, Kaukas Arbeitszimmer und

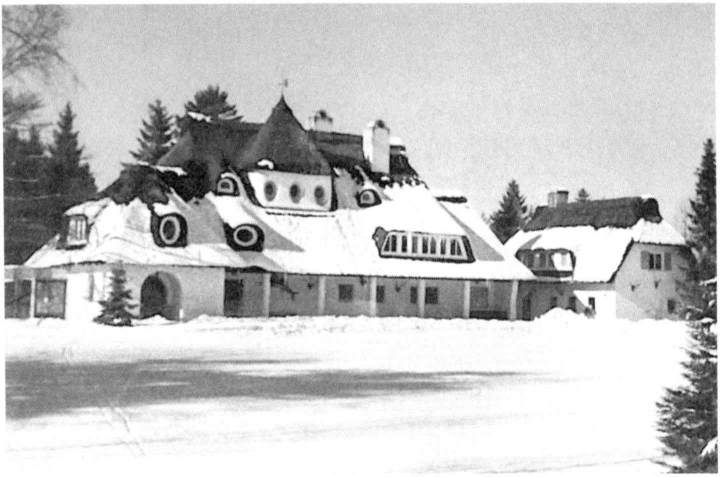

*Kaukasien, ohne Datum*

eine große Wohnhalle. Von hier aus ging es ins obere Stockwerk, zu einer Empore und dem Zugang zu einem Turm, wegen seiner Fischerei- und Jagdutensilien Fischer-Turm genannt. Die Kinderzimmer befanden sich als besonderes Kinderhaus in einem Nebengebäude, räumlich getrennt von den Eltern. Zudem es gab noch ein Verwalterhaus, ein Gästegebäude sowie Garagen. Und es gab große Stallungen, bald auch mit eigener Reithalle und Reitplatz. Rolf Kauka lebte von nun an wie ein bayerischer Gutsherr auf dem Land, weshalb er zu Repräsentationszwecken oft Loden trug, seine Frau Dirndl. Die kleine Familie hatte in dem großen Anwesen endlich die Möglichkeit eines gänzlich ungestörten Privatlebens. Allerdings begann es in der Ehe zwischen Rolf und Gisela noch häufiger als zuvor zu kriseln.[85]

Der Sommer 1966 brachte neben dem Privaten auch Veränderungen in der Geschäftsstruktur mit sich. Rolf Kauka und Erich Pabel arbeiteten inzwischen seit dreizehn Jahren geschäftlich in bewährter Form zusammen, trotz teilweiser heftiger Meinungsverschiedenheiten und persönlicher Seitenhiebe. Beispielsweise versprach Rolf seinem Geschäftspartner einmal als Teil einer Zahlung ein Auto, allerdings nur, wenn er eine Plakette anbringen würde, auf der geschrieben sein sollte: »Ein Geschenk meines lieben Kauka«. Pabel kaufte sich daraufhin absichtlich ein viel teureres Auto, als Kauka vorgesehen hatte. Der bezahlte es prompt nur halb und bestand darauf, dass die Plakette nun lautete: »Ein Geschenk von meinem halben lieben Kauka«.

Das bisherige Geschäftsmodell war, unter Beibehaltung der Urheberrechte die Nutzungsrechte an den Kauka-Heften über die Druckerei Franzis an den Rastatter Verlag zu verkaufen. Dafür brachte Pabel die Kauka-Comics über seinen Pressegroßvertrieb auf den Markt und erschien dabei als verantwortlicher Verlag und Herausgeber im Impressum. Nach Peter Wiechmann war pro Heft von *Fix und Foxi* von einem Fixum von rund 10 000 D-Mark auszugehen, pro Exemplar war zudem eine prozentuale Verkaufsprovision vereinbart. Und nicht zu vergessen, behielt Kauka sämtliche Einnahmen aus den abgeleiteten Nutzungsrechten ein, also aus ausländischen Lizenzverkäufen, Merchandising und Werbung. Doch gerade angesichts der stattlichen Investitionen für das Gut Eichenhof galt es nun, den Gewinn weiter zu steigern.

Während *Lupo* am 4. Mai 1965 letztmalig im Pabel-Verlag erschien, trat danach zunächst der Kauka-Verlag als Herausgeber des Heftes selbst in Erscheinung. Es hieß von nun an *Lupo modern*, war mit einem Kleeblatt über dem Logo verziert. Ab Juli 1966 erschien dann die Gevacur, eine Société Anonyme (S.A.), im Impressum sämtlicher Produkte Kaukas. Am 12. Juli 1966 war unter neuer Herausgeberschaft mit Heft 551 das erste *Fix und Foxi*, einen Tag später das Heft 30 von *Lupo modern* erschienen. Gevacur übte von nun an juristisch die Verlegerfunktion aus. Doch hinter dieser »Schleiereule«, wie der *Kress-Report* das Unternehmen nannte, soll sich vor allem Kauka selbst verborgen haben. Zusammen mit Erich Pabel habe er über Treuhänder die Firma anonym in der Schweiz gegründet, hieß es.

Tatsächlich wurde die Firma am 8. November 1965 in Chur gegründet, der Gesellschaftssitz wurde danach 1967 zuerst nach Ascona und ab 1970 nach Zug verlegt. Ihr Zweck bestand in der Nutzung, Verwaltung, dem Verleih und allgemeinen Gebrauch von Verlagsrechten. Im Verwaltungsrat fungierte als Präsident ein guter Geschäftsfreund von Rolf Kauka. Es war Hans Staas mit Hauptwohnsitz in Brissago und Wohnung und Büro in München. Staas agierte bei Gevacur zusammen mit den beiden wegen Finanzskandalen berüchtigten Schweizern Tito Tettamenti, Treuhänder und Investor, und Rolando Zoppi, Direktor der Handels- und Investmentbank Weisskredit aus Lugano. Hauptaktionär war Ernesto Heim aus Lugano.

Viele ausländische Firmen ließen sich zu der Zeit aus Steuergründen in der Schweiz nieder, und auch Kauka nutzte diese legale Möglichkeit der Steuerminimierung. Einzelne Titel- und Nutzungsrechte wurden wie etwa bei dem Winnetou-Album 1963 auf eine andere Firma namens Europress Verlagsanstalt in Schaan im ebenfalls steuerfreundlichen Fürstentum Liechtenstein übertragen, wohl eine Art von Briefkastenfirma.[86]

Kaukas Geschäfts- bzw. Steuermodell sah vor, dass sein Verlag in Grünwald sämtliche Kosten für Personal, Vertrieb usw. übernahm. Das kaufmännische Geschäft wurde dann steuerlich in der Schweiz durchgeführt, die Drucklegung wiederum erfolgte an anderen Orten. Die erwirtschafteten Gewinne, etwa aus der Übertragung von Lizenzrechten oder der Überweisung von Honoraren aus Deutschland, wurden in der Schweiz und auch Lichtenstein zu günstigeren Konditionen als in Deutschland versteuert. So musste Kauka auf seine Gewinne im Ausland weniger Steuern zahlen, während sein Verlag in München kaum Gewinne machte oder manchmal sogar Verluste schrieb, was wiederum weniger Abgaben in Deutschland bedeutete.

Sein Verlag in Grünwald hatte im Wesentlichen nur noch die Redaktion inne und war steuerlich ein fast hohles Gebilde.

Kauka machte niemals Details seines Geschäftsmodells öffentlich. Nach seiner Selbstbekundung in einem Interview im Sommer 1979 verschaffte ihm die Gevacur aber im Laufe der Zeit gute Royalties, also Gebühreneinnahmen aus der Verwertung seiner Produkte und Lizenzen. Nach Aussage eines Mitarbeiters bei Gevacur sei Rolf Kauka selbst nie persönlich in der Firma gewesen.[87]

Doch die Zeiten waren trotzdem alles andere als rosig. Kaukas mühsam aufgebautes Lebenswerk stand sogar auf tönernen Füßen. Nicht nur in seiner Ehe, auch im Verlag lief es nicht mehr rund. Kauka benötigte dringend zusätzliche Geldmittel, um seine Investitionen abzusichern. Damit seine Firma nicht als unterfinanziert galt, musste er das Stammkapital erhöhen, um so die Bilanz für ein besseres Banken-Ranking aufzubessern.

Am 5. Juli 1966 beschloss die Gesellschafterversammlung die Erhöhung des Stammkapitals von 10 000 auf 30 000 Mark sowie die Änderung des Firmennamens. Die Firma hieß nun Kauka-Verlag GmbH. Doch dieser Verlag machte immer weniger Umsatz bei gleichbleibenden Produktionskosten. Die Auflagen von *Lupo modern* bzw. *Tip-Top* sanken 1966/67 von Quartal zu Quartal und angedachte Marktplatzierungen kosteten immer mehr Geld. Es kam zu einem Gewinneinbruch. 1965 beauftragte Rolf Kauka allein seinen Freund Wolfgang Ernst mit zwei Leserumfragen, die Infratest in der Bundesrepublik durchführte, um das Leseverhalten der Kinder und Jugendlichen zu ermitteln. Zudem hatte der Kauf von Gut Eichendorf viel Geld gekostet, und die Raten mussten bezahlt werden. Ehemalige Mitarbeiter erinnern sich, dass sogar »oft die Gehälter und Honorare am Monatsende infrage« standen.[88]

In dieser finanziell schwierigen Phase wurde Rolf Kauka eine neue internationale Geschäftsidee offeriert. Dem italienischen

Eurostudio-Verleger Piero Dami schwebte die Idee eines Joint Venture für den internationalen Comicmarkt vor. Er beabsichtigte, eine identische Mädchenzeitschrift namens *Tina* in verschiedenen Ländern erscheinen zu lassen, lediglich der Text sollte in der jeweiligen Sprache sein. Aus Frankreich waren Nounours und aus England Fleetway Productions vertreten. Das Redaktionsherz der neuen europäischen Jugendzeitschrift sollte in London sitzen.

Aus Deutschland sollte sich der Kauka-Verlag an dem Projekt beteiligen, wobei Norbert Pohl sowie sein Sohn Ulrich Pohl die Verhandlungen für den Verlag führten. Ulrich, Jahrgang 1940, war Jurist wie sein Vater. Nachdem er seine Kanzlei aufgegeben hatte, hatte er zunächst eine Verlagskaufmannausbildung absolviert und für die Zeitschrift *Quick* in München gearbeitet. Kauka ermutigte ihn 1966, ebenfalls zu ihm in seinen Verlag zu kommen, wo er in der Redaktion arbeitete und auch seinem Vater zur Hand ging.[89]

Für Kauka bedeute das *Tina*-Projekt eine erhebliche finanzielle Investition und ein schwer kalkulierbares Risiko. Es war ein riskantes Geschäft in einer für den Verlag finanziell unsicheren Zeit. Er traute den englischen Vertretern nicht über den Weg und suchte eine Vertrauensperson, die für ihn in London nach dem Rechten sah. Ulrich Pohl schlug mehrfach Mascha Kauka vor, die immerhin drei Sprachen sprach und den väterlichen Verlag bestens kannte. Aber Rolf wollte seine eigene Tochter nicht mit dieser wichtigen Aufgabe betrauen. Er hatte seine Kinder bislang aus dem Verlagsgeschäft herausgehalten, und erst aufgrund fehlender Alternativen und nochmaligem Drängen von Pohl gab er nach. Er weigerte sich aber, mit Mascha persönlich darüber zu sprechen. Pohl sollte das tun. Kauka selbst war zu stolz, um seine eigene Tochter um Hilfe zu bitten.

Doch Mascha ließ sich überzeugen, unterbrach sogar ihr Studium, um im November 1966 nach London zu ziehen. Bis zum Frühjahr 1967 sollte sie in der englischen Hauptstadt bleiben, bevor sie ihrem Vater mitteilen konnte, dass er die Finger von dem Geschäft lassen solle, man habe hier keine Ahnung und hege nur geringen Kooperationswillen. Rolf Kauka zog sich rechtzeitig aus dem Geschäft heraus. Anstelle des Kauka-Verlags stieg daraufhin der Axel-Springer-Verlag in das Gemeinschaftsprojekt ein. *Tina*, mit dem Untertitel die *Bunte Bilderzeitschrift für Dich*, kam erstmals am 23. September 1967 heraus, wurde aber nach rund einem Jahr als Minusgeschäft eingestellt. Mascha hatte ihrem Vater einen sechsstelligen Betrag als Verlust eingespart. Als Dank durfte seine Tochter nun neben ihrem Studium im Verlag arbeiten. Kauka respektierte von nun an ihre Meinung, solange sie in seinem Interesse handelte. Loyalität galt ihm über alles.[90]

Ulrich Pohl und Mascha Kauka kannten sich zwar seit ihrer Kindheit aus Prien am Chiemsee. Aber erst über die gemeinsamen Verlagsverhandlungen hatten sie sich intensiver kennengelernt und ineinander verliebt. Die beiden befreundeten Väter waren sehr zufrieden über diese Verbindung der beiden Familien. Die Zusammenführung von Kauka und Pohl ließ sich bald auch im Geschäftsbereich ablesen; am 5. April 1967 gab es erneut eine geschäftliche Veränderung. Das Eigenkapital wurde erhöht, die Haftung auf mehreren Schultern verteilt.

Der Kauka-Verlags-Gesellschaft traten als neue Kommanditisten Dr. Norbert Pohl als Rechtsanwalt in Prien mit einer Einlage von 16 000 D-Mark sowie sein Sohn Ulrich Pohl als Verlagskaufmann in Grünwald mit 4 000 Mark bei. Gleichzeitig wurde die Haftungseinlage Rolf Kaukas auf 150 000 Mark erhöht, der Geldbetrag also, der die Haftung der neuen Kommanditisten nach außen hin begrenzte. Die Pohls waren jetzt Anteilseigener am Verlag von Kauka, wodurch neue Investitionen möglich wurden. Notwendiges Geld, um ein neues Produkt zu platzieren, nachdem Kauka von Wolfgang Ernst über Infratest erneut den Markt sondieren ließ.[91]

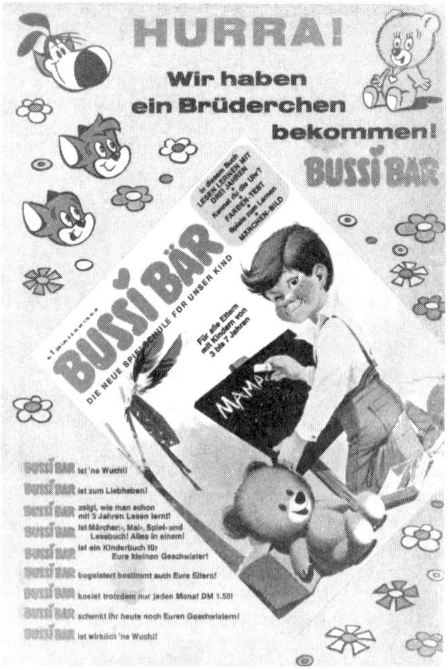


*Ankündigung. Bald erobert Bussi Bär die Kinderherzen, 1966*

Denn Anfang 1967 hatte er sich offen für eine andere innovative und zukunftsträchtige Idee gezeigt. Während *Fix und Foxi* eine Leserschaft bei den Acht- bis Zwölfjährigen und *Lupo modern* bzw. *Tip-Top* die Teenager im Blick hatten, fehlte ein eigenes Heft für Vorschulkinder. Kein Verlag hatte sich zuvor an diese Zielgruppe gewagt. Rolf Kauka entwickelte ein Konzept. Die konkrete Namensidee sei dabei von Monika Achtelik gekommen, bei der Kauka gerade in Phasen, in denen er niedergeschlagen war, Trost fand. Nach einem gemeinsamen Besuch in Lothar Buckels Schwabinger Wendekreis, einem Münchner In-Lokal, erzählte sie ihm zur Aufheiterung auf der Heimfahrt nach Grünwald von ihrer Idee für die ganz kleinen Kinder: *Bussi Bär*.

Aber ein Heft für Vorschulkinder war nicht nur etwas Neues, es war ein Wagnis und es gab keinerlei Markterfahrungen.

Der Vertrieb sprach sich dagegen aus, Kauka aber vertraute seinem Gespür. Er ließ seinen Chefzeichner Walter Neugebauer Figuren entwerfen und seine Redaktionschefin Jólan Sohn das Projekt weiterentwickeln. Auch Mascha, die eben ihr Germanistikstudium beendet hatte, brachte sich bald verantwortlich in das Projekt ein. Am Ende vollendete Gisela Künstner mit ihrem besonderen Kolorit die Figuren. Im Sommer 1967 erschien das neue Format unter dem Motto *Kinder spielen – Kinder lernen* und wurde nach einer schwierigen Startphase schließlich das erfolgreichste und langläufigste Produkt des Verlages.[92]

Zum Glück für Kauka begann sich 1968 die Auflagezahl der Hefte wieder zu verbessern. Der Verlag suchte neue Mitarbeiter und lockte viele Kreative an, gerade am Anfang ihrer Karriere. Beispielsweise bewarb sich auf eine Annonce in der *Süddeutschen Zeitung* vom 27. April auch Franz Xaver Kroetz, später einer der führenden deutschen Dramatiker seiner Zeit und noch später ein erfolgreicher Schauspieler, als Texter für *Fix und Foxi*. Er fand allerdings keine Anstellung. Möglicherweise schrieb er für Kaukas Redaktion nicht gut genug.

Die Lizenz-Vermarktung von *Fix und Foxi* und *Bussi Bär* eröffnete dem Verlag neue Markt- und Verdienstmöglichkeiten. Norbert Pohl übernahm hierbei die Initiative und konnte seinen langjährigen Freund Rolf Kauka überzeugen, die *Fix-und-Foxi*-Welt konsequent und professionell durch Merchandising zu vermarkten. Erstmals überhaupt wurden hierbei die Figuren neben den Comicserien als eigenständige Wertprodukte angesehen. Bald schon schrieb der Verlag wieder Gewinn, und sein Marktwert stieg.

Die Vertriebsarbeit wurde ab Mitte 1968 nicht mehr länger vom Pabel-Verlag geleistet. Kauka hatte am 1. Juli 1968 zusammen mit Heinrich Bauer vom gleichnamigen Verlag die Verlagsunion (VU) in Wiesbaden auf die Beine gestellt, um die Auslieferung der Hefte logistisch in ihrem Sinn zu organisieren. Dazu ordnete er bis zum Herbst seine Verlagsstruktur neu. Am 5. September 1968 gründete er den Rolf Kauka-Verlag (HRA 40191), der am 20. März 1974 in Rolf Kauka-Film umbenannt wurde, bis diese Firma am 9. Januar 1978 aufgelöst wurde. Es kam zum Bruch zwischen Kauka und Erich Pabel, der gegen ihn noch einen Prozess anstrengte, diesen aber verlor. Im Kauka-Verlag kommentierte man in Reimform dazu: »Der Kain erschlug den Bruder Abel, bei uns hieß das Problemchen Pabel. Vertrieb vertreibt vorerst nur Sorgen, hofft auf Big Bauer und auf morgen.«[93]

Rolf Kauka hatte eine dominante Persönlichkeit. Er war es über die Jahre gewohnt, dass er im Verlag das absolute Sagen hatte und andere seine Anweisungen befolgten. Nur aus dieser hierarchisch-orientierten Position heraus zeigte er sich hilfsbereit, verständnisvoll und großzügig. Sein Wort galt. Auch innerhalb der Familie entsprach das eigene Selbstverständnis den klassischen Rollenzuschreibungen. Er war stark und aktiv, war bestimmendes Oberhaupt und Ernährer. Daraus resultierten sein Verhalten und seine Erwartungen. Was für ihn aber in seiner männerdominierten Geschäftswelt und seinem Freundeskreis funktionierte, gelang ihm in seinem weiblich geprägten privaten Bereich weniger gut, auch wenn er hier ebenso hart und konsequent agieren konnte. Deutlich trat das bei seinen beiden ältesten Töchtern zum Vorschein.

Seine zweitgeborene Tochter Gabriele heiratete am 1. März 1968 notgedrungen ihren Verlobten, den Fernsehproduzenten Geza von Polanyi; sie war schwanger. Rolf Kauka hatte unweigerlich das Schicksal seiner Schwester während der Kriegszeit vor Augen. Es fiel ihm daher schwer, sich mit der Entscheidung seiner Tochter abzufinden. Rolf nahm an der Hochzeit nicht teil, weshalb Dieter Baron von der Recke die Rolle des Brautvaters übernahm und bei der Feier im Restaurant am Chinesischen Turm im Englischen Garten die Rede hielt. Rolf empfand die Schwangerschaft nicht nur als unmoralisch, er

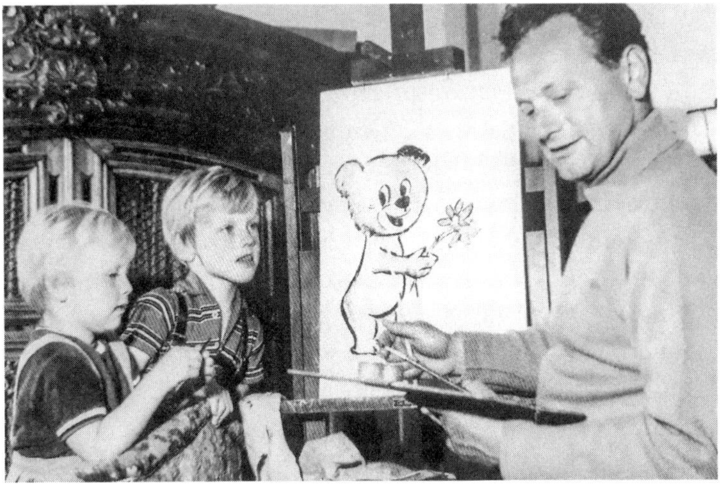

*Rolf Kauka malt mit seinen jüngsten Kindern Alexandra und Michael Bussi Bär. Ein weiteres Foto zu Werbezwecken, um 1967*

wollte mit knapp fünfzig Jahren einfach noch nicht Großvater werden. Dementsprechend reduziert fiel seine Freude aus, als sein Enkelsohn Florian von Polanyi am 7. August geboren wurde. Bereits zuvor hatte Kauka von seinen älteren Töchtern immer verlangt, ihn in der Öffentlichkeit nie mit Vati anzusprechen, sondern mit Rolf. Gerade Mascha und Gabriele ignorierten diese Anweisung nur allzu gerne.[94]

Vor allem lehnte Rolf Kauka seinen künftigen Schwiegersohn ab, so wie er fast alle Ehepartner seiner Kinder für nicht gut genug befand. Für ihn waren sie vor allem Mitgiftjäger. Von dieser Angst, dass sie es auf sein schwer erarbeitetes Geld abgesehen haben könnten, war er regelrecht besessen. Die Eheverbindung seiner Tochter nahm er zum Anlass, von seinen Kindern zu verlangen, notariell auf ihr Erbe zu verzichten. Er war der Auffassung, dass den Kindern rechtlich nichts von seinem Besitz zustehen würde. Vielmehr sollte sein freier Wille das ausschlaggebende Motiv sein.

Gabriele wollte keinen Ärger mit ihrem Vater und akzeptierte ebenso wie Irene dessen Wunsch; beide verzichteten notariell auf ihren gesetzlichen Anspruch. Nur seine älteste Tochter sah das nicht ein, zumal sie die richtige Wahl für ihren Ehemann getroffen hatte – nämlich ganz im Sinne des Vaters. Aufgrund der besonderen Beziehung zu seinem Freund Norbert Pohl unterließ Kauka deshalb zunächst eine größere Auseinandersetzung mit Mascha. Er war wirklich erleichtert, dass seine älteste Tochter Ulrich Pohl heiraten wollte, den Sohn seines besten Freundes und Geschäftspartners. Und wie immer, wenn seine Wünsche befolgt wurden, konnte er großzügig sein. So richtete er am 20. April 1968 eine große Verlobungsfeier mit zahlreichen Freunden in Kaukasien aus. Während die Familien Kauka und Pohl sich bei strahlendem Wetter auch über die Ehe verbinden sollten, schwebten über Rolf und Gi bereits dunkle Gewitterwolken. Ihre Beziehung war kaum noch zu kitten. Kaukas zweite Frau wollte das Chaos nicht mehr länger hinnehmen.[95]

Doch bevor Kauka sich um sein Eheproblem kümmern konnte, musste er einen schweren Tiefschlag verkraften. Nur wenige Tage nach der Verlobungsfeier verstarb am 22. April 1968 Norbert Pohl, plötzlich und unerwartet. Kauka war zutiefst geschockt, verlor er nicht nur einen Geschäftspartner, sondern vor allem seinen ältesten Vertrauten. Pohl wurde im Familiengrab in Prien am Chiemsee bestattetet, und Kauka weinte bitterlich auf der Beisetzung. Es war das erste Mal überhaupt, dass Kaukas Töchter ihren Vater in der Öffentlichkeit weinen sahen.[96]

Wie alle Jahre wieder stand im Dezember 1968 die Weihnachtsfeier des Kauka-Verlags an. Diesmal hatten die Mitarbeiter Peter Wiechmann, Günter Ropertz und Manfred Klinke als besondere Weihnachtsgabe über den Verlag und dessen Persönlichkeiten ein kleines Büchlein mit dem Titel *Der Nussknacker* gestaltet. Darin wurde über Rolf Kauka vielsagend gedichtet:

> Unser Chef… Potz, Blitz, Gewitter! Man hätte schon Lust – (zu richten). Doch wie beim Zwitter, zweien Seelen toben in der Brust: (beim Dichten).
>
> Der Chef, das ist ein braver Mann, gar väterlich und mild. Er schaut uns niemals böse an, ist unser Schirm und Schild. (– Der Kotau –)
>
> Der Chef ist hier im Verlage, das Zünglein an der Waage. Er lässt uns zwar schalten und walten, doch mit 'nem einz'gen Zungenschlag… ist alles wieder beim Alten! (– Die Kritik –).[97]

Neben Kaukas Töchtern Mascha und Irene wurde auch Gi Kauka im *Nussknacker* beschrieben, allerdings nur flach und bedeutungslos charakterisiert. Die Ehe war schließlich am Ende. Selbstbewusst hatte Kauka sein Privatleben offen ausgelebt. Seine ältesten Töchter bekamen es aus erster Hand mit, wenn er in München Halligalli veranstaltete, während seine Frau mit den beiden kleinen Kindern in Italien im goldenen Käfig lebte.

Rolfs Beziehung zu Monika Achtelik war zwar längst erkaltet und von ihr gekündigt. Allerdings durfte sie nach einem Gerichtsentscheid zunächst noch einige Zeit in der Redaktion weiterarbeiten, weil sie schwanger war. Der Name des Vaters blieb über die Jahre ein Geheimnis. Aber auch die Sonderrolle der Gräfin und deren Nähe zum Verlagschef schimmerte bereits im *Nussknacker* durch. Nicht ohne Grund. Seit spätestens Ende 1967 war es unter den Verlagsmitarbeitern ein offenes Geheimnis, dass Dorothea von Stillfried an Kaukas Seite eine tragende Rolle einnahm. Sie wohnte nur zwei Häuser vom Grünwalder Schloss entfernt in einem Reihenhaus in der Gabriel-von-Seidl-Straße. Immer häufiger konnten Mitarbeiter, wenn sie in den Verlag zur Arbeit fuhren, ihren Chef früh morgens aus der Wohnung der Gräfin kommen sehen.[98]

Schließlich entlud sich Kaukas bislang stilles Eheproblem in einem lauten Knall. Als Gi wieder einmal aus Italien zurück in Kaukasien war, stellte sie ihren Mann zur Rede. Auch Kaukas Frau hatte sich eine Liebschaft zugelegt, mit dem sie immer zusammengelebt haben soll, wenn Kauka abwesend war.

Er konnte sich viele Rollen vorstellen. Mit der des gehörnten Ehemanns, ungeachtet seiner eigenen Lebensweise, wollte er sich nicht abfinden. Es kam zur Eskalation. Gi drohte mit Scheidung und damit, ihn wegen seiner Affären juristisch zu belangen. Kauka muss außer sich vor Wut gewesen sein. Denn wenn jemand eine Beziehung beendete, dann war er das. Das erzählte er später auch seinem alten Jugendfreund Georg Mitreiter.

Wie schon einmal Jahre zuvor bei Helga Trümper warf er nun seine Ehefrau bei Nacht und Nebel aus dem Haus. Er gestattete ihr nicht einmal mehr, sich von den schlafenden Kindern zu verabschieden. Zur Demonstration, dass er sie mittellos auf die Straße setzten konnte, verbrannte er ihren Nerzmantel, ein Geschenk aus besseren Tagen. Im Streit griff Kauka auf eine klare Ansprache zurück: Er konnte großzügig sein und alles geben. Wer ihm gegenüber jedoch nicht loyal war, dem konnte er alles wieder wegnehmen. Gi Kauka nahm sich ein Taxi und bezog ein Hotelzimmer. Von nun an musste sie um ihr Besuchsrecht bei den eigenen Kindern kämpfen.[99]

Rolf Kauka hatte zwar jäh einen Schlussstrich gezogen, befand sich aber durchaus in der Klemme. Selbstbewusst wie er immer gewesen war, hatte er aus all seinen Beziehungen selten ein Geheimnis gemacht. Nun übermannte ihn die große Sorge, dass einzelne seiner Mitarbeiter, Bekannten und Freunde als Zeugen in einem Scheidungsverfahren vorgeladen werden könnten. Ein Verfolgungswahn übermannte ihn regelrecht. Zeitweise überlegte er sogar vor lauter Angst, wohin er einzelne Personen wegschicken könnte, damit eine mögliche Aussage unmöglich wäre. Herbert und Sophie Holler, sein Hausmeisterehepaar, wollte er am liebsten nach Australien verbannen. Auch dachte er daran, seine Freundin Dorothea von Stillfried zu entlassen, so wie er zuvor Monika Achtelik gekündigt hatte. Zwischen Rolf Kauka und seiner Frau begann ein schmutziger Scheidungskrieg, bei dem es vor allem um das Sorgerecht der gemeinsamen Kinder Michael und Alexandra ging.[100]

# FILM-WELT 1969–1982

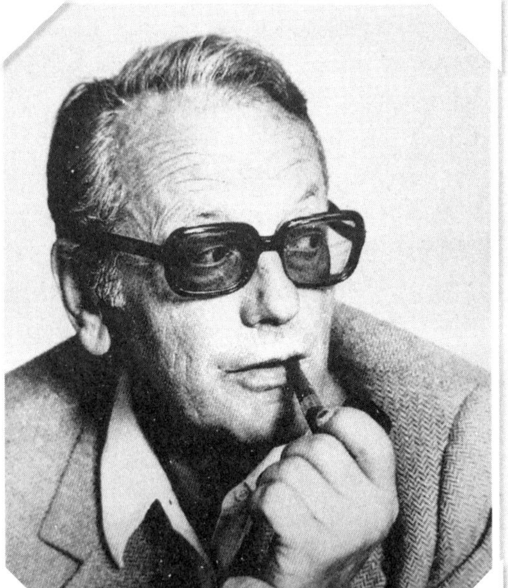

*Selten ohne Pfeife. Rolf Kauka, Anfang der Siebzigerjahre*

# SZENEN KEINER EHE

Kauka war mit seinem Büro inzwischen in die erste Etage des Grünwalder Verlagsschlosses umgezogen. Hier saß er hinter einem schweren Eichenschreibtisch – im modischen Blazer mit Manschettenknöpfen und Krawatte, meist eine Dunhill-Pfeife im Mundwinkel.

Rechts von ihm hing ein mysteriöser Bilderrahmen mit drei kleinen Glöckchen an der Wand. Das merkwürdige Gemälde war Ausdruck seines speziellen Humors. Als in München eine große Ausstellung über zeitgenössische Kunst lief, malte er mit einfachsten Farben und ungeschickter Technik ein grässliches Bild. Es erhielt einen teuren Rahmen und wurde zusätzlich mit Glöckchen drapiert. Kauka testete damit gerne seine Gesprächspartner und präsentierte es als wertvolles Kunstwerk des angeblich weltberühmten Künstlers »Fernandez«, dass er teuer erworben habe. Er wollte sehen, ob jemand den Mut und die Ehrlichkeit aufbrachte, ihm gegenüber einzugestehen, dass man weder den Künstler kannte noch das Gemälde als besonders kunst- und wertvoll erachtete. Doch das geschah nur sehr selten.[1]

Kauka hielt die Fäden des Verlages fest in seinen Händen, nahm ständig in sämtliche Arbeitsbereiche Einblick und behielt dadurch den absoluten Überblick. Er bestimmte Inhalt und Ausrichtung seines Imperiums, erklärte jedoch den Mitarbeitern seine Kritikpunkte; sie wussten, dass er sein Handwerk beherrschte. Kritisch beäugte er sämtliche Produkte seines

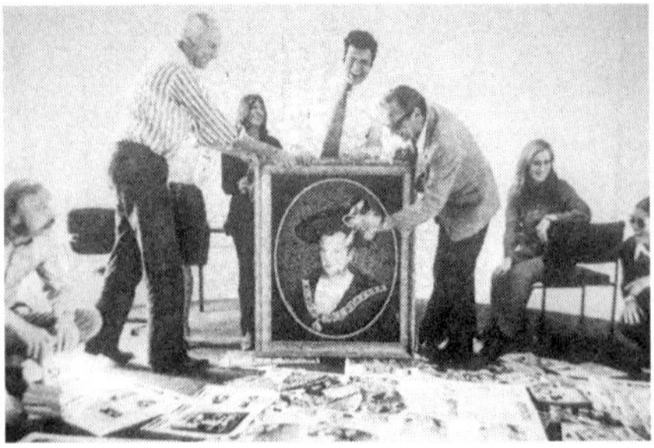

*Rolf Kauka begutachtet sein kaiserliches Ebenbild, das Gemälde von Vlado Magdić, im Verlagsschloss in Grünwald, um 1970*

Hauses und achtete pedantisch auf die Charakterzeichnung seiner Figuren, sogar auf kleinste Details, ob etwa der Lichtreflex auf *Lupos* Nase stimmte.

Von seinem Schloss aus herrschte er wie ein Fürst über die von ihm erschaffene Welt der Füchse, dominierte seinen Verlag wie einen Herrschaftsbereich, in dem seine Mitarbeiter, gleich »renitenten Untertanen, hinter vorgehaltener Hand [höchstens] über sein interessantes Privatleben tuschelten«, so eine frühere Mitarbeiterin. Treffenderweise verewigte ihn Vlado Magdić in einem großen Ölgemälde und malte ihn im Stil eines Alten Meisters nach Vorbild des Bernard von Orley als Kaiser Karl V.: Kauka im Ornat eines Großmeisters des Ordens vom Goldenen Vlies, der unter den Habsburgern als Ausdruck kompromissloser Treue verstanden wurde. Eine Symbolik, die ganz seinem Denken entsprach.[2]

Seine Mitarbeiter trafen sich regelmäßig zu Wochenbeginn in seinem Arbeitszimmer zur Redaktionssitzung. Dabei ließ er sich immer auch von seinem Wiesbadener Vertriebsleiter Boris Petroff darüber berichten, welche der Produkte Auflage machten und welche schlecht liefen. Aus erster Hand erfuhr er ebenso, was die direkte Konkurrenz wie Bastei, Kelter oder Ehapa machte.

Ende der Sechzigerjahre forderte Rolf Kauka von Peter Wiechmann, den er 1968 als Redaktions- und Produktions-Direktor in den Verlag zurückgeholt hatte, die Produkt-Palette zu verbreitern. Das Taschenbuch, das in anderen Häusern bereits erfolgreich umgesetzte wurde, fehlte in seinem Sortiment. Es war zeitgemäß und billig in der Produktion. Der Ehapa-Verlag brachte seit Oktober 1967 bereits sehr erfolgreich Disneys *Lustige Taschenbücher* auf den Markt. So ließ eben auch Kauka ein entsprechendes Format entwerfen. Das Taschenbuch *FF-Extra* erschien erstmals am 28. März 1969 mit 196 Seiten, der Preis betrug 2,80 Mark. Es sollte mit insgesamt 104 Ausgaben erfolgreich bis 1986 laufen.

Bis zum Jahresende 1969 wurde im Verlag bereits die Vorbereitung für die nächste Taschenbuch-Reihe umgesetzt. Die monatlich erscheinenden *Kauka Comics* sollten erstmal am 2. Januar 1970 auf den Markt kommen, erwiesen sich aber nicht als erfolgreich. Nach 13 Ausgaben wurden sie im Februar 1971 in die 14-tägige Heftserie *Prima Comic* bzw. *Primo Comic* umgewandelt. Außerdem gab es weitere Modifizierungen. Das seit 1967 laufende Heft *Fix und Foxi Super Tip Top* wurde in *Fix und Foxi Super* verkürzt, bevor es rund ein Jahr später eingestellt wurde, um als dritter Taschenbuchtitel *Kauka Serie Super* bis 1977 weiterzulaufen.

Auch die *Tom und Biber*-Geschichten erhielten im Juli 1969 zunächst eine eigene Reihe. Das Magazin basierte auf Nachdrucken früher Arbeiten von Walter Neugebauer, mit frankobelgischem Lizenzmaterial ergänzt. Doch während die Nummer fünf im Druck und drei weitere Ausgaben in Vorbereitung waren, wurde noch im selben Jahr alles wieder eingestellt. Angeblich, so argumentierte Kauka, wegen schlechter Verkaufszahlen. Der Pressevertrieb hatte lediglich 50 000 verkaufte Exemplare gemeldet.

Das aber entsprach leider nicht der Wahrheit, wie sich Monate später nach Abrechnung der Vertriebskosten herausstellte. Die Verkaufszahl hatte mit 100 000 Exemplaren doppelt so hoch gelegen. Das spielte jedoch letztlich keine Rolle. Rolf

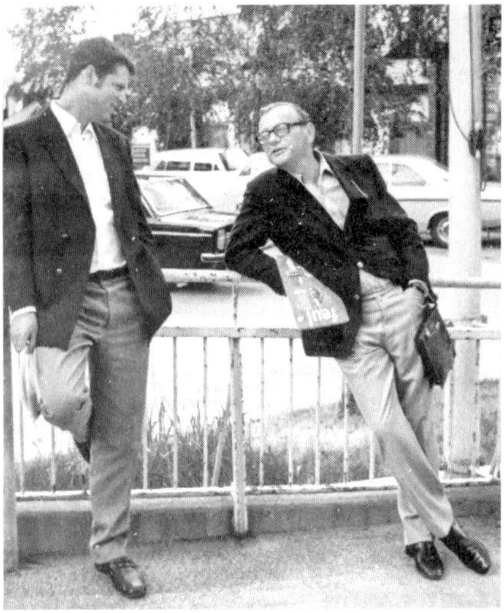

*Kauka und Wiechmann bei einem Stockholmer Kurzbesuch, 1969*

Kauka verfolgte heimlich ein anderes strategisches Ziel. Er hatte nicht nur den Vertrieb in die eigenen Hände genommen, sondern versuchte auch die optische Verlagspräsenz und Angebotsdichte am Markt über mehr Hefte, Taschenbücher und Sondereditionen zu vergrößern. In dieses Vorhaben hatte er bereits einen großen Geldbetrag investiert.[3]

Was zu diesem Zeitpunkt kein Verlagsmitarbeiter ahnte, war die dahinterliegende Motivation Kaukas. Zwar hatte der Zweiundfünfzigjährige im kleinen Kreis schon öfter eine gewisse Amtsmüdigkeit eingeräumt. Zunehmend machte ihm sein Rheuma zu schaffen, das sich seit seinem Umzug nach Kaukasien durch das dortige feuchte Klima verstärkt hatte. Als Branchenkenner wusste er aber genau, dass sich das Comic-Geschäft bereits auf einem leichten Abwärtstrend befand. Der Geschäftsmann dachte daher nicht nur bereits über den Verkauf seines Verlags nach, er führte bereits erste Sondierungsgespräche. So war er 1969 etwa nach Stockholm gereist, um mit dem dortigen Medienunternehmen Bonnier AB zu sprechen.

Eine Woche vor Ostern besuchte Rolf Kauka wieder einmal Gerhard Wessel, der seit einem Jahr Präsident des BND war. Er stellte seinem Freund und jetzt auch Geheimdienstchef nicht nur Dorothea von Stillfried als seine Verlobte vor, obgleich er, wie schon bei seiner ersten Ehe, noch nicht wieder geschieden war. Er berichtete Wessel auch von seinen schwierigen Verkaufsverhandlungen, die seit Ende März 1969 stockten.

Kauka verhandelte mit der niederländischen Verlagsgruppe Verenigde Nederlandse Uitgeversbedrijven (VNU), plante eine drucktechnische, redaktionelle und finanzielle Zusammenarbeit. Der Kontakt zwischen Kauka und der VNU war über den Vorsitzenden des Internationalen Zeitschriftenverleger-Verbandes zustande gekommen. Bis zum Herbst waren die Verhandlungen trotz eines lukrativen Angebots endgültig gescheitert, dies vor allem, weil Kauka den neuen Verlag noch fünf Jahre lang hätte leiten sollen. Er wolle ihn verkaufen, jedoch nur zu seinen Konditionen, unter Beibehaltung weitreichender Freiheiten und Rechte. Es war ein gewagtes Konzept, das Rolf Kauka einige Jahre später tatsächlich unter Beteiligung der VNU umsetzten sollte. Doch noch war die Zeit nicht reif dafür.[4]

Während die Vertragssondierungen mit VNU liefen, sollte der Kauka-Verlag für Peter Maria Tuijnman vom niederländischen Oberon-Verlag, der als Tochterunternehmen zur VNU gehörte, bereits die Redaktion und den Vertrieb für das Vorschulheft *Bobbi* übernehmen. Bis zur Hefteinstellung 1969 erschienen insgesamt zehn Ausgaben über Gevacur. Aufgrund der Parallelität handelte es sich ohne Frage um einen verhandlungsbegleitenden Probelauf, um zu testen, wie VNU und Kauka zusammen funktionieren könnten.[5]

Erneut sollte Rolf Kauka bald wegen Übersetzungen seiner Lizenz-Produkte Probleme bekommen. Da nicht alle französischen bzw. belgischen Autoren so aufmerksam wie René Goscinny waren, konnte er die eingekauften ausländischen Serien weiterhin deutschnational umdeuten. Im Mai 1969 kam der zweite Band von *FF-Extra* mit einer Geschichte von *Pit und Pikkolo* heraus.

Aus der feinsinnigen Originalfassung des Abenteuers *QRN ruft Bretzelburg* von *Spirou und Fantasio* wurde nun eine politische Abrechnung mit der DDR im Duktus des Kalten Krieges. Die Hauptstadt des korrupten Kleinstaates mit Pickelhauben-Soldaten hieß unter Kauka »Berlin-O«. Die Bevölkerung trug aufgrund der wirtschaftlichen Misere nur Anzüge aus Papier und wurde zudem von Iwan Sownjet befehligt, der bezeichnenderweise den mit sächsischem Dialekt sprechenden Staatsratsvorsitzenden gefangen hielt. Diese beiden führten Krieg gegen Bonnhalla, wo eine APO-Lina schlecht regierte, gelenkt von einem Militärfachmann mit amerikanischem Akzent.

Wegen der eigenwilligen politischen Neuübersetzung erschien Kauka erneut im reaktionären Licht eines Kalten Kriegers. Nicht zu Unrecht, denn die Interpretation entsprach absolut seinem politischen Denken, gerade angesichts der bevorstehenden Feierlichkeiten zum 20. Jahrestag der DDR im Oktober 1969. Manche von Kaukas Kritikern argwöhnten später zwar sogar scharf und persönlich, es sei ihm gar nicht um Politik gegangen, sondern es sei die Rache eines »Minderbegabten« an den wahren »Genies seines Metiers«.

Das war aber falsch, da Rolf Kauka seine Comics dafür nutzte, um seine politische Überzeugung kundzutun. Zudem standen seine Produkte wie etwa *Fix und Foxi* in der DDR als Schundliteratur auf dem Index, im staatlichen Auftrag ließ man dort eigene Bildgeschichten wie *Atze* und *Mosaik* entwerfen. Der Kalte Krieg fand auf beiden Seiten auch in den Comics statt. Hüben und drüben wurde wieder und wieder aufgerüstet.[6]

Wenige Monate später, im September 1969, nahm auch die westdeutsche Presse die neuerliche Politisierung begierig auf. Im *Spiegel* erschien ein vom Journalisten Otto Köhler verfasster Beitrag über die Kauka-Comics. Köhler, der auch für *pardon!* schrieb, vollführte einen Rundumschlag. Richtigerweise griff er die politisch-konservativen Vorworte Kaukas der vergangenen Jahre auf, machte sich über die scheinbare Produktvielfalt seines Verlages lustig, um anhand der Geschichten *Die Pichelsteiner*, *Siggi und Babarras* und *QRN ruft Bretzelburg* hart mit Kauka ins Gericht zu gehen. Er warf ihm vor, die Jugend mit revanchistischen, nationalistischen und antisemitischen Parolen zu beeinflussen, erkannte an ihm die Eigenschaften eines SS-Mannes und denunzierte ihn provokant als »Volkspädagogen«. Der *Spiegel* artikulierte den scharfen Vorwurf rassistischer Vorurteilsverbreitung. Das waren harte Geschütze aus Hamburg. Für Kauka stellte der *Spiegel* ein linkes Hetzblatt dar. Doch eine Reaktion von ihm auf diesen Artikel ist nicht dokumentiert. Offenbar schwieg er, denn seine Aufmerksamkeit lag auf ganz anderen Dingen.[7]

Im Sommer 1969 verlangte sein Privatleben die ganze Aufmerksamkeit. Zunächst heiratete Mascha ihren Verlobten Ulrich Pohl am 6. Juni 1969 auf dem Schwabinger Standesamt in der Mandlstraße 14. Wie üblich bestand die Absicht, kurz danach auch die kirchliche Trauung stattfinden zu lassen. Aber Kauka sprach sich vehement dagegen aus. Ihn belastete seine bevorstehende Scheidung, die er erst vom Tisch haben wollte, bevor er an eine größere Feier dachte. So wurde der kirchliche Trauungstermin um zwei Wochen verschoben.[8]

Am Donnerstag, den 12. Juni 1969 wurde Rolf Kauka durch das Amtsgericht Freising von seiner Frau Gi geschieden. Nach geltendem Gesetz war eine Scheidung nur nach dem Verschuldungsprinzip möglich, wozu vor allem Ehebruch zählte. Deshalb war zuvor zwischen den beiden Eheleuten schmutzige Wäsche gewaschen worden. Beide Seiten hatten sich gegenseitig ehewidriges Verhalten vorgeworfen.

Rolf jedoch gelang es schließlich, seinen jahrelangen und öffentlich bekannten Affären zum Trotz, den Scheidungskampf zu seinen Gunsten zu entscheiden. Nicht ihm, sondern Gi wurde die alleinige Schuld am Scheitern der Ehe zugewiesen, dies mit weitreichenden Folgen. Scheidungsrechtliche Unterhaltsansprüche standen nur einer schuldlos geschiedenen Ehefrau zu, so wie auch das Sorgerecht von der Schuldlosigkeit abhing. Rolf erhielt das alleinige Sorgerecht für die beiden gemeinsamen Kinder, obwohl die mit ihren acht und sieben Jahren lieber bei ihrer Mutter geblieben wären.

Kauka konnte sein Glück kaum fassen. Nach Aussage der beiden ältesten Töchter gelang ihm das Scheidungsurteil nicht zuletzt durch seine guten gesellschaftlichen und politischen Beziehungen nach Freising und München. Gi hingegen war am Boden zerstört, sie hatte ihre beiden kleinen Kinder und ihre Existenz verloren. Für den Rest ihres Lebens sollte sie kein gutes Haar mehr an ihrem Ex-Mann lassen.[9]

Nachdem seine Scheidung rechtsgültig war, gestattete Rolf Kauka seiner Tochter, am 20. Juni 1969 kirchlich zu heiraten. Da Ulrich Pohl katholisch und Mascha Kauka evangelisch war, wurde in der Votivkapelle an der Amper erstmals ökumenisch eine Ehe geschlossen. Kauka hatte den katholischen Priester mit dessen Lieblingsrotwein und mit einem Neuanstrich der Kapelle überzeugen können. Bei weißblauem Wetter streuten Maschas kleine Halbgeschwister Michael und Alexandra bei der Hochzeit Blumen.

Nach dem Jawort hatte Rolf Kauka ganz nach seinem Geschmack für die rund 60 Hochzeitsgäste ein zünftiges bayerisches Essen in einem Wirtshaus auf dem Dorf organisiert. Ab dem Nachmittag richtete der stolze Vater für sein ältestes Kind ein riesiges Gartenfest mit fast 200 Gästen auf Gut Eichenhof aus. Alle seine Freunde waren eingeladen. Auch BND-Präsident Gerhard Wessel gab sich die Ehre und sorgte unter einigen Hochzeitsgästen für Aufregung. Als sich ein paar jüngere Besucher gerade in die Büsche schlagen wollten, mussten sie verwundert feststellen, dass sich dort bereits fremde Männer versteckten. Allerdings waren das keine Journalisten, wie manche vermuteten, sondern die Personenschützer des Präsidenten aus Pullach.

Neben dem großen Freundeskreis war auch die gesamte Familie anwesend. Mit einer Ausnahme: Gi war als Persona non grata nicht erwünscht. Dafür agierte Dorothea von Stillfried bereits erkennbar wie die zukünftige neue Frau Kauka. Das stieß nicht nur einigen Gästen unangenehm auf. Kaukas frisch vermählte älteste Tochter Mascha war mit der öffentlichen Lebensweise ihres Vaters nicht einverstanden. Insgeheim erklärten sich seine ältesten Töchter mit der geschassten Gi solidarisch. Mascha hatte sich mit ihrer nur fünf Jahre älteren Stiefmutter immer sehr gut verstanden, sie war für sie eher eine Schwester. Anders war es bei Dorothea, die Mascha nicht leiden mochte. Die beiden ältesten Töchter Rolfs sahen in der Gräfin den wahren Grund für das Scheitern der zweiten Ehe des Vaters. Es war ein stiller Familienkonflikt, der sich bald schon laut entladen sollte.[10]

Immer wieder wurde in den Comics des Kauka-Verlags Bezug zu aktuellen gesellschaftlichen, politischen oder auch technischen Entwicklungen und Ereignissen genommen. So verwunderte es auch nicht, dass Rolf Kauka am 16. Juli 1969 zusammen mit dem Großteil der Menschheit am Fernsehschirm gebannt der amerikanischen Apollo-11-Mission zuschaute, die sich in Richtung Mond aufmachte.

Die Mondlandung begann dann am 20. Juli 1969. Einige Stunden nach Mitternacht dieses Tages, um 3.56 Uhr mitteleuropäischer Zeit, betrat Neil Armstrong als erster Mensch den Mond. Rolf war von der Mondmission und der Raumfahrtechnik fasziniert. Für ihn war es nicht nur ein amerikanisches Abenteuer, er empfand die Raumfahrt als ein wichtiges Ereignis für die gesamte Menschheit. Als er in späteren Jahren in den USA lebte, besuchte er einige Male mit großer Begeisterung Cape Canaveral in Florida. Auch in seinem *Fix und Foxi* tauchte das Thema Raumfahrt immer wieder auf, etwa im Heft 28 vom 7. Juli 1969, mit dem Coverbild der Lupollo 1 und der Panoramageschichte *Die Fahrt zum Mond*, später mit *Die ersten Schritte auf dem Mond*.[11]

Rolf Kauka blieb Zeit seines Lebens zwar parteilos, wenngleich er zahlreiche gute Kontakte in die Politik pflegte und diese aufmerksam verfolgte; auch die Bundestagswahl am 28. September 1969. Trotz eines Wahlsiegs stellten dabei erstmals in der Geschichte der Bundesrepublik Deutschland nicht mehr die Unionsparteien den Bundeskanzler. Mit knapper sozialliberaler Mehrheit wurde der SPD-Spitzenkandidat Willy Brandt zum Bundeskanzler gewählt.

Der national-konservative Kauka, der stets die Christlich-Soziale Union in Bayern (CSU) wählte und der Partei auch regelmäßig spendete, war schockiert. Er lehnte den Sozialdemokraten Willy Brandt, der vor den Nazis ins norwegische Exil geflüchtet war, menschlich ab. Brandts Ostpolitik war ihm erst recht ein Dorn im Auge. Kauka blieb ein überzeugter Kalter Krieger.

Doch tangierte ihn die Politik der Bundesregierung nicht wirklich. Was ihm naheging, war persönlicher, nämlich dass wenig Wochen später am 30. November 1969 sein Vater Paul in Nürnberg verstarb. Er hatte sich die letzten Jahre immer regelmäßig mit seinem Vater getroffen, sowohl auf Gut Eichenhof als auch in Nürnberg. Anfang Dezember reiste er nun nach Franken, um von ihm Abschied zu nehmen. Zusammen mit seinen Schwestern und seinen jüngsten drei Kindern Irene, Michael und Alexandra nahm er an der Beerdigung teil. Rolf Kauka hatte an seinem Vater dessen Erfindergeist und Hartnäckigkeit bewundert. Mit seinem Verlag und seinem Erfolg hatte er ihm immer imponieren wollen.[12]

Nach der Scheidung und dem Zuspruch des Sorgerechts musste Rolf Kauka noch ein pragmatisches Problem lösen. Er war ständig geschäftlich unterwegs und konnte sich unmöglich selbst um Michael und Alexandra kümmern. Doch genau dieser Sorgepflicht hatte er nachzukommen. Es musste sich jemand dauerhaft um seine beiden eben erst schulpflichtig gewordenen Kinder kümmern. Kauka versuchte, verschiedene Ansätze zu fahren. Zunächst wurde sein früheres Hausmeisterehepaar aus Grünwald, Sophie und Herbert Holler, für Gut Eichenhof zur Betreuung der Kinder eingestellt. Zusätzlich zog auch Rolfs älteste Schwester Ingeborg ein, die zuvor Heinrich Bleuler geheiratet und dessen Namen angenommen hatte.

Ab November 1969 zog auch noch Tochter Irene zu ihrem Vater aufs Zollinger Gut, um sich um ihre beiden kleinen Halbgeschwister zu kümmern. Zur großen Freude ihres Vaters begann sie auch noch eine Ausbildung zur Verlagskauffrau bei ihm. Sie sollte bis zu seinem Wegzug in die USA 1982 mit ihm im Verlag zusammenarbeiten. Natürlich sorgte sich auch Dorothea von Stillfried um Kaukas Kinder aus zweiter Ehe, obgleich sie ebenfalls berufstätig war. Kurzzeitig umfasste so die eingespannte Großfamilie rund fünfzehn Personen auf dem Gut. Am Ende sah Rolf Kauka nur eine dauerhafte Lösung, um seine beiden kleinen Kinder bei ihm gut versorgt zu wissen: Er musste schnell wieder heiraten.[13]

Gräfin Dorothea von Stillfried, die er bereits seit Monaten inoffiziell überall als seine Verlobte vorgestellt hatte, sah gut aus, war sportlich und intelligent. Dennoch dürfte es für Kauka vor allem eine Zweckbeziehung gewesen sein, weshalb es sowohl für seine Schwester Brunhilde als auch für Dorotheas Schwester später klar war, dass er sie nie wirklich liebte. Aber diese Ehe versprach für seine kleinen Kinder Stabilität, und die Verbindung mit einer Adeligen hatte auch ihre gesellschaftlichen Vorteile, von der er geschäftlich zu profitieren hoffte. Allerdings war er enttäuscht darüber, dass er durch die Heirat mit Dorothea nicht selbst den Titel Graf führen durfte, zumal die Stillfrieds nicht wohlhabend waren und er sie nach seinem Verständnis aushalten musste.

Neben seiner künftigen Frau arbeitete auch ihr elf Monate jüngerer Bruder Christopher im Verlag. Die standesbewusste Familie von Stillfried und Rattonitz zeigte sich nicht sonderlich von ihrem künftigen Schwiegersohn begeistert. In Kauka, der durch Comics zu Wohlstand gekommen war, sahen sie abfällig »eine Art von Dagobert in seinem eigenen Comic, der von dem Lebensstil aristokratischer Familien in den ehemaligen Ostgebieten träumte«. Ungeachtet solch später geäußerter Bedenken hatten aber Teile von Dorotheas Familie, vor allem ihr Bruder mit seiner Verlobten, gerne ihre Ferien in Kaukas italienischer Villa und auf seiner Yacht verbracht, ausgedehnte Wochenenden auf Kaukasien inklusive. Dorothea von Stillfried war von Rolf Kaukas Charme fasziniert und in ihn verliebt.[14]

Auch 1970 jagte in der Münchner Faschingszeit ein Ball die nächste Veranstaltung. Kauka feierte mit Dorothea von Stillfried ausgiebig im Freundeskreis. So besuchten sie etwa am 2. Februar im Bürgerbräukeller in der Rosenheimer Straße die Veranstaltung Vorstadthochzeit. Betrübt war Kauka nur darüber, dass er diesmal nicht zusammen mit seinem Freund Gerhard Wessel feiern konnte. Dessen Frau war nach einem Unfall ans Zuhause gebunden. Die Wessels verbrachten dafür drei Wochen später ein erholsames Wochenende bei Rolf in Kaukasien. Der BND-Präsident zählte inzwischen zu Kaukas engsten Freunden. Ausdruck dieser Vertrautheit war beispielsweise, dass Wessel an Familienfeiern der Kaukas teilnahm. Das war auch umgekehrt der Fall; beispielsweise war Kauka Gast bei der Hochzeit von Wessels Tochter Christa, als sie im Sommer 1969 den Journalisten und späteren Kulturstaatsminister Michael Naumann heiratete.

Kaukas besonderer Kontakt zu Pullach hatte weiterhin Bestand, wenn auch in gänzlich loser Form. Er liebte es, mit seinen Geheimdienstkontakten zu kokettieren, und machte das Angebot, weiterhin Personentipps zu geben und sich mit BND-Mitarbeitern zu treffen. Der Kontakt wurde über ehemalige Wehrmachtsoffiziere sichergestellt. Und über seinen Freund, den BND-Präsidenten. Darüber berichtete Kauka später seinen Ehefrauen. Weil sein Redaktionsdirektor Peter Wiechmann zeitweise gegenüber vom Grünwalder Schloss wohnte, wurde er öfter zu solchen vertraulichen Besprechungen mit Wessel und dessen Mitarbeitern hinzugezogen.[15]

Die meisten Menschen aus dem Umfeld Rolf Kaukas, die Dorothea von Stillfried näher kennenlernten, mochten ihren Charakter, ihren Witz und ihre umgängliche Art. Aber nicht alle. Mascha Kauka überschätzte ihre familiäre Position und stellte ihren Vater wegen seines Privatlebens zur Rede. In gewisser Weise war sie ihm darin sehr ähnlich. Sie las ihm deutlich die Leviten: Er solle endlich sein Leben ordnen und die Gräfin nicht heiraten. Doch Rolf Kauka gestattete keiner Person, in dieser Art und Weise mit ihm zu reden. Erst recht nicht über sein Privatleben. Das galt auch für seine eigene Tochter.

Nun wurden alte Rechnungen wieder aufgemacht. Rolf Kauka hatte Mascha nie verziehen, dass sie sich als seine älteste Tochter seinem Willen widersetzt und vor ihrer Hochzeit nicht auf ihren gesetzlichen Pflichtanteil verzichtet hatte. Vor allem hatte sie die Entschlossenheit des eigenen Vaters unterschätzt. Er kündigte ihr rückwirkend zum März und warf sie sogleich aus dem Verlag, obwohl sie eigentlich die Redaktion von *Bussi Bär* hätte übernehmen sollen. Bei den wenigen Gesprächen zwischen beiden, die danach noch stattfanden, ließ er angeblich unter dem Tisch heimlich ein Tonbandgerät laufen, um das Gespräch für alle Fälle zu dokumentieren. Keiner aus dem Umfeld der beiden konnte ahnen, dass sich daraus ein endgültiger Bruch zwischen Vater und Tochter entwickeln sollte. Kauka jedenfalls ließ sich von ihr nicht von seiner Hochzeit abbringen. *Citizen Kane* erschien gegenüber Kauka im Vergleich wie ein Weisenknabe.[16]

Am 17. Oktober 1970 ging Rolf Kauka im Alter von 54 Jahren seine dritte Ehe ein. An diesem Samstag heiratete er die

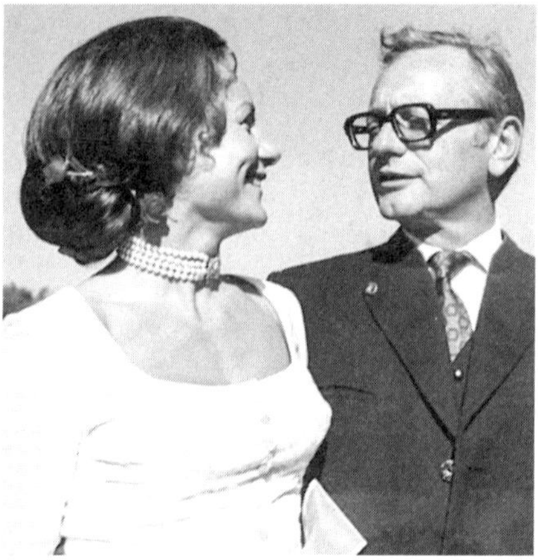

*Ein Mann, der sich traut. Rolf Kauka heiratet zum dritten Mal, nun Dorothea Gräfin von Stillfried und Rattonitz am 17. Oktober 1970*

dreiunddreißigjährige Dorothea Gräfin Stillfried und Rattonitz. Sie hatte sich diesen Termin gewünscht, war es doch das Hochzeitsdatum ihrer Eltern. Für Dorothea ging so etwas wie ein Traum in Erfüllung, weil endlich ihre inoffizielle Beziehung legitimiert wurde. Für die Hochzeitsfeier ließ der Bräutigam sich wieder einmal etwas ganz Besonderes einfallen. Der geheimdienstaffine Kauka beauftragte Gisela Künstner mit einer speziellen Überraschungsmission. Sie erhielt den Auftrag, die Hochzeit still und leise zu organisieren. Giesela war eine enge Freundin von Dorothea, auch Rolf Kauka vertraute ihr. Geld sollte keine Rolle spielen. Dafür, so versprach er ihr, werde er einmal ihre eigene Hochzeit ausrichten.

Künstner ließ zur Tarnung auf Gut Eichenhof ein rustikales Jagdessen für rund 50 Gäste ausrichten. Ausgestattet wurde die Feier von Kaukas Freund, dem Gastronomen und Partyausrichter Gerd Käfer. Im Mittelpunkt des Buffets stand ein stattlicher Waller von 1,40 Meter Länge. Die zum Jagdessen eingeladenen Gäste, in entsprechend zünftiger Kleidung und Tracht, hatten keine Ahnung, was der eigentliche Anlass der Feier war. Dementsprechend groß war das Hallo.

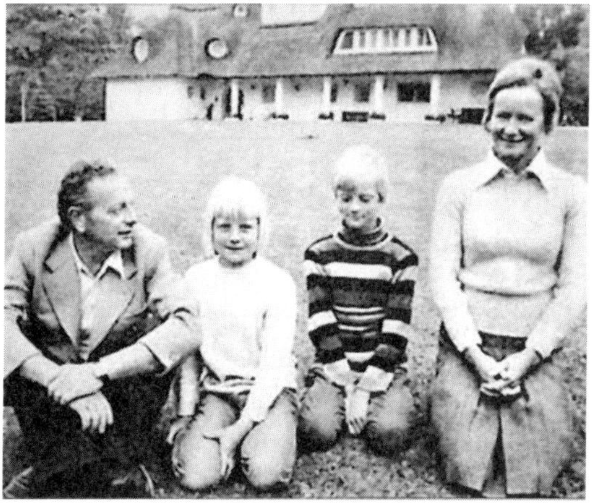

*Rolf mit seinen beiden Kindern aus zweiter Ehe und seiner dritten Ehefrau vor dem Herrenhaus auf Kaukasien bei Zolling, um 1972*

Nur ein kleiner verschwiegener Kreis war eingeweiht gewesen, so etwa die Schwester von Dorothea und Gerhard Wessel. Der BND-Präsident hatte eine besondere Rolle eingenommen: Er stand Rolf Kauka als Trauzeuge zur Seite. Und wie immer, wenn Wessel privat zu Feierlichkeiten bei seinem Freund eingeladen war, musste zuvor die gesamte Gästeliste dem BND zur Personenkontrolle übermittelt werden. Während sich Kaukas rechte Hand Wiechmann über den reichlich ausgeschenkten Tequila freute, notierte Wessel später kurz in seinem Tagebuch: »Es war ein rauschendes Fest bei wunderbarem Wetter«.[17]

Auch Dorotheas jüngere Schwester Marie Gräfin von Stillfried und Rattonitz sowie ihr Bruder Christopher waren Gäste der Hochzeitsfeier. Sie waren jedoch von der Heirat nicht begeistert, hatten vielmehr ihre Schwester zuvor eindringlich davor gewarnt. Die weitere Verwandtschaft zog es vor, sich von der Beziehung zu distanzieren. Aufgrund dieser Ablehnung wurde ein von Rolf Kauka gewünschter Antrittsbesuch auf der Harderwykenburg bei Leer, bei Dorotheas Großmutter, der namensgleichen Baronin von Innhausen und Knyphausen, abgelehnt. Neben seinen Ehen und Kindern aus zwei Beziehungen sah sie Rolf Kauka wegen seines ihrer Meinung nach »schlechten Benehmens und seines großspurigen, parvenühaften Auftretens« kritisch. Über diese ihm unbekannte Art von gesellschaftlicher Zurückweisung war Kauka gekränkt. Er war es gewohnt, dass er die Dinge bestimmte.[18]

Ende Oktober ging es für zwei Wochen auf Hochzeitsreise nach San Felice, von wo aus Rolf und Dorothea mit der Astarte eine Kreuzfahrt nach Sardinien unternahmen. Dorothea übernahm schnell die Rolle einer Ehefrau, wie Rolf Kauka sie gesucht hatte. Sie war diszipliniert und pflichtbewusst, hatte sie doch nach dem Tod des Vaters und der Flucht der Familie aus Pommern früh die Verantwortung über die jüngeren Geschwister übernehmen müssen. Daher kümmerte sie sich auch liebevoll um ihre neuen Stiefkinder Michael und Alexandra. Täglich fuhr sie die beiden zur Schule, machte mit ihnen Hausaufgaben und den Haushalt. Sie wurde für Rolf Kauka unentbehrlich.

Derart entlastet, konnte er sich ganz auf seine Arbeit konzentrieren. Wie schon bei seinen ersten Kindern glänzte er häufig durch Abwesenheit und war dafür auch für sie ein autoritärer Vater. Speziell von seinem Sohn Michael erwartete er viel. Rolf Kauka wollte ihn eines Tages als Nachfolger, mit all den eigenen Charaktereigenschaften, vor allem hemdsärmelig und mit starkem Durchsetzungsvermögen. Zwar erwies sich sein Sohn ebenfalls als sehr kreativ, charakterlich aber war er ein ganz anderer Mensch: zögerlich und sensibel.[19]

Im Landkreis Freising fühlte sich der frühere Flak-Offizier der Luftwaffe und Mitglied des dortigen Krieger- und Soldatenvereins auch aus anderen Gründen wohl. Seit 1957 gab es hier den Luftwaffenstützunkt Erding, ab 1963 sogar mit einem Flugabwehrregiment. Ab Mitte der Sechzigerjahre fanden jedes Jahr die Standortbälle statt, erst im Colosseum, darauf in der Moosburger Stadthalle und dann im Lerchenfelder Hof, bei denen Kauka mit seiner Ehefrau gern gesehener Gast war.

Zu den illustren Gästen der Region zählte auch Kiesunternehmer Helmut Schneider-Kronthaler, mit dem Kauka seit seinem Umzug freundschaftlich verbunden war. Schneider-Kronthaler sah sich selbst als »König der Amper«, wie Kauka sich selbst gerne bezeichnete, dessen Thron nun wackelte. Beide Alpha-Männer einigten sich mit einem Augenzwinkern darauf, ihr Reich zu teilen, auf dass der eine »König rechts der Amper«, der andere »König links der Amper« sein sollte.[20]

Rolf Kauka liebte das oberbayerische Landleben, die freie Natur und auch das Traktorfahren. Gern wäre er Landwirt geworden. Die Freiheiten, die ihm Kaukasien bot, wusste er ausgiebig zu nutzen. Dazu gehörte vor allem das Jagen. Schon seit seiner Jugend war er ein begeisterter Jäger. In seinem Waffenschrank auf Gut Eichenhof befanden sich neben seiner Pistole Walther 7,65 Millimeter noch ein Stutzen, zwei Flinten und zwei Drillinge.

In Freising hatte er selbst Jagden, eine davon in Oberhummel. Jagdpacht war teuer, aber Kauka liebte es, wenn ab dem Herbst das *Halali* erklang und die Jagdsaison eröffnet war. Er fand seinen inneren Frieden darin, auf dem Hochsitz, zusammen mit seinen Jagdhunden, auf das Wild zu warten, um es je nach Population und Jahreszeit zu schießen, ob Reh, Hase oder Fasan.

Auch Dorothea hatte ihm zuliebe zwei Jahre zuvor den Jagdschein gemacht, damit sie mit ihm unterwegs sein konnte. Regelmäßig nahm Kauka auch an Treibjagden teil bzw. veranstaltete sie bei sich in Kaukasien. Dazu wurden gerne auch Geschäftspartner und Mitarbeiter eingeladen, wie etwa Peter Wiechmann, Gisela Künstner oder Riccardo Rinaldi. Viel lieber aber ging er mit Freunden auf die Treibjagd, zum Beispiel mit dem BND-Präsidenten Wessel oder mit Politikern wie Franz Josef Strauß. Der CSU-Vorsitzende war ebenfalls ein begeisterter Jäger, zudem wie Kauka im Krieg Flak-Offizier gewesen, und kam einige Male zu Besuch nach Gut Eichenhof, bevor er 1977 bayerischer Ministerpräsident wurde. Und auch die Kinder von Strauß lasen natürlich *Fix und Foxi*.[21]

Sogar in die *Fix-und-Foxi*-Hefte brachte Kauka das Jagdthema, als er im Jahr zuvor, im April 1969, mit Heft Nummer 17 die Aktion »Bambi darf nicht sterben« ins Leben rief. Darin beschwor er mit martialischen Worten: »In den Isarauen des Landkreises Freising sollen alle Hirsche totgeschossen werden. [...] Bambi soll ermordet werden.« Kauka schilderte den scheinbar tapferen Kampf der Freisinger Jägerschaft, die sich einem Beschluss des bis 1969 amtierenden bayerischen Landwirtschaftsministers Alois Hundhammer verweigerte, der das zwangsweise Abschießen der Wildbestände angeordnet hatte. Kauka forderte die Kinder konkret auf, dagegen beim neuen Minister Hans Eisenmann zu protestieren. Dessen Anschrift lieferte er gleich mit.

Die Aktion hatte Erfolg, denn Hunderte Kinder protestierten bei der Freisinger Verwaltung gegen die »Tötung Bambis«, weshalb der Minister einknickte. Kauka hatte die mehrwöchige Aktion ganz in seinem Sinne laufen lassen, betraf es doch seine eigenen Jagden. Eine Kinderaktion, die im Nachhinein scheinheilig wirkt. Oder einfach nur clever? Diese Grenzen waren bei Kauka oftmals fließend. [22]

Die meiste Zeit verbrachte Kauka in seinem Verlag. Neben der Kontrolle der kontinuierlichen Comic-Produktion gehörte es für ihn als Chef aber auch dazu, immer gemeinsam mit der häufig wechselnden Mitarbeiterschaft zu feiern. Übers Jahr verteilt gab es aus unterschiedlichsten Anlässen Verlagsfeste im Grünwalder Schloss. Zum festen Programm gehörte, meist um den 6. Dezember herum, die Weihnachtsfeier, stets zusammen mit der Franzis-Druckerei.

Ende 1970 ließ Kauka dabei sein zwanzigjähriges Verlagsjubiläum feiern. In diesem Zusammenhang hatte er bereits zuvor zusammen mit der Münchner Fernschule Famous Artist School unter deren Studenten für die beste Story und die besten Comiczeichnungen einen Wettbewerb über 10 000 Mark ausgerufen. Zum Fest wurde auch ein Film vorgeführte, der von Peter Wiechmann und weiteren Mitarbeitern produziert worden war und Szenen der Verlagsarbeit der vergangenen zwei Jahre zeigte.

Kauka ließ extra einen eigenen Jubiläumsband mit dem Titel *Von Max und Moritz bis Fix und Foxi* erstellen und unter der Mitarbeiterschaft verteilen. Dieser 56 Seiten umfassende Sonderdruck der VU enthielt fünf Comicgeschichten, Sinniges über den Verlag und seine Historie; er war von Ulrich Pohl recherchiert und geschrieben und von Günter Ropertz optisch gestaltet worden. Der Jubiläumsband wurde jedoch nie auf den Markt gebracht, weil Kauka das nicht wollte. Bekanntlich war er kein großer Freund der amerikanischen Begrifflichkeit Comic. Er nahm daher das Jubiläum zum Anlass, um einen kleinen terminologischen Wettbewerb ins Leben zu rufen: »Ich biete demjenigen eine Flasche besten schottischen Whisky oder eine Dunhill-Pfeife, der mir einen, guten, neuen, treffenden deutschen Ausdruck für ›Comic-Strips‹ nennen kann«. Er blieb auf Whisky und Pfeife sitzen.[23]

# MILLIONEN UND MOIREN

Rolf Kauka war inzwischen der erfolgreichste deutsche Produzent von Comics und zu Wohlstand gekommen. Sein Verlagssitz befand sich in einem Schloss in Grünwald, ihm gehörten ein großzügiges Gut bei München und in Italien ein Ferienhaus mit Yacht. Er war mit einer Gräfin verheiratet, verkehrte in der Münchner Gesellschaft und pflegte engen Kontakt zu Film und Fernsehen.

Seit seinen frühen Werbefilmproduktionen in den Fünfzigerjahren hatte er gehofft, irgendwann selbst in die Filmbranche einsteigen zu können, doch das Metier war kostspielig. Aber jetzt verfügte er über die notwendigen finanziellen Mittel und versuchte ab Anfang der Siebzigerjahre, als Produzent im Filmgeschäft Fuß zu fassen. Seine neu aufkommenden Kinoaktivitäten waren mit dem bekannten und erfolgreichen Produzenten Franz »Buba« Seitz verknüpft. Der gebürtige Münchner Seitz hatte in den Sechzigerjahren die *Lausbubengeschichten* und *Lümmel*-Filme gedreht und wirkte erfolgreich auch als Drehbuchautor, wie etwa für *Die Blechtrommel*, die 1980 einen Oscar erhielt.[24]

Rolf Kauka und der vier Jahre jüngere Buba Seitz waren freundschaftlich verbunden, ebenso wie ihre Ehefrauen. Sie pflegten gemeinsame Leidenschaften, waren alle große Pferdeliebhaber. Die Familie Seitz wohnte in München unweit der Galopprennbahn in Riem. Anneliese Seitz und Dorothea Kauka trainierten häufig auf der dortigen Rennstrecke zusammen.

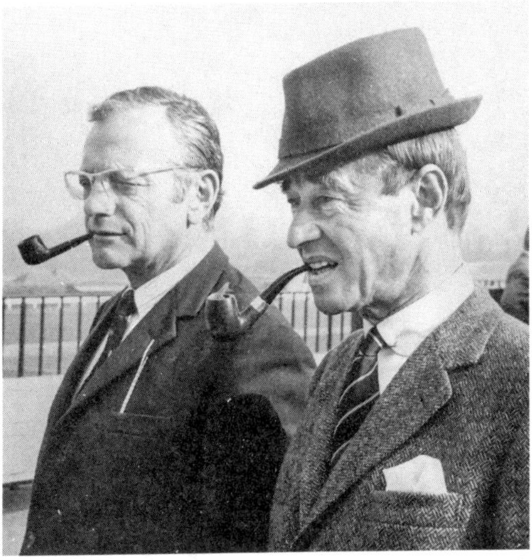

*Rolf Kauka und Buba Seitz. Mit Pfeifen auf der Rennbahn, München, um 1972*

Über die Familie Seitz intensivierte Dorothea ihre Leidenschaft für den Pferderennsport, ihr Ehemann sein Interesse am Filmgeschäft. Zunächst beteiligte Kauka sich über seine Rolf-Kauka-Filmproduktion als stiller Investor bei der Franz Seitz Filmproduktion an dem französischen Spielfilm *Le Souffle au Coeur* (Herzflimmern) von Louis Malle, der April 1971 in die internationalen Kinos kam. Als Hauptproduzent trat hierbei noch allein Franz Seitz öffentlich in Erscheinung, Kaukas Beteiligung wurde im Vor- oder Abspann nicht dokumentiert.[25]

Auch in seinem Verlag beschritt Rolf Kauka neue Wege. Das erfolglose Taschenbuch *Kauka Comic* wurde im Frühjahr in ein Heftformat umgewandelt. Es erschien am 2. April 1971 erstmals als *Prima Comic*, nach einem Titelrechtstreit ab dem 6. August mit dem abgeänderten Namen *Primo*. Das Format sollte bis Dezember 1974 laufen. Anfänglich bildeten Hal Fosters *Prinz Eisenherz*, *Lucky Luke* von Morris oder *Jo-Jo* bzw. *Gaston* von André Franquin die inhaltlichen Schwerpunkte. Dazu kamen eigene Produktionen wie die Steinzeit-Abenteuer *Die*

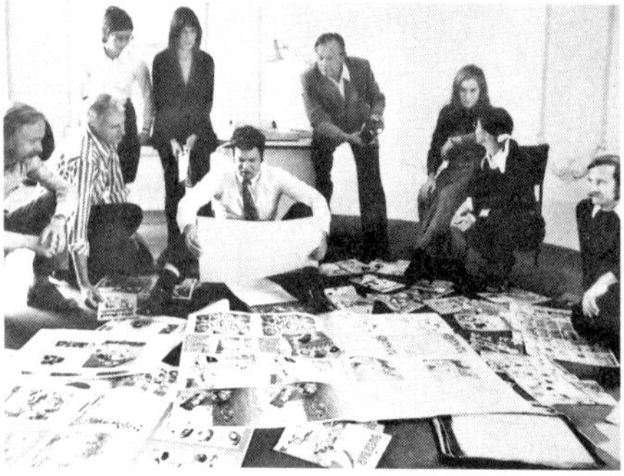

*Kauka in der Primo-Redaktion, Siebzigerjahre*

*Pichelsteiner* von Riccardo Rinaldi oder die Weltraumgeschichten um *Mischa* von Ludwig Fischer.

Ende 1972 ließ Kauka schließlich Peter Wiechmann aus der lustigen Heftserie für Kinder den Premiumtitel *Primo* als Abenteuermagazin für Erwachsene entwickeln. Obwohl Kauka das neue *Primo* nicht sonderlich mochte, schien es ihm doch als ein geeigneter Weg, der Konkurrenz die Stirn zu bieten. Solche neuen Produkte rundeten vor allem das Verlagsprogramm ab, was nicht zuletzt dessen Attraktivität im Fall eines Verkaufs erhöhte. Zudem erwies sich Kauka wieder einmal offen für neue Ideen und war damit wegweisend, denn es sollte eine Heftbeilage eingeführt werden. Obgleich er der festen Überzeugung war, dass der Inhalt das Heft verkaufen soll und nicht irgendein »aufgepapptes Anhängsel«, ließ er sich von Peter Wiechmann und seinem Schwiegersohn Ulrich Pohl überzeugen. Mit dem Schnick-Schnack wurde, inspiriert vom französischen *Pif Gadget*, erstmals ein Gimmick auf dem deutschen Markt eingeführt, was erst 1975 durch das Heft *YPS* populär und dadurch fester Bestandteil verschiedener Verkaufskonzepte werden sollte.[26]

Gerade 1971 versuchte Rolf Kauka sich auf dem Comic-Markt besonders breit aufzustellen. Zielten *Bussi Bär* und *Pepito* auf ein jüngeres Publikum, visierte er nun erstmals gezielt erwachsene Leser an. Es war die Zeit, in der seit einem Jahr die Sexfilmreihe *Schulmädchenreport* in den deutschen Kinos erfolgreich lief und Illustrierte wie die *Neue Revue* oder das *Schlüsselloch* über Erotik Kasse und der *Stern* mit Aktbildern als Cover Auflage machten. Kauka warf seinen Vorsatz einer sauberen Unterhaltung über Bord und startete einen eigenen Erotik-Comic für Erwachsene: *Pip International.*

Es sollte der erste rein deutschsprachige Erotik-Comic sein, der über den regulären Pressevertrieb verkauft wurde. Wenngleich sein Herz nicht richtig dabei war, wollte er auch diesen Marktbereich ausloten. Damit das saubere Markenimage seiner etablierten Kinder- und Jugend-Comics unberührt blieb, ließ er dafür einen eignen Verlag über seinen Schwiegersohn Ulrich Pohl gründen, der im Züricher Unternehmen in der Walchestraße als Verlagsleiter fungierte.

*Pip*, eine Abkürzung für Pretty Important Persons, war ursprünglich eine Idee von Rolf Kauka und seinem italienischen Zeichner Riccardo Rinaldi. Auf jedem Cover lächelte eine nackte Frau die erhofften männlichen Leser an, und im Heft gab es anzügliche Erotik-Comics. Zunächst wurden dafür im Ausland sexbetonte Serien im Stil zwischen Pop Art und Erotik eingekauft, etwa *Scarlett Dream* von Robert Gigi und Claude Moliterni, allesamt produziert von der Zeichenagentur Bardon Art in Barcelona. Nach spanischen Lizenzserien wie *Bimba* dominierten bald aber auch hausgemachte Serien. Die sechs Comics auf 48 Seiten der ersten Ausgabe im Mai 1971 kosteten zwei Mark.

Rolf Kauka nutzte in dieser Phase die Gelegenheit auch für eigens inspirierte Heldengeschichten; neben Siegfried war das eben vor allem ab 1972 Odysseus, sein Lieblingsheld. Er selbst zeigte sich hierbei für die Textgestaltung verantwortlich.[27]

Kauka machte sich dafür persönlich auf, um die Spuren des Odysseus im Mittelmeer nachzuzeichnen. Mit einem Schiff und, wie einst der König von Ithaka, zusammen mit einer illustren Mannschaft. Gemeinsam mit seiner Frau Dorothea sowie den befreundeten Ehepaaren Wessel und Seitz ging es pünktlich am Tag der Deutschen Einheit vom 17. bis zum 29. Juni 1971 mit seiner damaligen Yacht Tramos auf große Kreuzfahrt. Der urlaubsbeschwingte BND-Präsident bestätigte nach knapp zwei Wochen seinem Freund Rudo, so Kaukas fester Rufname im Freundeskreis, dass es ein »Traumurlaub« war.

Kauka hat bekanntlich niemals einen seiner zahlreichen Comics selbst gezeichnet, dafür hatte er seine Zeichner. Die Serien entstanden im engen Austausch mit den Autoren. Einige Zeichner arbeiteten in den Ateliers im Schloss, viele Kreative, vor allem die Freiberufler, allerdings von zu Hause aus. Im Kauka-Verlag waren über die Jahre zahlreiche Zeichner aus den unterschiedlichsten Ländern beschäftigt, die alle ihren eigenen Zeichenstil hatten. Klare Vorgaben zur einheitlichen Gestaltung der Figuren gab es nicht, so wenig es etwa die Position des verantwortlichen und qualitätssichernden Art-Directors gab, die eigentlich Walter Neugebauer hätte bekleiden sollen. Doch das hätte für Kauka auch eine Art von Einflussverlust bedeutet.

Im Frühjahr 1971 ließ er jedoch – wie bei allen anderen großen Comic-Verlagen längst üblich – einheitliche Vorgaben für seine Figuren erstellen. Die 54 Seiten umfassende firmeninterne Publikation *Elemente der Kauka-Comics* wurde bei Franzis gedruckt. Walter Neugebauer, Branko Karabajić und Riccardo Rinaldi definierten darin die Figuren, Peter Wiechmann legte die Charaktere fest und Rolf Kauka beschrieb die Richtlinien der Dramaturgie. Jetzt waren erstmals sämtliche Charaktere der *Fix-und-Foxi*-Welt genau vorgegeben, Wohnungen und Häuser im Detail festgelegt.[28]

Auch wenn es weiterhin Bedenken gegenüber den Heftchen gab, hatten Comics sich in der Bundesrepublik still und leise etabliert. Im Zuge der 68er-Bewegung änderte sich auch der Blickwinkel darauf. Und ohne Frage hatte Rolf Kauka mit *Fix und Foxi* einen maßgeblichen Anteil an der steigenden Comic-

Akzeptanz. Die veränderte Wahrnehmung war unter anderem daran abzulesen, dass 1970 erstmals eine Comicausstellung samt Tagung an der Akademie der Künste in Berlin stattfand und sich 1971 der Zeitungswissenschaftler Wolfgang J. Fuchs und der Amerikanist Reinhold Reitberger publizistisch dem Phänomen näherten. Sie veröffentlichten *Comics. Anatomie eines Massenmediums*. Das Buch wurde ein großer Erfolg. Kaukas Bedeutung für das Genre wurde darin explizit gewürdigt.

Gemeinsam legten beide Autoren wenig später noch das Fachmagazin *Panel* auf, allerdings kam es nicht über die erste Ausgabe hinaus. Doch als erstes Titelthema wurde darin der Kauka-Verlag porträtiert und zum »Knotenpunkt der europäischen Comicindustrie« emporgehoben. Der Verlag mit Sitz im Grünwalder Schloss würde allein 53 Mitarbeiter in der Redaktion umfassen, ohne die freien Zeichner und ohne die Verkaufsleitung und den Vertrieb, der gesondert von Wiesbaden aus arbeite. Detailliert breitete *Panel* den Fachinteressierten die einzelnen Kauka-Produkte mit Auflagezahlen aus und dokumentierte damit die Größe des Verlags, was ganz im Sinn von Rolf Kauka war:

*Fix & Foxi*
wöchentlich, Druckauflage 392 000

*Primo Comic*
14täglich, Druckauflage 224 000

*Kauka-Super, Taschenbuch*
monatlich, Druckauflage 216 000

*Fix & Foxi Extra, Taschenbuch*
2monatlich, Druckauflage 360 000

*Fix & Foxi Sonderausgaben*
(4mal jährlich), Druckauflagen 370 000

*Fix & Foxi Alben, Jahresalmanach, Extraausgaben und Sammelbände*
Jahresproduktion etwa 1,6 Millionen Exemplare

*Bussi-Bär*
Monatlich, Druckauflage 210 000.[29]

Insgesamt, so die Autoren, würde die Gesamtauflage bei Zeitschriften und Büchern bei rund 36 Millionen Exemplaren im Jahr liegen. Legt man die tatsächlichen Quartalszahlen der Informationsgemeinschaft zur Feststellung der Verbreitung von Werbeträgern (IVW) für Sommer 1971 zugrunde, haben Fuchs und Reitberger die Druckauflage jedoch um einige Zehntausend zu hoch angeben. Sie griffen bei den Zahlen wohl auf Rolf Kauka selbst als Quelle zurück. Denn, so bestätigten die Autoren, es sei einfach gewesen, mit ihm über sämtliche Bereiche seines Verlages zu plaudern. Kauka sei charmant und offen gewesen, immer mit Pfeife. Auch würde Kauka, anders als Walt Disney, noch immer selbst die Figuren entwickeln. Zukunftsweisend wurde am Ende schon einmal Werbung für das Eine-Million-Dollar-Projekt gemacht, Kaukas geplanten Animationsspielfilm.[30]

Doch vor dessen Realisierung gab Rolf Kauka erst einmal den Gastgeber des großen internationalen Kinos. Im Herbst 1971 waren wieder einmal berühmte Filmstars bei ihm zu Gast, sein Verlagsschloss diente erneut als Filmkulisse. Am Ende wurde es in voller Größe gezeigt, und er kassierte dafür gutes Geld an Miete, besonders weil sich die Produktion terminlich verzögerte.

Der britische Schauspieler David Niven drehte ab dem 1. Oktober mit seiner italienischen Kollegin Gina Lollobrigida in den nahen Bavaria-Filmstudios *König, Dame, Bube*, der am 18. Mai 1972 bei den Filmfestspielen in Cannes Premiere feiern sollte. Kauka zeigte sich vor allem von David Niven enttäuscht, den er aufgrund seiner vorherigen Filmrollen für nicht ganz so »klein und schmächtig« gehalten hatte – im Gegensatz zur Statur seines Freundes Mario Adorf, der ebenfalls mitspielte.

Gina Lollobrigida hingegen entsprach schon mehr Kaukas Erwartungen. Sie ruhte sich in den Drehpausen in der Schlosskapelle im Büro von Peter Wiechmann aus und bestaunte die von Werner Hierl im Stil alter Meister gemalten großen Porträts von *Fix und Foxi* und *Lupo* – und den über allen thronenden Rolf Kauka als Kaiser. Zum Abschied erhielt die Lollo einen großen Blumenstrauß von Kauka. Ein Foto mit ihr wurde im *Fix und Foxi* veröffentlicht.[31]

Ähnlich wie bei Walt Disney wurden auch bei Kauka die Zeichner nicht mit Namen aufgeführt. Für ihn als Verleger war es ein zentraler Punkt, dass er der alleinige Rechteinhaber seiner Comic-Figuren war, gerade auch im Hinblick auf Verhandlungen über einen Verlagsverkauf. So kamen ihm die Neuerungen im Urheberrecht Anfang der Siebzigerjahre alles andere als recht.

Am 10. November 1972 wurden per Gesetz die Rechte des geistigen Urhebers gestärkt, was auch rückwirkenden Charakter hatte. Dies wurde der Öffentlichkeit am 15. November 1971 bekanntgegeben und bekräftigte die Kreativen, vor allem die Zeichner, darin, dass sie als Miturheber Rechte an den entwickelten Figuren besaßen und nicht allein die Verleger.

Anders als etwa bei Walt Disney war im Kauka-Verlag keiner der Zeichner angestellt, alle waren Freiberufler. Als solche erwarben sie nun durch ihre Arbeit Rechte an ihrem Produkt. Kauka verlangte daraufhin bei jeder Rechnung, dass mit der Bezahlung zugleich alle Rechte abgegolten waren. Doch Walter Neugebauer, der 1967 *Bussi Bär* entworfen hatte und aus dessen Zeichenfeder auch *Tom und Kleinbiberherz* stammte, lehnte ab und forderte mehr Geld für sein Urheberrecht. Auch Kurt Italiaander und Gisela Künstner weigerten sich, ihre Unterschriften zu leisten. Kauka gab ihnen daraufhin keine neuen Aufträge mehr. Als das Geld bei den drei Widerspenstigen knapp wurde, obsiegte Kauka mit seiner Methode. Am Ende verkaufte Walter Neugebauer seine Rechte an *Bussi Bär* für 30 000 D-Mark.[32]

Neben solch konkreten rechtlichen Dingen bereitete Kauka abstrakt die Sicherheitslage der Bundesrepublik zunehmend Sorgen. 1972 wurde die Angst vor dem Terrorismus der Roten

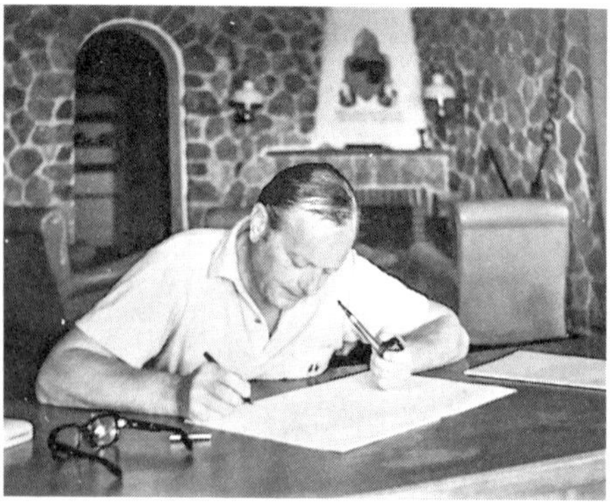

*Rolf Kauka mit Pfeife beim Arbeiten in seiner italienischen Villa. Im Hintergrund, über dem Kamin, ist sein Wappen erkennbar, mit seinem Leitspruch darunter: »Mach anderen Freude, dann hast du deinen Spaß«, San Felice Circeo, um 1972*

Armee Fraktion (RAF) immer mehr zum bestimmenden innenpolitischen Thema. Im Januar kam es zur bundesweiten Großfahndung nach der Baader-Meinhof-Gruppe. Bundeskanzler Willy Brandt appellierte am 4. Februar in einer Fernsehansprache eindringlich an die deutsche Bevölkerung und an die Sicherheitsbehörden, dem Terror Einhalt zu gebieten. Auch Kauka als konservativer Unternehmer fürchtete den linken Terrorismus, besonders die Gefahr einer möglichen Entführung. Er wähnte seinen Namen auf einer entsprechenden Liste gefährdeter Personen.[33]

Immer wieder diskutierte er daher im Freundeskreis über den Terrorismus, wie etwa zum Jahreswechsel auf Kaukasien mit dem Infratestgründer Wolfgang Ernst, dem Filmproduzenten Franz Seitz und dem BND-Präsidenten Gerhard Wessel. Die Kaukas verbrachten ihre Freizeit regelmäßig mit den Wessels. So feierten sie am 15. Februar 1972 Fasching und besuchten im Bayerischen Hof den Carneval in Rio. Am 12. März erholte man sich an einem Schlechtwettersonntag gemeinsam auf Kaukasien und verbrachte den Sonntag, 23. April, mit Diskussionen über Politik.

Während seiner Italienzeit besaß Kauka verschiedene Yachten der renommierten Werft Baglietto in Varazze. Es waren alles Holzschiffe. Die Tramos vom Bautyp Ischia hatte eine Länge von 16 Metern. Der von Kauka selbst in Auftrag gegebene Nachfolger, die Astarte, war als Bautyp Minorca mit 20 Metern Länge etwas größer. Zeitgleich mit dem Kauf des ersten Schiffes erwarb er auch das Hochseepatent. Es entsprach seinem Charakter, das Steuer selbst in die Hand nehmen zu können; nur ungern begab er sich in die Obhut anderer. Begeistert übernahm er daher oft die Rolle des Kapitäns und steuerte gerade bei stürmischem Wetter seine Schiffe am liebsten selbst. Doch er hatte auch eine feste Crew mit Kapitän, Maschinist und Steward, die vor allem aus Porto San Stefano stammten. Eine solche Mannschaft benötigte er, wenn er mit Gästen eine größere Schiffsreise durchs Mittelmeer nach Griechenland, Elba, Ischia, Capri oder Sardinien unternahm.[34]

Anfang der Siebzigerjahre kam Kauka häufiger als zuvor wieder nach San Felice Circeo. Kälte und Nässe in Deutschland wurden für ihn immer mehr zu einem Problem, da ihn sein Rheuma stärker beeinträchtigte. Gut, dass er in Italien seinen Sommersitz hatte, auf den er sich zurückziehen konnte, vor allem an Ostern und in den Sommerferien.

Er liebte besonders den Blick auf das weite Meer, nicht nur von seinem Arbeitszimmer, sondern sogar von der Toilette aus, wie er es belustigt selbst formulierte. Von seinem Haus aus konnte er direkt auf die nahen Pontinischen Inseln schauen, bei klarer Luft sogar bis nach Ischia. In Italien suchte er die Inspiration der Musen oder nahm sich die Zeit, um zu malen und neue Ideen zu entwickeln.

Sein Haus mit großer Terrasse und Pool war typisch für die Sechzigerjahre, alles war gefliest, jedes Zimmer in einer anderen Farbe. Das von Kauka war in Rosa gehalten, dass seiner Kinder in Gelb; Gäste erwartete ein zartes Pink. Oft lud er sich Freunde ein, etwa die Familien Ernst und Wessel oder Geschäftsfreunde, freie Zeichner aus Mailand oder Rom und Mitarbeiter aus dem Verlag.

Zu Pfingsten im Mai 1970 erholten sich zum Beispiel Riccardo Rinaldi mit seiner Freundin sowie Walter Neugebauer und Gisela Künstner in der Villa. Rinaldi durfte spontan für Kauka ins Italienische übersetzen, weil dieser mit seinem italienischen Anwalt gerade gegen den Bauunternehmer der Villa prozessierte. Gisela Künstner war später zusammen mit Kurt Italiaander nochmals für eine Woche zum Urlaub eingeladen, inklusive ausgiebiger Schiffsfahrt mit der Tramos. Es gab viele lange Pokernächte.

Wer von Kauka eingeladen wurde, musste sich um nichts kümmern, er war ein aufmerksamer Gastgeber. Etwa an Ostern 1972, als er seinen Redaktionsleiter Peter Wiechmann spontan mit dessen Familie zu sich einlud. Natürlich stand am Abend auch der Besuch von Kaukas Lieblingsrestaurant an, Alfonso al Faro, direkt am Strand gelegen, wo er bevorzugt Hummer aß und wo auch seine Nachbarinnen Anita Ekberg und Anna Magnani verkehrten. Oft ging er zuvor in die Küche, um sicherzustellen, dass er ein männliches Exemplar serviert bekam, denn nur die waren seiner Meinung nach genießbar. Wenn er einmal einen falschen Hummer erhielt, ließ er ihn unter lautem Protest zurückgehen: Rolf Kauka, der Gourmet. Er hatte seinen Spaß, seinen Gästen dieses Bild warm zu servieren.

An diesem sagenumwobenen Ort in Italien fühlte Kauka sich zu Hause. Hier, wo Odysseus gestrandet war, konnte er mit seinem Wissen über die Geschichten der Antike dozieren und zeigen, wie belesen er inzwischen war. Er hatte dafür hart gearbeitet. Er hatte auch Vlado Magdić beauftragt, nach dem Vorbild der *Fix-und-Foxi*-Gemälde im Grünwalder Schloss, ein Sgraffito für seine Villa anzufertigen. Das Thema: Odysseus und Circe, die auf ausdrücklichen Wunsch Kaukas wie Anita Ekberg aussehen sollte. Denn schließlich zählte auch die Ekberg zu seinen Liebschaften.[35]

Einer seiner Gäste in Italien war der Filmproduzent Buba Seitz. Als sie sich wieder einmal über Gott und die Welt unterhielten, entstand die Idee, einmal gemeinsam einen Spielfilm zu machen: eine leichte Komödie, die dazu noch in Italien spielen sollte, dort wo Kauka wohnte. Das Drehbuch schrieb Franz Seitz selbst unter seinem Pseudonym Georg Laforet. Seitz und Kauka-Film produzierten gemeinsam *Versuchung im Sommerwind*. Die Regie der Gesellschaftskomödie übernahm der mit Seitz befreundete Rolf Thiele, zahlreiche Stars wie Helmut Käutner, Paul Hubschmid oder Christiane Hörbiger wirkten mit.

Die Filmaufnahmen dauerten sechs Wochen, von August bis September 1972. Drehorte waren München, Portofino und Lerici, aber auch Kaukas Anwesen und seine Yacht, wie er es sich wünschte. Franz Seitz kommentierte das mit einem gelassenen Spruch: »Was willst Du erwarten. Wenn ein Bäcker einen Film produziert, will er zwei Kilometer Brezeln sehen!«.

Als Produzent steuerte Kauka nämlich die stolze Summe von 1,5 Millionen Mark bei. Aber er trat nicht nur als Produzent in Erscheinung, er steuerte zur Musik von Peter Thomas auch die Liedertexte *Sommerwind* und *Bella Bambina* bei, die von Sandie Shaw gesungen wurden. Kauka hatte an diesem besonderen Filmprojekt seine helle Freude. Uraufführung war am 28. Dezember 1972 im Regina in Murnau, bevor der Film dann 1973 in den deutschen Kinos anlief. Kauka war mit seinem Freund Seitz natürlich bei der Premierenfeier dabei. Doch an der Kinokasse floppte der Film. Selbst Kauka fand seinen eigenen Film, wie er später einräumen musste, einfach schlecht. Mehr als über die fehlende Qualität ärgerte er sich über den finanziellen Verlust.

Aber zumindest seine zweiundzwanzigjährige Tochter Irene hatte ihren Spaß gehabt. Sie blieb während der gesamten sechs Drehwochen immer am Set, was einen besonderen Grund hatte. Er hieß Peter Reimer und war der Kameramann. Beide verliebten sich ineinander und sollten drei Jahre später heiraten. Kauka hätte sich für seine Tochter eine andere Partie gewünscht, musste sich aber mit ihrer Entscheidung abfinden.[36]

Der Comic-Markt für Kinder und Jugendliche schrumpfte, weshalb sich die Verlage neu positionierten. Der Axel-Springer-Verlag spekulierte auf eine altersmäßig über der gewöhnlichen Zielgruppe liegende Leserschaft. Seit Herbst 1971 bereitetet man in Hamburg die Markteinführung eines neuen Produkts vor. Am 13. April 1972 katapultierte das Unternehmen über seine Tochtergesellschaft Koralle-Verlag das Comic-Magazin *Zack* auf den Markt. Das Heft schlug wie eine Bombe ein und zog erfolgreich Marktanteile an sich.

Kauka musste schnell auf die scharfe Konkurrenz reagieren. Zunächst sollte Peter Wiechmann das *Primo*-Magazin optisch an *Zack* heranführen, zusätzlich sollte ein billiger Comic auf den Markt geworfen werden. Während *Micky Maus*, *Felix* und auch *Fix und Foxi* bereits über eine Mark kosteten, war *Pepito* mit 60 Pfennig sehr günstig kalkuliert und sollte damit zum zweiten großen Serienheft aufgebaut werden. »*Pepito* ist so billig, dass ihr euch das Heft zusätzlich kaufen könnt«, war Kaukas Motto, mit dem er seine jungen Käufer anlocken wollte.

Schwerpunkt war das Material des populären italienischen Zeichners Luciano Bottaro über *Pepito*, den kleinen Piraten, und über *Whisky e Gogò*, bei Kauka *Süffel und Sabbel*, einen Trapper und seinen alkoholsüchtigen Bären. Zusätzlich kamen noch als Eigenproduktion *Die 7 Schnuckel* dazu, kleine Kobolde. Es war eine Idee Rolf Kaukas, die eigentlich als *Die Heinzelmännchen von Wichtelhausen* in Produktion gehen sollte. Am Ende übertrug er die Verantwortung für die Planung und Gestaltung der Serie an Helmut Murek. Das Heft lief über 84 Ausgaben lang bis Oktober 1974, jeweils wöchentlich, später vierzehntägig.[37]

Wie so oft griff er nicht nur Themen der Gesellschaft, sondern sogar auch der Politik auf. Er nahm für sich einen eigenen Erziehungs- und Bildungsauftrag in Anspruch. Er hatte sich in seinen Vorworten von *Fix und Foxi*, *Lupo modern* und sogar in *Bussi Bär* immer wieder mit politischen Themen auseinandergesetzt, vor allem zwischen 1961 und 1975. Seine Editorials waren entsprechend seinem Selbstverständnis als notwendige und hilfreiche Denkanstöße für die junge Leserschaft gedacht, auch um Themen und Probleme anzusprechen, die Kaukas Meinung nach wichtig waren. Sie endeten alle mit der persönlichen Schlussformel »Euer Rolf«.

Als er in der September-Ausgabe 1972 von *Bussi Bär* die Bildungspolitik thematisierte, hob er das hessische Modell der Vorschule im Vergleich zu Bayern positiv hervor. Das ging einigen zu weit. Daraufhin beschwerten Eltern sich bei Kauka, aber auch persönlich bei CSU-Bundestagsabgeordneten und bei Franz Josef Strauß darüber, dass Kauka in seinen Kinderheften Politik betreiben würde. Zu Rolf Kaukas ambivalenten Charakterzügen gehörte es, dass er in vielen Dingen nicht nur konservativ, sondern auch progressiv eingestellt war.

Frühzeitig wie kaum ein anderer griff Kauka auch den Umweltgedanken auf. Schon August 1969 rief er mit der Gründung eines »Fix und Foxi Wildrangerclubs« zum sorgsamen Umgang mit der Natur und zum Widerstand gegen Umweltzerstörer auf. Drei Jahre später hob er das Thema erneut aufs Panier. Die allererste internationale Umweltkonferenz, die im Juni 1972 in Stockholm stattfinden sollte, warf ihre Schatten voraus.

Wenige Wochen zuvor griff Kauka das Umweltthema auf, angeregt durch Appelle von Hubert Weinzierl vom Deutschen Naturschutzring (DNR). Kauka ließ dabei am 14. April 1972 in *Fix und Foxi* Nummer 16 die »Aktion U« ausgerufen, die junge Leser zum Umweltschutz und Recycling aufforderte. Die politische Aktion für eine saubere Umwelt war ein voller Erfolg und verschaffte Kauka viel positives Echo und Sympathien. Sogar Bundesinnenminister Hans-Dietrich Genscher meldet sich noch im April persönlich mit Anerkennung, im Juni der berühmte Zoodirektor Bernhard Grzimek und am Ende bedankt sich sogar Bundeskanzler Willy Brandt im September mit einem Schreiben für die gelungene Aktion: »Eure Umweltaktion zeigt den Weg«. Brandts Schreiben mit Foto wurde im *Fix und Foxi* Nummer 38 abgedruckt.

Allerdings zeigt das abgedruckte Bild des Bundeskanzlers mit Kindern Brandt nicht im Kauka-Schloss, es wurde im März 1971 anlässlich eines Schülerpreisausschreibens der *Quick* aufgenommen. Wenn es dem Verkauf guttat, dann durfte auch schon einmal der Sozialdemokrat Brandt bei ihm zu Wort kommen, der gerade nach seinem Kniefall in Warschau kurz zuvor noch von den Konservativen als Vaterlandsverräter beschimpft wurde.[38]

# DER VERLAGSLOSE VERLEGER

Kaukas Redaktionsdirektor hatte in seinem Auftrag die Produktlinie kontinuierlich um weitere Formate ausgebaut. *Fix und Foxi* erschien nach wie vor als wöchentliches Flaggschiff. Die Jugendzeitschrift existierte inzwischen bereits im 20. Jahrgang, alle zwei bis drei Monate ergänzt durch *FF Super*, das Taschenbuch *Fix-und-Foxi-Extra* und seit April 1971 durch ein *Fix-und-Foxi-Album*. Zudem existierte zwischen 1972 und 1977 noch das *Fix-und-Foxi-Jahrbuch*. Wöchentlich erschien seit diesem Jahr auch der Discount-Comic *Pepito*, alle zwei Wochen *Primo Comic* und monatlich sowohl die Vorschulkinderzeitschrift *Bussi Bär* wie auch das Gegenstück *Pip Comics für Erwachsene*.

Während der Verlag weiter Auflage machte und Kauka sich immer intensiver für das Filmgeschäft interessierte, nahmen seine bereits lange gehegten Verkaufsambitionen 1972 wieder schärfere Konturen an. Es kam zu ersten Verkaufsgesprächen mit dem Heinrich-Bauer Verlag, mit dem man über die Wiesbadener Verlagsunion partnerschaftlich verbunden war.

Besonders großes Interesse am Kauf der Kauka-Produkte zeigte auch das Gruner + Jahr-Verlagskonsortium (G+J) aus Hamburg, das zur Bertelsmann-Gruppe gehörte. Um die geheimen Verkaufsverhandlungen weiter zu forcieren und den Wert seines Verlages nach oben zu treiben, ließ Kauka in einer Oktoberausgabe des *Stern*, zu dieser Zeit das auflagenstärkste Magazin in Deutschland, eine mehrseitige Home-Story über sich und seinen Verlag platzieren. In einem Interview gegenüber der sonst durch gesellschaftskritische Reportagen bekannten Journalistin Fee Zschocke gab er sich betont entspannt. Dem Starfotografen Dirk Reinartz wurde in Kaukasien und dem Grünwalder Schloss eine wunderbare Kulisse geboten.

Am Ende wurde der Bericht *Mit Fix und Foxi gegen Micky Maus* im *Stern* Nr. 44 eine wohlinszenierte Imagekampagne und trieb den Marktwert des Verlags, wie von Kauka erhofft, geschickt nach oben. Er selbst wurde als »Comic-König von Europa« tituliert. Prominent warb der Stern mit den vier Heften *Fix und Foxi*, *Pepito*, *Bussi Bär* und *Primo*, mit denen Kauka das »große Geschäft« mache. Vor allem wurden aber seine Verkaufszahlen viel zu hoch angegeben: Angeblich verkaufte er 59 Millionen Hefte pro Jahr. Jetzt war der Verkaufspoker richtig eröffnet und sollte sich über Monate hinziehen.[39]

Doch Kauka hatte es in dem *Stern*-Artikel ein wenig zu weit getrieben und sich fälschlicherweise zum Alleskönner stilisiert, der in Personalunion alle Figuren erfindet, zeichnet, schreibt und produziert. Darüber zeigte sich besonders Walter Neugebauer zutiefst verärgert, der seinen Anteil an der Figurenentwicklung missachtet sah. Er wollte das nicht auf sich sitzen lassen. Zuletzt war noch im Juli in *Primo* die Serie *Wowman* neu angelaufen, die von Ralf Geisler im Auftrag der Bundeszentrale für gesundheitliche Aufklärung (BZgA) geschaffen und von Neugebauer umgesetzt worden war.

Zusammen mit seinem Schüler Kurt Italiaander verfasste er ein Schreiben, das als fingierter Leserbrief von Barbara Duttenhofer, einer Freundin der Italiaanders, an die *Stern*-Redaktion ging. Darin wurde das alte Problem der Urheberrechte an den Figuren im Kauka-Verlag thematisiert. Neugebauer erhob Anspruch an der Figurenentwicklung.

Als Kauka davon Wind bekam, war er zutiefst erbost, widersprach es doch nicht nur seinem strikt geforderten Loyalitätsempfinden. Urheberrechtstreitigkeiten waren während der

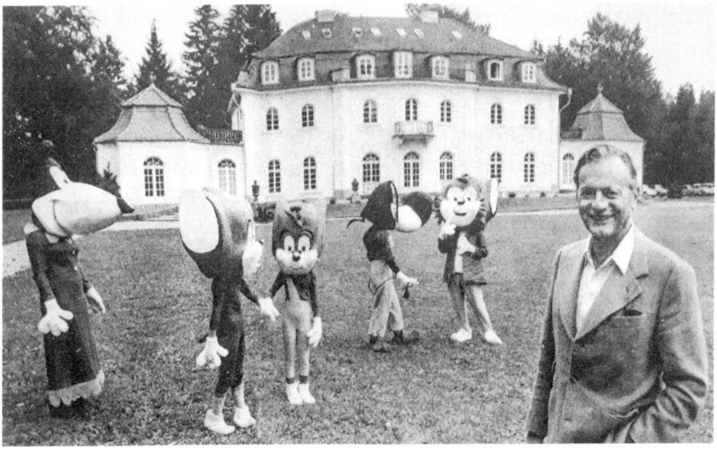

*Werbefoto für Verkaufszwecke. Kauka inmitten seiner Figuren vor dem Verlagsschloss in Grünwald. Fotoaufnahme für den Artikel im Stern, Herbst 1972*

Verkaufsverhandlungen mehr als schädlich. Kauka setzte Neugebauer, Italiaander und ihre Vertraute Gisela Küstner kurzerhand vor die Tür, Hausverbot und Streichung sämtlicher Aufträge und Honoraransprüche inklusive. Er spekulierte richtig darauf, dass der bald mittelose Neugebauer nicht das Risiko eines teuren Rechtsstreits eingehen wollte.

Doch die drei Verstoßenen hatten Glück. Ihr bald darauf gegründetes eigenes Zeichenstudio mit Schwerpunkt Werbegrafiken begann nach einiger Zeit erfolgreich über den Ehapa-Verlag für Walt Disney zu arbeiten; sie entwarfen die *Goldbären* der Firma Haribo und den *Hubba Bubba* für Wrigley. Auch noch nach dem Weggang von Walter Neugebauer bewunderte Kauka dessen Talent und Können. Weil er aber schon einmal dabei war, machte er weiter reinen Tisch und schmiss auch seinen Schwager Christopher von Stillfried aus dem Verlag. Der war zuvor in die Verlagsleitung eingebunden gewesen, hatte sich entgegen Kaukas Position aber dafür eingesetzt, die Rechte der Kreativen zu stärken. Das konnte Kauka nicht gutheißen. Seine Ehefrau war mit dem Rauswurf nicht einverstanden, was zu großem familiärem Unfrieden führte.[40]

Der offene Streit war eher ungewöhnlich. Denn Kaukas Frau Dorothea suchte stets zu vermitteln, gerade im privaten Bereich. So bemühte sie sich wie alle anderen Familienangehörigen, den Riss zwischen Rolf und seiner ältesten Tochter zu kitten. Sie freundete sich deshalb auch mit Kaukas erster Frau Erika an, die wie sie und alle Kauka-Töchter beim MTTC Iphitos in München Tennis spielte. Über Jahre hinweg gab es dort eine regelrechte Kauka-Tennismannschaft, die erfolgreich an Wettkämpfen teilnahm. Kauka ließ sich schließlich überreden und es kam zu einem Treffen zwischen Vater und Tochter, flankiert von seiner ersten und seiner aktuellen Ehefrau. Doch alle Bemühungen waren vergebens, der Familienstreit verfestigte sich.[41]

Dorothea Kauka kümmerte sich weiter um die Familienbelange ihres Mannes, vor allem um seine jüngsten Kinder. Für die vierunddreißigjährige Gräfin selbst waren jedoch eigene Kinder mit Rolf kein Thema. Ihre ganze Leidenschaft galt daher ihren Rennpferden, in den Stallungen befanden sich zweitweise bis zu acht Zuchtstuten. Auf ihre Initiative hin wurden auf Gut Eichenhof eine große Reithalle und eine Trainingsrennbahn errichtet. Kauka imponierte der Einsatz seiner Frau. Er finanzierte die Galopper-Zucht wohlwollend, war es doch eine zusätzliche Möglichkeit, für gesellschaftliches Prestige zu sorgen. Als knallharter Geschäftsmann drängte er aber darauf, möglichst Rennen und Preise zu gewinnen. Rennpferdezucht war schließlich ein teures Unterfangen.[42]

Es wurde wieder Dezember, und in guter Tradition fand im Kauka-Verlag zum Abschluss des Jahres eine Weihnachtsfeier unter einem bestimmten Motto statt. In diesem Jahr wurde stilecht mit einem singenden Holzschwert – es befand sich an jedem Schwertknauf eine winzige Mundharmonika – zu »Ritter Rolfs Tafelrunde« auf die nahe Burg Schwaneck in Pullach im Isartal eingeladen, Blick auf die nahe Zentrale des BND inklusive.

Neben der Franzis-Druckerei waren diesmal aus Spanien Jordi Macabich von Bardo Art und aus Italien Roberto Gavioli von den Gamma-Studios anwesend, denn Kauka nutzte die Gelegenheit, um vor versammelter Mannschaft offiziell die Zusammenarbeit mit den Gamma-Studios zu verkünden. Höhepunkt des Abends soll unter viel Applaus ein spontanes Mundharmonika-Duett von Kauka und Gavioli gewesen sein. Man spielte *Ja so warn's, die alten Rittersleut'* von den Hot Dogs.

Kauka war aber auch ein begnadeter Redner. Er hielt wie immer eine humorvolle Weihnachtsansprache, wurde dabei von seiner Tochter Irene unterstützt. Im Gegensatz zu ihren beiden älteren Schwestern blieb sie fest an der Seite des Vaters. Aber auch sie verstand nicht immer seinen versteckten Eulenspiegel-Humor. Der konnte sehr eigen sein und durchaus seltsam anmuten, gerade in Kombination mit der deutschen NS-Vergangenheit. Kauka ließ sich so für die diesjährige Weihnachtskarte zu einem fragwürdigen Spaß hinreißen. Er verschickte Freunden eine Karte mit einem bekannten Motiv des Malers Peter Kraemer aus Dießen am Ammersee, das einen Münchner Zeitungsverkäufer zeigt. Im Original hielt der Zeitungsverkäufer eine *Berliner Illustrierte* mit dem Bild Paul von Hindenburgs in der Hand, bei Kaukas Version waren nun der *Völkische Beobachter*, Adolf Hitler und ein Mussolini-Bild zu sehen.

Aber diese Karten wurden nicht öffentlich und damit zu keinem Skandal. So konnte Kauka das diesjährige Silvester in aller Ruhe in kleinem Freundeskreis begehen. Unter den befreundeten Paaren befanden sich auch die Wessels, die zum gemeinsamen Jahreswechsel zwei Tage auf Kaukasien blieben. Man verbrachte die Tage bei gemeinsamen ausgedehnten Spaziergängen, Eisstockschießen und der Entenjagd.[43]

Im Mai 1973 platzten zunächst Kaukas Verkaufspläne mit G+J nach mehrmonatigen Verhandlungen – trotz der Verlockungen durch satte Verkaufszahlen kurz vor dem möglichen Vertragsabschluss. Kaukas Forderungen waren am Ende zu hoch gewesen. Doch er konnte gelassen bleiben, hatte sich doch bereits ein neuer finanzstarker Interessent aufgetan. Großes Interesse am Kauf des Kauka-Verlags zeigte die International Juvenile Publications (IJP) mit Sitz im niederländischen Haarlem, die sich aus der englischen International Publishing Corporation (IPC) (Fleetway Publications) und der holländischen Verenigde Nederlandse Uitgeversbedrijven n. V. (VNU) zusammensetzte. Bei der VNU war Kaukas langjähriger Geschäftsfreund Bob Coebergh Direktor. IJP beabsichtigte, über die erfolgreichen Kauka-Serien, allen voran *Fix und Foxi* und *Bussi Bär*, zu einer großen gesamteuropäischen Lizenzverwertung mit mehrsprachigen Parallelausgaben zu gelangen. Zudem sollten eigene holländische Comicprodukte über den etablierten Kauka-Verlag auf den deutschen Markt gebracht werden. Nun zogen sich über die kommenden Monate die Verkaufsverhandlungen mit der IJP hin.[44]

Gelegentliche gesellschaftliche Ereignisse wie der Wiener Opernball lenkten von dem Gefeilsche ab. Kauka war eigentlich kein großer Opernbesucher, aber im März 1973 besuchte Kauka zusammen mit seiner Frau erstmals den berühmten Ball. Die Kaukas wurden von befreundeten Paaren begleitet, darunter BND-Präsident Gerhard Wessel mit seiner Frau, die mit ihnen zusammen für vier Tage im Hotel Imperial wohnten. Kauka hatte dazu eingeladen und für alle die Loge 12 im II. Rang links gekauft: für 25 000 Schillinge, zusätzlich zu den Ballkarten pro Person für 350 Schillinge. Nicht nur, dass er bei der Veranstaltung wieder einmal mit falschem Titel als Doktor Kauka auftrat, auch der BND-Präsident wurde mit dem BfV-Präsidenten Günther Nollau verwechselt. Oder auch nicht, denn immer, wenn Wessel mit Kauka reiste, war er inkognito unter falschen Namen. Gegen halb zehn machten sich die befreundeten Familien zur Wiener Staatsoper auf und blieben bis zum frühen Morgen um fünf Uhr. Natürlich versammelte das Ballereignis eine breite Schar prominenter Gäste. So waren neben dem österreichischen Bundeskanzler Bruno Kreisky oder Franz Beckenbauer auch der einflussreiche Verleger Axel Cäsar Springer anwesend. Die anwesende Presse spekulierte, ob Springer gerade wieder einen Verlag kaufen würde. Auch Kauka traf sich mit Springer zu einem privaten Plausch. Erst zwei Jahre später sollten beide dann geschäftlich zueinanderfinden.

Um auf andere Gedanken zu kommen, reiste Kauka immer wieder in seine italienische Villa an der Steilküste. Er war dort inzwischen eine feste gesellschaftliche Größe, mit besten Kontakten zur Münchner »Schickeria«. So war er auch am Pfingstmontag, den 10. Juni 1973, zu einer großen Feier der deutschen Kolonie in Terracina eingeladen. Obermaier, der bekannte Münchner Gesellschaftskolumnist, feierte groß seinen fünfzigsten Geburtstag auf seinem Landsitz La Moresca mit illustren Prominenten wie der Ex-Kaiserin Soraya oder Filmstars wie Curd Jürgens.[45]

Im Juli 1973 gelang es Kauka endgültig, die Verkaufsverhandlungen abzuschließen. Sein Kauka-Verlag wurde für die stolze Verkaufssumme von 19 Millionen Mark an IJP verkauft, zahlbar in vier Jahresraten. Zudem schloss er am 26. Juli 1973 persönlich noch einen exklusiven Beratervertrag, der mit 1,2 Millionen Mark jährlich dotiert gewesen sein soll. Kauka hatte sehr gut verhandelt. Im Vertrag besagte der Abschnitt A. III 5: »Alle wichtigen Maßnahmen, welche Auswirkungen auf das Erscheinen oder die Erscheinungsweise der Objekte haben (z. B. Veränderungen des Erscheinungszeitraums, Einstellung oder Zusammenlegung von Objekten), sind nur aus wichtigen (auch wirtschaftlichen) Gründen und nur nach vorheriger Anhörung von Kauka oder seiner Rechtsnachfolger zulässig. IJP […] sind verpflichtet, Kauka zu benachrichtigen, sobald die anteiligen direkten Kosten eines Objektes nicht mehr überdeckt werden. IJP […] sind verpflichtet, das Objekt über diesen Zeitraum hinaus mindestens drei Monate fortzuführen. Kommt innerhalb dieser Frist keine Einigung zwischen IJP […] einerseits und Kauka andererseits über die zu treffenden Maßnahmen […] zustande, so ist die […] berechtigt, dieses Objekt einzustellen«.[46]

Eine Passage, die wenige Jahre später noch Wichtigkeit erlangen sollte. Der Verkauf umfasste ausschließlich die Titel-, Verlags-, und Urhebernutzungsrechte, soweit es sich um die verlegerische Auswertung der Druckerzeugnisse handelte. Trotz des Verkaufs blieben ihm weiterhin für siebzig Jahre die Urheberschutzrechte an den Figuren und Titeln seiner Comics. Das war jährlich mindestens eine zusätzliche Million wert. IJP wurden lediglich die Rechte für die Merchandising-Verwertung eingeräumt, dies allerdings nur begrenzt auf drei Jahre bis Ende 1976.

Der *Kress-Report* fragte daher ungläubig: »Und an diesem Punkt ist entschieden die Frage zu stellen, ob irgendjemand spinnt. Die VNU/IPC-Leute, falls sie sich auf sowas eingelassen haben, oder die Branchenflüsterer, die solch einen Stuss allen Ernstes weiterverbreiten!« Ein Jahr darauf, am 12. Juli 1974, ging Kaukas Kommanditeinlage in Höhe von 150 000 D-Mark im Wege der Sonderrechtsnachfolge auf die IJP mit Sitz in Amsterdam über. Zu diesem Tag schied auch Kaukas alte Firma als Kommanditistin aus der KG aus. Die Gesellschaft wurde aufgelöst, der Ur-Kauka-Verlag war erloschen.[47]

Rolf Kauka hatte es geschafft. Er hatte sich aus dem aktiven Geschäft zurückgezogen, einen Millionengewinn eingestrichen, die Figurenrechte und dauerhaft ein Mitsprachrecht behalten. Mit Wirkung zum 1. August 1973 ging seine Firma in niederländisch-englische Hände über. Das Sagen in Grünwald hatte nun der IJP-Geschäftsführer Peter M. Tuijnman gemeinsam mit den beiden Kauka-Geschäftsführern Werner Pleissner und Peter

Wiechmann, während *Fix und Foxi* und die weiteren Titel im neuen Kauka-Verlag von nun an ohne Kauka weiterliefen.

Den vollzogenen Verkauf feierte er am 1. August bei einem Abendessen außer Haus, zu dem er mit seiner Frau von BND-Präsident Wessel eingeladen worden war. Nachdem für ihn endlich alle Verkaufssorgen zu seiner Zufriedenheit erledigt waren, konnte er gleich am nächsten Tag in den Sommerurlaub fahren. Er hatte den Kopf frei, um sich ganz seinem Herzensprojekt zu widmen: dem Film.[48]

Kauka hatte das Scheitern seines Kinoprojekts *Münchhausen* vom Ende der Fünfzigerjahre noch gut im Kopf. Trotzdem wollte er endlich seine frühere Idee eines abendfüllenden Zeichentrickfilms umsetzen. Bei den ersten Filmplanungen hatte er noch auf Walter Neugebauer als Berater zurückgegriffen. Kauka hatte auf ein paar Seiten die Grundhandlung von *Maria D'Oro* skizziert, in der ersten Fassung noch mit *Fix-und-Foxi*-Figuren, und sie Neugebauer zur Überarbeitung gegeben. Damals sollte er der Hauptzeichner sein und auch Regie führen, weil er den Film mit seinen alten Verbindungen in Zagreb machen sollte. Die Beiden reisten zusammen nach Jugoslawien. Als Kauka allerdings dem angedachten Filmkomponisten vorschreiben wollte, wie er zu komponieren hatte, platzte das Projekt, und Neugebauer weigerte sich aufgrund seiner Erfahrungen, ohne festen Vertrag weiter am Projekt zu arbeiten.

Später, nachdem Riccardo Rinaldi Figuren und Szenen weiterentwickelt hatte, nahm Kauka Kontakt mit Italien auf. Er arbeitete mit den Gamma-Studios aus Mailand zusammen, wo die Gebrüder Roberto und Gino Gavioli verantwortlich zeichneten. Kauka übernahm jetzt selbst die Regie und schrieb auch das Drehbuch, unterstützt von seiner Tochter Irene Kauka. Sie war während der Filmproduktion ständig an der Seite ihres Vaters, assistierte ihm und übernahm später die Vermarktung.

Kauka hielt sich nun die meiste Zeit in Mailand auf, aber auch in Rom, wo die englische Synchronarbeit erfolgte, und in

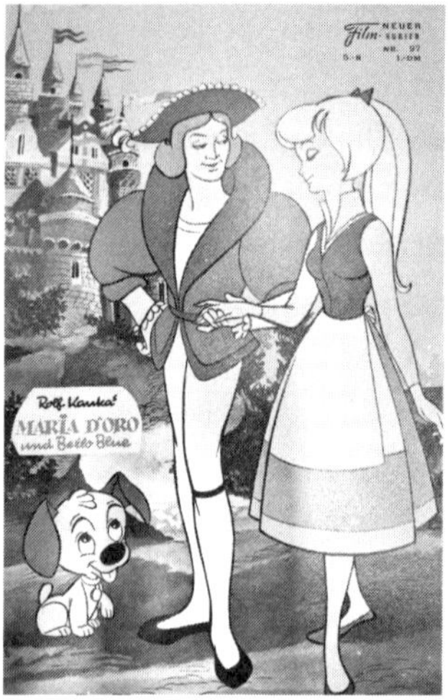

*Filmprogramm: Rolf Kaukas Maria d'Oro und Bello Blue, 1973*

Berlin bei der Synchronisation der deutschen Fassung. Wieder einmal steuerte Kauka eigene Liedtexte bei, die von Peter Thomas musikalisch umgesetzt wurden, der schon für die Filmmusik bei der *Versuchung im Sommerwind* verantwortlich gewesen war. Insgesamt sollte die Rolf Kauka Film-Produktion des 83 Minuten-Films am Ende rund drei Millionen kosten. Das Ergebnis war aber nur ein filmisches Versatzstück, bei dem Elemente von Märchenklassikern wie Aschenputtel, Froschkönig oder Frau Holle ohne inneren Zusammenhang zusammengeführt wurden.[49] Beginnend am 21. September 1973 wurde die Geschichte mit wechselnden Titeln auch in *Fix und Foxi* als Folgegeschichte bis Mitte November hinein in den Ausgaben 39 bis 48 beworben. Ein Album zum Film, auf dem Kauka die Geschichte erzählte, erschien bei Gevacur. Als Beiprogramm wurde in den Kinos auch der erste kurze Trickfilm mit *Fix und Foxi* gezeigt. Der knapp zwölfminütige Trickfilm *Sinfonie in Müll* griff die Umweltthematik erneut auf, wurde von Rolf Kauka produziert, Tochter Irene hatte assistiert. Am 12. Dezember 1973 wurde schließlich *Maria D'Oro und Bello Blue* in München uraufgeführt.[50]

Kauka war auf seinen Kinofilm stolz und mochte ihn im Unterschied zu seinen übrigen Filmprojekten auch später noch. Voller Zufriedenheit besuchte er als Filmproduzent am 17. Januar 1974 den erstmals stattfindenden deutschen Filmball in München im Hotel Bayerischer Hof. Neben Größen aus der Politik wie dem CSU-Vorsitzende Franz Josef Strauß war bei der Gala alles vertreten, was Rang und Namen im deutschen Film- und Showgeschäft hatte: Arthur Brauner, Bernhard Wicki, Gert Fröbe oder Horst Buchholz ebenso wie internationale Stars; so Alain Delon oder Bud Spencer. Kauka feierte gut gelaunt beim Auftritt von Tony Marschall und ließ sich nur allzu gerne inmitten der Stars ablichten, etwa wie er sich mit einer jungen Tanzpartnerin aufs Parkett wagte, die natürlich nicht seine Frau war.[51]

Aber sein Film floppte an den Kinokassen, auch wenn er Jahre später noch in den USA, Argentinien und in anderen Ländern auf den Markt kam. *Die Zeit* kritisierte in einer Rezension: »*Maria d' Oro und Bello Blue* von Rolf Kauka ist ein musikalisch einfallsloses, zeichnerisch eklektizistisches Comic-Musical, in dem das sattsam bekannte Märchenmotiv der beiden Stiefschwestern und des verliebten Prinzen leicht verpoppt abgespult wird.«

Kauka zog sich nach dem Misserfolg endgültig aus der Filmproduktion zurück. Er zeigte auch wenig Interesse, als im Frühjahr 1974 erstmals eine Ausstellung der führenden deutschen Comic-Verlage stattfand, die vom Amerikanisten und Comic-Experten Reinhold Reitberger initiiert worden war. Vom 2. März bis zum 6. Mai präsentierten dabei im Münchner Stadtmuseum der Bastei-, der Ehapa-, der Koralle- und auch der Kauka-Verlag ihre Produktpalette.

Kauka selbst verbrachte jetzt seine Zeit mit seinem Freundeskreis, mit gemeinsamen Abendessen, Feiern und Urlauben. Wie etwa vom 12. bis zum 19. April 1974, als man wieder einmal den BND-Präsidenten ins italienische San Felice zum Kurzurlaub einlud. Wenige Tage zuvor hatte Kauka am 9. April seinen siebenundfünfzigsten Geburtstag im Freundeskreis begangen.

Doch eine unbeschwerte Feierlaune wollte sich diesmal bei ihm nicht richtig einstellen. Von Jahr zu Jahr setzte ihm gerade in den kühleren Herbst- und Wintermonaten immer stärker sein Rheuma zu. Das machte sich inzwischen so weit bemerkbar, dass sich seine Geburtstagsgäste große Sorgen um seinen Gesundheitszustand machten. Auch wenn es ihm im Sommer, am 20. Juli 1974 anlässlich eines großen Sommerfestes mit rund 100 Gästen in Kaukasien wieder deutlich besserging, musste er sich langsam intensiver medizinisch um sein Rheuma kümmern. In Deutschland gab es noch keine spezifische Rheumatologie als Fachrichtung. Sein langjähriger Arzt Professor Werner Moll empfahl ihm einen Spezialisten, den jungen Rheumatologen Dr. Rolf Hohmeister im schweizerischen Bad Ragaz. Von nun an reiste Kauka mehrmals im Jahr in die Schweiz, stieg im Grand Hotel Quellenhof ab und ließ sich von Hohmeister medizinisch behandeln.[52]

Doch nicht allein Rolf Kauka kränkelte, auch sein Lebenswerk, dem Kauka-Verlag ging es unter der neuen Geschäftsführung zunehmend schlechter. Hinter dem Verlagskauf durch die IJC hatte die Geschäftsidee gestanden, dass sich der europäische Markt für die gut laufenden Kauka-Produkte wie *Fix und Foxi* und *Bussi Bär* weiter öffnen würde, während gleichzeitig die niederländischen und englischen Titel über Grünwald Fuß fassen sollten.

Doch der unter Kaukas Geschäftsführung funktionierende Verlag war nach dem Verkauf innerhalb von zwei Jahren heruntergewirtschaftet. Ein extremer Sparkurs wurde gefahren und das Verlagsprogramm sukzessive ausgehöhlt. Die erfolgreichen franko-belgischen Produkte, die über Kauka überhaupt erst in Deutschland eingeführt worden waren, fuhr man herunter und nahm als Ersatz hauseigene Billigprodukte und ungeeignete Fremdlizenzprodukte hinein, wie *1. FC. Fußball & Comic*, *Karl May Extra*, *Melanie* oder *Kobra*. Zugunsten des neu lancierten Magazins *Kobra* war Ende 1974 sogar *Primo* eingestellt worden.[53]

So klang auch das Jahr 1974 in üblicher Weise aus, mit Feierlichkeiten an Weihnachten und Silvester im engsten Familien- und weiteren Freundeskreis. Nach wie vor waren der Terrorismus und die Bedrohungslage in Deutschland das Gesprächsthema bei ihm, nachdem am 20. Dezember 1974 das Anti-Terror-Paketgesetz vom Deutschen Bundestag verabschiedet und am 27. Februar 1975 in Westberlin der dortige CDU-Vorsitzende Peter Lorenz entführt worden war. Kauka befürwortete in Fragen der inneren Sicherheit einen harten Kurs und war zudem aus seinem Gesprächskreis, zu dem neben dem Geheimdienstchef Wessel auch der Münchner Polizeipräsident Manfred Schreiber zählte, gut unterrichtet.

Kauka musste sich Tag für Tag mehr eingestehen, dass er zwar seinen Verlag verkauft hatte, jedoch keinen bleibenden Abstand vom Geschäft finden konnte. Traurig schaute er auf das verlassene Schloss in Grünwald, das nur noch verwaltet wurde, aber ohne kreatives Leben war. Zwei Jahren zuvor war es nicht mitverkauft worden. Der neue Kauka-Verlag war ausgezogen und hatte Quartier im Grundig-Bürohaus in der Werinherstraße 71 in München bezogen. Leerstehend und ohne Nutzung, vermietete Kauka das Schloss ab und zu für Filmzwecke.

Er selbst hatte sich ein Büro im frisch renovierten früheren Gesindehaus gegenüber eingerichtet. Kauka suchte dringend wieder eine neue Herausforderung. Und er hatte auch eine Idee, nur ein Partner fehlte ihm noch. Daher passte es gut, dass Peter Wiechmann als Geschäftsführer und Redaktionsdirektor vollkommen entnervt zum 31. Januar 1975 beim englisch-niederländischen Kauka-Verlag kündigte. Kauka ging sofort auf Wiechmann zu, um ihn für seine Pläne zu gewinnen.[54]

Bei strahlendem Wetter zum Wochenende hatte er am 23. Februar 1975 zahlreiche Freunde zu sich auf Gut Eichenhof eingeladen und berichtete seinen überraschten Gästen voller Stolz von einer neuen Idee. Er sah die Zeit reif dafür, eine eigene Comic-Akademie in Deutschland aufzubauen. Bald darauf kündigte er in einem Interview voller Überzeugung an, dass er schon in Kürze junge talentierte Zeichner und Autoren ausbilden wolle. Für seine früheren Mitarbeiter mutete dieser Ansatz sehr überraschend an, da Kauka dafür bekannt war, kein Geld zur Ausbildung und Förderung von Talenten auszugeben. Viele vermuteten daher eine reine PR-Kampagne oder steuerliche Vorteile dahinter. Womit sie nicht falsch lagen. Aber Rolf Kauka war bei all seinem berechnenden Geschäftssinn immer auch ein Kreativer, der Risiken einging und neue Wege beschritt. Um seine Idee angehen zu können, brauchte Kauka den richtigen Mann. Nicht ohne Hintergedanken hatte er sich dafür eingesetzt, dass Peter Wiechmann, der nach seinem Ausscheiden beim Koralle-Verlag einem monatelangen Arbeitsverbot unterlag, eine gute Abfindung und ein hervorragendes Zeugnis erhielt.

Zusammen mit ihm gründete er im Februar 1975 die Kauka-Comic-Akademie und ließ Wiechmann dabei vollkommen freie Hand. Wiechmann wurde deren Leiter bzw. geschäftsführender (Klein)Gesellschafter der GmbH Co, wie der *Kress-Report* es in seiner Ausgabe am 20. Februar beschrieb. Die vollmundig als Talentschmiede beworbene Einrichtung wollte gezielt Autoren und Zeichner für Comics anwerben und ausbilden. Sie erfüllte aber auch den Zweck, neue Comics zu produzieren, vornehmlich über die spanische Bardon Art – gerade nachdem mit der Einstellung von *Primo* Serienmaterial wieder frei war. Es sollte ausreichend Material generiert werden, um zukünftige Projekte realisieren zu können. Zur geplanten Zeichner-Schulung gehörte auch die Erstellung eines profunden Nachschlagewerks. So wurde begonnen, die Richtlinien der Dramaturgie von Kauka-Comics neu zu überarbeiten, angedacht als eine Art von Neuauflage der *Elemente der Kauka-Comics* von 1971.[55]

Eine andere Idee im Zusammenhang der Akademie war die angedachte Einführung eines Soldaten-Comics. Peter Wiechmann überzeugte Rolf Kauka aufgrund des großen Erfolgs der Landser-Hefte, eine Zeichen-Serie über den Zweiten Weltkrieg aufzulegen. Kauka wollte bei diesem Thema Realitätsnähe und holte einen ausgewiesenen Fachmann der Wehrmacht mit ins Boot. Er knüpfte Kontakt zu Dr. Paul Karl Schmidt, einen ehemaligen SS-Obersturmbannführer und früheren Pressesprecher im NS-Außenministerium. Schmidt hatte neben seinem Pseudonym »P. C. Holm« in den Sechzigerjahren vor allem als »Paul Carell« erfolgreiche Bücher geschrieben, dessen bekanntestes *Unternehmen Barbarossa* von 1963 war. Zudem wirkte er als Journalist für den *Spiegel*, die *Zeit* und vor allem für den Axel-Springer-Verlag. Schmidt galt als persönlicher Berater und Sicherheitschef Axel Springers. Und als wäre es nicht genug, arbeitete er ebenfalls seit Ende der Sechzigerjahre als journalistische Sonderverbindung für den BND, Deckname Schaper. BND-Präsident Wessel persönlich hielt engen Kontakt zu ihm. Kauka hatte ihn denn auch bei einem gesellschaftlichen Ereignis bei den Wessels kennengelernt. Im Frühjahr 1975 besuchte Kauka zusammen mit Peter Wiechmann in Hamburg nun also Paul Karl Schmidt. Die Kriegsserie aber wurde letztlich nicht produziert. Die Idee einer Akademie im alten Verlagsschloss schien sich immer mehr zu einem reinen Luftschloss zu entwickeln.[56]

Wie in seinen beiden vorherigen Ehen nahm Rolf Kauka es auch bei seiner dritten Frau ab einem gewissen Zeitpunkt mit der Treue nicht mehr ernst. Er hatte Liebschaften, manchmal sogar zwei Liaisons gleichzeitig. Als Mann der alten Schule wähnte er sich hierbei im Recht, sah es eher als eine Art Sport an. Wie ihre Vorgängerinnen wusste auch Dorothea Kauka von der Einstellung ihres Mannes und klagte ihrer Familie in traurigen Momenten ihr Leid.

Kaukas Affären rekrutierten sich nicht selten aus dem unerschöpflichen Reservoir der Tänzerinnen des Deutschen Fernsehballetts, Dorothea kommentierte diese »Betthupferl« gegenüber ihrer Schwester gerne als »die Dritte von links«. Es seien eben viele und alle sähen sie sich ähnlich.

Am Ende empfand sie es aber sogar als eine Art eheliche »Entlastung«. Sie verstand es lange Zeit, über die Unwucht in Kaukas Charakter mit scheinbar großzügiger Gelassenheit hinwegzusehen. Denn sie war verheiratet und versorgt und war ihm für die Möglichkeit, auf dem Land zu leben, Pferde und Hunde halten zu können, dankbar. Doch über die Jahre hinweg kriselte es in der Ehe immer stärker, weil der innere Abstand zwischen beiden wuchs. Kauka selbst war das bewusst, und auch sein Freundeskreis, Gerhard Wessel inklusive, registrierte das und machte sich Gedanken.

Immer häufiger kam es zu Machtdemonstrationen Kaukas, wer in der Beziehung das Sagen hatte. Im Frühjahr 1975 war Dorothea, so bestätigte es später ihre Schwester, kurz davor, ihren Mann zu verlassen, und besprach sich mit ihrer Familie über die notwendigen Schritte. Allein der Gedanke an ihre Pferde und natürlich daran, die beiden kleinen Kinder allein zurückzulassen, hielt sie davon ab. Ihre Familie, die von Beginn an gegen diese Ehe gewesen war, ermutigte sie zur Beendigung. Doch das Schicksal sah eine andere Wendung vor.[57]

Am frühen Dienstagmorgen des 22. April 1975 wollte Dorothea Kauka auf der Galopp-Rennbahn in München-Riem fürs kommende Derby ihr Pferd trainieren. Sie war inzwischen eine sehr erfahrene Amateur-Rennreiterin und trainierte beinahe täglich ihre Vollblüter. Ihr dreijähriger Hengst Diderot stand bereit. Sie hatte ihn selbst gezüchtet, aufgezogen und zugeritten. Er war jung und unerfahren, galt als Ausreißer, weshalb er links und rechts ein Rennpferd mit Jockeys brauchte, um in der Spur zu bleiben. Zusammen mit zwei weiteren Reitern begann sie auf der Trainingsbahn ihre Runden, im vollen Galopp ging es über die Bahn.

Doch dann brach Diderot aus, bäumte sich plötzlich auf und legte eine Vollbremsung hin. Dorothea konnte ihn nicht mehr bändigen und wurde abgeworfen. Sie stürzte im hohen Bogen und prallte unglücklich ohne Helm gegen eine sechs

Zentimeter dicke Metallstange, die einen Meter neben der Rennbahn als Wegweiser für einen Hydranten diente. Schwerverletzt wurde sie mit dem Rot-Kreuz-Hubschrauber ins Klinikum rechts der Isar geflogen. Aber es gab keine Rettung. Die Gräfin hatte sich das Genick gebrochen, ihr Kopf war zertrümmert.[58]

Rolf Kauka war während des Reitunfalls nicht vor Ort. Wie gewöhnlich wartete er auf die Rückkehr seiner Frau, als er telefonisch vom Unglück erfuhr. Peter Wiechmann erinnerte sich, wie Kauka vollkommen verstört und mit Tränen in den Augen zu ihm ins Büro nach Grünwald kam. Kauka fuhr ins Klinikum zu seiner schwerverletzten Frau. Dort konnte ihm aber nur noch der Tod von Dorothea mitgeteilt werden. Viele Zeitungen berichteten über den tragischen Unfall. Die Münchner Ausgabe der *Bild*-Zeitung machte am 24. April mit der Geschichte der verstorbenen Gräfin auf. Rolf Kauka wollte nach dem Unglück den Hengst Diderot erschießen bzw. einschläfern lassen, doch Anneliese Seitz und Dorotheas Schwester brachten ihn davon ab.[59]

Am folgenden Freitagabend fand um 18 Uhr die Aussegnung Dorotheas auf Kaukasien statt. Rolf Kauka hatte den Sarg unter einem Kruzifix vor den großen Tannen mit Blick über das Anwesen, die weite Wiese und die Wälder aufbahren lassen. Dorotheas Mutter, ihr Bruder und ihre Schwestern trauerten. Auch Gerhard und Rosemie Wessel waren vor Ort und wohnten dem traurigen Anlass bei. Es war ein abenddunkler Himmel, als der Sarg zum Friedhof geleitet wurde.

Am Samstag, den 26. April 1975 fanden auf dem Friedhof von Zolling Requiem und Beisetzung statt. Die kleine Dorfkirche war überfüllt mit Trauergästen, darunter Kaukas Kinder Irene, Michael und Alexandra. Der katholische Gottesdienst dauerte eine Stunde und war alles andere als selbstverständlich. Kauka hatte es geschafft, sich wieder einmal über alle Grenzen hinwegzusetzen. Schließlich war er bereits zweimal geschieden, evangelisch wie seine verstorbene Frau, beide waren aus der Kirche ausgetreten. Aber Kauka konnte einen Dekan davon überzeugen, dass Dorothea sich intensiv um Gott und das Leben Gedanken gemacht hätte.

In der anschließend schweren Zeit kümmerte sich besonders BND-Präsident Wessel um seinen Freund, telefonierte mit ihm oder besuchte ihn. Rolf Kauka wirkte nach außen gefasst und war doch im Innersten zutiefst erschüttert. Er kompensierte das, indem er neue Projekte anging, geschäftlich wie privat. Darin war er sehr konsequent und schnell. Für die Außenwelt nicht immer nachvollziehbar.[60]

# DIE ALEXANDRINISCHE ZEITRECHNUNG

Unter dem Eindruck des tragischen Todes seiner Frau sah Rolf Kauka sein Leben und sein Lebenswerk in einem neuen Licht. Es wird kein Zufall gewesen sein, dass er genau in dieser Phase begann, sich seiner eigenen Biografie zu nähern. Konkrete Anfragen an ihn, doch sein Leben aufzuschreiben, hatte es durch befreundete Verleger wie Herbert Fleissner, Gustav Lübbe und Willy Droemer immer wieder gegeben. Weil Peter Wiechmann gerade verfügbar war, beauftragte Kauka ihn damit, das Buchprojekt inhaltlich und zusammen mit Günther Ropertz auch grafisch zu gestalten. Umfangreiches Material wurde gesammelt, ein Layout erstellt, Gliederungen verfasst und erste Artikel geschrieben.

Kaukas Lebensbeschreibung trug nach seiner Idee den Arbeitstitel *So mache ich Comics*. Demzufolge war weniger eine kritische Lebensbilanz, sondern vielmehr eine bunte Selbstdarstellung als Comic-Genius angedacht. Eine Einleitung im typische »Liebe Freunde«-Stil Kaukas ist erhalten, die seine Rückschau auf 25 Jahre als Comic-Produzent einleiten sollte:

> Mit der Arbeit versaut man sich die schönsten Stunden am Tage (kaukasischer Sinnspruch).
> Liebe Freunde, als ich vor 25 Jahren begann, Comics zu machen, haben mich viele für verrückt erklärt. »Du gehst pleite mit Deinen Strichmännchen« haben sie gesagt, oder »der ist zu faul für eine richtige Arbeit«, oder

> gar »Du landest bald in der Klapsmühle«. Nun, das ist jetzt 25 Jahre her und ich laufe noch immer frei herum. Zum Leben reicht's auch und das mit der Faulheit ist Ansichtssache. Inzwischen haben sich die Comics zu einem Literaturzweig entwickelt, auf dem viele ganz gut schaukeln. Das hat damals natürlich keiner geahnt. Ich auch nicht. Nur daran geglaubt habe ich, und Glaube versetzt bekanntlich Berge, auch die der Ignoranz und Dummheit, die man damals gegen die Blasengeschichten aufgebaut hatte. Comics lesen ist heute in und schön. Comics machen ist noch schöner, aufregend und nie langweilig. Manchmal könnte man zwar die Feder an die Wand knallen, wenn man eine komische Idee braucht, einem partout etwas Lustiges einfallen soll, obwohl gerade eine Laus über die Leber gelaufen ist oder eine Stinkwut im Bauche sitzt. Aber dann stelle ich mir unseren Bundespräsidenten vor, der auch immer freundlich lächeln muss – na ja – und dann mache ich doch lieber Comics. Oder ich denke an den Manager, der mich für einen Faulenzer hielt. Keine freie Stunde hat er sich für seine Familie gegönnt.[61]

Doch dann ließ Kauka die weitere Erstellung plötzlich stoppen. Das bereits angefangene Manuskript verschwand zuerst im Archiv und danach für immer. Er ließ die Idee seiner Memoiren fallen, weil sich inzwischen eine ganz neue Geschäftsmöglichkeit ergeben hatte.[62]

Die Umsetzung der angedachten Akademie war bisher nicht vorangekommen. Aber nachdem *Primo* zum Jahresende 1974 eingestellt worden war, standen zahlreiche Serien zur freien Verfügung. Zudem produzierte Bardon Art in Spanien weiter. Peter Wiechmann nahm deshalb Kontakt zum Hamburger Koralle-Verlag auf, da auch deren *Zack*-Magazin inzwischen kriselte und neues Material suchte. Er bot dem Koralle-Geschäftsführer

Friedrich Kaufmann freie Serien an, dieser interessierte sich tatsächlich für die Möglichkeiten der Material-Lizensierung und Produktion. Wiechmann informierte Kauka davon. Der witterte sogleich die Chance einer weiterreichenden Kooperation. Im Mai 1975 suchte Kauka erneut den Kontakt zu Paul Karl Schmidt alias Paul Carell, der Vertrauensperson Axel Springers. Gegenüber Schmidt entwarf er die Idee einer zukünftigen Zusammenarbeit im Comic-Bereich. Der unterrichtete Springer darüber, der sich wiederum am 19. Mai 1975 brieflich an Kauka wandte und ihm seine Bereitschaft zum Gedankenaustausch über eine mögliche Zusammenarbeit signalisierte.

Springer betraute zuerst seinen Geschäftsführer Peter Tamm mit den Verhandlungen. Schließlich kam es zum persönlichen Treffen mit Axel Springer. Bei einem Geschäftsessen in Springers Privatheim in Blankenese wurde man handelseinig. Es ging nunmehr um die Ausweitung des Koralle-Verlags selbst und um eine schnelle inhaltliche und redaktionelle Neuausrichtung von *Zack*. Kauka überzeugte Springer davon, dass er ein erfahrener, ja geradezu genialer Comic-Produzent sei, der bei Koralle viel Gutes als Verlagsleiter bewegen könne. Da mit dem Verkauf seines Verlages an IJP auch ein dreijähriges Konkurrenzverbot vertraglich vereinbart worden war, durfte Kauka auf dem Comic-Sektor selbst nichts machen. Die Lösung lag in der Gründung einer neuen Gesellschaft, die im Axel-Springer-Verlag zum Herbst angegangen wurde.[63]

Neben dem Geschäftlichen kam der frisch verwitwete Rolf Kauka im Sommer auch im Privaten auf neue Gedanken. Er lernte wieder eine Frau kennen: Alexandra Nolff. Die österreichische Zahnarzttochter hatte zuvor als ein Top-Model gearbeitet, ein Filmangebot der Paramount abgelehnt, und war in erster Ehe mit dem Industriellen Kurt Nolff verheiratet gewesen. Sie hatte ein Sohn, Markus, und besaß zwei Antiquitätenläden in München: die Galerie-Antique am Oskar-von-Miller-Ring und das Im Stadl in der Hohenzollernstraße.

Hans Staas, der Kunde bei ihr war, hatte sie und weitere zehn Gäste am 22. Juli zu einem Geschäftsessen in seine große Penthouse-Wohnung in der Maria-Theresia-Straße eingeladen. Von der Dachterrasse aus beobachtete Alexandra Nolff von oben die Ankunft weiterer Gäste auf der Straße. Als Rolf Kauka von seinem Chauffeur Holler vorgefahren wurde und sie sah, winkte er ihr zu. Oben sprach er sie sogleich aus tiefster Selbstüberzeugung mit einem für ihn typisch zweideutigen Spruch an: »Gnädige Frau, Sie sehen von hinten genauso verführerisch aus wie von unten.« Er war von der fünfunddreißigjährigen dunkelhaarigen Schönheit sofort begeistert.[64]

Während des gesamten Abendessens saß Alexandra Nolff zwischen Hans Staas und Rolf Kauka, der seine Augen nicht von ihr ließ. Als Staas sie fragte, wie ihr künftiger Ehemann aussehen sollte, malte sie mit spitzen Worten das Porträt eines Supermanns, einer Mischung aus Jesus und Che Guevara. Dennoch erkannte sich der nicht an Selbstsicherheit mangelnde Kauka wieder und entgegnete voller Überzeugung, dass das ja wohl nur er sein könnte. Kauka erfuhr an diesem Abend auch, dass Nolff bereits seit zwei Jahren mit Albrecht Schulze-Lidl verlobt war. Der wollte, da die Hochzeit bevorstand, die Penthouse-Wohnung von Hans Staas kaufen. Kauka entschied sich, schnell zu handeln und mit seiner neuen Angebeteten in medias res zu gehen, bevor sie ihren Verlobten heiratete.[65]

Kauka hatte von nun an nur noch einen Gedanken im Kopf. Peter Wiechmann gestand er am Tag darauf vollkommen euphorisch, wie es um seine Gefühle zu Alexandra stand. Er sei regelrecht verhext, erzählte er. Bereits am nächsten Tag ließ Kauka ihr einen Brief überbringen. Er begann damit, dass in der Eingangshalle seines Schlosses ein Bild seiner Großmutter hängen würde und sie ihr verblüffend ähnlichsehen würde. Er lud sie für den folgenden Abend zum Essen ins Restaurant Belle Epoche ein. Beide entdeckten dabei sogleich eine wichtige

Gemeinsamkeit: Pferde. Alexandra Nolff machte gerade ihre Traber-Lizenz.

Rolf Kauka redete ohne Punkt und Komma, während sie schwieg, bis er zum Thema kam und sie direkt fragte, ob sie nicht merke, dass er ihr seit zwei Stunden einen Heiratsantrag machen würde. Sie entgegnete ihm, dass sie nicht wüsste, wie sie antworten solle. Kauka witterte seine Chance, bat bis zum Wochenende um Bedenkzeit und lud sie auf seinen Bauernhof nach Hause ein. Er wollte sie seinen Kindern vorstellen. Am folgenden Wochenende, auf seinem als Bauernhof bezeichneten Gut Eichendorf, gab sie am 27. Juli 1975 seinem rasanten Werben nach und sagte Ja. Kauka war ihr gegenüber erstaunlich offen. Er fühle sich zwar sehr zu ihr hingezogen, aber ob er sie tatsächlich einmal richtig lieben würde, das wisse er nicht. Sie beruhigte ihn, dass er das mit der Liebe am besten ihr überlassen solle.[66]

Kauka wollte, wie in all den Jahren und Ehen zuvor, möglichst sofort heiraten. Geduld war gerade in privaten Dingen nicht seine Stärke. Als ihn seine Schwester Brunhilde besuchte, überraschte er sie mit den Eheabsichten. Sie erinnerte ihn eindringlich daran, dass seine Frau gerade erst vor wenigen Monaten tragisch verstorben sei. Er müsse mindestens das Trauerjahr abwarten. Doch ungeduldig, wie er war, wollte er so lange nicht warten. Um wenigstens enge Familienmitglieder einladen zu können, kam Rolfs Schwester auf die Idee, seine Heirat zeitlich mir ihrer eigenen Silberhochzeit zu verknüpfen. Als Hochzeitstermin wurde der 5. Dezember 1975 festgelegt. Aller Eile zum Trotz sollten sich Rolf und Alexandra bis zur Eheschließung nur siezen. In den folgenden fünf Monaten gab Kaukas zukünftige vierte Frau ihre beiden Geschäfte und ihre Wohnung im Arabellahaus in Bogenhausen auf.[67]

Es entsprach Kaukas Charakter, konsequent, charmant und selbstverliebt, dass er seine frisch Verlobte sofort allen vorstellen musste. Peter Wiechmann, sein früherer Redaktionsdirektor, empfand sie als »schwarzmähnig, attraktiv, vorsichtig im

Umgang mit Satelliten um Rolf Kauka«. Damit waren langjährige Weggefährten und Freunde Kaukas gemeint, beispielsweise Alfred Stiefenhofer. Kaukas langjähriger Rechtsanwalt und Freund hatte nicht mit klaren Worten gespart. Auch Gerhard Wessel stellte er seine neue Verlobte vor. Am 5. September waren sie bei den Wessels, die eng mit der verstorbenen Gräfin befreundet gewesen waren, zum Abendessen eingeladen. Bei dem BND-Präsidenten griff jedoch nicht, wie Alexandra Kauka es selbst formulierte, der »übliche Charme«. Dagegen war der Pfarrerssohn immun. So verwundert es auch nicht, dass Wessel zunächst Zweifel an Kaukas neuer Liebe hegte, vor allem des Altersunterschieds wegen.[68]

In die Familie wurde Alexandra als zukünftige Ehefrau anlässlich der Hochzeit von Irene Kauka mit Peter Reimer eingeführt. Kaukas Tochter heiratete am 13. September 1975 in München und feierte eine rauschende Hochzeitsparty in der Stuck-Villa in der Prinzregentenstraße, ausgerichtet von Gerd Käfer. Es war ein großes Familienfest, bei dem fast alle Kinder Kaukas mitfeierten, ebenso wie seine erste Ehefrau Erika, Irenes Patentanten Monica Tramitz und Gunhild von der Recke sowie seine besten Freunde wie Gerhard Wessel und Infratest-Chef Wolfgang Ernst.[69]

Inzwischen war Rolf Kauka auch mit Axel Springer einig. Mit Wirkung 1. Oktober 1975 sollte unter dem Dach des Axel-Springer-Verlags die Koralle-Zeitschriften Verlag GmbH als neue Gesellschaft geschaffen werden, die zu je 50 % von der Axel-Springer-Verlag AG und von Rolf Kauka betrieben wurde. Der Comic-Bereich blieb offiziell davon unberührt und wurde einfach unter dem neuen Namen Comic Verlag Koralle GmbH weitergeführt. Es war eine leicht zu durchschauende Rochade. Der Axel-Springer-Verlag wurde am 30. September per Hausmitteilung über die Neuigkeiten informiert.

Der *Kress-Report* vom 2. Oktober 1975 bewertete die Beweggründe Rolf Kaukas mit klaren Worten: »Im Klartext: Kau-

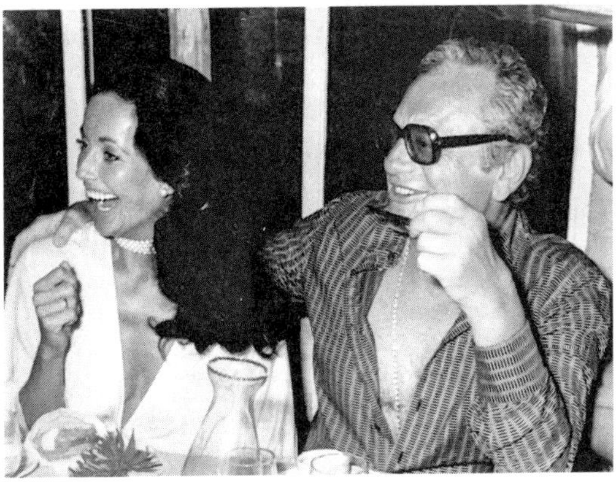

*Alexandra und Rolf Kauka bei bester Laune, 1976*

ka will – wieder einmal – das Bett an fünf Zipfeln halten und auf beiden Seiten der Medaille abkochen: bei den Käufern seines Grünwalder Ladens (und der steuerfreundlichen Schweizer Holding Gevacur) und jetzt auch bei Springer. Dumm war der Mann noch nie!«.[70]

Kauka reizten die kreativen Möglichkeiten der neuen Aufgabe. Vor allem wurde er in Hamburg faktisch direkter Konkurrent seines alten Kauka-Verlags in München. Dies erst recht, da vereinbart wurde, dass Peter Wiechmann neuer Chefredakteur bei *Zack* sein sollte. Der erhielt einen zweijährigen Vertrag und fing bereits September 1975 mit früheren Kauka-Mitarbeitern wie Fred Kipka und Peter Puls mit Büro in Hamburg, aber vor allem von Grünwald aus an, *Zack* zu erneuern.

Regelmäßig reisten die Münchner in den Norden und mussten dort regelrechte Grabenkämpfe ausfechten. Denn hier wirkte weiterhin die jetzt entmachtete alte Redaktion um Ralf Kläsener und Gigi Spina, die weiterhin in den Herstellungsprozess eingebunden blieb. Es war eine ungünstige Konstruktion, die bald schon Verzögerungen und Verschleppungen zur Folge hatte. Kaukas Engagement bei *Zack* beerdigte die Idee der geplanten Kauka-Comic-Akademie endgültig.[71]

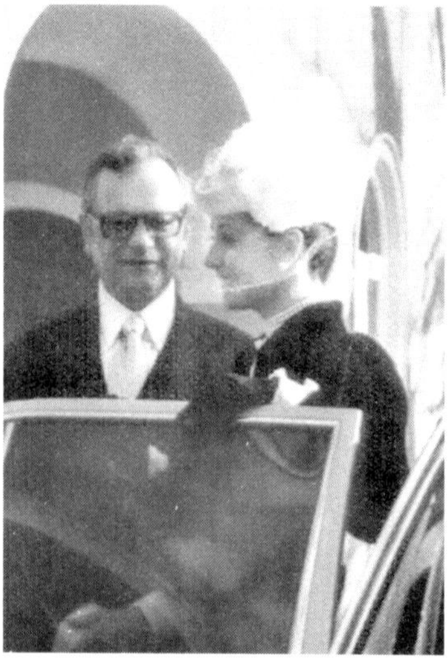

*Standesamt Grünwald. Rolf heiratet Alexandra am 5. Dezember 1975*

Am 5. Dezember 1975 heiratete Rolf Kauka mit 58 Jahren die knapp dreißigjährige Alexandra. Wenn auch viele spekulierten, dass seine vierte Ehe nicht von großer Dauer sein würde, hielt sie doch bis zu seinem Tod. Insgesamt fünfundzwanzig Jahre sollten beide verheiratet und keinen einzigen Tag voneinander getrennt sein. Alexandra wurde, nach drei vorherigen Anläufen, die Liebe seines Lebens.

Da sein Trauerjahr noch nicht zu Ende war, wurde auf Feierlichkeiten verzichtet. Die Hochzeit fand auf dem Standesamt in Grünwald im allerkleinsten Familienkreis statt, vollzogen vom befreundeten Bürgermeister Franz Rieger. Als Trauzeugen fungierte von Kaukas Seite Lothar Wagner, der Mann seiner jüngsten Schwester Brunhilde, sowie Alexandra Nolffs Bruder, der Bankkaufmann Wilfried Stahl. Mit Ausnahme von Irene war keines seiner Kinder anwesend. Auf dem Weg zum Hochzeitsessen unternahm das Brautpaar noch einen kurzen Abstecher zum alten Verlagsschloss, wo frühere Mitarbeiter mit einer Anspielung warteten: mit einem geschmückten Weihnachtsbaum, auf dessen Baumspitze das Firmenlogo des Axel-Springer-Verlags thronte.[72]

Um vor möglichen negativen Pressefotos geschützt zu sein, hatte Kauka die Journalisten mit einem falschen Hochzeitsdatum versorgt. So kündigte Michael Gräter in seiner bekannten Rubrik »Leute« in der *Abendzeitung* fälschlicherweise den 12. Dezember an. Der Münchner Society-Experte lag aber auch mit dem angeblichen Hochzeitsgeschenk, einem kostspieligen Nerzmantel im Wert von 15 000 Mark, falsch. In Wahrheit verschenkte Rolf Kauka eine Platinkette mit Diamantanhänger von Cartier – in einem Frühstücksei versteckt. Mühsam hatte er die Kette zuvor hineingefädelt, das Ei wieder verschlossen und dann gekocht. Er hatte eine Vorliebe für solche Überraschungen.

Überrascht war seine neue Frau auch davon, dass ihr Ehemann im Alltag äußerst sparsam war. Er bestand zu Beginn ihrer Ehe auf detaillierte und akkurat geführte Listen über den monatlichen Haushaltsetat. Wenn ihm die Butter zu teuer erschien, kürzte er den Etat. Erst nach Jahren entband er seine Frau von der bürokratischen Listenpflicht. Vor allem verlangte er, wie von seinen Kindern, dass auch Alexandra einen Erbverzichtsvertrag unterschrieb. Er wollte gerade auch gegenüber seiner Ehefrau frei testieren können.[73]

Was die *Abendzeitung* hingegen richtig berichtet hatte, war die Verschiebung der Hochzeitsreise wegen Kaukas Tätigkeit für den Axel-Springer-Verlag. Wenige Tage nach der Vermählung reiste Kauka nach Hamburg, um sein Büro im Springer-Hochhaus zu etablieren. Er begann dort am 8. Dezember 1975 zu arbeiten. Erst einen Monat zuvor, am 11. November, hatte Vorstandschef Peter Tamm auf einer Betriebsräteversammlung bei Springer Kauka als eine »Unternehmenspersönlichkeit mit großem Gespür für das Mögliche im Markt« offiziell angekündigt. Große Erwartungen waren an ihn geknüpft.[74]

Bereits sein Einzug sollte symptomatisch sein. Kauka erhielt ein eingerichtetes Eckbüro über zwei Räume, mit einem Mahagoni-Schreibtisch, den er gar nicht wollte. Er gab sich rustikal, forderte einen größeren Tisch aus Eiche und eine andere Sitzgarnitur. Die Atmosphäre behagte ihm nicht. Die Entzauberung des Springer-Projekts begann früh. Die Woche über blieb er in der Hansestadt, bewohnte zusammen mit Alexandra eine Suite im Hotel Atlantic Kempinski.

Kauka arbeitete wieder mit Peter Wiechmann eng zusammen, dem er nach all den Jahren gemeinsamer Arbeit jetzt das Du anbot. Unter den beiden veränderte sich *Zack* konzeptionell radikal ab der Ausgabe 3/1976. Das freie spanische Lizenzmaterial wurde über Wiechmann untergebracht, ergänzt durch Eigenproduktionen aus dem Hause Kauka in Kombination mit den alten *Zack*-Serien von Lombard. Der durch den Mix entstehende Qualitätsverlust machte sich schnell bemerkbar. Die Auflage sank dramatisch. Das Hamburger Redaktionsteam überzeugte Axel Springer von den negativen Auswirkungen des neuen Kurses.

Kauka schmiss schon nach einem Vierteljahr in Hamburg wieder hin. Er selbst gab an, festgestellt zu haben, »dass ich dort noch mehr mit Verwaltungsarbeit eingedeckt worden wäre, als das früher der Fall war. Das war der Grund, weshalb wir uns dann freundschaftlich trennten.« Kauka hatte seinen Entschluss am 11. Februar 1976 schriftlich Peter Tamm mitgeteilt. Er bat ihn, sofort aus der Verantwortung als Gesellschafter des Koralle-Verlags entbunden zu werden. Er sei mit seinem Vorhaben, den Koralle-Verlag auf dem Comic-Sektor führend zu machen, gescheitert. Als Grund gab er an, dass er bei seinen angestrebten Veränderungen von der alten Geschäftsleitung unter Rudolf Wosnitza regelrecht sabotiert worden sei, ein Beamtendenken vorherrsche und die Geschäftsführung von Axel Springer ihn nicht richtig unterstützt hätte. Er bat, die Trennung schnell und leise zu vollziehen. Tamm reagierte unverzüglich am folgenden Tag. Er widersprach Kaukas Auffassung, hätte vielmehr gerne mit ihm weitergearbeitet, erkannte am Ende aber doch zu unterschiedliche Verlagsphilosophien. Kauka wurde von seinen Verpflichtungen als Gesellschafter des Koralle Verlages entbunden. Dies ging unproblematisch, da die Gesellschaften noch gar nicht eingetragen waren und Kauka den Kaufpreis auch noch nicht an Springer entrichtet hatte. Peter Tamm verkündete per Hausmitteilung am 1. März 1976,

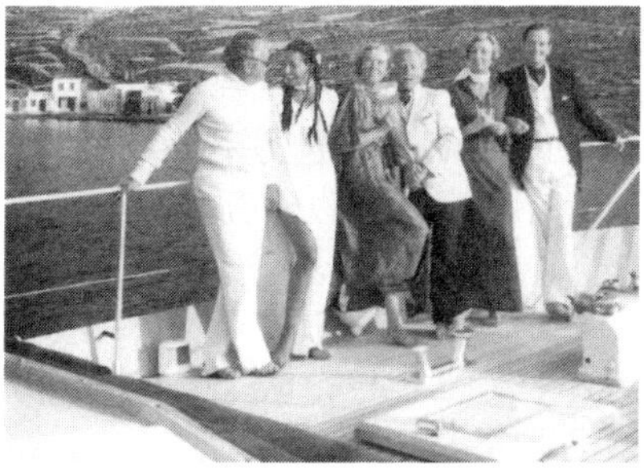

*Hochzeitreise durchs Mittelmeer mit den besten Freunden. (v.l.n.r.) Rolf und Alexandra Kauka, Rosemie Wessel, Wolfgang und Lena-Renate Ernst sowie Gerhard Wessel, Sommer 1976*

dass der Axel-Springer-Verlag und Rolf Kauka ihre Absicht der gemeinsamen Gesellschaft Koralle Zeitschriften Verlag GmbH + Co KG nicht weiterverfolgen würden.[75]

Der *Kress-Report* vom 4. März 1976 verglich das plötzliche Ende der Zusammenarbeit zwischen Kauka und Springer treffend mit einem plötzlichen Säbelhieb. Nach nur fünf Monaten bei *Zack* wurde nach der Ausgabe 13/1976 auch Peter Wiechmann vorzeitig und einseitig gekündigt. Ralf Kläsener, Chefredakteur bei *Zack* von 1972 bis 1980, fällte aus eigenem Blickwinkel heraus ein hartes Urteil über die halbjährige Regentschaft Rolf Kaukas: »Dieses halbe Jahr, in dem Kauka etwas bei *Zack* zu sagen hatte, hat dem Magazin erheblich geschadet«. Er hatte damit nicht Unrecht, wird Kauka doch mehr an der Geschäftsbeziehung zu Springer, als an dem Magazin selbst interessiert gewesen sein.[76]

Kauka hingegen hatte Hamburg als *Zack*-Intermezzo schnell abgeschlossen. Was er auch leicht konnte, ging er doch verlustfrei aus der Kooperation heraus. Sowohl Axel Springer als auch Peter Tamm blieben ihm freundschaftlich verbunden, auch wenn beide sich die Zusammenarbeit anders vorgestellt hatten. Springer besuchte Kauka im Jahr darauf noch in Kaukasien, wo er sein Hochzeitsgeschenk, eine sechzehnbändige *Propyläen Kunstgeschichte* in Kaukas Bibliothek bewundern konnte. Der durfte im Sommer 1976 endlich seine verschobene Hochzeitsreise nachholen, die im Jahr zuvor wegen der Hamburger Episode ins Wasser gefallen war.

Kauka war ein eingefleischter Griechenlandfan und unternahm daher von San Felice mit seiner 20 Meter Yacht Astarte eine mehrwöchige Kreuzfahrt durchs Mittelmeer auf den Spuren von Odysseus, von Italien bis nach Ithaka. Wiederum waren die engsten Freunde wie BND-Präsident Gerhard Wessel mit seiner Frau, Infratest-Chef Wolfgang Ernst mit Gattin, Kaukas Anwalt Alfred Stiefenhofer mit seiner Frau Lena-Renate sowie Alexandras Bruder eingeladen. Sie wechselten sich nach jeweils zwei Wochen als Gäste an Bord ab. Gerade Kaukas Anwalt sollte bald wieder neue Arbeit haben.[77]

1976 stand vertragsgemäß die dritte von vier vereinbarten Ratenzahlungen an Rolf Kauka durch IJP an. Doch die Zahlung geriet unerwartet ins Stocken. Die vierte Zahlung soll sogar ausgeblieben sein. Der alte Kauka-Verlag war heruntergewirtschaftet worden, dafür hatten ein Sparkurs, die Hereinnahme ungeeigneter Fremdlizenzprodukte sowie billige Eigenproduktionen gesorgt. Auch wurde das etablierte franko-belgische Material deutlich zurückgefahren, Der Geschäftsbereich musste als Verlust abgeschrieben werden. Peter Tuijnman war bereits gekündigt worden. IPC und VNU wollten den Kauka-Verlag und Gevacur wieder loswerden.[78]

# FLUCHT VOR DEUTSCHER KÄLTE

Eine gemeinsame Ballonfahrt versprach für Rolf Kauka eine kurzweilige Abwechslung von den jüngsten Verlagsproblemen. Zusammen mit seiner Frau sowie mit Lena-Renate und Wolfgang Ernst startete er von Augsburg aus, flog über Landshut hinweg und weiter Richtung Osten. Ein Wetterumschwung setzte plötzlich ein. Der Wind blies von Westen und zunehmend stärker. Er trieb den Heißluftballon immer schneller auf die deutsch-tschechische Grenze zu. Zwar hatte die zum Eisernen Vorhang gehörende Grenze vorrangig die Aufgabe, Fluchtversuche aus dem Osten zu unterbinden, eine unfreiwillige Überquerung der Grenzanlagen vom Westen aus, geschweige denn eine von den tschechoslowakischen Grenzsoldaten gewaltsam herbeigeführte Landung, aber wollten alle vermeiden.

Daher musste der Ballonführer im wahrsten Sinne des Wortes die Reißleine ziehen. Der Ballon stürzte wie ein Stein vom Himmel. Haarscharf vor der Grenze kam es zwischen gefährlichen Hochspannungsleitungen in einem Maisfeld zum Aufschlag. Aber alle kamen noch einmal mit leichten Blessuren und dem Schrecken davon.

Rolf Kauka stieg nach diesem Grenzerlebnis in keinen Heißluftballon mehr ein. Die Kontrolle über etwas zu verlieren, sich in die Hände anderer zu begeben, das war gar nicht nach seinem Geschmack. Viel lieber ging er mit seiner Frau zum Angeln, auf seine geliebte Jagd und mehr und mehr zu Pferderennen nach Daglfing und Riem. Trotz des tragischen Todes von

Dorothea besuchte er zusammen mit seiner neuen Frau mehrfach im Monat die Pferderennbahnen Münchens. Er hatte seit den Fünfzigerjahren schon immer Pferde gehalten und machte selbst mit seiner Hannoveraner-Stute Lissabon Springreiten. Auch Dorotheas Leidenschaft für den Galopprennsport hatte er unterstützt und um seinen Hengst Domani auf Gut Eichenhof eine Vollblutzucht unterhalten.

Nach der Hochzeit mit Alexandra intensivierte er sein Engagement und gründete jetzt auch einen Traberrennstall. Am Ende befanden sich rund 20 Rennpferde in Kaukas Besitz, jeweils zur Hälfte Galopper und Traber. Kaukas bisherige Pferde aus dem Besitz seines langjährigen Freundes Robert Boos wurden jetzt gegen Rennpferde aus den USA ausgetauscht und schon bald sollten sich die ersten Erfolge auf der Rennbahn einstellen.[79]

Kaukas erster Hochzeitstag jährte sich im Dezember. Das Trauerjahr sowie die mehrmonatige Episode beim Axel-Springer-Verlag hatten ihm keinen Spielraum für eine große Hochzeitsfeier gelassen. Jetzt holte er das auf Kaukasien nach. Gerd Käfer hatte ein Festzelt aufgebaut, eine bayerische Blaskapelle spielte, und unter den zahlreichen Gästen befand sich natürlich Kaukas engster Freundeskreis wie die Familien Ernst, Huck und Wessel. Wieder wurde er seinem Ruf als großartiger Gastgeber gerecht. Kauka verkehrte mit hochrangigen Mitgliedern der Gesellschaft, mit Repräsentanten des Staates und der Medien. Die Bedrohung des Linksterrorismus dominierte die Gespräche, speziell die Angst vor einer möglichen Entführung.

Wenige Tage nach seinem Fest in Zolling änderte sich Rolf Kaukas Blickwinkel – von einer bislang fernen Bedrohungslage hin zu einer konkreten Gefährdungswahrnehmung. Denn am 14. Dezember 1976 wurde im nahegelegenen Freising, 30 Kilometer nördlich von München, Richard Oetker, der fünfundzwanzigjährige Sohn des Fabrikanten Rudolf-August Oetker entführt. 47 Stunden später wurde er nach der Zahlung von

21 Millionen Mark Lösegeld schwer verletzt reigelassen. Der Täter konnte erst zwei Jahre später gefasst werden. Der Entführungsort lag keine zehn Kilometer von Gut Eichenhof entfernt.

Wie viele andere wohlhabende Unternehmer machten sich Kauka und seine Frau nun große Sorgen über ihre Sicherheit. Er wurde vorsichtiger und argwöhnischer. Eine geladene Pistole, eine Walther PP Super, befand sich von jetzt an immer griffbereit in der Nachttischschublade. Rolf Kauka befürchtete, dass er aufgrund seiner Prominenz und seines Wohlstands das nächste Opfer sein könnte.[80]

Mitte Februar reiste Kauka für einige Tage nach Österreich. Am 17. Februar 1977 lud er nach vier Jahren zum zweiten Mal zum Opernball in Wien ein. Zum Höhepunkt des Wiener Faschings erschien er diesmal in Begleitung von »Geldschein Otto«, wie seine Begleitung treffenderweise von der Münchner Presse genannt wurde. Siegfried Otto, der Inhaber der Banknotendruckerei Giesecke & Devrient (G&D), gehörte mit seiner heimlichen Freundin Ursula »Bambi« Burda, der Ex-Frau von Franz Burda, zu den Gästen der Staatsoper, ebenso wie Alfred Stiefenhofer, Kaukas Rechtsbeistand, mit seiner Frau Renate.

Kauka flog mit seinen Gästen im neuen Lear Jet von Siegfried Otto von München nach Wien, sie wohnten im Hotel Imperial. Unter den internationalen Gästen wie dem österreichischen UNO-Generalsekretär Kurt Waldheim, dessen Tochter als Debütantin tanzte und die Kauka Jahre später in den USA besuchen sollte, traf er auch einen guten Bekannten aus der Heimat wieder, den CSU-Vorsitzenden Franz Josef Strauß.[81]

In früheren *Fix-und-Foxi*-Heften tauchte auch das Thema James Bond manchmal kurz in den Geschichten auf. Am 7. Juli 1977 feierte jetzt der neue James Bond Weltpremiere. In *Der Spion, der mich liebte* spielte Curd Jürgens den Widersa-

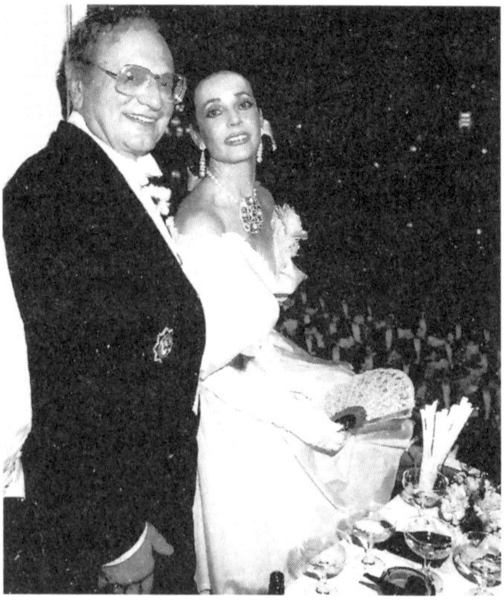

*Auf dem Wiener Opernball, 17. Februar 1977*

cher von Roger Moore, er verkörperte den Filmbösewicht Karl Stromberg. Rolf Kauka sah sich den Film in München im Kino an, so wie er es mit allen Bond-Filmen getan hatte, wobei Sean Connery sein absoluter Favorit war. Und schließlich kannte er Curd Jürgens ja persönlich. Der war zwei Jahre zuvor sechzig Jahre alt geworden und hatte einen autobiografischen Roman geschrieben, der zum Bestseller geworden war: *und kein bisschen weise*. Das Buch hatte Willy Droemer ein Jahr zuvor in seinem Verlag verlegt und Jürgens plante bereits 1977, mit einem neuen Buch nachzulegen.

Droemer drängte auch Kauka immer wieder dazu, ein autobiografisches Buch zu schreiben. Der wollte nach wie vor nicht, vielleicht, weil er keine Einblicke über sein Leben vor 1945 geben wollte. Es war die Zeit der großen Biografien in Deutschland, in der zahlreiche Prominente mit ihren Lebenserinnerungen auf den Markt kamen. Willy Droemer aber warb vergeblich. Einmal lud er Curd Jürgens, seine Freundin Margie Schmitz und weitere Gäste zum Dinner ein. Neben Wolfgang und

Lena-Renate Ernst und Gerhard und Rosemie Wessel waren auch Rolf und Alexandra Kauka Gast und diskutierten angeregt über die Biografie und das neue Buch.

Zwischen Jürgens und Kauka gab es anfangs leichte Spannungen, da der Filmstar die junge Ehefrau mit Komplimenten und Aufmerksamkeit überschüttete. Dies gefiel Kauka gar nicht. Doch der Abend wurde zunehmend entspannter. Im Gegensatz zu Jürgens fühlte Kauka sich aber, nachdem er ebenfalls sechzig Jahre alt geworden war, noch immer zu jung, um schon seine Lebenserinnerungen als Abschlussarbeit aufzuschreiben. Er hatte noch viele neue Pläne. Nicht zuletzt musste er sich wieder um seine Verlagsrechte kümmern.[82]

Die Suche nach einem neuen Interessenten für seinen alten Kauka-Verlag ging nur langsam voran, denn die Zeit war dafür nicht gerade günstig. Die Bundesrepublik befand sich in einer Konjunkturkrise, die auch den Verlagen zu schaffen machte. So erwarb Axel Springer etwa 1976 wesentliche Verlagsanteile des in Not geratenen *Münchner Merkur*. Andreas M. Huck verlor daraufhin im Juli 1977 seine Position als Mitherausgeber. Huck und Kauka diskutierten beim Abendessen bei Dieter Baron von der Recke am 22. Juli 1977 angeregt über ihre persönlichen Erfahrungen mit Axel Springer.[83]

Neben solch privaten Terminen, die Kaukas Leben inzwischen dominierten, entwickelten sich die Münchner Renntage mehr und mehr zum gesellschaftlichen Pflichtereignis, denn Kaukas Rennstall wurde immer erfolgreicher. Bereits am 26. Juni 1977 hatte Kauka mit seiner vierjährigen US-Stute Melodrama Siege in München-Daglfing, danach noch beim Georg-Paulus-Gedächtnisrennen und später beim Preis der Stadt Straubing gefeiert. Mitte August gelang ihm sein bislang erfolgreichstes Rennwochenende. Am Sonntag, den 14. August 1977, siegte zuerst sein Galopper Domani beim Racine-Rennen in München-Riem und am darauffolgenden Tag gewann der Kauka-Rennstall mit dem Traber Melodrama den

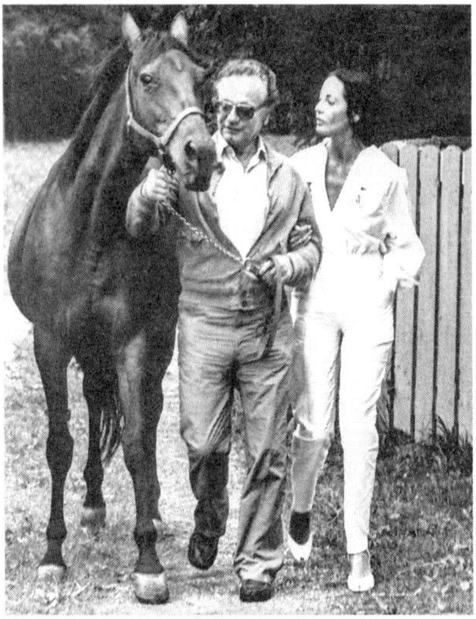

*links: Pferdezucht als neue Leidenschaft. Auf der Koppel von Gut Eichenhof, um 1977*

*rechts: Erfolgreicher Rennstallbesitzer. Domani siegt beim Racine-Rennen in München-Riem, 14. August 1977*

mit 100 000 D-Mark dotierten Großen Preis von München-Daglfing. Rolf Kauka entwickelte sich zu einem erfolgreichen Pferdezüchter und Rennstallbesitzer.[84]

Mit solchen Rennerfolgen im Rücken ließ es sich gut Urlaub machen. Zu Beginn der bayerischen Schulferien unternahm Kauka im Sommer 1977 mit seiner fünfköpfigen Familie eine größere Urlaubsreise als in den ganzen Jahren zuvor. Für die letzten Augustwochen ging es diesmal nach Mexiko. Die Kaukas zog es in den Bundesstaat Colimar, sie wohnten im Hotel Las Hadas by Brisas Manzanillo, einem exklusiven Ressort nahe der touristisch boomenden Hafenstadt. Am Ende ihres zweiwöchigen Urlaubs, während des Dinners auf der Hotelterrasse, machte Kauka zufällig die Bekanntschaft von John Wayne. Der berühmte amerikanische Western-Schauspieler hatte offenbar auf Alexandra ein Auge geworfen, so kam man ins Gespräch. Sie nahmen gemeinsam einen Drink.

Wayne und Kauka verstanden sich auf Anhieb, waren doch beide politisch konservativ, hatten ihren eigenen Humor und

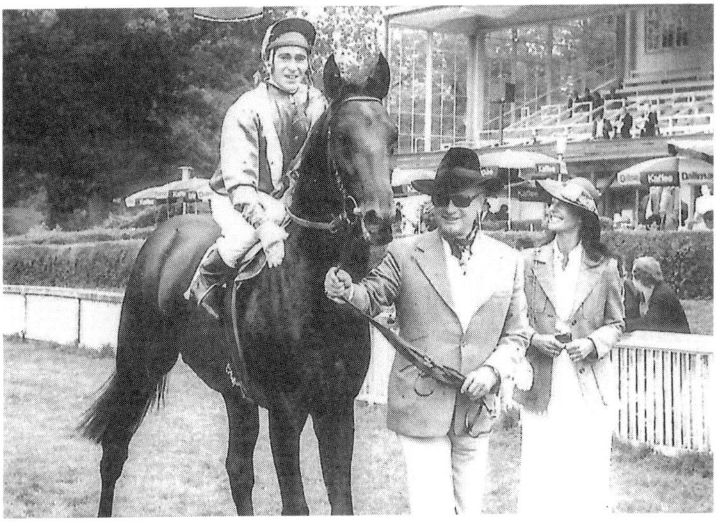

weitere Gemeinsamkeiten wie etwa ihre Yachten. So lud der »Duke«, wie Waynes Spitzname lautete, die Kaukas für den nächsten Tag zu sich auf sein 41 Meter langes ehemaliges Minensucherboot Wild Goose ein, das im Hafen vor Anker lag. Weil aber bereits am nächsten Tag die Rückreise nach Europa anstand, wurde nichts aus dem gemeinsamen Bootsausflug von John Wayne und Rolf Kauka. Zum Abschied parodierte Kauka aber wenigstens noch Waynes typischen Gang, den der Erfinder von *Fix und Foxi* treffenderweise als »walk like a sleeping fox« bezeichnete: »With his tail between the legs«. Wayne amüsierte sich köstlich.[85]

Kaum war Kauka wieder nach Deutschland zurückgekehrt, steuerte der von ihm mit großer Sorge betrachtete Linksterrorismus mit dem Deutschen Herbst auf seinen traurigen Höhepunkt zu. Kauka sah sich in seiner Angst vor Entführung erneut bestätigt, als die RAF am 5. September den Arbeitgeberpräsidenten Hanns Martin Schleyer in Köln als Geisel nahm, um inhaftierte Terroristen freizupressen. Weil die Bundesregierung unter Bundeskanzler Helmut Schmidt nicht über die Freilassung verhandelte, entführten arabische Terroristen am 13. Oktober zur Unterstützung die Lufthansa-Maschine Landshut nach Mogadishu, der Hauptstadt Somalias. Fünf Tage später, nach der gewaltsamen Befreiung des Flugzeugs durch die Antiterroreinheit GSG9, nahmen sich die RAF-Mitglieder Andreas Baader, Gudrun Ensslin und Jan Carl Raspe in ihren Gefängniszellen in Stammheim das Leben. Noch am selben Tag wurde Hanns Martin Schleyer von seinen Entführern ermordet.

In dieser politisch wie gesellschaftlich aufgeheizten Atmosphäre setzte Kauka sich intensiv mit dem Thema auseinander. Immer wieder diskutierte er vor allem mit BND-Präsident Gerhard Wessel darüber. Kauka vertrat eine kompromisslose Linie, kritisierte die teilweise zu liberale Medienberichterstattung und befürwortete, wie sein Freund Wessel, am Ende die Einführung der Todesstrafe für Terroristen. Im November 1977 gingen beide zum gemeinsamen Pistolenschiessen. Die Beherrschung seiner Waffe erachtete Kauka gerade in solchen Krisenzeiten als sehr wichtig.

Er überraschte Wessel mit Neuigkeiten und schilderte ihm, wie schlimm sich sein Rheuma entwickelt hatte. Zusammen mit seiner Frau sei er daher am Überlegen, das Grünwalder Schloss und Gut Eichenhof zu verkaufen, um das Land zu verlassen. Kauka hatte nie zuvor ernsthaft daran gedacht, aus Deutschland fortzugehen. Doch seine langjährige entzündliche Erkrankung der Gelenke war immer schlimmer geworden. Um die Krankheit einzudämmen, benötigte er immer mehr Cortison, das aber Verkrüppelungen mit sich brachte. Besonders seine rechte Hand war davon betroffen. Jeder Wetterwechsel bereitete ihm Schmerzen und löste einen neuen Schub aus. Die Monate im feuchtkalten Winter waren eine Qual. Aus medizinischer Sicht wurde ihm empfohlen, zumindest von November bis April in eine wärmere Klimazone zu ziehen.[86]

Erste Überlegungen, etwa nach Kalifornien umzusiedeln, wurden schnell wieder über den Haufen geworfen. Kauka blieb zunächst in Bayern. Am 4. Dezember feierte er im nasskalten Münchner Winter seinen zweiten Hochzeitstag mit einem großen Fest, besinnliche Adventsmusik inklusive, wozu er rund hundert Gäste eingeladen hatte. Auch die Weihnachtsfeiertage verbrachte er mit engsten Freunden auf Kaukasien. Sein Leben drehte sich inzwischen nur noch im Kreis.[87]

Am zweiten Weihnachtsfeiertag erhielt er Besuch von Gerhard Wessel, der zusammen mit seinen beiden Kindern und seinem Schwiegersohn Michael Naumann kam. Man feierte nicht nur Wessels Geburtstag vor zwei Tagen nach, Naumann brachte auch eine interessante Idee mit, die er mit Kauka in seiner Funktion als Verleger besprach. Der achtundzwanzigjährige Redakteur beim *Münchner Merkur* beabsichtigte, die von 1948 bis 1971 existierende Zeitschrift für Politik und Kultur *Der Monat* neu herauszubringen. Die war zwar im Kern antikommunistisch ausgerichtet gewesen und durch die *New York Times* war zwei Jahre zuvor sogar aufgedeckt worden, dass die Zeitschrift über amerikanische Stiftungen von der CIA finanziert worden war, doch Kauka wollte von solch politischen Projekten nichts mehr wissen.

Für Naumann war Kauka eine »rechte Socke«, während der ihn als «intelluel« bezeichnete. Eine eigene Wortschöpfung für jemanden, der in seinem eigenen Intellekt gefangen ist. Dennoch gelang es ihm, Naumann die Idee zunächst auszureden. Im Jahr darauf aber entwickelte der dann doch ein Konzept und schickte es an einige deutsche Verleger. Auch Kauka gehörte zu diesem Kreis, zeigte aber nach wie vor kein Interesse.[88]

Kauka musste nun wieder die kalten Wintermonate mit Schmerzen und Anfällen überstehen. Auch das diesjährige Münchner Faschingstreiben brachte zunächst nur wenig Ablenkung. Kauka ging eher lustlos als Mönch verkleidet, wobei seine eigentliche Rolle viel lieber die eines Clowns gewesen wäre. Er liebte und verehrte Clowns wie Charlie Rivel, parodierte sie mitunter und hatte sich extra eine Ziehharmonika gekauft, auf der er wie besessen Stücke übte. Wann immer irgendwo ein Zirkus gastierte, musste er ihn sehen. Häufig war er zu Gast beim Zirkus Krone im Münchner Kronebau.[89]

Im Juli stand in der Familie wieder eine Hochzeit an. Kaukas zweitälteste Tochter Gabriele heiratete ein zweites Mal. Nachdem ihre erste Verbindung nur ein knappes Jahr gehalten hatte, ging sie nun mit ihrem alten Jugendfreund Giuseppe Cremonese die Ehe ein. Da seine Tochter bereits ein Jahrzehnt zuvor auf ihr Erbe notariell verzichtet hatte, hegte Kauka diesmal keine Bedenken gegen den neuen Schwiegersohn. Er ermutigte im Gegenteil beide zur Heirat, da er eine wilde Ehe nicht befürwortete.

Als Brautvater richtete er die Hochzeit aus und wie immer waren nicht nur die Familie, sondern auch sein Freundeskreis eingeladen. Bei strahlendem Wetter gab es am 31. Juli 1978 das Jawort. Im Anschluss daran wurde bei Kaukas Freund Gerd Käfer in der Käfer-Schenke in der Prinzregentenstraße gefeiert. Als besonderes Hochzeitgeschenk verkündete er dem Brautpaar und den Gästen, dass er seiner Tochter sein Haus in Italien zur Hälfte schenken würde. Die andere Hälfte hielt Irene.[90]

Kauka selbst zog viele gesellschaftliche Vorteile aus seiner Bekanntheit als Comic-Verleger. Seine Kinder aber empfanden das nicht immer nur als Segen. Für seinen pubertierenden Sohn Michael etwa stellte es sogar eine Belastung dar. Er wurde während seiner Schulzeit deswegen oft gehänselt und litt darunter, der Sohn des Vaters von *Fix und Foxi* zu sein. Häufig hatte er die Schule wechseln müssen, besuchte das Camerloher Gymnasium in Freising, das in Schäftlarn und andere Einrichtungen. Entweder zeigte er Lernschwierigkeiten oder es gefiel ihm einfach nicht.

Im Sommer 1978 hatte Kauka davon genug und entschied sich für einen radikalen Schnitt. Er folgte dem Ratschlag seiner

Frau, die es für das Beste hielt, den siebzehnjährigen Michael zusammen mit seiner ein Jahr jüngeren Schwester Alexandra und ihrem Sohn Markus auf eine Privatschule ins Ausland zu schicken. Kauka brachte seine jüngsten Kinder sowie seinen Stiefsohn Markus nach bestandener Sprachprüfung in England auf der Millfield School in Somerset unter.[91]

Neben seinen Kindern bereitete ihm auch das Wetter Sorgen. Er fasste den Entschluss, zunächst nur die kalten Wintermonate in der Sonne zu verbringen. Anfangs wurde ihm Spanien nahegelegt. Er konnte sich aber nicht damit anfreunden, auf der Iberischen Halbinsel mehrere Monate wie ein Pseudo-Tourist zu leben. Er entschied sich nicht für Europa, sondern für die USA. Seine Frau fand Florida, das bevorzugte Altersdomizil amerikanischer Rentner, besonders geeignet, verfügte es doch über ein stabil warmes Klima und war mit dem Flugzeug leicht von München aus zu erreichen. Der Gedanke, einige Zeit des Jahres im Sunshine State zu leben, fiel Kauka nicht leicht. Er war kein ausgewiesener Fan von Amerika. Aber im Herbst 1978 brachen Rolf und Alexandra Kauka, begleitet von den Stiefenhofers, zum ersten Mal nach Florida auf.[92]

Eigentlich war diese Floridareise nur als kurzer Trip zur ersten Orientierung gedacht. Kauka war deshalb überrascht, als er auf seinem Hotelzimmer im The Breakers Blumengrüße der ortsansässigen Immobilienmakler vorfand. Seine Frau wollte gleich Nägel mit Köpfen machen und nach einer passenden Immobilie Ausschau halten. Kauka hatte klare Vorstellungen. Wenn schon, dann suchte er jetzt ein Haus direkt am Meer und am Palm Beach Inlett, damit er mit seinem Boot direkt anlegen könne.

Bereits wenige Wochen später kaufte er sich in Manalapan, einer kleinen Gemeinde von gerade einmal 307 Einwohnern auf der vorgelagerten und langgestreckten Insel im südlichen Palm Beach County, ein Haus. Genauer gesagt, handelte es sich um ein rund 8 000 Quadratmeter großes Grundstück, parallel zum Ozean verlaufend, mit einem rund 1 000 Quadratmeter großen vom Architekten John Volk 1955 entworfenen Herrenhaus im Bermuda-Style. Zusätzlich wies es die Besonderheit auf, dass zwischen Wohn- und Esszimmer, die mit einer kleinen Brücke verbunden waren, ein kleiner Wasserlauf mit Fischen verlief. Das Anwesen lag am 1120 South Ocean Boulevard und heißt heute Chateau Mer-au-Lac. Rolf Kauka nannte es nach seiner Frau Casa Alexandra.[93]

Zurück in München zog es ihn als Pferdezüchter gleich auf die Pferderennbahn, denn es standen wieder wichtige Rennen an. Seine Pferde, Galopper wie Traber, hatten in diesem Jahr bereits gute Platzierungen erzielt. So war Melodrama am 14. Mai 1978 beim Kommerzienrat-Wilhelm-Kraus-Rennen Dritter geworden, Starspeed am 16. und 24. September beim Bayerischen Jugendpreis und beim Münchner Pokal jeweils Zweitplatzierte geworden.[94]

Am 5. November 1978 stand bei strahlendem Wetter das bedeutendste jährliche Kriterium der Welt für zweijährige Traber an: der Preis des Winterfavoriten in Recklinghausen. Der Preis galt als Vorlauf für das große Deutsche Traber-Derby. Kaukas Rennstall ging mit seinem neuen Hoffnungsträger, der US-Stute Sense of Rhythm, an den Start. Das Rennen war mit 230 000 Mark so hoch wie nie zuvor dotiert. Zeitungen schrieben zu Recht vom wertvollsten Rennen der Welt für Zweijährige.

Obwohl »Zensi«, wie das Pferd in Bayern gerufen wurde, die einzige Stute im Feld war, gewann sie mit ihrem Fahrer Friedrich Blaume und schlug auch den amtierenden Europarekordhalter Yoster Clöving. Es war eine Sensation, die man allein schon an der enormen Wettquote von 1:252 ablesen konnte. Bei diesem Rennen wurden sogar Kaukas Stallburschen reich, sie hatten eine größere Summe auf Sieg gesetzt.

Den großen Triumph erlebte Kauka jedoch nicht persönlich mit, da er sich zeitgleich auf der Galopprennbahn in Riem befand, wo sein Pferd Domani allerdings »nur« Zweiter wurde. Auch Alexandra Kauka war nicht vor Ort, sie richtete gerade das neue Haus in Florida ein. Sense of Rhythm gehörte jetzt zu den großen Derby-Favoriten fürs nächste Jahr und zählte mit einer Gewinnsumme von 133 000 D-Mark im Jahr zu den drei erfolgreichsten Zweijährigen, war sogar die beste Traberstute Europas. Aber auch Kaukas anderer Zweijähriger Starspeed hatte 1978 immerhin 30 251 Mark Preisgeld gewonnen und zählte zu den 15 besten Pferden Deutschlands. Nach den Erfolgen der Traber Melodrama, Starspeed und Sense of Rhythm war Kaukas Rennstall oben angekommen und Zeitungen titulierten: »Stall Kauka in Deutschland an der Spitze«.[95]

Nach den Rennen musste der stolze Besitzer aber zurück in die Wärme. Die Sonne Floridas erfüllte ihren Zweck, Kaukas Gesundheitszustand besserte sich bei 25 Grad Celsius und strahlendem Wetter. Die Monate Dezember und Januar verbrachte er so mit seiner Frau in den USA. Sie flogen nur kurz über Weihnachten und Silvester nach Deutschland zurück, wo in bewährter Tradition im Familien- und Freundeskreis auf Gut Eichenhof gefeiert wurde. Voller Zuversicht blickte er als Pferdezüchter auf das neue Jahr.

Kauka war erst wenige Tage zurück in Palm Beach, als ihn Anfang Februar 1979 ein Schicksalsschlag ereilte, der völlig unerwartet das jähe Ende seiner hoffnungsvollen Pferdezucht einläutete. Unter seinen Trabern war sein absolutes Lieblingspferd die inzwischen dreijährige Stute Sense of Rhythm. Sie galt nach drei Siegen bei nur sechs Rennen und gerade nach ihrem Triumph beim Preis des Winterfavoriten als die große Hoffnung des deutschen Trabrennsports. Aber die Erfolgsstute wurde am Dienstag, den 6. Februar, auf Kaukas Koppel in Gut Eichenhof von ihrer Schwester Song-Queen so unglücklich getreten, dass sie sich einen Trümmerbruch im Schultergelenk zuzog. Die Verletzung war so schlimm, dass der Tierarzt riet, das Pferd einschläfern zu lassen. Rolf Kauka eilte aus Florida zurück und übernahm das persönlich.

Zahlreiche Zeitungen berichteten darüber, dass Kauka seine Wunderstute und Derbyfavoritin verloren hatte. Der sportliche Verlust für den deutschen Trabrennsport sei nicht abzusehen, schrieb man. Für Kauka selbst war es aber nicht allein der finanzielle Verlust – die Fachleute rechneten mit einem Saisongewinn von mindestens 200 000 D-Mark – sondern vor allem ein emotionaler Einschnitt. Die *Münchner Abendzeitung* berichtete am 13. Februar, dass Kauka um sein Lieblingspferd bitter weine und unter Tränen verkündet habe: »Jetzt verkauf ich alle Pferde.«

Wie sich schon bald herausstellte, war das keine leere Drohung. Was durch das tragische Reitunglück seiner dritten Frau noch ohne Konsequenzen blieb, bewirkte jetzt der Tod der Stute. Kauka begrub nicht nur für immer seine Pferdesportambitionen, er betrat nie wieder einen Pferdestall und ritt nie wieder aus. Dieses Ereignis wirkte sich ohne Frage auf seinen Entschluss aus, alle Verlagsangelegenheiten abzuschließen und Deutschland den Rücken zu kehren.[96]

Während Kauka seine Pferdezucht konsequent auflöste, ging er zeitgleich den Verkauf seiner alten Verlagsrechte an. Das englisch-niederländische Konsortium von IPC/VNU hatte seit sechs Jahren mit jeweils 50 Prozent Anteile an der Gevacur in Zug und am Kauka-Verlag in München gehalten. Seit zwei Jahren machten die Kauka-Comics jedoch Verlust. Der notwendige Schritt erfolgte 1979 mit der Liquidation der beiden Geschäftszweige. Kauka hatte unter nicht dokumentierten Konditionen seinen alten Verlag zurückerhalten und suchte nun einen neuen Käufer. Das Verlagsprogramm bestand aus den Kerntiteln *Fix und Foxi*, *Fix-und-Foxi-Sonderheft* sowie dem Taschenbuch *Fix-und-Foxi-Extra*.

Kauka sprach als Interessenten zunächst mit dem Kölner Bastei-Verlag, der mit Comics wie *Felix*, *Silberpfeil* oder *Bessy* gut auf dem deutschen Markt vertreten war. Den Inhaber Gustav Lübbe kannte Kauka seit Jahren persönlich. Gespräche gab es auch mit dem Axel-Springer-Verlag. Der ernsthafteste Sondierungspartner war der Heinrich-Bauer-Verlag, mit dem Kauka 1968 gemeinsam die VU gegründet hatte. Bauer hatte 1970 den Erich Pabel-Verlag in Rastatt erworben, ebenso den Arthur Moewig-Verlag in München und den Alfons Semrau-Verlag in Hamburg. 1972 war daraus die Verlagsgruppe Pabel-Moewig-Semrau entstanden. Mit der in Hamburg ansässigen Verlagsgruppe wurde Kauka im Sommer handelseinig. Wie der *Kress-Report* berichtete, gab er im September 1979 für sechs Millionen Mark den Zuschlag für die Titel-, Verlags- und Urhebernutzungsrechte. Wie schon sechs Jahre zuvor veräußerte Kauka allein die Nutzungsrechte. Am 23. Oktober 1979 trat der neue Verlag in Kaukas vorherigen Beratungsvertrag ein, wodurch er über die Jahre von zusätzlichen Millionen profitierte. Später veräußert Kauka auch seine Anteile an der VU.[97]

Nachdem die Verkaufsverhandlungen abgeschlossen waren, gab Kauka im Sommer 1979 eines seiner seltenen Interviews. Am 14. August empfing er Hartmut Becker und Andreas C. Knigge, die beiden Herausgeber des Comic-Fachmagazins *Comixene*, für rund zwei Stunden in seinem Büro in Kaukasien. Kauka schilderte die Anfänge seines Verlages bis zu dessen Verkauf. Er gab bereitwillig Auskunft, da er die Idee einer Fachzeitschrift über Comics unterstützen wollte, und lud beide gleich noch zum Mittagessen bei ihm ein. Es wurden Frikadellen, Kartoffeln und Bohnen gereicht. Kauka liebte das einfache Essen.

Anfang September korrigierte Kauka das Interview, strich eine Passage über den Rechtsstreit über die *Asterix*-Übersetzungen und gab es frei. Allerdings wurde ein dreiviertel Jahr später auch Walter Neugebauer interviewt. Der beanspruchte in dem Gespräch seinen kreativen Einfluss auf *Fix und Foxi* sowie die Rechte an *Tom und Klein Biberherz*, wogegen Kauka dann juristisch vorging. Rolf Kauka setzte sich sogar zusammen mit einem jungen Kollegen der Kanzlei von Alfred Stiefenhofer ins Flugzeug, um die beiden Redakteure in ihrem Büro in Hannover persönlich aufzusuchen. Dabei wurden beide von Hartmut Becker in dessen kleinem R4 vom Flughafen abgeholt, was Kauka als durchaus amüsant empfand. Weniger Humor legten er und sein Anwalt bei den Neugebauer-Passagen an den Tag. Das hatte die Konsequenz, dass die entsprechenden Textpassagen später in der Ausgabe von 1980 nicht gedruckt werden durften, sondern bewusst provokativ mit einem Hinweis auf Prozessandrohung überklebt wurden. Rolf Kauka fand deutliche Worte und ließ künftig Kontaktanfragen von Becker und Knigge unbeantwortet.[98]

Noch während die Verlagsverhandlungen liefen, hatte Mascha Pohl-Kauka ihren Vater nach neun Jahren Schweigen angeschrieben und um eine Aussprache gebeten. 1979 stand ihre erste Südamerikareise an, der viele weitere folgen sollten. 2002 gründete sie mit Amazonica eine Stiftung zur Bewahrung des Amazonas-Regenwaldes und der dort lebenden indigenen Völker. Der Kontakt kam Rolf Kauka gelegen, fiel er doch in die Zeit stockender Verkaufsverhandlungen. Nach Mascha Kaukas Erinnerungen entwarf ihr Vater sogar die Idee, mit ihr eine Verlags-GmbH zu gründen, falls seine Verhandlungen scheitern sollten. Auch Peter Wiechmann, der 1977 zusammen mit seinem Partner Fred Kipka die Agentur Comicon in Ottobrunn gegründet hatte, wurde angeblich dazu angefragt. Kauka verfolgte diesen Schritt, wenn so stattgefunden, aber lediglich als eine Art von Drohszenario beim laufenden Verkaufspoker.

Er wird nie ernsthaft in Betracht gezogen haben, den Verlag nach all den Jahren des Streits mit seiner Tochter notfalls in alter Besetzung weiterzuführen. Kauka versuchte bei dieser Gelegenheit nochmals, seine älteste Tochter zum Verzicht auf ihr Erbe zu bewegen. Aber Mascha weigerte sich, wie schon zehn Jahre zuvor, zum Notar zu gehen. Im folgenden Jahr kam es zu drei kurzen Treffen, zuletzt am 11. Februar 1980. Kauka fasste enttäuscht seine Gedanken in einem letzten Brief an seine Tochter zusammen, bei dem es wieder um den möglichen Erbfall und um die Fragen von Vertrauen und Loyalität ging. Danach brach der Kontakt zwischen Vater und Tochter für immer ab: »Nach unserem Gespräch habe ich eine Nacht vergehen lassen, bevor ich versuchte, die gewonnenen Eindrücke auf einen Nenner zu bringen. Du siehst keine Veranlassung, meinen Wünschen zu entsprechen, d.h., Du ziehst bei Eintritt des Erbfalls die ›Barauszahlung eines Pflichtteils und die Möglichkeit, die Rechtsanwälte kontrollieren zu können‹ einem auf Achtung und Vertrauen begründeten Vater/Tochter-Verhältnis vor. Über Deinen neuen Vorschlag, eventuell einen Erbvertrag abzuschließen, möchte ich gar nicht weiter nachdenken. Ich habe dabei das unangenehme Gefühl, eine überflüssige Rechtsfessel angelegt zu bekommen«.[99]

Während Kauka sich in den Sommermonaten in Kaukasien aufhielt, lud er häufiger seine früheren Mitarbeiter Peter Wiechmann und Fred Kipka zu sich ein. Unter Mitwirkung seiner Tochter Irene plante er noch einmal eine neue Taschenbuchreihe. Dazu beauftragte er die Comicon von Wiechmann und Kipka, das *Rolf Kauka Gold Comic* zu konzipieren, das bei VPM erscheinen sollte. Es sollte die letzte originäre Rolf Kauka-Serie werden, mit *Pitsch und Patsch*, den beiden Froschbrüdern. Auch Serien wie die *7 Schnuckel*, welche die Verlagsgruppe in den anderen Formaten nicht haben wollte, traten darin auf. Die Serie lief bis 1983 in neun Ausgaben. Bis zum Jahresende 1979 hatte Kauka in zwei Etappen auch sein Anwesen in Grünwald verkauft. In einem ersten Schritt veräußerte er das frühere Verlagsschloss an eine Hals-Nasen-Ohren-Klinik, später auch das Kavaliers- sowie das Hausmeisterhaus.[100]

Wie im letzten Jahr setzte er sich mit seiner Frau von Dezember bis Januar 1980 in sein Haus nach Florida ab. Er kannte kein Flugritual, reiste aber immer Erster Klasse. Von München aus ging es über Atlanta weiter zum Palm Beach International Airport. Hier wurde das Ehepaar vom Chauffeur am Flughafen abgeholt. Kauka hatte, damit das Haus nicht über Monate leer stand, das ihm gut bekannte Ehepaar Weinzierl als Hausmeisterehepaar engagiert. Sie hatten in den Sechzigerjahren in gleicher Funktion für ihn gearbeitet, bevor sie nach Kalifornien ausgewandert waren.[101]

Er verfügte nun über so viel Zeit wie nie zuvor und suchte dringend ein neues Projekt. Ihn, der seine Schule abgebrochen und früher einen falschen Doktortitel geführt hatte, zeichnete ein großer Bildungshunger aus. Was er nicht wusste, das las er sich an. So baute er über die Jahrzehnte nicht nur ein breites Allgemeinwissen auf, zugleich wuchs auch seine Bibliothek. Sie umfasste am Ende rund 3000 Bücher. Einer seiner absoluten Lieblingsautoren war Ephraim Kishon, ein israelischer Satiriker ungarischer Herkunft. Der größte Teil seiner Verwandtschaft war von den Nazis in den Gaskammern von Auschwitz umgebracht worden, er selbst später auch dem Gulag Stalins knapp entkommen. Dann wurde Ephraim Kishon Bestsellerautor humorvoller Bücher, über die besonders die Deutschen lachten. Solche Leben faszinierten Kauka, der Kishon 1971 persönlich in München kennengelernt hatte.

Ein anderer Schriftsteller war der Amerikaner James A. Michener, dessen Werke er verschlang. Auch Homers Klassiker, die Illias und besonders die Odyssee, zählten zu seinen Lieblingsgeschichten. Hier bedauerte er seine fehlenden Griechisch-Kenntnisse. An historischen Büchern und Dokumentationen hatte er stets großes Interesse, besonders wenn es um Kriegsliteratur ging. Paul Karl Schmidt, alias Paul Carell, kannte er seit Jahren gut, und Carell widmete ihm verschiedene seiner Bücher. Bei diesem Thema dominierte allerdings mehrheitlich eher national geprägte Revisionismus-Literatur. Aber Kauka war wie immer sehr ehrgeizig, und er wollte nicht mehr nur begeisterter Buchleser sein: Er wollte nun selbst eigene Bücher schreiben und seine politische Sicht auf die Geschichte mitteilen.[102]

So ging Rolf Kauka noch 1979 ein eigenes Buchprojekt an. Er nutzte seine Bibliothek zum Recherchieren und tauschte sich mit verschiedenen Politikern, Wissenschaftlern und Militärangehörigen aus. Zu seinen Gesprächspartnern zählte auch sein Intimus Gerhard Wessel. Kauka benötigte für sein 341 Seiten umfassendes Erstlingswerk eineinhalb Jahre. 1980 erschien der Roman *Roter Samstag oder der Dritte Weltkrieg findet nicht statt* bei seinem Freund Herbert Fleissner im F. A. Herbig-Verlag. Im Klappentext des Buches wurde Erstlingsautor Kauka selbstbewusst als langjähriger Erfolgsschriftsteller mit Millionenauflage vorgestellt. Das aber war nur im Hinblick auf ihn als Comic-Verleger mit breiter Produktpalette richtig.[103]

Kaukas Roman war politische Science-Fiction, nämlich die Fiktion eines zweitägigen Blitzkriegs der Sowjetunion und der Warschauer-Pakt-Staaten, welche die Bundesrepublik überfallen, was schließlich sogar im Einsatz von Atomwaffen auf deutschem Boden gipfelt. Die NATO, allen voran die USA, opfern am Ende Deutschland, um den Dritten Weltkrieg zu vermeiden.

Kauka thematisierte damit das Problem, ob die NATO überhaupt stark genug sei, sich einer sowjetischen Aggression zu erwehren. Sein Buch schrieb er unter dem Eindruck des NATO-Doppelbeschlusses vom 12. Dezember 1979, der angekündigten Neuaufstellung von Atomraketen in Deutschland, setzte sich darin aber auch mit der Frage der deutschen Identität, mit dem Nationalsozialismus, dem verlorenen Zweiten Weltkrieg und der Vertreibung von Deutschen auseinander.

Dabei griff er auf Aussagen zurück, die eindeutig revisionistisch waren, etwa der, dass die Deutschen ungerechterweise als Tätervolk verfemt würden. Als Deutscher, so Kauka, wäre man ein »Angehöriger eines Volkes, das die Kollektivschuld für alle

Verbrechen der Welt tragen muss«. Hier offenbarte er schwarz auf weiß ein Unverständnis wie unmittelbar nach Kriegsende. Er hatte nichts dazugelernt.[104]

Wie die beiden letzten Jahre verbrachte Kauka den Winter in den USA. Obgleich das Klima ideal für seine Gesundheit war, fühlte er sich hier nicht wohl. Er mochte sich nicht mit dem künstlichen Urlauber-Ambiente Floridas anfreunden. Für ihn war die Sonne zu prall, der Sandstrand zu weiß, und es gab zu viele Einladungen der Society. Das typische Leben eines amerikanischen Ruheständlers war nicht nach seinem Geschmack, auch wenn er manchmal interessante Kontakte knüpfte.

So etwa mit Rose Kennedy, der Mutter des 1963 ermordeten US-Präsidenten John F. Kennedy. Ihr verstorbener Gatte hatte noch Sympathien für Nazi-Deutschland gehegt. Bei gemeinsamen Spaziergängen auf deren Familiensitz bei Palm Beach lernte man sich kennen, und da die Kennedy-Mutter auch Deutsch sprach, sang man sogar die Loreley zusammen.

Es wurde nach Alternativen in den USA gesucht, die Kauka mehr zusagen würden und als dauerhafter Wohnsitz geeigneter wären. Er war dabei, den Schritt zu wagen, ganz nach Amerika umzuziehen. 1980 besichtigte man im texanischen Gillespie County das so genannte Summer-White-House des von 1963 bis 1969 amtierenden Präsidenten Lyndon B. Johnson, das malerisch an einem Fluss lag. Für diesen Besichtigungstermin wurden die Kaukas von Claudia »Lady Bird« Johnson persönlich am Flughafen abgeholt. Doch die Immobilie entsprach nicht ihren Vorstellungen, und die Suche ging weiter.[105]

Nach weiteren Besichtigungen fand man über Sotheby's ein interessant klingendes Objekt in Georgia. Die Chinquapin Plantation befand sich bei Thomasville, einer Kleinstadt von 18000 Einwohnern 380 Kilometer südlich von Atlanta. Bereits die langgestreckte herrschaftliche Zufahrt, eine Allee mit alten Eichen, beeindruckte. Das weitläufige Areal mit weitläu-

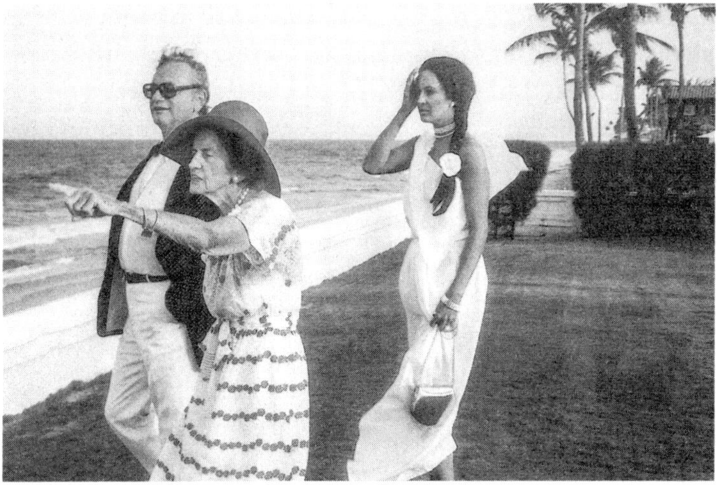

*Rolf und Alexandra Kauka mit Rose Kennedy auf deren Familiensitz in Palm Beach in Florida, 1980*

figen Waldgebieten, zwei Seen und der Möglichkeit zur Jagd entsprach Kaukas Vorstellungen. Das Anwesen im Südstaatenflair umfasste 2000 Hektar. Es war 1910 für den Standard Oil-Erben John F. Archbold vom New Yorker Architekten A. S. Bell gebaut worden. Das Hauptgebäude mit Herrenhaus und dreistöckigem, oktogonalem Turm verfügte allein über knapp 1700 Quadratmeter, verteilt auf rund 40 Zimmer.

Schon bald sollte Kaukas *Lupo* als Wetterfahne auf dem Haupthaus und *Bussi Bär* auf dem Gästehaus thronen. Kauka kaufte nach weiteren Besichtigungen und Kostenberechnungen die Plantage am Ende im Herbst 1981 für rund 1,5 Millionen Dollar, wenngleich noch zahlreiche Umbauten und Renovierungen vorzunehmen waren. Die Farm mit den dazu gehörenden Wäldern und Seen sah Kauka als ein Stück Therapie, da das Klima der Südstaaten hier nur drei Jahreszeiten kennt. Das war, wie er selbst sagte, inzwischen für ihn lebenswichtig.[106]

Jetzt galt es, den Umzug in die USA zu planen, der sich mit all den Vorbereitungen über ein Jahr hinzog. Kauka beantragte im Dezember 1981 über das Münchner US-Generalkonsulat Einreisevisa für sich, seine Tochter Alexandra, die noch in England die Schule besuchte und in den USA ein Studium anstrebte, sowie für seine Frau und ihren Sohn Markus, der Physik in Leeds studierte. Sein Sohn Michael war bereits seit einem Jahr Student der Wirtschaftswissenschaften an der Pennsylvania State University.

Die Plantage musste aufwendig umgebaut und modernisiert werden, weil zum Beispiel Technik und Leitungen zu alt waren und es keine Klimaanlage gab. Die Umbauten des Herrenhauses zogen sich über Monate hin, während die Kaukas teilweise auf Luftmatratzen campierten. Zeitgleich musste Gut Eichenhof in Zolling verkauft werden. Allein der Auszug aus Kaukasien ersteckte sich über zwei Monate. Das Münchner Logistikunternehmen Kühne + Nagel richtete dafür in der Garage Kaukas eine eigene kleine Schreinerei ein, um eigens Transportkisten für das Mobiliar und die Antiquitäten anzufertigen, die in die USA verschifft wurden. Auch das Kauka-Archiv mit den zahlreichen Originalzeichnungen ging auf die Reise nach Übersee. Kauka behielt jedoch die Villa in San Felice Circeo. Sie blieb das einzige von ihm selbst entworfene Haus. Seine Tochter Irene lebte dort seit geraumer Zeit.[107]

Noch während den Umbaumaßnahmen auf der Plantage stand plötzlich Kaukas jüngste Tochter Alexandra in Georgia vor der Tür. Sie hatte sich im englischen Somerset im letzten Schuljahr befunden, aber war wegen Drogengebrauchs kurz vor ihrem Abschluss von der Privatschule geworfen worden. Die Schulleitung hatte Kauka darüber informiert. Deshalb inspizierte er den von Alexandra mitgebrachten Koffer und fand Samen für Haschisch-Pflanzen. Aufgrund der strikten Drogengesetze in den USA hätte Kauka im Fall einer Aussaat in große Schwierigkeiten geraten können. Auf den Plantagen gab es regelmäßig Drogen-Inspektionen. In ihr altes Zuhause in Bayern konnte sie nicht mehr zurück, denn Kaukasien stand leer und zum Verkauf. So kam es zur ernsthaften Auseinandersetzung zwischen Rolf und seiner neunzehnjährigen Tochter, die dennoch bei ihm auf der Plantage unterkam.[108]

# NEUE WELT 1982–2000

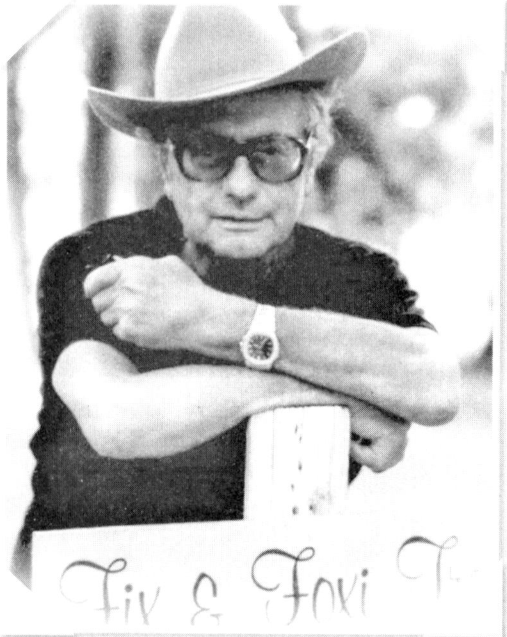


*Auf ausgetretenen Fuchsspuren.*
*Rolf Kauka in den USA, Neunzigerjahre*

# FREMDE HEIMAT

Bis auf Kaukasien hatte Kauka bereits alle Brücken nach Deutschland abgebrochen. Ende 1982 stand dann auch das Gut Eichenhof in Zolling zum Verkauf. Die Anbietung des großzügigen Anwesens erfolgte über Sotheby's Immobilien in München, verlief jedoch nicht nach Kaukas Vorstellungen. Alexandra Kauka erfuhr schließlich über Kaukas Hausärzte Wolfgang und Theresa Mandlik von einem ernsthaften Kaufinteressenten. Schnell einigte man sich über die Konditionen, sodass der Verkauf noch vor Ende des Jahres festgemacht werden konnte. Mit Wirkung zum 31. Dezember 1982 wechselte die stattliche Immobilie für rund 1,2 Millionen Mark den Besitzer. Der Käufer war Gustav-Adolf Blum, ein ursprünglich aus Ostpreußen stammender Bauunternehmer, Pferdesportler und Züchter.[1]

Alle, die Rolf Kauka näher kannten, wunderten sich über seinen Entschluss, in die USA auszuwandern. Er, der überzeugte deutsche Patriot, wollte von nun an in der für ihn stets kritisch beäugten amerikanischen Fremde leben. Seine Freunde wussten aber auch, dass es vor allem seine Krankheit war, die ihn zu diesem radikalen Schritt trieb. Der Umzug in die Neue Welt erfolgte nach medizinischem Rat, war eine reine Kopfsache und wahrlich keine Herzensangelegenheit. Kauka lebte von nun an nicht irgendwo in den Staaten, sondern dort, wo es keinen kalten Winter gab. Seine neue Heimat wurde Georgia, der tiefe Süden der USA.

Aus der Ferne hatte er schon früher ein gewisses Faible für die alten Südstaaten mit ihrer verwehten Vergangenheit und verwegenen Vielfalt gehegt. Den überzogenen Patriotismus konnte er nachvollziehen, während er von der Sklavenzeit nichts wissen wollte. Kauka schätzte die alten Herrschaftshäuser und großen Plantagen, so wie er es aus der Oscarprämierten Literaturverfilmung *Vom Winde verweht* kannte. Den Klassiker hatte er selbst mehrfach und gerne gesehen. Schnell entwickelte er sich selbst zu einem richtigen Südstaatler.

Er wusste genau, dass er in Metropolen wie New York oder Los Angeles wesentlich näher am Geschehen der amerikanischen Society gewesen wäre. Aber mit seinen fünfundsechzig Jahren wollte er das nicht mehr. Noch konsequenter als in Kaukasien bekannte er sich dazu, eigentlich ein Landmensch zu sein. Allerdings lag Atlanta, die 400 000 Einwohner zählende Hauptstadt des Bundesstaates, auch »nur« 370 Kilometer von seinem neuen Domizil entfernt. Atlantas riesiger Flughafen war ein internationales Drehkreuz, und sein Chauffeur stand für ihn und seine Gäste immer bereit.[2]

Rolf Kauka musste sich zwar in den USA mit einer neuen Welt auseinandersetzen, nahm jedoch als Wahlamerikaner schnell Gewohnheiten und Traditionen an. Das zeigte sich deutlich daran, wie er erstmals 1982 in den USA das Weihnachtsfest feierte. Er etablierte dafür einen festen Ablauf, der sich auch in den kommenden zwanzig Jahren nicht mehr wesentlich ändern sollte. Als Plantagenbesitzer war es ihm wichtig, dass sein Weihnachtsbaum aus den eigenen umfangreichen Baumbeständen kam. Bereits Wochen zuvor durchstreifte er die Wälder, um ein Prachtstück zu finden. Weil er oft nicht zufriedenzustellen war, ließ er bisweilen den Wipfel von Fichten absägen.

Für Kauka hatte das Weihnachtsfest immer eine große Bedeutung gehabt, und Traditionen waren ihm jetzt wichtiger denn je. So wurde der Weihnachtsbaum am Vorabend vor Heiligabend geschmückt, was regelmäßig in einer Art Weihnachtsparty mit viel Champagner endete. Denn die ersten Hausgäste

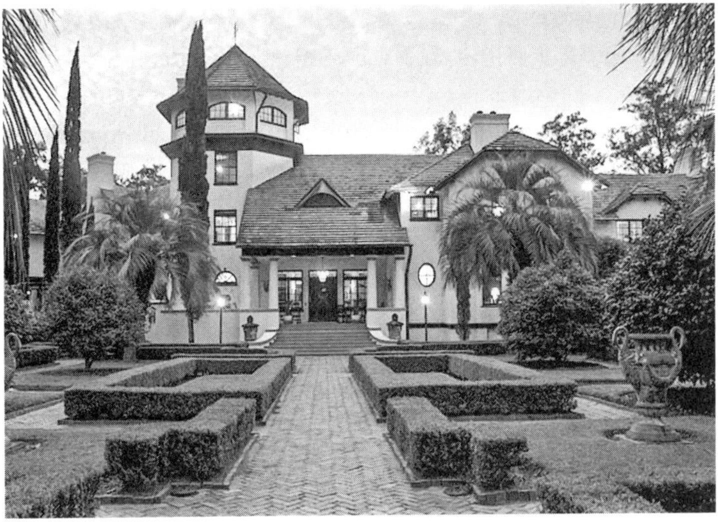

*Neue Heimat. Das kaukasische Anwesen im tiefen Süden der USA, um 1980*

waren bereits angereist, um mit den Kaukas die Weihnachtstage zu verbringen. Zum ersten amerikanischen Weihnachtsfest waren Tochter Irene und ihr Mann Peter Reimer sowie seine Schwester Brunhilde mit ihrem Mann Lothar Wagner aus Italien bzw. Deutschland in die USA angereist. Auch Sohn Michael kam von seiner Universität in Pennsylvania, ebenso wie sein Stiefsohn Markus Nolff, der bis 1985 in Leeds Astrophysik studierte. Die jüngste Tochter Alexandra wohnte seit ihrem Rausschmiss von der englischen Privatschule bei ihrem Vater auf der Plantage. In all den weiteren Jahren waren immer Familienmitglieder bei Rolf und Alexandra Kauka über die Weihnachtsfeiertage zu Gast.[3]

Der Heiligabend begann mit einem kleinen herrschaftlichen Ritual. Kauka reichte seinen Angestellten Kaffee und Kuchen und spendierte ein Glas Champagner. Dazu ließ er es sich nicht nehmen, eine Ansprache zu halten. Es gab auch immer den üblichen Weihnachtsgruß an Familie und Freunde. Ab

1982 verfasste er jährlich persönliche Weihnachtsbriefe für seinen Freundeskreis, rund 300 Personen, manchmal sogar eine von ihm auf Kassette gesprochene Botschaft.

Aufgrund der Größe seines Anwesens in Georgia gab es immer einen bestimmten Personalbestand, da Haus und Plantage gepflegt und bewirtschaftet werden mussten. So arbeiteten für ihn allein im zentralen Herrenhaus drei Sekretärinnen, eine Haushälterin, ein Butler, ein Zimmermädchen und ein Koch. Zusätzlich kamen noch ein Manager, zwei Gärtner und zwei Förster für das Anwesen mit Plantage dazu. Natürlich überreichte Kauka ihnen allen auch ein Geschenk. Meistens war es ein Scheck mit einem dreizehnten Monatsgehalt, was in Georgia alles andere als üblich war. Die Mitarbeiter freute es, und sie dankten es ihm mit Loyalität.

Im Familienkreis der Kaukas wurde danach ein traditionelles deutsches Weihnachtsessen serviert: Es gab Borschtsch, eine gefüllte Weihnachtsgans mit Rotkraut und Knödeln und zum Abschluss rote Grütze. Nach dem Essen nahm Kauka als eingefleischter Jäger sein Fürst-Pless-Horn zur Hand und blies mit einem kräftigen *Halali* zur Bescherung. Dabei las er aus der Bibel vor: Prediger 3,9: »Ein jegliches hat seine Zeit.« Dann hielt er eine Weihnachtsansprache, meist in Gedichtform, mit humoristischen Anspielungen auf das vergangene Jahr. Abschließend wurden gemeinsam Weihnachtslieder gesungen. Vor der zweistündigen Mitternachtsmesse hingegen versuchte er sich nur allzu gerne zu drücken, weil sie ihm einfach zu lange dauerte.[4]

Kaukas jüngste und bei ihm wohnende Tochter Alexandra hatte ursprünglich die Absicht gehabt, Biologie zu studieren. Doch ohne Schulabschluss war ein Studium schwer möglich. Es war dann Kaukas Frau Alexandra, die für seine Tochter Mitte Juli 1983 über Beziehungen nach Alamogordo, einer Kleinstadt im US-Bundestaat New Mexico, einen sechswöchigen Hospitationsplatz im geheimen Forschungslabor Primate

Facility von Fredrick Coulston auf der Holloman Air Force Base besorgte.

Kaukas Tochter ergriff scheinbar dankbar die Chance, verabschiedete sich – kam jedoch dort nie an. Alexandra Kauka verschwand einfach und niemand hörte etwas von ihr. Erst nach einiger Zeit schickte sie am 11. August 1983 einen Brief ohne Absender an ihren Vater. Sie teilte ihm in wenigen Worten mit, dass sie nie wieder etwas mit der Familie Kauka zu tun haben wollte. Kauka hatte eine weitere Tochter verloren. Er ließ sich nicht anmerken, dass es ihn traf. Seiner Ansicht nach war seine jüngste Tochter alt genug, um für ihr eigenes Verhalten selbst verantwortlich zu sein.

Die beiden hatten nie mehr wieder Kontakt. Schwer enttäuscht richtete er einen letzten Brief am 3. Januar 1984 an ihre anonyme Postlageranschrift, drückte seine Verbitterung aus und teilte ihr mit, dass weitere Briefe von ihr »ungelesen in den Papierkorb wandern« würden. So erfuhr er nie, dass seine frühere kleine Putzi einige Jahre mittellos in den USA herumirrte, später dann 1995 den Amerikaner Robert John Brennan heiratete, Kinder bekam und in Bonita Springs an der Westküste im Süden Floridas leben sollte. Es war ein Zerwürfnis auf immer, wie bei seiner ältesten Tochter. Bis zu seinem Tod sollte er nichts mehr von ihr hören.[5]

Rolf und Alexandra Kauka gestalteten nun ihr neues Heim nach ihren Vorstellungen bis ins kleinste Detail um. Insgesamt benötigten sie dafür ein gutes Jahr. Dazu gehörte von Beginn an, dass sie unmittelbar vor dem Haupthaus einen wahren Flaggenwald aufbauten. Täglich wurden an vier Fahnenmasten die weiß-blaue Flagge Bayerns, die des Bundesstaates Georgia, die zu dieser Zeit noch die Kriegsflagge der Konföderierten Staaten von Amerika beinhaltete, das amerikanische Sternenbanner wie auch Kaukas Haus-Fahne, das Kauka-Wappen mit der Brombeere, gehisst und zum Abend wieder eingeholt. Die tägliche Beflaggung war ein Sinnbild der persönlichen Zerrissenheit zwischen der deutschen Herkunft und der neuen amerikanischen Heimat.[6]

Rolf Kauka pflegte zu den USA sein Leben lang eine ambivalente Beziehung. So empfand er die von vielen als typisch oberflächlich verstandene Freundlichkeit und Hilfsbereitschaft und besonders den easy way of life in den USA als durchaus angenehm. Auf der anderen Seite vermisste er aber die klassischen deutschen Werte, Traditionen und alles Heimische vom einfachen Kopfsteinpflaster über die mittelalterliche Stadtarchitektur bis zur gutbürgerlichen Küche. Speziell München mit seinen Kultureinrichtungen und Kirchen fehlte ihm. Er fühlte sich daher sehr oft, wo auch immer er sich gerade aufhielt, »auf der falschen Seite des Atlantiks«. Rolf Kauka war entwurzelt. Über all die Jahre erhielt er wöchentlich die deutschen Magazine *Quick*, *Stern* und den *Spiegel* zugeschickt. Dabei sagte Kauka über das politisch linksstehende Hamburger Nachrichtenmagazin: »Ich lese den *Spiegel* gegen das Heimweh«.

Um Amerika besser kennenzulernen, unternahm er besonders in den Jahren 1984 bis 1986 immer wieder Reisen durch einzelne Bundesstaaten der USA. Die enorme Größe und die landschaftliche und kulturelle Vielfalt des Landes beeindruckten ihn. Ihn begeisterte New Mexico, er besuchte Santa Fe und Alamogordo, war fasziniert von der spröden und weiten Landschaft, vor allem vom White-Sands-Nationalpark. Aber noch lieber mochte er die Kulturregionen des nördlichen Kaliforniens mit den Weinbaugebieten von Napa Valley, die Mammutbäume im Muir Woods National Monuments Park und das schillernde San Francisco. Am liebsten hätte er sich hier niedergelassen. Sogar das zum Verkauf stehende frühere Haus von Bing Crosby wurde zu Beginn der USA-Zeit besichtigt in Frisco. Aber seiner Frau war die Westküste zu weit von Europa entfernt.

Ganz besonders sprach Kauka die pulsierende Metropole New York an, wo er jährlich die Metropolitan Opera besuchte. Egal aber, wohin er auch in den USA reiste, am Ende war er stets froh, in sein eigenes kleines Reich, auf seine Kauka-Plantage in den Südstaaten zurückzukehren. Hierhin zog er sich konsequent zurück, besuchte noch nicht einmal Restaurants in der näheren Umgebung. In all den Jahren in Thomasville aß er stets bei sich zu Hause.[7]

Hier auf seiner Chinquapin-Plantage in Georgia empfing Kauka wie schon auf seinem Schloss in Grünwald und dem Gut in Zolling gerne und zahlreich Gäste. Das eigens dafür konzipierte Gästehaus war häufig belegt, denn fast immer weilte irgendjemand aus Deutschland vor Ort. Man war auf jeglichen Besuch eingestellt, weshalb in den Schränken passende Kleidung und in Anbetracht der zahlreichen Schlangen und Spinnen der Umgebung vor allem geeignetes Schuhwerk in verschiedenen Größen auf die Gäste wartete.

Seine Familienangehörigen besuchten ihn regelmäßig, so etwa seine Schwester Brunhilde, seine Kinder Irene und Michael, aber ebenso Alexandra Kaukas Eltern, ihr Bruder Wilfried Stahl und Sohn Markus. Über all die Jahre kamen immer wieder viele Freunde zu Besuch, meist für mehrere Wochen. Jedes Jahr im Spätherbst reisten so Lena-Renate und Wolfgang Ernst für zwei Wochen nach Georgia, manchmal mit ihren Kindern. Zweimal im Jahr kam Rolf Hohmeister, meist mit seiner Frau Esther, vorbei; inzwischen war er ein Freund Kaukas geworden. Auch der ehemalige BND-Präsident Gerhard Wessel und seine Frau ließen es sich nicht nehmen und statteten spätestens alle zwei Jahre einen Besuch ab. Kaukas Roman-Verleger Herbert Fleissner zählte ebenso zu den häufigen Gästen wie sein alter Kriegskamerad Herbert Kuntze, oder auch Andreas Huck, Verleger des *Münchner Merkur*, der sogar seinen eigenen Ferrari einschiffen ließ, um damit in den USA fahren zu können.

Vereinzelt kam auch politische Prominenz vorbei, so Anfang 1984 Kurt Waldheim. Der frühere UNO-Generalsekretär und spätere österreichische Bundespräsident hatte zu diesem Zeitpunkt eine Professur an der Georgetown Universität in Washington inne. Als er am 9. Februar 1984 zu einer Gala in Atlanta gewesen war, hatte er durch Freunde erfahren, dass Kauka in Thomasville lebte. Waldheim kannte *Fix und Foxi* und kam mit seiner Frau Elisabeth zum Dinner. Zwei Jahre später begann während Waldheims Wahlkampf um das österreichische Bundespräsidentenamt eine internationale Debatte um seine vermutete Beteiligung an Kriegsverbrechen während der Nazi-Zeit.

Daneben erfüllten die Kaukas die gesellschaftlichen Verpflichtungen in ihrem County, sprachen zahlreiche Einladungen aus, gaben kleine Essen und große Feste, etwa für benachbarte Plantagenbesitzer wie die Familien Bicknell oder Ireland von der Pebble Hill Plantation oder für R. Carlton Powell, den Sheriff von Thomasville. Powell beförderte Kauka wenige Zeit später sogar in den Status eines Hilfssheriffs. Dadurch durfte er eine Waffe führen und Eindringlinge auf seiner Plantage verhaften und in letzter Konsequenz auch niederschießen. Zu den Nachbarn zählten aber auch Ted Turner und seine Frau, die Schauspielerin Jane Fonda. Dem Medienunternehmer und Gründer des Nachrichtensenders CNN in Atlanta gehörte die 45 Kilometer entfernte Oak Hill Plantation.[8]

Obwohl er von Jahr zu Jahr die USA besser kennenlernte und Familie und Freunde häufig bei ihm zu Besuch waren, bereiste Kauka weiterhin regelmäßig Deutschland. Mindestens zwei- bis dreimal im Jahr reiste er mit seiner Frau für mehrere Wochen zurück nach Europa. Neben der stillen Sehnsucht nach der alten Heimat hatte das vor allem einen medizinischen Hintergrund. Wegen seiner ernsthaften Rheumaerkrankung machte Kauka immer wieder Station in der Schweiz. Über Zürich reiste er weiter nach Bad Ragaz im Kanton St. Gallen, wo er sich vom weltweit anerkannten Rheumaspezialisten Dr. Rolf Hohmeister behandeln ließ. In späteren Jahren kam Hohmeister aber auch aus der Schweiz nach

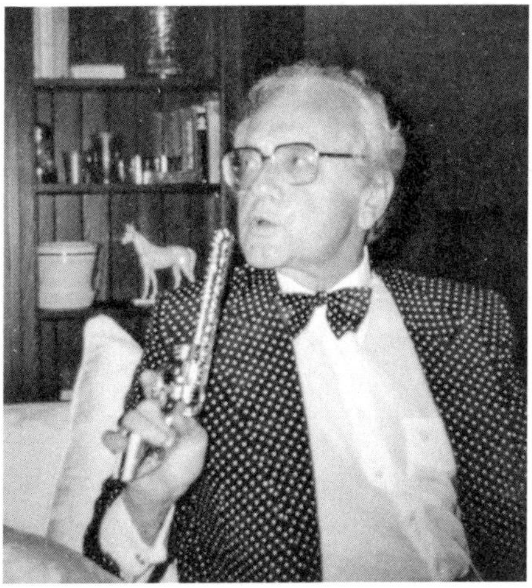

*Ein neuer Hilfssheriff ist in der Stadt, Thomasville, um 1985*

Georgia, um Kauka vor Ort medizinisch zu betreuen oder auf Reisen zu begleiten.

Von Bad Ragaz aus ging es für Rolf Kauka stets nach München, wo man im Hotel Vier Jahreszeiten wohnte, von dort aus meist mit kleinen Abstechern zu Alexandras Heimatort Hermagor in Kärnten und nach Ravensburg. Hier lebte ihr Bruder Wilfried Stahl, der die Öffentlichkeitsarbeit der Sparkassen leitete. Rolf Kauka nutze die Gelegenheit immer, um in Bayern frühere Mitarbeiter seines Verlags zu treffen.[9]

Er war immer noch ein ausgezeichneter Kauf- und Geschäftsmann. Zwar hatte er seinen Verlag verkauft, sogar mehrfach, dabei jedoch immer die Rechte an seinen Figuren behalten. So konnte er sich allein auf das Verwalten der Lizenzrechte der rund 80 verschiedenen Kauka-Comic-Charaktere wie *Fix und Foxi*, *Bussi Bär* und *Lupo* konzentrieren. Dazu hatte er bereits am 24. März 1981 in Palm Beach in Florida die Verwaltungsgesellschaft Pro-Media, Incorporated gegründet, oft auch als Kauka Promedia, Inc. (KP) bezeichnet, mit Hauptniederlassung in Thomasville in Georgia.[10]

1983 war bereits der 31. Jahrgang von *Fix und Foxi*; im ersten Quartal wurden 121 071 Exemplare verkauft. *Bussi Bär* lief im siebzehnten Jahr erfolgreich. Im ersten Quartal wurden davon 160 000 Exemplare verkauft, die Auflage sollte sich in den folgenden Jahren weiter steigern. Daneben gab es noch die *Fix-und-Foxi-Sonderhefte*, *Fix-und-Foxi-Extra,* und seit Oktober 1980 erschien auch *Lupo* als eigenes Taschenbuch. In diesem Jahr wurde aber *Rolf Kaukas Cold Comic Buch* mit der neunten Ausgabe eingestellt, ebenso wie dann im Juni das Heft *Lupo und seine Freunde* aus dem Handel genommen wurde. Auch aus der Ferne achtete Kauka genauestens auf alle seine Figuren und ließ sich Woche für Woche die Comic-Hefte in die USA schicken. Selbst wenn ihm kein Verlag mehr gehörte, blieb er, zumindest für die jeweilige Chefredaktion im Pabel-Verlag, immer als graue Eminenz sehr präsent.[11]

In all den Jahren in den USA sah der Tagesablauf meist so aus, dass er vormittags im Haus am Schreibtisch kreativ wirkte. Natürlich hatte er dabei immer eine seiner knapp 50 Pfeifen im Mund, meist eine Dunhill, am liebsten mit einer Vanille-Mischung. Am Nachmittag aber musste er draußen in der Natur arbeiten. Dabei saß er am liebsten auf seinem Schaufellader bzw. einem seiner Traktoren und machte Waldarbeiten. Auf seiner Forst-Plantage fuhr er einen Mercedes-Geländewagen, der extra in Camouflage umgespritzt worden war. Seine Mitarbeiter, die ihn wegen seiner zupackenden Art sehr schätzten, sahen ihn damit immer durch Wald und Wiesen fahren und waren erstaunt, wenn er dabei besonders gern John Denvers Country-Song *Thank God, I'm a Country Boy* sang.

Kauka war schnell zu einem engagierten Forstwirt geworden. Nicht ohne Grund sagte er jetzt, dass er »Dreck unter den Fingernägeln bräuchte«. Bereits am 21. Dezember 1982 hatte er als Firma die Kauka Farms, Inc. gegründet. Große Teile der Baumbestände seiner Plantage ließ er aufforsten, insgesamt rund 20 Quadratkilometer. Mit seinen Mitarbeitern baute er

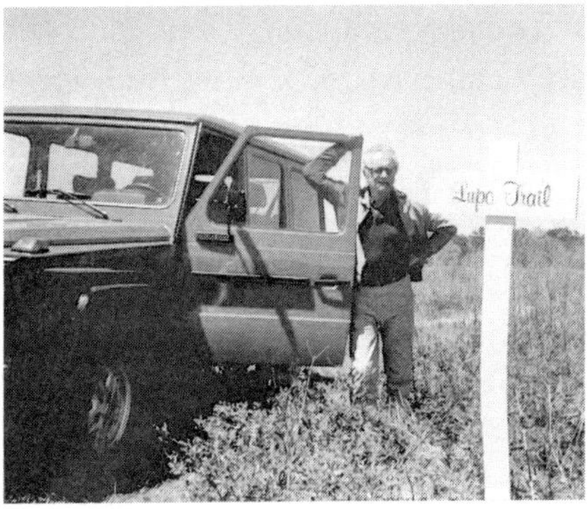


*»Dreck unter den Fingernägeln«. Rolf Kauka als Forstwirt auf Inspektionstour auf dem »Lupo Trail«, Neunzigerjahre*

Straßen und legte Dämme an. Wann immer möglich, legte er selbst Hand an, seinem alten Motto getreu, dass er die Arbeit am besten selbst verrichte. Baggern war seine Lieblingsbeschäftigung, mitunter kannte sein Eifer keine Grenzen. Beispielsweise, als er vor lauter Baggerwut einmal ein Hornissennest aus dem Erdreich riss und sich ein ganzer Schwarm auf ihn stürzte. Er rannte in panischer Angst die zwei Kilometer nach Hause, verfolgt von einem Schwarm Hornissen, und schrie um Hilfe. Er wurde mehrfach gestochen.

Angesichts seiner Begeisterung verwundert es nicht, dass er in einem Interview gegenüber der *Süddeutschen Zeitung* 1992 einräumte, er sei nur allzu gerne Forstwirt und würde einfach gerne Bäume pflanzen. Ergänzend fügte er, mit durchaus kritischen Worten zum Wert seiner Comics, hinzu: »Wenn man älter wird, spürt man: Es schließt sich der Kreis. Ich finde Geldverdienen ist eine gute Sache, aber man sollte das Geld auch in irgendeiner Form wieder vernünftig anlegen. Mitnehmen kann keiner etwas. Es ist so viel Papier verschwendet worden für Fix und Foxi, jetzt kann ich davon wieder etwas zurückführen. Ich fühle mich wohl dabei«.[12]

Eine Aussage, die seinen vielschichtigen Charakter widerspiegelt. Die Aussage, einfach nur Forstwirt sein zu wollen, war zwar öffentlich inszeniert, entsprach jedoch der Wahrheit seines Alters. Und auch die Comic-Kritik konnte ihm leicht über die Lippen kommen, nachdem er zuvor Millionen damit verdient hatte. Und doch war ihm sicher auch der Umweltgedanke wirklich sehr wichtig. Kauka beherrschte den Kunstgriff der tiefsinnigen Pose.

So vergingen die Jahre in den USA im selbstgewählten Gleichklang. Ablenkung fand er durch tägliches Schachspielen gegen den Computer und, wie schon auf Gut Eichenhof, neben dem Angeln auf den eigenen Seen auch beim Jagen. Als begeisterter Jäger hatte er für sein Anwesen in Georgia selbstverständlich einen Jagdschein. Treu zur Seite stand ihm dabei sein Jagdhund Barras, ein Deutsch-Kurzhaar-Rüde. Neben Diana, der Hündin seiner Frau, hatte er immer mindestens sechs Jagdhunde auf der Plantage.

Unterbrochen wurde dieser Alltag nur selten, etwa durch Naturkatastrophen. Kauka erlebte vom 15. bis zum 23. November 1985 mit Kate seinen ersten heftigen Wirbelsturm. In den nächsten Jahren sollte es immer wieder Unwetter geben, bei denen es auf der Plantage teilweise zu mehrwöchigen Stromausfällen und Versorgungsunterbrechungen kam. Kauka konnte dann seine Fähigkeiten als Krisenmanager unter Beweis stellen und seinen besonderen Humor demonstrieren. Als unwetterbedingt ein gewaltiger Nadelbaum krachend in die Poolanlage stürzte, kommentierte er gelassen: »Jetzt haben wir eben ein Fichtennadelbad.«[13]

Ein benachbartes Naturgebiet umfasste riesige Fichtenbestände. Nahe Kaukas über 800 Hektar großer Chinquapin-Plantage befand sich die knapp 1 000 Hektar messende River Creek-Plantage, zwischen dem Ochlockonee River und Barnetts Creek gelegen. Kauka war von der einzigartigen Flora und Fauna begeistert und kaufte das Areal im Herbst 1986 für rund eine Million Dollar. Das Gelände war 1936 von Thurman T. Scott erworben worden, der hier lebte, nachdem er

1940 New York aus gesundheitlichen Gründen verlassen hatte. Er war, wie passend für Kauka, ebenfalls Verleger von Comics gewesen, sein Verlag Fiction House hatte beispielsweise *Sheena, Königin des Dschungels* herausgebracht. Zudem hatte er früh das Konzept für eine bekanntere Comic-Serie verkauft: nämlich *Superman*.[14]

T. T. Scott war vierundachtzig Jahre alt und eine eigene Persönlichkeit. Vertragskonform behielt er nach dem Verkauf das Wohnrecht in seinem Haus auf River Creek und auch für die umliegenden acht Hektar. Wegen der Nutzung eines Wasseranschlusses durch Kauka am Rande des Grundstücks kam es zum juristischen Streit. Wenn man das »surrounding area« als Quadrat oder als Kreis verstand, durfte Kauka das Wasser nutzen, legte man es als Rechteck aus, war Scott im Recht. Bei dem bizarren Streit der beiden Comic-Verleger um Quadrat, Rechteck oder Kreis als Vertragsgrundlage musste letztlich ein Gericht entscheiden. Der Fall wurde am 28. Januar 1987 am Supreme Court of Georgia in Atlanta verhandelt. In dem Urteil erlangte der Kreis als Bezugspunkt Rechtsgültigkeit und die Rechtsprechung über ein »rundes Grundstück« wurde zum Präzedenzfall in den USA. Kauka amüsierte sich über diese Art von Posse. T. T. Scott verstarb am 3. Januar 1988 auf der Plantage, sein Haus wurde abtransportiert.[15]

Im April 1987 feierte Kauka seinen ersten runden Geburtstag in den USA. Er wurde siebzig Jahre alt. Im fortgeschrittenen Alter gab er sich gerne bescheiden, legte keinen großen Wert mehr auf viel Rummel um seinen Ehrentag. Ihm, der sich selbst jeden materiellen Wunsch erfüllen konnte, genügte es, wenn er wieder einmal eine neue Pfeife für seine stets wachsende Kollektion geschenkt bekam. Doch im Innersten freute er sich wie ein Kind, wenn man sich für ihn etwas Besonderes einfallen ließ. In dieser Hinsicht liebte er romantische Überraschungen, die für andere schon beinahe kitschig anmuteten. Seine Frau Alexandra hatte bereits im ersten Jahr auf der Plan-

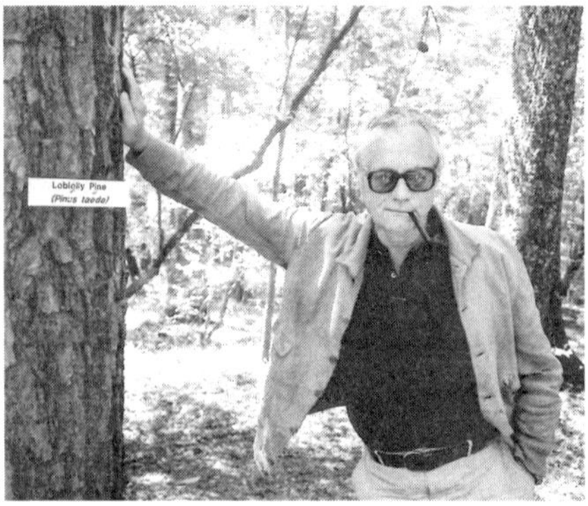


*Auf seinem Botanischen Lehrpfad, ein Geschenk seiner Frau Alexandra zum siebzigsten Geburtstag, Thomasville 1987*

tage einen äußerst idyllischen Flecken am Fluss entdeckt, mit besonders vielfältigen und faszinierenden Blumen und Bäumen. Sie kultivierte diesen Dschungel still und leise hinter seinem Rücken und wandelte ihn in einen kleinen Botanischen Garten um. Sie ließ einen Weg dorthin anlegen, baute ein Eingangstor und ließ an allen Bäumen auf Schildern deren Namen in lateinischer Sprache anbringen. Direkt am Wasser gab es einen Holztisch mit Bänken. Pünktlich zum 9. April wurde dem Jubilar zu seiner großen Freude dieser verwunschene Ort präsentiert. Er hatte Tränen in den Augen: Solche speziellen Überraschungen waren genau nach seinem Geschmack.[16]

Kauka verstand den siebzigsten Geburtstag als einen neuen Lebensabschnitt. Er nahm ihn zum Anlass, um abermals ein Buchprojekt anzugehen. Sein Freund Herbert Fleissner hatte ihn immer wieder gedrängt, doch etwas zu schreiben, und konnte ihn jetzt endgültig dazu ermutigen. Allerdings griff Kauka wieder nicht die alte Idee einer Autobiografie auf. Nach wie vor bedeutete ihm das Verfassen seiner Lebenserinnerungen eher Angst als Freude, so, als würde er beim Schreiben seiner Memoiren den vorzeitigen Abgesang selbst einleiten.

Dennoch setzte er sich jetzt indirekt mit dem Tod auseinander, tauchte dabei allerdings in die sehr eigene esoterische Gedankenwelt der Seelenwanderung ein. Seine Frau, die eine gewisse Ader dafür hatte, inspirierte ihn zu dieser Idee. Kauka begann, sein zweites Buch zu schreiben, wälzte von nun an zahlreiche Geschichtsbücher seiner Bibliothek, schrieb jeden Tag vormittags in seinem Büro am Manuskript. Sein Roman trug den Titel *Luzifer* und sollte eineinhalb Jahre später in Fleissners Universitas Verlag auf dem deutschen Buchmarkt erscheinen.[17]

Während er für sein Buch recherchierte und sich in ausgewählte Geschichtsereignisse hineinversetzte, beschäftigte er sich auch intensiv mit seinen eigenen Vorfahren und erstellte Ahnentafeln. Darüber tauschte er sich mit seinem fünf Jahre älteren Cousin Werner Kauka aus, einem im sächsischen Borna lebenden Kunstmaler, mit dem er sporadisch in Kontakt stand. Geradezu fasziniert war Kauka von dem aberwitzigen Gedanken, eine direkte Ahnenlinie bis zum russischen Zarenhof konstruieren zu können. Elektrisiert schrieb er Werner Kauka: »Interessant für Dich dürfte sein, dass Du mit den Romanovs, den russischen Zaren, verwandt bist. Die Schwester Deines Ur-Ur-Ur-Ur-Ur-Ur-Großvaters Kaukova, Kaarle, heiratete einen armen Bauern. Ihre Tochter stieg von einem Soldatenliebchen zur Geliebten von Zar Peter I. auf, der sie später heiratete. Als sie den russisch-orthodoxen Glauben annahm, nahm sie auch den Namen Katharina Alexjewena an, war nach Peters Tod, 1725 bis 1727, Zarin von Russland. Eines ihrer Kinder, Elisabeth Petrowna, saß später für viele Jahre auf dem Zarenthron.«[18]

Voller Stolz auf solch eine lange Ahnenreihe führte Kauka seit Jahren schon das Wappen der Familie Kauka, das angeblich auf einen Aleksis Kaukova zurückging, der es um das Jahr 950 als Schild geführt haben sollte. Das Wappen schmückte gut sichtbar seinen Briefkopf und hatte zunächst eine stattliche Eichentür im Grünwalder Kavaliershaus geziert, dann Gut Eichenhof und jetzt die Bibliothek auf seiner Plantage.[19]

Zwar durchlebte Kauka in den USA keine Seelenwanderungen, allerdings wechselte er 1987 seine Staatsangehörigkeit. Er lebte nun als »permanent resident« inzwischen seit fünf Jahren in den Staaten. Nach Ablauf aller gesetzlichen Voraussetzungen konnten jetzt er, seine Frau Alexandra sowie sein Sohn Michael eingebürgert werden. Am 17. November 1987 unterschrieben alle drei auf dem Bezirksgericht in Thomasville die notwendigen Papiere und legten im Dezember in Atlanta zunächst eine Prüfung und dann ihren Eid auf die amerikanische Verfassung ab.

Rolf Kauka, der deutsche Comic-Produzent, war jetzt amerikanischer Staatsbürger. Die Einbürgerung schien für ihn keine große emotionale Angelegenheit zu sein. Es gab keine Feier. Vielmehr nahm er das Ende seiner deutschen Staatsbürgerschaft zur Kenntnis, als ob es ein ganz alltäglicher Verwaltungsvorgang wäre. Er ging zur Tagesordnung über und fuhr als frisch gebackener US-Bürger zu seiner Plantage zurück. Deutschland war zu einem abgeschlossenen Kapitel seiner Lebensgeschichte geworden.[20]

# DAS PHANTOM DER FÜCHSE

Wenige Monate später wurde die geliebte Routine kurz durchbrochen. Kaukas eigene Jugendzeit holte ihn für einen kurzen Moment wieder ein. 1988 erhielt er Besuch aus der DDR, aus seiner sächsischen Heimat. Sein alter Schulfreund Georg Mitreiter aus Markranstädt besuchte ihn. Er hatte seit einigen Jahren sporadisch brieflichen Kontakt mit ihm gehabt, hatte ihm etwa 1975 eine Hochzeitsanzeige geschickt oder seinen Umzug in die Staaten mitgeteilt. Als Rentner durfte Mitreiter die DDR verlassen, also lud Kauka seinen alten Schulfreund zu sich nach Amerika ein.

Am 20. März 1988 war es so weit, und der DDR-Besuch traf in Georgia ein. Kauka hatte die Reisekosten übernommen: natürlich 1. Klasse. Georg Mitreiter und seine Frau Ingeborg flogen über Frankfurt am Main nach Atlanta, wo sie von Kaukas Chauffeur am Flughafen abgeholt wurden. Rolf Kauka präsentierte sich seinen ostdeutschen Gästen als das, was er inzwischen geworden war: ein stolzer Plantagenbesitzer der Südstaaten. Der Besuch aus der DDR sah eine vollkommen fremde Welt, die bizarr feudal und abstoßend wirken musste: dunkelhäutiges Personal in weißen Handschuhen, mit dem man sich nicht privat unterhalten durfte, als Haustiere Alligatoren im eigenen See, die man dazu noch beim Namen rief.

Mitreiter freute sich sehr auf das Wiedersehen mit seinem alten Schulfreund, schließlich hatten sie sich zuletzt Ende der Fünfzigerjahre in München getroffen. Er hatte für Kauka extra ein Fotoalbum über Markranstädt mit gemeinsamen Jugenderinnerungen zusammengestellt und ihm als Geschenk mitgebracht, das beide nun durchblätterten. Allerdings zeigte Kauka wenig Interesse an den nostalgischen Zeugnissen früherer Tage, worüber Georg enttäuscht war. Kauka wollte, anders als sein alter Schulfreund, nicht in Erinnerungen an frühere Zeiten schwelgen.

Während des Besuchs entfremdete man sich weiter, nicht zuletzt deshalb, weil die Diskrepanz zwischen einem gelebten Leben im Westen und einem im Osten immer stärker zu Tage trat. Kauka wollte, dass die Mitreiters ein wenig mehr von den USA sahen. Also fragte er sie, ob sie nicht einmal nach Disneyland wollten. Beide gingen natürlich von einer gemeinsamen Unternehmung aus. Doch Kauka, den zunehmend das Gefühl beschlich, er müsse sich für seinen Wohlstand entschuldigen, hatte dazu keine Lust. Er gab seinem alten Schulfreund das nötige Geld, besorgte ihm die Flüge nach Florida und schickte das Paar für drei Tage allein in den Sonnenstaat. Die Mitreiters waren zwar von Disneyland angetan, aber über Kaukas unpersönliches Verhalten mehr als überrascht.

Und auch von seiner alten Heimatstadt Markranstädt wollte Kauka nichts mehr wissen. Er erzählte Georg, dass er der ostdeutschen Gemeinde einmal Geld spenden wollte. Der sozialistische Bürgermeister hatte jedoch abgelehnt, was Kauka so erboste, dass er auch nach der deutschen Wiedervereinigung keinerlei Interesse mehr zeigte, seine sächsischen Wurzeln zu besuchen. Georg Mitreiter und seine Frau reisten nach knapp zwei Wochen wieder ab. Es blieb zwar weiterhin ein loser Kontakt, aber die Distanz konnte nicht mehr überwunden werden.[21]

Noch konsequenter als bei seinem alten Schulfreund agierte Kauka gegenüber früheren Mitarbeitern, wenn es um das Thema Urheberrechte ging. Hier reagierte er geradezu allergisch. Als Ende der Achtzigerjahre die Dinosaurier-Begeisterung in Deutschland zunahm, kam Hans-Jürgen Weller, der Chefredakteur von *Fix und Foxi*, auf die Idee, neue Folgen der Steinzeitfamilie *Die Pichelsteiner* produzieren zu lassen. Der damalige Zeichner der Serie, Riccardo Rinaldi, war von dem Vorhaben begeistert. Doch Kauka geriet mit ihm in der Frage der Urheberrechte in heftigen Streit. Kauka beanspruchte diese allein. Rinaldi scheute einen teuren Rechtsstreit mit seinem früheren Chef, gab nach und Weller rückte von seinem Plan ab. Das langjährige gute Verhältnis zwischen Riccardo Rinaldi und Rolf Kauka zerbrach daran. Beide sprachen danach kein Wort mehr miteinander. Es war ein wiederkehrendes Muster. [22]

Im Sommer 1988 ging es wieder nach Deutschland. Es stand der Geburtstag von Rolfs Verleger Herbert Fleissner an, der am 2. Juni sechzig Jahre alt wurde und in München ein großes Fest veranstaltete. Gerd Käfer hatte im Park der Villa auf der Prinz-Ludwigs-Höhe ein imposantes Festzelt aufgebaut und reichte zu Musik aus dem Egerland rustikales Essen. Über 200 Gästen folgten Fleissners Einladung, darunter Politiker wie Rainer Barzel, Verleger wie Anneliese Friedmann und Schauspieler wie Maria Schell und Joachim Fuchsberger. Der Gastgeber selbst hielt sitzend Hof, da er sich den Knöchel gebrochen hatte.

Kauka, der zu seinem dunklen Anzug eine seiner geliebten mit Steinchen besetzten Trachtenkrawatten trug, schenkte ihm Cowboy-Stiefel und einen Cowboy-Hut, den Fleissner sich sogleich aufsetzte. Ephraim Kishon hielt die Festrede. Die Kaukas unterhielten sich angeregt mit Otto von Habsburg, kannten sie sich doch bereits seit Jahren. Ein freudiges Wiedersehen gab es auch mit Josef von Ferenczy. Kauka sprach über sein neustes Buch, das bald herauskommen sollte.[23]

Acht Jahre nach seinem ersten Roman erschien 1988 *Luzifer*, im Untertitel *Roman einer Seelenwanderung*, wiederum bei Fleissners Universitas Verlag. Das Genre war ganz anders als das Erstlingswerk. Kauka schrieb im Stil eines Gnostikers, kombinierte eine seltsame Mischung aus politischen Statements, philosophischem Traktat über Seelenwanderung und der

Dichotomie von Gut und Böse. Der Roman erzählt aus der Ich-Erzähler-Perspektive die Geschichte des im Zweiten Weltkrieg verwundeten Soldaten Paul. Der berichtet seinem Sohn aus seinen früheren Leben in unterschiedlichen historischen Epochen.

Kauka war alles andere als ein Esoteriker, aber er fand die Idee inspirierend, dass Menschen über Jahrhunderte hinweg seelenverwandt sein können. Vielleicht wurde nicht zufällig der Tod zum Thema, erreichten Kauka doch immer wieder entsprechende Nachrichten. Am 3. Oktober 1988 verstarb der bayerischen Ministerpräsident Franz Josef Strauß im Krankenhaus, nachdem er zwei Tage zuvor nach dem Besuch des Oktoberfestes auf dem Weg zum Jagdschloss Aschenbrennermarter kollabiert war. Kauka kondolierte betroffen, hatte er ihn doch persönlich gekannt und verehrt. Rolf Kauka begann, sich mit der eigenen Sterblichkeit auseinanderzusetzen.[24]

Neben dem US-Pass mit dem Weißkopfseeadler war ohne Frage das Wahlrecht sichtbarster Ausdruck der neu erlangten Staatsbürgerschaft. Ende 1988 durften Rolf Kauka und seine Frau als amerikanische Staatsbürger erstmals an den Präsidentschaftswahlen teilnehmen. Den Wahlkampf zwischen Demokraten und Republikaner hatte Kauka interessiert, aber distanziert von seiner Plantage aus verfolgt. In Bayern hatte er in all den Jahren stets konsequent die CSU gewählt. In den USA gehörte seine Stimme als wahlberechtigter Amerikaner jetzt der Republikanischen Partei. Zusammen mit seiner Frau fuhr er am 6. November ins Wahllokal in Thomasville und machte sein Kreuz für den bisherigen Vize-Präsidenten George H. W. Bush. Auch bei allen weiteren Wahlen unterstützte er den jeweiligen republikanischen Kandidaten im ansonsten demokratischen Georgia. Zudem zählten Politiker wie Sonny Perdue, der spätere Gouverneur des Bundesstaates, dann Landwirtschaftsminister unter Donald Trump, zum Freundeskreis der Kaukas.[25]

Mit dem Erlangen der amerikanischen Staatsbürgerschaft entledigte Kauka sich beiläufig auch eines alten rechtlichen Problems. Er war nicht mehr länger gesetzlich verpflichtet, seinen Kindern und seiner Ehefrau im Falle seines Ablebens einen Pflichtteil zu hinterlassen. Nachdem es bereits mit seiner ältesten und seiner jüngsten Tochter, Mascha und Alexandra, zum Bruch gekommen war, sollte 1989 auch seine zweitälteste Tochter einen familiären Schlussstrich ziehen.

Gabriele lebte seit vielen Jahren in Italien und war mit ihrem zweiten Sohn schwanger. Nachdem ihr Vater ihr die Hälfte des Hauses in Italien als Hochzeitsgeschenk versprochen hatte, wollte sie diese Zusage von ihm schriftlich haben. Doch bei Kauka stieß allein eine solche Aufforderung schon auf schroffe Ablehnung. Er zeigte sich sogar zutiefst beleidigt. Seiner Überzeugung nach war man eines solchen Geschenkes nicht würdig, wenn man seinem Wort nicht glauben schenkte. Kauka nahm, autoritär wie er war, deshalb die Zusage an seine Tochter zurück. Er bestimmte nun neu, dass seine Tochter Irene 51 Prozent und sein Sohn Michael 49 Prozent des Hauses erhalten sollten. Da er, ebenso wie sein Sohn, in den USA lebte, sollte sich Irene, die seit 1985 in Rom heimisch war, vor allem um die italienische Villa kümmern. Das Haus in San Felice Circeo wurde so die neue Heimat von Irene Kauka.[26]

Ende des Jahrzehnts änderte sich die Welt in atemberaubender Geschwindigkeit. Die Sowjetunion begann auseinanderzufallen, der Kalte Krieg endete. Von Amerika aus verfolgte der gebürtige Sachse Kauka aufmerksam die politischen Entwicklungen in Ostdeutschland, die Montagsdemonstrationen in Leipzig und den rasanten Auflösungsprozess der DDR. Als am 9. November 1989 die Mauer fiel, befand Kauka sich in Chinquapin. Es war für den alten kalten Krieger und gebürtigen Sachsen ein zutiefst bewegender Moment. Zusammen mit seiner Frau klebte er die nächsten Wochen und Monate förmlich am Fernsehapparat, um die Nachrichten über Deutschland zu verfolgen.

Ebenso aufmerksam verfolgte er die Fußballweltmeisterschaft 1990 in Italien und feierte auf seiner Plantage den Sieg der deutschen Fußballnationalmannschaft um Teamchef Franz Beckenbauer leidenschaftlich mit. Die bald folgende deutsche Wiedervereinigung berührte ihn sehr. Gegenüber Alexandra teilte er seine Hoffnung mit: »Nun könnte ich wenigstens das Grab meiner Mutter aufsuchen, wenn es noch dort wäre.« Doch inmitten der nationalen Begeisterung war der politisch konservative Kauka auch nachdenklich. Der überzeugte Antikommunist befürchtete nach wie vor einen sowjetischen Einfluss und gab zu bedenken: »Vielleicht hat uns die Mauer auch vor etwas geschützt.« Er vertrat die Auffassung, dass Mauern grundsätzlich nur zwei Zwecken dienen: Entweder sie schützen, oder sie trennen. Und eine Trennung sei nur zu vertreten, wenn sie auch schütze. Menschen, so Rolf Kauka, die historisch zusammengehören, müsse man aber nicht voreinander schützen.

Nach dem Grab seiner Mutter suchte er dennoch nie, als es dann möglich gewesen wäre. Überhaupt wollte er nach der Wiedervereinigung Deutschlands am 3. Oktober 1990 nie mehr in die ehemalige DDR reisen.[27]

Am 5. November 1990 wurde die vorhandene Verwertungsgesellschaft aus steuerlichen Gründen in die Kauka Promedia, Inc. umgewandelt, bei der nun formell Alexandra Kauka als CEO eingetragen wurde. Ein halbes Jahr zuvor hatte bereits Sohn Michael die Kauka, Inc. als eigene Firma gegründet. Als sich das Jahr 1990 dem Ende näherte, schrieb Kauka wieder seine üblichen Weihnachtsbriefe an Familie und Freunde. Am Silvesterabend hielt er seine traditionelle kleine Ansprache vor seinen Mitarbeitern und der Familie, die wie immer aus Deutschland zu den Weihnachtsfesttagen angereist war. Er endete diesmal mit einer Anspielung auf die Gesundheit: »Das

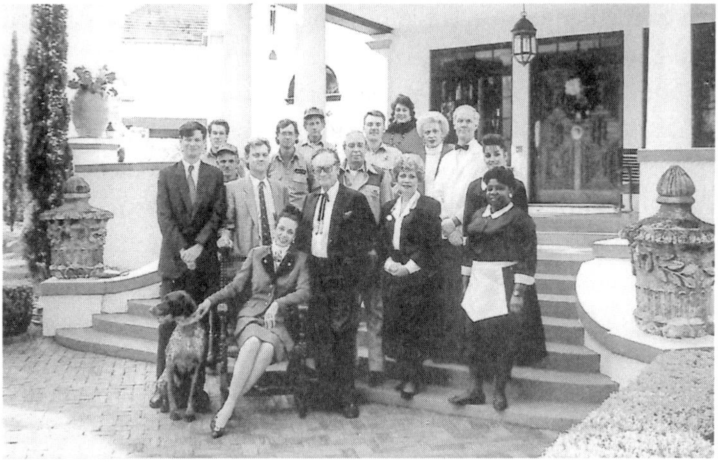

*Weihnachtsgrüße von der Chinquapin-Plantage in Georgia. (v.l.n.r) Markus Nolff, Michael Kauka, Alexandra Kauka, Rolf Kauka, Haushälterin Hodges, Hausmädchen Lily, dahinter Butler Paul Ruddell, Sekretärin Roswitha Johnson u. dahinter Kaukas Privatsekretärin Mary Lloyd Riley, Dezember 1990*

letzte Jahr sauste wie'n D-Zug daher, wir haben's gesund, überstanden – was wollt Ihr noch mehr?«.

Was eigentlich eine seiner launigen Formulierungen sein sollte, erhielt rückblickend schon fast tragische Bedeutung. Kauka begann das neue Jahr 1991 mit der üblichen Routine und den typischen Jahresplanungen zusammen mit seiner Frau. Welche neuen Projekte sollten angegangen, welche Aufführungen in der New Yorker Met besucht und welche Auslandsreisen unternommen werden? Neben den üblichen Europareisen sollte es diesmal auch nach Südamerika gehen. Doch sämtlich Planungen und Projekte verloren kurz vor Frühjahrsbeginn schlagartig an Bedeutung.[28]

Alexandra Kauka engagierte sich sozial in Thomasville und unterstützte die Gemeinde. Am 11. März 1991 half sie dort zwei Freundinnen nach einer Veranstaltung im Cultural-Center beim Abdekorieren der Theaterbühne. Die war schlecht beleuchtet, und so übersah Alexandra, dass der Bühnenschacht nicht geschlossen war. Aus Schlamperei war das nach einer Sicherheitskontrolle vergessen worden. Kaukas Frau stürzte rückwärts sieben Meter tief in den Schacht und erlitt schwerste Verletzungen: zwölf schwierige Brüche, neben Armen und Beinen dreimal das Becken und zweimal der Rücken. Auch die Lunge wurde von den gebrochenen Rippen perforiert. Die Schwerverletzte wurde ins nahe Archbold Mecial Center gebracht und erhielt dort von einem Geistlichen die letzte Ölung. Wie ein Wunder überlebte sie.

Bei Rolf Kauka brachen automatisch die ganzen traumatischen Erinnerungen an den tragischen Unfalltod seiner dritten Frau Dorothea wieder auf. Er war schwer geschockt, bewahrte jedoch nach außen seine Fassung und beschwor seine schwerverletzte Frau, dass diese Krise gemeinsam durchgestanden werde. Während ihm Freunde und Nachbarn versicherten, dass wohl ein Engel seine Frau beschützt oder Gott seine schützende Hand über sie gehalten hätte, sagte er verzweifelt: »Ich will das gerne glauben, aber, so frage ich mich, weshalb hat ER sie dann erst stürzen lassen. Auf diese Frage habe ich bis heute keine Antwort gefunden.«[29]

Kaukas Frau blieb vier Wochen stationär im Krankenhaus, wurde dann Mitte April nach Hause entlassen, wo sie weitere drei Monate bei intensiver Pflege ans Bett gefesselt blieb. Die ebenerdige Bibliothek war in ein Krankenzimmer umgestaltet worden. Zwei Krankenschwestern und ein Therapeut betreuten sie in dieser Zeit, halfen ihr, als sie ihre Glieder wieder langsam bewegen und laufen lernte.

Für die weitere medizinische Behandlung wollte Kauka eine zusätzliche Fachmeinung einholen. So flogen beide im August nach Europa, suchten zuerst Dr. Hohmeister in Bad Ragaz und danach in München Professor Moll auf. Bereits seit 1984 erhielt Kauka die neusten Präparate gegen Rheumatoide Arthritis. Der Internist diagnostizierte bei Alexandra eine Schädigung der Schilddrüse, was operiert werden musste. Nach der Rückkehr in die USA wurde das von amerikanischen Ärzten bestätigt, weshalb die Kaukas Anfang Oktober 1991 nach München zurückflogen, wo Alexandra an der LMU operiert wurde.

Nach zweiwöchigem Klinikaufenthalt und einer Woche Rekonvaleszenz im Hotel ging es im November wieder nach Georgia zurück, wo im Dezember letztmalig ein chirurgischer Eingriff anstand. Kauka kümmerte sich in diesen Monaten intensiv um Alexandra. Er hatte immer damit gerechnet, dass seine fast dreißig Jahre jüngere Frau nach ihm sterben würde und sie sich aufgrund seiner Rheumaerkrankung eher um ihn kümmern müsste.[30]

Um Rolfs Gesundheit kümmerte sich nach wie vor Rolf Hohmeister. Als der Rheumatologe mit seiner Frau Esther wieder Chinquapin besuchte, entdeckte er Kaukas neuen Flügel im Wohnzimmer des Herrenhauses. Spontan begann Esther Hohmeister ein altes Küchenlied aus ihrer Kindheit zu singen, begleitet von ihrem Mann auf dem Klavier. Es war die Melodie vom *Gefangenen in Maurischer Wüste*, das Lied vom Fremdenlegionär. Bei Rolf Kauka liefen sofort die Tränen und brachen alte Erinnerungen auf: »Fünfzig Jahre lang habe ich nach diesem Lied gesucht und jetzt kommt eine kleine Schweizerin und singt es mir einfach vor«. Kauka berichtete, dass er sich lebhaft an die Kriegszeit erinnere. Vor Beginn des Westfeldzuges sei er bei einer Familie nahe den Vogesen untergebracht gewesen, deren vier Töchter dieses Lied gesungen hätten. Als Dank für diese emotionale Erinnerung malte er Esther Hohmeister ein Bild über den Fremdenlegionär in maurischer Wüste. Diese Episode zeigt erneut, wie Rolf Kauka die eigene Vergangenheit romantisierte, mit all den typischen Glättungen und Rechtfertigungen einzelner Lebensepisoden.[31]

Für Kauka waren wahre Männerfreundschaften, gerade nach seinen Kriegserfahrungen, schon immer von besonderem Wert gewesen. Manchmal viel wichtiger als die Beziehung zu seinen Ehefrauen. So schätzte er sich glücklich, dass er in diesem für ihn schwierigen Jahr großen Rückhalt aus seinem Freundeskreis erhielt. Neben Gerhard Wessel war dies immer auch Wolfgang Ernst. Umso bestürzter war Kauka, als sein langjähriger Freund am 11. November 1991 in München plötzlich starb. Kauka romantisierte auch den Tod des früheren Jagdfliegers Ernst im fragwürdigen Stil eines alten Soldaten. Er sagte: »Der höchste Befehlshaber hat ihn abkommandiert zur großen Armee.« Nach diesem Jahr wusste er mit Blick auf den Tod mehr denn je, dass die Einschläge näherkamen.[32]

Zunächst gab Kauka 1992 noch eines seiner eher seltenen Interviews. Es erschien am 15. Mai im Magazin der *Süddeutschen Zeitung* und sollte sein letztes großes Gespräch überhaupt sein. Der bekannte Journalist und Filmkritiker Michael Althen, der gerade zahlreiche Größen des Filmgeschäfts in den USA porträtierte, besuchte Kauka zusammen mit der Fotografin Tina Hager auf der Plantage in Georgia. Leicht verklärend schilderte der Interviewte seine Vision vom Erfolg seiner Füchse.

Moderne Comic-Serien, wie die seit September 1991 in Deutschland laufende amerikanischen Zeichentrickserie *Simpsons*, lehnte er wegen der darin gezeigten Gewalttaten kategorisch ab. Kauka sah sich selbst nicht mehr als Comic-Macher, vielmehr als Forstwirt, der Bäume anpflanzt und verkauft. Vor allem könne er der Natur wieder etwas zurückgeben, denn es sei viel Papier für seine Comics verschwendet worden. Während des Interviews mit Althen wurde Kauka von seiner Frau Alexandra nach draußen gerufen. Auf der Veranda lag eine große Schlange. Kauka versuchte, sie mit einem Netz einzufangen, und wurde dabei in die Hand gebissen. Er bewahrte Ruhe, zumal die Schlange nicht giftig sei, und setzte mit einem Taschentuch über der blutenden Wunde das Gespräch fort. Der krisenerprobte Kauka hinterließ mit seiner Gelassenheit Eindruck.[33]

Zwei Wochen, nachdem das Interview in Deutschland erschienen war, erhielt er von dort eine traurige Nachricht. Am

31. Mai 1992 verstarb in Geretsried Walter Neugebauer, sein langjähriger Art-Director im Kauka-Verlag. Gisela Italiaander informierte ihren früheren Chef noch am selben Tag telefonisch davon. Es war der erste Kontakt seit dem Bruch mit Neugebauer und den Italiaanders seit 1972. Kauka zeigte sich gerade in Anbetracht der dramatischen Ereignisse des letzten Jahres tief betroffen, schätzte er doch das einmalige künstlerische Talent Neugebauers sehr, ungeachtet aller Auseinandersetzungen. Er bot sogleich seine Hilfe an und offerierte, die Beerdigung auszurichten. Doch dazu kam es nicht, da Neugebauers Familie den Leichnam nach Zagreb überführen ließ. Der traurige Anlass hatte für Kauka aber ein positives Moment, da er von nun an wieder Kontakt zu Gisela und Kurt Italiaander hielt, die 1986 geheiratet hatten. Wenige Wochen später führte das zu einem ersten Treffen.

Zwei Monate nach Neugebauers Tod verstarb am 12. Juli 1992 auch Kaukas langjähriger niederländischer Geschäftsfreund Bob Coebergh. Betroffen spazierte der Verleger jetzt durch die Wälder, vertieft in Erinnerungen und Gedanken an den Tod.[34]

Im Herbst 1992 reiste Rolf Kauka mit seiner Frau wieder in die Schweiz, zur Neueinstellung seiner Rheuma-Therapie durch Dr. Rolf Hohmeister in Bad Ragaz. Diesmal rief er vom Hotel aus auch bei den Italiaanders an, die knapp eine Stunde entfernt in Lindau lebten. Er schlug ein persönliches Wiedersehen vor und erwartete Gisela und Kurt Italiaander im Grandhotel Quellenhof.[35]

Nach so vielen Jahren der Distanz trat er zunächst ernst und abwartend auf. Doch schnell wurde die Skepsis von Freude und einer ernstgemeinten Umarmung verdrängt. Kauka, so sahen es auch die Italiaanders, verfügte über eine besondere Charaktereigenschaft: Mit seinem Charme konnte er dem Gegenüber den Eindruck ungeteilter Aufmerksamkeit vermitteln, als wäre nie Zeit vergangen, hätte es nie Probleme gegeben. Rolf

Kauka war durch und durch ein glänzender Verkäufer und konnte überzeugend herzlich sein – wenn er es denn wollte. Bei einem gemeinsamen Abendessen im Hotelrestaurant kam man sich schnell wieder näher und hielt von nun an regelmäßig telefonischen Kontakt. Es war eine zunächst private Verbindung, die wenige Jahre darauf auch wieder eine geschäftliche Komponente hervorbrachte.[36]

Nach über zwanzig Jahren sollte Ende 1992 überraschend das Thema eines Trickfilms mit *Fix und Foxi* wieder aufgegriffen werden. Letztmalig war das 1973 mit *Sinfonie in Müll* als kurzer Vorfilm zu Kaukas *Maria d'Oro* der Fall gewesen. Die Idee dazu kam diesmal aber nicht von ihm selbst. Verantwortlich dafür war Peter Hille, ein Geschäftsführer der Ravensburger Film+TV (RTV) Family Entertainment, einem der führenden europäischen Anbieter für Kinder- und Familienprogramme in Deutschland. Hille kannte Kauka seit 1975 und schlug ihm vor, gemeinsam über seine Firma einen Zeichentrickfilm mit seinen Füchsen zu realisieren.

Kauka war zunächst skeptisch, hatte er doch im Grunde mit dem Thema Film abgeschlossen. Er ließ sich daher bei der Beantwortung der Anfrage beinahe ein Jahr lang Zeit. In der Zwischenzeit holte er sich Informationen über verschiedene geeignete Trickfilmstudios bei früheren Mitarbeitern ein, etwa bei Peter Wiechmann. Kauka lud deshalb die Italiaanders zu sich in die USA ein. Im Februar 1993 besuchten sie ihn erstmals in Georgia. Sie blieben eine Woche und wohnten im Gästehaus seines Anwesens. Neben dem Austausch vieler persönlicher Erinnerungen wurde auch über die Möglichkeit der Trickfilmrealisierung gesprochen.[37]

Zwei Wochen nach Ostern flogen Rolf und Alexandra Kauka nach Europa, damit er in der Schweiz wieder medizinisch behandelt werden konnte. Schon bald nach seiner Rückkehr in die USA erhielt er wieder Besuch. Im Herbst kamen Gerhard Wessel und seine Frau Rosemie erneut für einige Wochen in

Georgia vorbei. Wessel mochte die gepflegte herrschaftliche Plantage, verstand nur zu gut, warum sich sein Freund hierher zurückgezogen hatte. Seine Frau war skeptischer, vor allem gegenüber der lokalen Fauna. Alle Besuche, vor allem die Frauen, hatten immer Angst vor den zahlreichen Schlangen. Doch Kauka liebte diese Tiere, nicht zuletzt, weil er im chinesischen Sternzeichen der Schlange geboren war, wie er betonte. Sein Interesse an den Reptilien ging seinen Mitbewohnern und Gästen häufig zu weit, da er, wann immer er ein interessantes Exemplar fand, dieses mit nach Hause brachte. Kauka, der häufig von Schlangen gebissen wurde, fand es lustig, wenn alle dann aus Angst auf die Tische sprangen.[38]

Doch neben den Schlangen gab es auch Alligatoren. Frau Rosemie Wessel setzte sich beispielsweise niemals mit dem Rücken zum Wasser, weil sie damit rechnete, dass jederzeit hinter ihr einer von Kaukas Alligatoren auftauchen könnte. Der Hausherr hatte in den beiden Seen auf seiner Plantage fünf dieser besonderen Haustiere, die er nach römischen Imperatoren benannte: Nero, Tiberius, Titus und Maximinus. Sein Lieblingsalligator war mit rund vier Metern das größte Tier und hörte auf den klangvollen Namen Caligula. Ein kleinerer Nachzügler unter den Krokodilen wurde dagegen von seiner Frau liebevoll »Kelly Bag« genannt, in Anlehnung an die klassische Handtasche von Hermès.[39]

Kauka hatte im Vorwort von *Fix und Foxi* Nummer 50 vom 6. Dezember 1968 die Kinder gefragt, was ihnen »nicht in der BRD gefällt« und welche Persönlichkeit sie angesichts der bevorstehenden Wahl gerne zum Bundespräsidenten hätten. 1993 hätte man fast denken können, als würde sich jemand an Kaukas Frage zum künftigen Bundespräsidenten erinnern. Denn es kam in Deutschland zu einer kleinen Posse, die ganz nach seinem Geschmack gewesen wäre. Aber er selbst hat von dieser Geschichte nie erfahren. Angesichts der zu Ende gehenden Amtszeit des Bundespräsidenten Richard von Weizsäcker wurden Woche für Woche neue Namen als Nachfolger ins Spiel gebracht. Die Deutsche Comic Partei (DCP) schlug, wenn auch nicht ganz ernstgemeint, Rolf Kauka zum Bundespräsidenten vor. Der lebe zwar in den USA, erklärte die in Marburg ansässige Partei, »doch habe schließlich auch Kaiser Friedrich II. sein Reich von Sizilien aus regiert«. Kaukas Name stand in der Bundesversammlung aber nicht zur Wahl. Am 23. Mai 1994 wurde Roman Herzog zum deutschen Staatsoberhaupt gewählt.[40]

Nach seinen medizinischen Behandlungen und der Kontaktpflege alter Freundschaften nahm Kauka Ende 1993 den Gesprächsfaden mit Peter Hille wieder auf. Er bestätigte, dass er sich inzwischen informiert und Interesse an der Entwicklung eines gemeinsamen Trickfilmprojekts habe. Daraufhin reiste Hille im Januar 1994 zu weiteren Besprechungen nach Georgia. Kauka war immer unzufriedener mit VPM und deren Charakterdarstellung seiner Figuren geworden. Ihm schwebte eine Rückbesinnung auf den Anfang der Siebzigerjahre vor. Gemeinsam wurde nun begonnen, das Serienformat zu entwerfen, was über ein Jahr dauern sollte.[41]

Immer wenn eine Reise nach Europa anstand, begann Kauka zuvor zusammen mit seiner Frau eifrig Telefongespräche zu führen und Briefe zu schreiben. Es galt, möglichst viele Treffen zu vereinbaren. So rief Kauka am 13. März 1994 wie gewöhnlich auch seinen alten Freund Gerhard Wessel in München an. Doch diesmal hatte er zusätzlich ein konkretes Anliegen an den ehemaligen BND-Präsidenten, einen privaten Suchauftrag für den früheren Geheimdienstchef. Er bat um die Kontaktdaten von Traudl Junge, die wenige Tage später Geburtstag hatte und für Kauka Anfang der Fünfzigerjahre gearbeitet hatte. Nähere Gründe nannte er nicht. Wessel fragt dazu bei Bernd Freytag von Loringhoven nach, der pflegte aber selbst keinen Kontakt mehr zu ihr. Da Junge jedoch im Münchner Telefonbuch stand, konnte die Erreichbarkeiten von Hitlers letzter Sekretärin leicht an Kauka übermittelt werden. Von nun an führte er ab und an wieder Gespräche mit Traudl Junge, die er als Mensch sehr schätzte, es wurde ein regelmäßiger Kontakt. Für seinen kommenden Aufenthalt in München vereinbarte Kauka persönliche Treffen mit von Loringhoven und Junge.[42]

Am 15. April 1994 flogen Rolf und Alexandra Kauka von den USA nach Europa. Wie immer stiegen sie zunächst im Grandhotel Hof Bad Ragaz ab, wohin sie diesmal auch Gerhard Wessel und seine Frau als ihre Gäste eingeladen hatten. Vom 17. bis 21. April konnten sich die beiden Freunde wieder einmal ausgiebig persönlich austauschen. Nach dieser Woche in der Schweiz fuhr man für weitere zehn Tage nach München. Hier traf sich Rolf Kauka nach Jahrzehnten erstmals wieder mit seinem früheren Geschäftspartner Bernd Freytag von Loringhoven und hatte mit Traudl Junge ein unterhaltsames Abendessen. Rolf Kauka hatte eine gespaltene Erinnerung. Er konnte Personen mit der guten alten Zeit in Verbindung bringen, bei gleichzeitiger Ausblendung ihrer Funktionen vor 1945. Kauka neigte mitunter zur selektiven Erinnerung, wenn es ihm gerade passte. Über was er sich mit den beiden Zeitzeugen aus Hitlers letzten Tagen im Führerbunker unterhalten hat, ist nicht überliefert. Die gemeinsame Vergangenheit wird zentrales Thema gewesen sein.[43]

Auch wenn er jetzt seit einem Jahrzehnt in den USA lebte und seinen Verlag schon lange verkauft hatte, redete er als Rechteinhaber seiner Figuren wöchentlich in die Verlagsredaktionen hinein. Wöchentlich wurden ihm die Hefte aus Deutschland zugeschickt, die er akribisch durcharbeitete. Jede kleine Abweichung von seiner Vorstellung wurde moniert, verschriftlicht und nach Deutschland kommuniziert.

Über seine Lizenzrechte hatte er in der Zwischenzeit erreicht, dass die Charaktere der Comic-Figuren vom Chefzeichner Massimo Fecchi, der bereits 1972 beim Kauka-Verlag angefangen hatte, immer mehr verniedlicht wurden. Aber Kauka war dennoch mit dem Ergebnis unzufrieden. Die Auflage sackte von 400 000 auf 50 000 ab. Für den Verlag ergab sich im Jahr 1993 eine Kostenunterdeckung von 700 000 D-Mark. Daher wurde das Heft am 28. Juli 1994 von wöchentlicher auf monatliche Erscheinungsweise umgestellt. Der Comicanteil wurde reduziert, dafür der Anteil an Fotostorys und Pop-Geschichten gesteigert.

Kauka war mit diesen Innovationen bei VPM nicht einverstanden. Er tobte angesichts der Geschichten über Popgruppen wie Take That und Popstars wie Madonna, die er als »obszöne Sex-Biene« bezeichnet haben soll. Eigentlich waren die Storys als verkaufsfördernd gedacht. Der Verlag hatte Rolf Kauka über die Änderungen am 22. Dezember 1993 informiert, der dagegen umgehend Widerspruch einlegte. Dieses entsprach nicht seinen klaren Vorstellungen klassischer Comics, und deshalb machte er von seinem Urheberrecht Gebrauch.

Da bei den folgenden Verhandlungen keine Einigkeit erzielt werden konnte, entzog er dem Verlag die Nutzungsrechte. Per einstweiliger Verfügung stoppte Kauka im Dezember 1994 die Auslieferung von *Fix und Foxi*. Am 9. Dezember 1994 ließ Kauka über seinen Prozessbevollmächtigten Stiefenhofer den Rückruf der übertragenen Titel-, Verlags- und Urhebernutzungsrechte erklären. Ein langjähriger Rechtsstreit mit VPM begann, der sich bis zum endgültigen Urteil des Oberlandesgerichts München am 12. Juni 1997 hinziehen sollte. Der Verlag brachte 1995 noch einige Sonderausgaben des Comics heraus, im wesentlichen jedoch Geschichten aus früheren Heften. Die Lizenz für neue *Fix-und-Foxi*-Abenteuer erhielt man nicht. Kauka hoffte auf einen neuen Verlag und hatte bereits ein neues Projekt im Auge: nämlich seine Füchse als Zeichentrickserie herauszubringen.[44]

Der Ärger um *Fix und Foxi* machte Kauka diesmal aber auch körperlich erheblich zu schaffen. Sein Gesundheitszustand verschlechterte sich Ende Jahres so sehr, dass er über

Weihnachten ins Krankenhaus musste und die alljährliche Weihnachtsansprache von seiner Frau verlesen wurde. Kauka zeigte sich in seinem Jahresrückblick politischer als je zuvor, erschüttert von den Kriegen und Krisen, wurden doch 1994 weltweit 41 Kriege geführt, darunter der Jugoslawienkrieg, und weltweit befanden sich über 20 Millionen Menschen auf der Flucht. Kauka fühlte sich in solchen Momenten offenkundig als moralische Instanz. Mit zunehmendem Alter trieben ihn verklärte Vorstellungen um. Resigniert resümierte er niedergeschlagen: »[…] Wo ist der Frieden auf Erden? Wo ist das Wohlgefallen, der Respekt von Mensch zu Mensch? Blickt um Euch – die Welt ist voller Zwietracht und Morden.« Kaukas Frau Alexandra feierte zusammen mit seiner Schwester Brunhilde, deren Ehemann und seiner Tochter Irene ein deutlich weniger fröhliches Fest als in den Jahren zuvor.[45]

# BÜCHSENLICHT

Im Januar 1995 beschäftigte sich Rolf Kauka erneut mit Aspekten seiner Vergangenheit, nämlich mit der Kriegszeit. Erstmals war er sogar bereit, sie in Auszügen publizistisch zu thematisieren, ohne sich dieser kritisch zu näheren. Kauka war als hochdekorierter Veteran des Zweiten Weltkriegs und Träger des Deutschen Kreuzes in Gold Mitglied der soldatischen Ordensgemeinschaft *Deutsches Kreuz in Gold, Goldene Nahkampfspange und Ehrenblattspange e.V.* Er trug die Mitgliedsnummer 165 von 235 noch lebenden Mitgliedern. Kauka war stolz auf seine errungenen Auszeichnungen.

Der Vereinsvorsitzende Gottlob Herbert Bidermann erstellte eine Gedenkschrift über die Ausgezeichneten, hatte dazu auch Kauka am 14. Januar angeschrieben und um seine Erinnerungen gebeten. In bester Landsersprache lieferte er unreflektiert tatsächlich die Hintergründe seiner Kriegsauszeichnungen am 30. Januar in einem Schreiben an seinen »lieben Kameraden« Bidermann. Dabei sah er sich sogar ermutigt, auf den Umstand hinzuweisen, dass die »Verdienste der Flak-Artillerie im Erdkampf« allgemein viel zu wenig gewürdigt würden. Kauka gedachte seiner früheren Flak-Kameraden und kündigte an, eine größere Auflagenzahl nach Erscheinen des Buches von Bidermann aufzukaufen. Was er dann auch tat. Eine kritische Auseinandersetzung mit der deutschen Kriegsvergangenheit sieht anders aus.[46]

Die Entscheidung Kaukas, seine *Fix-und-Foxi*-Hefte nach einundvierzig Jahren im Handel plötzlich einstellen zu lassen, hatte nicht nur die soldatische Ordensgemeinschaft auf Kauka aufmerksam werden lassen. Zahlreiche Medien griffen das Thema auf. Das öffentliche Interesse war groß, deutsche Fernsehteams machten sich zu Kauka in die USA auf. Im Westdeutschen Rundfunk (WDR) brachte das Politmagazin ZAK am 12. Februar 1995 einen knapp vierminütigen Beitrag über Rolf Kauka. Er wurde als Fossil aus einer untergegangenen Zeit porträtiert, etwa wenn er auf seine Abneigung gegen die Sängerin Madonna angesprochen wurde. Er wollte keine Abbildungen von ihr, keinen »Schmuddelkram« in seinen Heften haben. Er vergaß seine eigenen Erfahrungen, als er in den Fünfzigerjahren den Kampf gegen das falsche Image von Comics als »Schmuddelhefte« in Deutschland selbst angeführt hatte.

Man sieht, wie Rolf Kauka am Schreibtisch das Poster der *Fix-und-Foxi*-Ausgabe Nr. 9 vom 25. August 1994 zerreißt, in die Mülltonne schmeißt und als »Mistding« beschimpft. Immer wieder musste er die Szene vor der Kamera wiederholen, bis seine gespielte Wut auch richtig zur medialen Geltung kam. Doch die Szene diente nur der Überleitung, um über Kaukas Anspruch auf eine heile Welt am Ende wieder auf seinen Revanchismus zurückzukommen.[47]

Das ZDF schickte ein Fernsehteam nach Georgia, um Kauka auf seiner Plantage zu filmen. Der Beitrag *Aus für Fix und Foxi* wurde am 15. Februar 1995 im Länderjournal gesendet. Kauka erklärte dabei, dass er nichts gegen Madonna hätte, sie jedoch nicht zur Kinder- und Jugendliteratur passen würde. Kauka wurde in seinen typischen Posen inszeniert, Pfeife rauchend, *Die Peppercorns* zeichnend. Man sah ihn auch mit seinem Bagger Schlamm aus einem See schaufeln.

Die *Bild*-Zeitung interessierte sich ebenfalls wieder für Kauka. Der Journalist Kai Dieckmann, später Chefredakteur der Zeitung, suchte ihn und seine Frau persönlich in Georgia auf. Beeindruckt vom Wohlstand der Kaukas und von Flora und Fauna der Plantage, brachte die *Bild* am 13. März 1995 eine reißerische Geschichte über den Verleger. Der Erfinder von *Fix und Foxi* schwebe in Lebensgefahr, lautete die Schlagzeile.

Am frühen Morgen sei Kauka mit seinem Jeep zur Inspektion über die Plantage gefahren, um seine Alligatoren in den Sümpfen zu beobachten. Als er ein offenstehendes Gatter schloss, sei er von der gefährlichsten Gift-Spinne Nordamerikas gebissen worden, einer Schwarzen Witwe, deren Gift sechsmal so stark wie das einer Kobra sei. Kauka hätte zunächst den Biss nicht bemerkt, doch schon bald sei er so schwach und sein linkes Bein so angeschwollen gewesen, dass er von seiner Frau gestützt ins Krankenhaus gebracht werden musste. Dort sei ihm sogleich das Gegenserum gespritzt worden; eine halbe Stunde später und er wäre am Biss der schwarzen Witwe gestorben. So wusste es *Bild*. Doch die Geschichte mit der Giftspinne war von Kai Dieckmann, der Kauka die »Augen eines alten Elefanten« bescheinigt hatte, frei erfunden. Kauka zeigte Verständnis für solche Art von Geschichten, wenn sie dem Verkauf dienten.[48]

Seit dreizehn Jahren lebte er jetzt in den USA, acht Jahre davon als amerikanischer Staatsbürger. Nach wie vor waren ihm seine Freunde aus Deutschland und seine Familie ein wichtiger Bezugspunkt, jedoch nur diejenigen, die seinen Erwartungen entsprachen. Rolf Kauka hatte eben einen ambivalenten Charakter. Er konnte auf der einen Seite gönnerhaft und verständnisvoll sein, dann wiederum das genaue Gegenteil. Er hatte weiter keinerlei Kontakt zu seinen beiden ältesten Töchtern, ebenso wie zu seiner Jüngsten. Kauka konnte die emotionale Distanz zu den eigenen Kindern regelrecht kultivieren.

Alexandra galt sowohl für ihren Vater als auch für Mutter und Geschwister nach wie vor als verschollen. Sie hatte konsequent mit der ganzen Familie gebrochen. Allein das Verhältnis zu seiner Tochter Irene schien unbelastet und, wie Rolf Kauka fälschlicherweise glaubte, auch das zu seinem einzigen Sohn.[49]

Rolf Kauka hatte aufgrund des eigenen Lebensweges immer große Erwartungen an Michael, in dem er seinen Nachfolger sah. Michael war ebenfalls ein sehr kreativer, musischer und talentierter Mensch, der aber nicht in die Fußstapfen seines Vaters treten wollte. Er war vor allem eine sehr sensible Persönlichkeit und nahm die väterlichen Hoffnungen mit zunehmendem Alter immer stärker als Erwartungsdruck wahr. Seinem sehr präsenten Vater gegenüber versuchte er eine offene Konfrontation möglichst zu vermeiden. So tat er vordergründig alles, um dessen Ansprüchen zu genügen, seinen älteren Halbschwestern klagte er hingegen sein Leid.

Michael Kauka hatte in England 1980 zunächst seinen Schulabschluss gemacht, danach an der Pennsylvania State University Wirtschaftswissenschaften studiert und 1987 mit seinem Bachelor (B.A.) abgeschlossen. In Atlanta fing er danach zunächst bei Turner Broadcasting System (TBS) zu arbeiten an, war später auch für Merrill Lynch tätig. Aber er hatte auch immer seinen Vater bei Promedia unterstützt. Für Rolf Kauka unerwartet, beendete sein Sohn die Zusammenarbeit mit ihm Knall auf Fall. Er wolle auf eigenen Füßen stehen und Abstand haben.

Der Vater war durch diesen Bruch brüskiert. Doch es sollte noch schlimmer kommen. Alle Freundinnen, die Michael seinem Vater vorstellte, waren von ihm stets sehr kritisch beäugt oder sogar abgelehnt worden. So auch Ruth K. Bolvig, die aus Birmingham in Alabama stammte und die Michael deshalb im Juni 1995 heimlich heiratete. Kauka erfuhr über Dritte durch Zufall von der Hochzeit. In einem Blumengeschäft in Thomasville, in dem die Hochzeitsgestecke angefertigt worden waren, wurde seine Frau auf das große Fest angesprochen.

Für Kauka war dies wieder einmal ein absoluter Vertrauensbruch. Er unternahm danach nicht den ersten Schritt, erwartete vielmehr eine Entschuldigung der anderen Seite. Kauka glaubte, wieder konsequente Härte in der Familie zeigen zu müssen und erlag seinem unerträglichen Bedürfnis, immer im Recht zu sein. Das führte, wie bei fast all seinen Kindern, zum endgültigen Zerwürfnis, das bis zu Rolf Kaukas Tod anhielt. Auch wenn Michael Kauka nicht weit entfernt in Atlanta lebte und arbeitete, sollte er mit seinem Vater kein Wort mehr wechseln. So erfuhr dieser auch nicht mehr, dass die Ehe seines Sohnes nach zwei Jahren wieder geschieden wurde und er nochmals heiratete. Michael Kauka hatte seine zweite Frau Anita Kishin Khubchandani bereits Jahrzehnte vorher in England auf der Schule kennen gelernt. 2006 verstarb er an einem plötzlichen Herzstillstand.[50]

Rolf Kauka konnte sich von privaten Problemen stets durch Arbeit ablenken. Wie gut für ihn also, dass er das Zeichenfilmprojekt wieder angreifen konnte. Bereits im Mai 1995 hatte er dazu telefonisch Kontakt zu Helmut Murek aufgenommen, dem früheren Chefzeichner bei VPM. Dieser hatte wenige Monate, bevor Kauka das Magazin einstellen ließ, den Verlag in Rastatt verlassen. Kauka informierte ihn darüber, dass sich in den letzten Monaten einiges verändert habe. Angesichts der laufenden Verhandlungen über den Rückruf der Verlagsrechte vor dem Landesgericht München I zeigte er sich zuversichtlich, bald schon wieder über alle *Fix-und-Foxi*-Rechte zu verfügen; er wolle mit zeitgemäßen Geschichten und überarbeiteten Charakteren den alten Markt neu erobern. Dazu würde er ihn brauchen, sagte er Murek.

Kauka schwebte auf Grundlage des klassischen Stils von Walter Neugebauer eine Art Re-Design vor, eine Abkehr von den letzten Jahrzehnten. Er war fest davon überzeugt, dass auch die neue Generation junger Leser von dieser nostalgischen Retro-Optik begeistert sein würde. Kauka lud Murek ein, ihn schon bald persönlich in der Schweiz zu treffen. Die Gelegenheit war günstig, stand doch die jährliche Europareise an und Kauka weilte wieder vom 27. Mai bis 8. Juni 1995 in Bad Ragaz zur Kur. Also trafen sich beide im Hotel Hof Ragaz.

Helmut Murek sollte für Kauka die neuen Model-Sheets für Ravensburger Film+TV (RTV) Family Entertainment entwerfen und die Leitung über das Zeichenfilmprojekt übernehmen. Doch dazu sollte es nicht kommen.[51]

Noch im selben Jahr wurde Kauka nämlich mit Peter Hille, dem Geschäftsführer von RTV, handelseinig. Kauka unterschrieb eine neue Lizenzvereinbarung. Dabei erhielt Ravensburger die Nutzungsrechte für Film und Merchandising an *Fix und Foxi*, während Kauka sich das Copyright und die letzte Abnahme der Produkte vorbehielt. Es war eine Serie mit 26 Folgen zu je 500 000 Mark Produktionskosten geplant, die dreisprachig auf den Markt kommen sollte. Das war eine ungeheure Summe, weit über dem Branchenüblichen.

Allerdings hatte RTV in Sachen künstlerischer Leitung eigene Vorstellungen. So plante man, mit der spanischen D'Ocon Film die Zeichentrickfilme zu realisieren. 1996 stimmte D'Ocon der Produktion zu, was ein Jahr später offiziell vertraglich besiegelt wurde. Die spanische Firma beteiligte sich an 50 % der Produktionskosten und war für die kreative Umsetzung verantwortlich. Kauka entschuldigte sich bei Helmut Murek und übertrug ihm die Leitung für die geplanten Merchandising-Produkte.[52] Im Frühjahr 1997 wurde mit der Produktion der Zeichentrickserie begonnen. Im April feierte Kauka seinen achtzigsten Geburtstag. Trotz seines fortgeschrittenen Alters und seiner schweren Krankheit ging er das neue Projekt zuversichtlich an. Er glaubte nach wie vor an den Erfolg seiner Füchse und war zusammen mit RTV für die Entwicklung der Inhalte, der Figuren und Drehbücher verantwortlich. Alles was D'Ocon entwarf, musste von ihm abgesegnet werden. Kauka holte sich für den Figurenstil Hilfe aus Deutschland. Es gelang ihm, Kurt Italiaander dafür zu gewinnen. Der entwarf auch einen Styleguide für die *Familie Peppercorn*, die bei der *Fix-und-Foxi*-Serie debütieren sollte. Es sollte die letzte Schöpfung für Rolf Kauka sein.[53]

Zu Beginn des neuen Jahres suchte man Erholung im Pazifik, was sich Rolfs Frau gewünscht hatte. Vom 12. bis zum 26. Februar 1998 stand eine Reise nach Hawaii an, nach Maui. Im ehrwürdigen Hotel Hana-Maui blieb man zwei Wochen. Allerdings ging es Rolf Kauka inzwischen gesundheitlich so schlecht, dass er die Strapazen der Reise nur unter medizinischer Aufsicht seines vertrauten Rheuma-Arztes unternahm. Rolf und Esther Hohmeister begleiten die Kaukas. Rolf hatte eine Vorahnung und schrieb den Hohmeisters angesichts der Hawaii-Reise: »Ein jegliches hat seine Zeit und alles Geschehen unter dem Himmel hat seine Stunde.«[54]

Im selben Jahr waren die Storys der Zeichentrickserie sowie der Styleguide zum Großteil fertig, sodass Trailer zur Vermarktung produziert werden konnten. Nun wurde auch die deutsche Presse wieder aufmerksam. Der *Spiegel* kündigt am 8. Juni den Comic-Klassiker *Fix und Foxi* fürs Fernsehprogramm an. Auch 1998 reiste Kauka wieder in die Schweiz zur ärztlichen Behandlung. Von dort ging es weiter nach Bayern.[55] Am 23. Juni traf er sich mit Gerhard Wessel und seiner Gemahlin im Münchener Hotel Vier Jahreszeiten. Aber auch mit früheren Mitarbeitern wie Fred Kipka und seiner Frau traf er sich gemeinsam mit Alexandra für ein gemeinsames Essen im Restaurant Walterspiel. Für Kauka hatte dieser Termin einen geschäftlichen Hintergrund, denn Kipka hatte ihn davon überzeugt, für ein Neuerscheinen von *Fix und Foxi* einen entsprechenden Verlagspartner zu suchen. Kipka sprach in Folge mit verschiedenen Verlagsgruppen, verhandelte mit Günther Grotkamp, dem Geschäftsführer der *Westdeutschen Allgemeinen Zeitung* (WAZ-Mediengruppe). Das konkreteste Angebot kam jedoch vom Axel-Springer-Verlag. Allerdings wurde dort vor Wiederaufnahme des Hefts auf einem Markttest bestanden, um zu sehen, ob es noch genügend Leserschaft gäbe. Mit solch einem Testlauf war Kauka jedoch nicht einverstanden. Er gab Fred Kipka und dem Axel-Springer-

Verlag einen Korb und suchte nach einem anderen Interessenten.[56]

Zwei Jahre zuvor, im Sommer 1996, hatten vor Kaukas Haustür in Atlanta die Olympischen Spiele stattgefunden. Obwohl er keine Wettkämpfe besucht hatte, interessierte er sich inzwischen für das Bogenschießen, genauer gesagt für die Bogenschieß-Wettbewerbe in Stone Mountain. Denn seine Frau Alexandra nahm daran als Athletin teil. Sie hatte das Bogenschießen als Therapie gewählt, um nach ihrem schweren Unfall den Rücken zu stabilisieren. Am Ende wurde sie so professionell, dass sie sich für einen nationalen Wettbewerb qualifizierte. Sie nahm an der Vorauswahl für die Weltmeisterschaft im Bogenschießen teil, die am 16. und 17. August 1998 auf der Olympic Shooting Range in Atlanta ausgetragen wurden. Rolf Kauka war mächtig stolz.[57]

Über viele Jahrzehnte war Kauka nun bereits an chronischer Polyarthritis erkrankt. Er hatte zunehmend unter den Folgen gelitten, aber immer gegen die Krankheit angekämpft. Der Umzug in die USA und die damit einhergehende klimatische Veränderung hatten für viele Jahre Linderung gebracht. Doch 1998 brach bei Kauka auch noch das Felty-Syndrom aus, eine sehr seltene Komplikation aufgrund seiner chronischen Rheumaerkrankung, die in Folge zu Milzvergrößerung, Lymphknotenschwellungen und einer Reduzierung der roten Blutkörperchen führte. Seine Abwehrkräfte schwanden.[58]

Noch im selben Jahr, in dem sich sein Gesundheitszustand immer weiter zu verschlechtern begann, wurde er mit einer großen Ehrung aus Deutschland überrascht. Fast ein Jahr zuvor war er dem Bundespräsidialamt (BPrA) für das Bundesverdienstkreuz vorgeschlagen worden, dies von niemand Geringerem als dem amtierenden Bundesminister des Auswärtigen, Klaus Kinkel. Die Initiative dafür ging wohl von Gerhard Wessel aus, der Kinkel den Hinweis gegeben haben wird. Schließlich kannten sich Kinkel und Wessel gut, war er doch von 1979 bis 1982 Nachfolger Wessels als BND-Präsident gewesen. Das Bundespräsidialamt übermittelte den Vorschlag am 16. Dezember 1997 an das Auswärtige Amt, weil Kauka in den USA lebte. Monate der Prüfung vergingen. Dann entsprach Bundespräsident Roman Herzog am 1. September 1998 schließlich der Ordensanregung. Rolf Kauka sollte für sein Lebenswerk im Namen Deutschlands gewürdigt werden. Der Vorschlagstext der deutschen Botschaft in Washington lautete: »Herr Kauka, Schöpfer der *Fix-und-Foxi-Familie,* hat mit seinem Lebenswerk über viele Jahre hinweg Generationen deutscher Kinder und Jugendlicher begeistert. Er entwickelte zu Beginn der 50er-Jahre in Deutschland die erste deutsche Comic-Serie als Kontrapunkt zum damaligen Comic-Trend, der auf importierte Abenteuerserien setzte. Dabei baute er zunächst auf bekannte Volksbücher und Fabeln auf, die er mit erfrischendem praktischem Humor würzte. So entstanden neben der *Fix-und-Foxi-Familie* auch andere Serien, die bald zur Lieblingslektüre der Kinder gehörten. Die bekanntesten sind: *Lupo, Pauli, Mischa, Tom, Klein Biberherz,* die *Pichelsteiner* und *Bussi Bär.* Die Gesamt-Auflage aller Kauka-Publikationen beläuft sich auf mehr als 800 Mio. Exemplare. Für Herrn Kauka, der auch als der ›deutsche Walt Disney‹ bezeichnet wird, stand immer der ethische Wert seiner Veröffentlichungen im Mittelpunkt: Comics, über die junge Menschen lachen können, die ihre Phantasie anregen und die Eigenkreativität fördern, keine brutale Gewalt, schlechte Sprache oder groteske Situationen. Seit 1982 lebte Herr Kauka in den Vereinigten Staaten und hat mittlerweile die US-Staatsangehörigkeit erworben. Herr Kauka hat sich durch sein zeichnerisches und verlegerisches Wirken um die deutsche Kinder- und Jugendliteratur der Nachkriegszeit sehr verdient gemacht. In Würdigung seines Lebenswerkes schlage ich vor, ihm das Verdienstkreuz 1. Klasse des Verdienstordens der Bundesrepublik Deutschland zu verleihen.«[59]

Rolf Kauka selbst war von der Auszeichnung zutiefst berührt und fühlte sich sehr geehrt. Der Treppenwitz der Geschichte war, dass es sein einziger nicht militärischer Orden in seinem Leben bleiben sollte und er die alten Auszeichnungen aus Kriegszeiten nicht öffentlich tragen durfte. Doch seine Krankheit hinderte ihn bereits daran, persönlich nach Deutschland zu reisen, um die Auszeichnung zu empfangen, selbst an eine Fahrt nach Washington zur deutschen Botschaft oder zum Konsulat in Atlanta war nicht mehr zu denken. So machte sich schließlich eine Delegation der deutschen Vertretung in Atlanta unter Leitung des stellvertretenden Generalkonsuls Ullrich Schmidt auf dem Weg nach Chinquapin, wo Kauka an einem Freitag, am 27. November 1998 in sehr festlichem Rahmen das Bundesverdienstkreuz Erster Klasse verliehen wurde.[60]

Trotz schwerer Krankheit hoffte Kauka mit seinen 81 Jahren darauf, dass *Fix und Foxi* bald als Serie ins deutsche Fernsehprogramm kommen würde. Die Serie umfasste in der ersten Staffel 26 Folgen mit jeweils einer halben Stunde Laufzeit und je 500 000 Mark Produktionskosten. Die Fertigstellung war für Frühjahr 1999 geplant und Peter Hille versprach sich davon einen »richtig großen Coup«. Die Herstellungskosten von 13 Millionen Mark teilten sich das spanische Animationsstudio D'Ocon Films und RTV. Die Kosten sollten durch die Ausstrahlung in möglichst vielen Ländern und den Verkauf der Merchandising-Lizenzen amortisiert werden. In 20 Länder war die Serie bereits verkauft, nur in Deutschland noch nicht: Hier stockten die Verhandlungen mit der ARD.[61]

Weil die Marke *Fix und Foxi* bereits Ende 1994 vom Markt verschwunden war, musste der Bekanntheitsgrad in Deutschland wieder gesteigert werden. Dazu baute der Verlag sogar eine kleine Erlebniswelt um *Fix und Foxi* im Freizeitpark Ravensburger Spieleland im baden-württembergischen Meckenbeuren nahe des Bodensees im Frühjahr 2000 auf. Sie trug bezeichnenderweise den Namen Foxburg.

Vor allem aber musste wieder ein regelmäßiges Comic-Heft erscheinen, ergänzt von Merchandisingartikeln. Dazu hatte Kauka bereits in den Monaten zuvor über Fred Kipka Verlagsinteressenten ausgelotet. Auch Eckhardt Bültermann, der Verlagsleiter von Ehapa, zeigte inzwischen großes Interesse an der früheren Konkurrenz *Fix und Foxi*. Mehrfach reiste er nach Chinquapin, um mit Kauka zu verhandeln. Der hörte sich nur allzu gerne die Zusagen Bültermanns an, der ihm eine eigene *Fix-und-Foxi*-Redaktion versprach sowie die Anstellung ehemaliger versierter Zeichner für den Neustart der Füchse. Am Ende erhielt der Stuttgarter Ehapa-Verlag den Zuschlag. Kauka gelang es, Kurt Italiaander für die Mitwirkung am *Fix-und-Foxi*-Relaunch zu gewinnen. Italiaander sollte für das Charakterdesign verantwortlich sein.[62]

Im Sommer 1999 reiste Alwin Jeck von RTV zu Kauka nach Thomasville, um mit ihm die Details des Projektes zu besprechen. Ob der zahlreichen Schlangen und Alligatoren auf der großen Plantage war er regelrecht erschrocken. Immer mehr Firmen interessierten sich für das Wiedererscheinen von *Fix und Foxi*, man plante mehrere Hörspiele und Bücher herauszugeben, für deren Zeichnungen Kurt Italiaander verantwortlich sein sollte, alles zur Unterstützung der Filmreihe. Doch die halbstündigen Trickfilme wirkten ideenlos und waren durchschnittlich, insgesamt aus der Zeit gefallen. Das Format hatte sich überlebt.

Eine letzte Reise führte Kauka nochmals nach Bad Ragaz in die Schweiz. Medizinische Hilfe war nicht mehr zu erwarten. Die rheumatoide Arthritis war ausgebrannt, hatte aber sehr viele Defekte an allen Gelenken hinterlassen. Deformierungen an Händen, Füßen und Kniegelenken waren die Folge. Zusätzlich wurde der Verdacht auf ein Lungenkarzinom diagnostiziert, vermutlich eine Folge des intensiven Pfeiferauchens über Jahrzehnte. Kauka verabschiedete sich hier auch von Kurt und Gisela Italiaander, die er noch einmal zu sich gebeten hatte. Die beiden waren tief betroffen, als sie ihn sahen: Es ging ihm sichtbar schlecht, er sah, einfach gesagt, sterbenskrank aus.[63]

Kaukas Gesundheitszustand verschlechterte sich zusehends. Als ihn Ende 1999 seine Schwester Brunhilde Wagner mit ihrem Mann Lothar über die Weihnachtsfeiertage besuchte, ging es ihm schon sehr erbärmlich. An ein gemeinsames und von ihm früher so geliebtes Weihnachtsessen war nicht mehr zu denken. Kauka wollte nur noch im Bett liegen, war nicht nur appetit- und lustlos, auch seine Hoffnungen schwanden. Seine Tochter Irene reiste nun immer häufiger in die USA. Bis zum Jahreswechsel hatte er Kauka Promedia, Inc. noch selbst geleitet, doch nun übergab er die Geschäftsführung an Alexandra. Es ging nicht mehr. Was ihm noch etwas Zuversicht gab, waren die bevorstehende Ausstrahlung der Zeichentrickfilmserie und die Neuauflage von *Fix und Foxi.*[64]

# DAS LETZTE HALALI

Der Beginn des neuen Jahrtausends weckte in Rolf Kauka große Hoffnungen. Auf seine Weihnachtskarte hatte er zuversichtlich geschrieben: »Das Jahr 2000 wird ein *Fix-und-Foxi*-Jahr!« Er hoffte, dass sich seine Füchse noch einmal erfolgreich auf dem deutschen Markt durchsetzen würden. Trotz seiner angeschlagenen Gesundheit war er guter Dinge, denn ab dem 26. Februar feierten *Fix und Foxi* ihre Auferstehung, und dies erstmalig als Zeichentrickserie. Sie lief in halbstündigen Folgen am Samstagmorgen in der ARD und parallel dazu auch im Kinderkanal. Beste Voraussetzungen, um eine neue junge Fangemeinde zu gewinnen. Dies auch, weil es *Fix und Foxi* zudem wieder als Heft am Kiosk geben sollte, ebenso wie die ersten Hörspiele.[65]

Nach Jahren erschien am 27. April 2000 wieder ein *Fix-und-Foxi*-Heft, diesmal im Ehapa-Verlag, die Auflage betrug 165 000. Aber sehr schnell zeigte sich, dass die deutsche Öffentlichkeit skeptisch war. Der *Spiegel* fragte sich, ob diesem Neustart Kaukas ein langfristiger Erfolg beschieden sei. Beim Comic und in der Zeichentrickserie erkannte das Magazin lediglich Kaukas »Konzept des deutschen Biedersinns«, denn seine Figuren seien wie früher »brav und konturlos«. Kritisch wurde beäugt, dass Kauka auch den Text für den wenig geistreichen Titelsong geschrieben hatte: »Ich bin dein Freund, oja / Du bist mein Freund, na klar! / und du bist auch ein Freund von uns / Wie wunderbar!« Aber bei aller Kritik müsse man Kauka attestieren, dass die Geschichten um seine beiden Füchse nun nach fast 50 Jahren erstmals ins Fernsehen kämen.

Die Kritiker sollten schnell recht behalten. Während sich die erste Ausgabe noch gut verkaufte, stürzte einen Monat später das zweite Heft regelrecht ab. Ehapa hatte einfach alte Geschichten aus den 1980er-Jahren nachgedruckt. Die Leserschaft war offenkundig nach dem Kauf der ersten Ausgabe massiv enttäuscht. Der Verlag sprach nun sehr schnell davon, dass die beiden Füchse eben kein Publikum mehr hätten. Der Comic wurde umgehend eingestellt. Ein drittes Heft erschien noch, weil es sich bereits in der Auslieferung befand.[66]

Es liegt nahe, dass Eckhardt Bültermann und der Ehapa-Verlag *Fix und Foxi* nur haben wollten, um die alte Konkurrenz endgültig vom Markt zu bekommen. Keine der zuvor getätigten Zusagen wurde eingelöst, weder war eine eigene *Fix-und-Foxi*-Redaktion eingerichtet, noch wurden versierte Zeichner eingestellt; es war nur altes und nicht sonderlich gutes Material nachgedruckt worden. Bültermann verließ 2002 den Verlag und übernahm das familiäre Bestattungsunternehmen. Zuvor aber hatte er Kaukas Traum von der letzten Auferstehung seiner beiden Füchse endgültig beerdigt.

Kauka entschuldigte sich bei Fred Kipka dafür, dass er sich für den Stuttgarter Verlag entschieden hatte. Dies sei eine Fehleinschätzung gewesen. Die Einstellung des Heftes zeigte schnell Auswirkungen auf die anderen Produkte. Vor allem wurde die Trickfilmserie kein Erfolg, auch wenn noch eine zweite Staffel produziert wurde. Nach und nach wurden die *Fix-und-Foxi*-Produkte eingestellt, nach acht Episoden im September 2000 auch die Hörspiele. Allein das *Fix-und-Foxi*-Land bestand bis 2018.[67]

Der letztmalige und vergebliche Versuch der Marktplatzierung von *Fix und Foxi* erscheint wie eine Parabel auf Rolf Kauka selbst. Es war ein verzweifeltes Aufbäumen gegen den Lauf der Zeit. Die aber war für *Fix und Foxi* vorbei. Mit dem Scheitern seiner Füchse erkannte auch Rolf Kauka, dass sich seine Zeit ebenfalls dem Ende näherte. Seine optimistischen Pläne, zusammen mit seinem Rheuma-Arzt Rolf Hohmeister eine Erholungsreise auf die Turk- und Caikosinseln in der Karibik anzugehen, mussten aufgegeben werden. Rolf Kauka war zu stark von der Krankheit gezeichnet und geschwächt.

Auf dem Krankenbett verabschiedete er sich von seinem Arzt und Freund. Seit Beginn des Jahres war er durch das Felty-Syndrom zusätzlich schwer erkrankt, musste bis zum Frühjahr eine Chemotherapie über sich ergehen lassen und wurde schließlich in seinem Haus medizinisch betreut und gepflegt. Zeitgleich begann Kaukas früherer Schatten Peter Wiechmann mit der Zusammenstellung von Material für eine Chronik über den Kauka-Verlag. Kauka unterstützte über seine Frau das Projekt noch im Rahmen seiner Möglichkeiten. Allerdings war es ihm nicht mehr möglich, die erste Folge der als Serie aufgebauten Chronik, die in der Comic-Fachzeitschrift *Die Sprechblase* erschien, noch selbst in Augenschein zu nehmen.[68]

An einem Mittwoch, am 13. September 2000, starb Rolf Kauka im Alter von 83 Jahren nach schwerer Krankheit auf seinem Anwesen in Thomasville. Die 13 war seit dem Krieg seine Glückszahl gewesen. Kauka verstarb im vollen Bewusstsein und in Anwesenheit seiner Frau. Er übergab ihr seinen Glücksbringer-Buddha aus Kriegszeiten mit den Worten: »Irgendwann wirst du wissen, wem du ihn weitergibst.« Bis heute trägt sie ihn bei sich. Zwei Tage später wurde die Presse offiziell durch RTV informiert. Weltweit wurde großer Anteil am Tod des bekanntesten deutschen Comic-Schöpfers genommen. Zahlreiche lokale wie auch internationale Zeitungen und Fernsehsender berichten über seinen Tod, besonders natürlich in seiner deutschen Heimat. Die *Bild* titelte groß: »Der Vater von *Fix und Foxi* ist tot!« und die *Welt* erinnerte an seinen Tod durch den verwirrenden Titel »Bussibären lügen nicht: Der Geist, der nie verneint«.[69]

Die Beerdigungsfeier fand eine Woche später am 19. September in der Episkopalkirche St. Thomas in Thomasville statt.

Es war ein Dienstagmorgen. Kauka hatte sich gewünscht, nach der griechischen Trauerliturgie ausgesegnet zu werden. Unter den zahlreich versammelten Trauergästen befand sich nur der Teil der Familie Kauka, der bis zum Ende zu ihm gestanden hatte: neben seiner Witwe Alexandra und ihrem Sohn Markus war das von Rolfs fünf Kindern bloß noch seine aus Italien angereiste Tochter Irene. In der zweisprachigen Trauerkarte war über Rolf Kauka zu lesen: »Er war ein nobler Mensch, ein Künstler, ein Gelehrter und ein Survivor.« Auch er selbst kam mit einem Zitat zu Wort: »Ich bin dankbar, dass ich durch meine Arbeit Spaß und gute Unterhaltung zu Millionen von Kindern bringen konnte. Der wirkliche Maßstab für ein erfolgreiches Leben ist nicht Geld, Ruhm und Macht. Es ist die Befriedigung zu wissen, dass man seinen Mitmenschen Freude gebracht hat.«[70]

Obwohl sich nur der engste Familienkreis zum Abschied eingefunden hatte, war die Kirche durch die versammelten Freunde und Bekannten Kaukas so voll, dass viele den Gottesdienst von draußen verfolgen mussten. Die Orgel spielte die deutsche Nationalhymne, und eine Sopranistin sang Kaukas Lieblingslied, das finale Stück der *Vier letzten Lieder* des von ihm sehr verehrten Richard Strauss: *Im Abendrot*. Als der Trauerzug die Kirche wieder verließ, wurde ihm, der die Jagd so geliebt hatte, zu Ehren das *Letzte Halali* geblasen.

Rolf Kauka hatte als Verleger wie auch als Familienpatriarch Zeit seines Lebens immer kompromisslos erwartet, dass seine Vorstellungen genau umgesetzt wurden. Er bestimmte die Charaktere seiner Figuren und legte deren Geschichten fest. Auch in der eigenen Familie hatte er diesen überzeichneten Maßstab angelegt. So verwundert es kaum, dass auch der Ablauf seiner eigenen Beerdigung von ihm vorgezeichnet worden war. Sein Leichnam sollte kremiert und seine Asche anschließend auf der Chinquapin-Plantage in den See gestreut werden.

Bei strahlendem Wetter fanden sich alle ortsansässigen Freunde, alle Mitarbeiter, Alexandra Kauka, Markus Nolff und Irene Kauka am See zum letzten Akt der Zeremonie ein. Dort erstreckte sich bereits ein Blumenmeer, und es wurde Champagner gereicht. Jeder hielt eine kurze, aber persönliche Ansprache, schilderte, wie Rolf Kauka das eigene Leben geprägt hatte.

Alexandra Kauka fuhr darauf mit ihrem Manager Ken O'Neill in die Mitte des Sees, wo sie die Asche ihres Mannes mit Blumen verstreute. Aus dem namenlosen See wurde nun der »Lake Rolf«. Begleitet wurde die Zeremonie von Rolfs Lieblingsalligator Caligula, der dem letzten Akt eine eigene humoristische Note gab. Denn er schwamm die ganze Zeit neben dem Boot mit einem bunten Luftballon im großen Maul. Alexandra hatte ihn mit einem Sandwich gefüttert, diesmal bestückt mit einem angebundenen Ballon. Aber nur das Essen wurde geschluckt, nicht der Luftballon, und der schwebte nun den ganzen Tag über dem Alligator.

Seine Witwe beauftragte später im bayerischen Heuweiler bei einem Holzbildhauer ein Marterl, also einen Bildstock bzw. ein Flurkreuz aus deutscher Eiche, das am »Lake Rolf« aufgestellt wurde. Rolf Kaukas Leitspruch war darauf zu lesen: »Leier und Schwert, das beste Gefährt«, eine direkte Anlehnung an die Sammlung patriotischer Gedichte von Theodor Körner. Es war ein letzter Wunsch Rolf Kaukas gewesen.[71]

Sein Testament hatte er lange vor seinem Tod klar geregelt. Seit den Sechzigerjahren hatte er gegenüber seinen Kindern immer darauf gedrungen, auf ihre gesetzlichen Ansprüche zu verzichten. Seiner Auffassung nach wurde sein Vermögen allein durch ihn erarbeitet, daher wollte er sein Erbe auch nach seinem Gutdünken und nach ihm entgegengebrachtem Wohlverhalten verteilen. Weil er seit 1987 amerikanischer Staatsbürger war und seinen Hauptwohnsitz in Georgia hatte, galt das Erbrecht dieses US-Bundesstaates. Und das sah kein Pflichtteilrecht für Kinder vor. So hatte er sein Testament als amerikani-

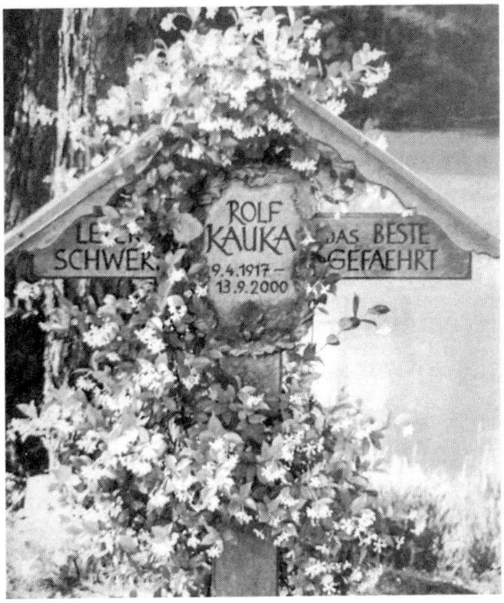


*Das Marterl aus deutscher Eiche für Rolf Kauka am Lake Rolf. Darauf steht, in Anlehnung an Theodor Körner, der Leitspruch »Leier und Schwert, das beste Gefährt«, 2000*

scher Staatsbürger entsprechend geregelt und sich gegen jeden familiären Widerstand durchgesetzt. Rücksicht auf Verluste waren nicht seine Sache.

Alexandra Kauka wurde als Witwe Life Trustee und damit die Alleinerbin seines unbeweglichen wie beweglichen Vermögens inklusive seiner Lizenzrechte an den Comic-Charakteren. Seinen Kindern aus erster und zweiter Ehe, Mascha, Gabriele, Michael und Alexandra, vermachte Rolf Kauka jeweils einen Betrag von 250 000 Dollar. Irene Kauka, die als einziges seiner Kinder zu ihm bis zu seinem Tod ein gutes Verhältnis hatte, erhielt 400 000 Dollar. Die Villa in San Felice Circeo war nicht Teil der Erbmasse. Kaukas früherer Sommersitz gehörte ihr bereits, hatte sie diesen doch seit Jahren bewirtschaftet.

Alexandras Sohn, Markus Nolff, wurden 50 000 Dollar vermacht. Ein Betrag, der auch Rolfs beiden Schwestern Inge Bleuler und Brunhilde Wagner zugesprochen wurde. Aber auch seine erste Frau Erika Kauka bedachte er mit 100 000 Dollar, im Gegensatz zu seiner zweiter Ex-Gattin Gi, die leer ausging. Selbst die dreizehn amerikanischen Angestellten der Plantage zum Zeitpunkt des Todes wurden testamentarisch mit einem Betrag je nach den Jahren ihrer Anstellung bedacht.[72]

Zudem legte Kauka testamentarisch die Gründung einer Stiftung zum »Wohl der Kinder der Welt« fest, da diese schließlich zu seinem Wohlstand maßgeblich beigetragen hatten. Seinem letzten Willen entsprechend wurde am 23. Oktober 2000 die The Rolf Kauka Foundation gegründet, deren CEO seine Witwe wurde. Das Testament besagte, dass das von ihr verwaltete Vermögen nach ihrem Tod gänzlich an die Stiftung überzugehen hatte. Konkret soll die Stiftung der Unterhaltung und Bildung von Kindern dienen: »The primary purpose of the Foundation shall be to support organizations which promote children's education and entertainment. In a large sense, children are responsible for the financial success I have enjoyed, and this Foundation gives me a way to return something of value to them. [...] It is my hope that my broadly distributed literature (Comics) will bring together the children of the world and contribute to international understanding and peace on earth«.[73]

Alexandra Kauka erbte mit dem Tod ihres Mannes aber nicht allein das Vermögen Rolf Kaukas, sondern auch die Verantwortung, sein Lebenswerk zu bewahren und ganz in seinem Geiste zu vermarkten.

# WACHGEHALTENE ERINNERUNG

Alexandra Kauka, Rolfs Witwe, setzte seinen letzten Willen um. Sie versuchte, sein Lebenswerk in Erinnerung zu halten. Vier Jahre nach seinem Tod machte sie sich zunächst über die zukünftige Nutzung von River Creek Gedanken. Lokale Investoren sahen in der besonderen Kulturlandschaft, deren Gegenwert auf 10,5 Millionen Dollar geschätzt wurde, bereits zukünftige exklusive Golfanlagen oder Jagd-Klubs. Da Rolf Kauka schon zu Lebzeiten die Idee hatte, alles in ein Naturschutzgebiet umzuwandeln, verkaufte Alexandra das Areal im Januar 2005 an den Conservation Fund, der das Naturgebiet dann im August an das Georgia Department of Natural Resources (DNR) für 7,3 Millionen Dollar veräußerte. Das staatliche Naturschutzgebiet trägt seitdem den Namen The Rolf and Alexandra Kauka Wildlife Management Area und verzeichnete bereits große Erfolge in der Umweltforschung.[74]

Nachdem 2002 die Verträge mit RTV ausliefen, beauftragte Alexandra Kauka die im niederrheinischen Kernen ansässige Andromeda Central Community Medien GmbH des Medienmanagers Michael Semrad mit der Presse- und Öffentlichkeitsarbeit für Kauka Promedia, Inc. – der deutsche Markt sollte für *Fix und Foxi* operativ aufbereitet werden. So kam es, dass ab dem 25. Oktober 2005 der Hamburger Tigerpress-Verlag mit einer Neuauflage von *Fix und Foxi* auf den Markt kam, die mit 44 Ausgaben vier Jahre lang bis zum Mai 2009 erschien. Nach einer ständig sinkenden Auflage auf am Ende

18 000 Hefte musste der Verlag, ein Teil von G+J, schließlich am 4. Juni 2009 Insolvenz anmelden.

Während der Publikationsphase durch den Tigerpress-Verlag erhielt Rolf Kauka posthum anlässlich seines neunzigsten Geburtstages einen Preis verliehen. Das Münchner Comicfestival zeichnete ihn im Juni 2007 mit dem zwei Jahre zuvor ins Leben gerufenen Comicpreis PENG! für sein Lebenswerk aus. Der renommierte Comic-Forscher Wolfgang J. Fuchs stellte in seiner Laudatio fest: »Wenn in Deutschland ein Comicschaffender für sein Lebenswerk geehrt werden soll, dann gibt es keinen würdigeren Preisträger als Rolf Kauka.« Denn, so Fuchs, Kauka habe die deutsche Comiclandschaft entscheidend geprägt. Das Comicfestival nahm die Preisverleihung zum Anlass, erstmalig Ausstellungen über *Fix und Foxi* und *Bussi Bär* zu zeigen. 2010 kam es erneut zu einem kurzzeitigen Comeback der Heftserie im Berliner Verlag New Ground Publishing, einem Unternehmen der Droemer-Knaur GmbH, das von Januar bis Dezember ein Dutzend *Fix-und-Foxi*-Hefte als Print und Online herausbrachte.

Im Gegensatz zu den beiden Füchsen lief *Bussi Bär* seit Jahrzehnten sehr erfolgreich bei VPM, ab 2017 dann beim Stuttgarter Verlag Blue Ocean, einem Burda-Unternehmen. Alexandra Kauka schreibt nun, in der Tradition von Rolf Kauka, das Editorial »Liebe Eltern«. Sie stemmt sich auch gegen das voranschreitende Vergessen von *Fix und Foxi*. Um die beiden Füchse weiter am Leben zu halten und nicht zu einem reinen Archivgegenstand verstauben zu lassen, beschritt sie einen neuen Weg. Seit 2000 hatte sie es immer abgelehnt, Kaukas Rechte abzugeben. Was ihr fehlte, war jemand, der die Präsenz von *Fix und Foxi* weiter garantieren konnte.

Im Mai 2014 entschloss sie sich daher für die in München und Wien ansässige Your Family Entertainment AG (YFE). Dr. Stefan Piëch (YFE) hatte 2002 die Rechte der RTV übernommen und bekam nun die weltweiten Rechte an den

Kauka-Charakteren: also Marken-, Merchandising- sowie Buch- und Filmrechte. Wenige Monate darauf, am 1. Dezember 2014, startete YFE im Bezahlfernsehen einen eigenen *Fix-und-Foxi*-Sender, der Preise gewann und heute auf vier Kontinenten ausgestrahlt wird.

Doch Kaukas Kult-Füchse sollten auch noch auf einem anderen Weg der Öffentlichkeit nähergebracht werden. Bereits 2011 war in den USA eine erste kleine Ausstellung über Kauka und seine Comics im German-American Heritage Museum in Washington D.C. gezeigt worden. Weitere solcher Projekte folgten. Seit 2015 finden jährlich immer wieder verschiedene *Fix-und-Foxi*-Wanderausstellungen statt, zunächst in Wien, 2016/17 in Hannover, ein Jahr darauf in Oberhausen, 2019 in Kump und 2020 in Krems an der Donau. Kauka-Comics werden als Kunstform präsentiert.[75]

Auf diese Weise, so die Hoffnung, wird die Erinnerung an Rolf Kaukas kreatives Leben, vor allem an seine erschaffenen Welten und Figuren, wachgehalten und werden vielleicht sogar neue Generationen erschlossen. Der Fürst der Füchse hätte seinen Spaß daran.

# EPILOG

Ein Lebenswerk kann nie losgelöst vom Menschen betrachtet werden. Und an Rolf Kaukas schillernder Persönlichkeit schieden sich schon zu seinen Lebzeiten die Geister. Er polarisierte mit seinem ambivalenten Charakter und seinen Widersprüchen. Gerade als Fachmann für Werbung und Selbstdarstellung, wusste er sein öffentliches Image geschickt zu polieren und sein wahres Ich zu privatisieren. Sein Erfahrungsgepäck aus dem Nationalsozialismus und dem Krieg wollte er auch in der Bundesrepublik nicht ablegen, denn der reflektierte und selbstkritische Blick zurück zählte nicht zu seinen Stärken. Wenn auch nationalistisch und stockkonservativ bis in die Knochen, sprudelte er als kreativer Kopf dennoch nur so über vor Ideen, beschritt immer wieder neue Wege. Sein Eulenspiegel-Humor war berüchtigt. Kauka war ein Getriebener seiner Kreativität und vor allem seines Ehrgeizes. Er strebte nach wirtschaftlichem Erfolg, nach Wohlstand und Anerkennung, scheute keine Herausforderung. Niederlagen spornten ihn an. Kurs zu halten, war ihm wichtig.

Rolf Kaukas inneres Feuer brannte lange, an dem man sich in seinem Umkreis wärmen oder auch verbrennen konnte. Denn die Schattenseite davon war, dass er für seinen Erfolg bereit war, notfalls auch sein Familienleben zu opfern. So wie er in seinen Heften einen erzieherischen Ansatz aus Überzeugung verfolgte, wollte auch er im Privaten die Richtung vorgeben. Was seinem Weltbild nicht entsprach, musste geändert werden. Rolf Kauka war ein Alpha-Mann.

Während seine Persönlichkeit schwer einzuordnen ist, ist es bei seinem Lebenswerk anders. Es ist das durch ihn geschaffene Universum an Comicfiguren, Lizenzen und Produkten, mit dem über Jahrzehnte laufenden *Fix und Foxi* als Flaggschiff.

Dadurch ist Kauka nicht nur der erfolgreichste, sondern auch einflussreichste Produzent deutscher Comics. Er hatte einen maßgeblichen Anteil daran, dass sich diese in Deutschland etablieren konnten.

Nicht jeder mochte Rolf Kauka. Nicht jeder mochte *Fix und Foxi* und die anderen Figuren aus dem mitunter biederen Kauka-Kosmos. Aber unbestreitbar bleibt Kaukas Einfluss auf die deutsche Nachkriegskultur. Und obgleich er aufgrund seiner Amerikaaversion den Vergleich mit Walt Disney stets ablehnte, kam er ihm doch so nahe, wie kaum ein anderer Comicmacher in Deutschland.[76]

# DANK

Bei meinem Buch habe ich viel Unterstützung erfahren, für die ich herzlich Dank sagen möchte. Ich danke allen Mitarbeiterinnen und Mitarbeitern der verschiedenen Archive und Heimatvereine, die mir bei meinen zahlreichen Recherchen mit Rat und Tat halfen. Mein Dank gilt ganz besonders den zahlreichen Zeitzeuginnen und Zeitzeugen, die ich für dieses Buch befragen durfte. Ohne ihre Rückblicke, sowohl die positiven als auch die kritischen Erinnerungen, sowie besonders ihr Vertrauen, diese mit mir zu teilen, hätten niemals die verschütteten Details aus Rolf Kaukas Leben von mir ausgegraben und zu einem Mosaik zusammengesetzt werden können. Ihre einzelnen Namen sind über den Anmerkungsapparat leicht zu identifizieren.

Ganz speziell möchte ich aber Rolf Kaukas Familie von Herzen danken. Seine Schwester und seine Töchter haben mir vertrauensvoll private Details und sehr persönliche Einblicke aus seinem bewegten Leben gewährt. Das ist keine Selbstverständlichkeit und kann nicht hoch genug geschätzt werden. Seine vierte Ehefrau, Alexandra Kauka, möchte ich an dieser Stelle besonders hervorheben. Ohne ihre breite Unterstützung wäre diese Lebensbeschreibung so nicht möglich gewesen. Meine Dankbarkeit ist schwer in Worte zu fassen. Es hat sich gezeigt, dass man gerade in stürmischen Zeiten den Kurs halten muss. Many thanks!

Als Mitarbeiter des Bundesnachrichtendienstes musste ich das Manuskript meinem Arbeitgeber vor der Veröffentlichung zur Prüfung vorlegen, zumal Rolf Kauka gute Kontakte zum deutschen Geheimdienst pflegte. Leider durften nicht alle Details genannt und nur offenes Material verwendet werden. Für die Prüfung und Freigabe des Buches bedanke ich mich gerade deswegen bei der Kollegenschaft des Archivbereichs im BND.

Für die sorgfältige Lektüre des Manuskripts möchte ich Alf Mayer meinen Dank aussprechen. Sein Feedback war genau auf den Punkt und inspirierend. Mein besonderer Dank gilt Andreas Pflüger, der als moralischer Kompass sehr kritisch und wortgewaltig mit dem Kauka-Stoff rang. Das erwies sich als notwendig und war sehr hilfreich. Hervorheben möchte ich Achim Gralke, der sich als Lektor sehr professionell mit meinem Manuskript auseinandersetzte und mir immer wieder einen Pfad durch den Wald aufzeigte, den ich manchmal vor lauter Bäumen nicht mehr sah. Von der Agentur Petra Eggers danke ich Daniel Wichmann für seine Unterstützung bei der Verlagssuche. Dr. Stefan Piëch von Your Family Entertainment AG gilt mein Dank für die Nutzung des Lizenzmaterials von *Fix & Foxi*. Fotos aus Rolf Kaukas Leben zu finden war notwendig, aber nicht einfach. Ich danke daher folgenden Sammlungen: Kaj Beringer, Berislav Fabek, Nicolas Henckel von Donnersmarck, Alexandra Kauka, Irene Kauka, Monika Klemps und Peter Wiechmann.

Ich bin froh, die Biografie über Rolf Kauka beim Langen Müller Verlag zu veröffentlichen. Hierfür danke ich der Verlagsleiterin Sissi Klauser und dem Verleger Michael Fleissner. Es schließt sich damit ein besonderer kaukasischer Kreis, zählte doch dessen Vater Herbert Fleissner zu Kaukas Freunden. So erschienen in seinem Verlag in den Achtzigerjahren nicht nur die beiden Romane des Comic-Produzenten; Herbert Fleissner hatte ihn stets dazu ermutigt, sein Leben aufzuschreiben und bei ihm als Biografie zu veröffentlichen. Doch dazu ist es nie gekommen. Bis heute. Rolf Kauka hätte an dieser runden Geschichte seine spezielle Freude gehabt, auch wenn er selbst sein Leben nicht so, sondern mit Sicherheit anders aufgeschrieben hätte.

*Oktober 2021*
*Bodo V. Hechelhammer*

# QUELLEN- UND LITERATURVERZEICHNIS


**Im Autorenbesitz**

Auskunft Deutsche Dienststelle (WASt) über Rudolf Kauka, 20.11.2018.

Auskunft Bundesamt für Verfassungsschutz (BfV) über Rolf Kauka, 6.5.2019.

Auskunft Bundeszentrale für Kinder- und Jugendmedienschutz (BPjM) zu Rolf Kauka, 29.4.2019.

Auskunft Bundespräsidialamt (BPrA) über Rudolf Kauka, 26.3.2019.

Auskunft Bayerisches Landesamt für Verfassungsschutz (LfV Bayern) über Rolf Kauka, 6.3.2019.

Der Nussknacker [Exemplar Peter Wiechmann], München 1968, Sammlung Hechelhammer.

Kopien Bilderbuch und Bilder, Sammlung Monika Klemps.

Kopien Briefe, Dokumente, Fotos u. Fotoalbum, Sammlung Alexandra Kauka.

Kopien Briefwechsel, Fotos, Postkarten, Weihnachtskarten und Stammbäume Rolf Kauka, Sammlung Rudolf Kauka.

Kopien Briefwechsel Rolf Kauka mit Hartmut Becker, Sammlung Hartmut Becker.

Kopien Dankschreiben Aktion U, Sammlung Klaus Wintrich u. Sammlung Christian Hauber.

Kopien Eintrag Heirat Margarete Kauka, Nr. 49/1940 u. Paul Kauka, Nr. 36/1916, Standesamt Markranstädt, Heimatbuch.

Kopien Eheurkunden Rolf und Gisela Kauka, 35/1960, u. Rolf und Alexandra Kauka, Nr. 59/1975, Standesamt Grünwald.

Kopie Eintrag Heirat Margarethe Ingeborg Kauka, Nr. 3/1950 u. Nr. 15/1955, Standesamt Rückersdorf.

Kopien Fotos, Sammlung Irene Kauka.

Kopien Fotos, Sammlung Peter Wiechmann.

Kopie Frontzeitung Markow, 20.5.1944, Sammlung Alexandra Kauka.

Kopien Geburtsurkunden Alexander Paul Kauka, Nr. 35/92 u. Anna Veronika Kauka, Nr. 2/91, Standesamt Schkeuditz.

Kopien Korrespondenz Kauka mit Wessel, Sammlung Wessel.

Kopie RAD-Zeitschrift, 22.10.1938, Sammlung Alexandra Kauka.

Kopie Stammbaum Werner Kauka (1), Heimatverein Regis-Breitingen.

Kopie Briefragment zwischen Rolf und Werner Kauka, 1988, Heimatverein Regis-Breitingen.

Kopie Schreiben Kluge an von Thaler, 3.11.2013, Heimatverein Regis-Breitingen.

**Zeitzeugenaussagen und -interviews**

Wolfgang Bayer, 24.1.2020.

Hartmut Becker, 8.6.2020.

Kaj Beringer, 24.4. u. 3.5.2020.

Michaela Bonfert (Ernst), 6.3.2020.

Dietwald Doblies, 25.4.2019.

Michael Graeter, 28.2.2019.

Arndt Freytag von Loringhoven, 4.1.2019.

Nicolas Henckel von Donnersmarck, 8. u. 12.5.2019.

Rolf Hohmeister, 27.4. u. 17.5.2020.

Gisela (Künstner) Italiaander, 5.2.2019.

Kurt Italiaander, 9.3.2019.

Hanna Kämmer, 5.3.2019.

Alexandra Kauka, 21. u. 29.1, 5., 7., 11., 19. u. 21.2., 19., 21. u. 23.4., 20. u. 21.5. u. 30.12.2019; 14., 15., 21., 26., 29. u. 31.1.; 7., 8., 9., 10., 17. u. 20.3., 19., 22., 26., 27.4. u. 17.5.2020

Gabriele Kauka, 7.5.2019.

Irene Kauka, 7., 11. u. 15.2.2019, 14.1., 23.3., 19.4., 1. u. 3.6.2020.

Mascha Kauka, 26. u. 28.11.2018, 7. u. 25.5.2019.

Rudolf Kauka, 7. u. 12.3. u. 2.4.2019.

Gerlinde Keller (Hierl), 1.12.2018 u. 8.4.2019.

Fred Kipka, 22., 23.2. u. 5.3.2020.

Monika Klemps (Mitreiter), 7.3. u. 11.5.2019.

Petra Körber, 7.2.2019.

Heinz Körner, 8. u. 22.6.2019.

Franz Xaver Kroetz, 28.5.2020.

Ingeborg Magdić, 8.11.2018.

Helmut Murek, 22.2.2020.

Michael Naumann, 21.4.2020.

Toni Netzle, 20.2.2019.
Markus Nolff, 25.2.2020.
Rolf Sachs, 20.4.2020.
Gaby Schuster, 25.3.2019.
Alfred Stiefenhofer, 24.4.2020.
Franz Georg Strauß, 27.4.2020.
Roswitha Swanson, 4.2., 22., 23.11. u. 9.12.2019
Monica Tramitz (Hörbiger), 16. u. 18.2.2019.
Vera Tschechowa, 2.12.2019.
Christian Ude, 18.3.2019.
Dieter Baron von der Recke, 2.6.2019.
Brunhilde Wagner (Kauka), 26.1. u. 28.2.2019.
Peter Wiechmann, 28.9., 22.11.2018, 24.3. u. 19.11.2019.

**Archivquellen**

*Archiv für Christlich Soziale Politik, München (ACSP),* Nachlass, Strauß, Franz Josef, PV: 7075
*Archiv Forschungsinstitut für Friedenspolitik e.V., Weilheim (AFF Weilheim),* Gesprächsnotizen Thomas Walde.
*Archiv International Institute of Social History (IISH Amsterdam),* Archief Arbeiderspers, ARCH00239
*Archivio Storico, Fondazione Fiera Milano (AFF Mailand),* Messekatalog 1957
*Archiv für deutsche Jugendbewegung (AdJb),* Korrespondenz mit Kauka-Verlag, A 203/3 Nr. 318.
*Bayerische Staatsbibliothek, Bildarchiv (BStB München),* Fotoarchiv Timpe.
*BMW Group, Historisches Medienarchiv (BMW Archiv),* Mitarbeitermagazin »Wir von BMW«, April 1957
*Bundesarchiv, Berlin (BArch B),* Presse- und Informationsamt Bundesregierung B 145; Bundesnachrichtendienst 206/3185; NSDAP-Mitgliedskarte Paul Kauka, R, 9361-IX, Kartei, 19540453; NSDAP-Mitglieds- karte Arthur Kremsier, BArch, R, 9361-IX, Kartei, 23150472; NSDAP-Mitgliedskarte Emma Bahre, R, 9361-IX, Kartei, 19540453; NSDAP-Mitgliedskarte Erika Bahre, R, 9361-VIII, Kartei, 471525 u. SS-Stammakte Norbert Pohl, SS-Führerpersonal, 387.
*Bundesarchiv, Filmarchiv, Berlin (BArch Film),* F 0347,»Das geht auch Dich an«, 1963; FILMSG 1/38904, Maria D'Oro, 1973.
*Bundesarchiv, Militärarchiv, Freiburg (BArch F),* F, Pers 6/150244
*Bundesbeauftragte für die Stasiunterlage, Berlin (BStU),* MfS, HA II, 35037; MfS, HA II, 41305
*Bundesnachrichtendienst – Archiv (BNDA),* 1522_OT; 5109_OT; 24855_OT; N1/30_OT, Nachlass Gerhard Wessel; N1/32_OT, Nachlass Gerhard Wessel; N1/34_OT, Nachlass Gerhard Wessel; N1/79_OT, Nachlass Gerhard Wessel; N1/80_OT, Nachlass Gerhard Wessel
*Deutsche Kinemathek Berlin (DK Berlin),* 42160, FILMSG 1/38904, Maria D'Oro, 1973.
*Deutsches Filminstitut (DFF) – Archiv und Bibliothek,* Bestand Rolf Kauka.
*Diözesanarchiv Berlin (DAB),* V/160, Nachlaßsplitter Mikus
*Gemeindearchiv Grünwald (GA Grünwald),* A636/18, Bestand Rolf Kauka
*Gemeindearchiv Oberammergau (GA Oberammergau),* Bestand Rolf Kauka.
*Hauptstaatsarchiv Dresden (HStA Dresden),* Objekt 10 ZD 55-1798 Akte 6; ZA I 5309 Akte 10
*Heimatmuseum Markranstädt (HMM),* Bestand Rolf Kauka
*Institut für Zeitgeschichte München – Berlin, Archiv (ifz-Archiv,* Freytag-Loringhoven, Bernd von, ZS-0038
*International Institut of Social History, Amsterdam (IISH),* Kauka, Firma in München, Correspondentie en verslagen van besprekingen, 1969, 10622, ARCH, 00239-1275.
*Kroatisches Staatsarchiv, Zagreb (KSA),* Rolf Kauka.
*Münchner Stadtbibliothek, Monacensia (MSM),* Brief Kauka-Produktion an Siegfried Sommer, 7.9.1956, SS B 610.
*National Archives and Records Administration, Washington D.C. (NARA),* Petitions for Naturalization (1912–1991), Einbürgerungsantrag Rolf Kauka.
*NATO-Archives Brüssel (NATO-Archives),* German Representation in MC/PS

*Politisches Archiv des Auswärtigen Amtes (PAAA),* Verleihungsvorschlag für Rolf Kauka, B8, 336971.
*Staatsarchiv des Kantons Zug (StA Zug),* Gevacur S. A., G 570/03274.
*Staatsarchiv Freiburg (StA Freiburg),* Spruchkammerakte Erich Pabel, D 180/2, 63882.
*Staatsarchiv Leipzig (StA Leipzig),* Mitgliederlisten der NSDAP, 20612 Stadt Markranstädt, 1888; Mitgliederlisten der NSDAP, 20612 Stadt Markranstädt, 1889; NSDAP und ihre Gliederungen, 20612 Stadt Markranstädt, 1891; Organisation und Aufstellung der Gesamtgliederung der Hitlerjugend, Bund Deutscher Mädel, Deutsches Jungvolk und Jungmädelbund, 20612 Stadt Markranstädt, 1893.
*Staatsarchiv München (StA München),* Spruchkammerbescheid Emma Bahre, SpKA K 3841; Spruchkammerbescheid Rudolf Kauka, SpKA K 3887.
*Stadtarchiv Amsterdam (StdA Amsterdam),* SAA Index op gezinskaarten, 5422.
*Stadtarchiv München (StdA München),* Kauka Gräfin von Stillfried, Dorothea, DE-1992-ZA-P-0249-11.
*Stadtarchiv Nürnberg (StdA Nürnberg),* Sterbeurkunde Paul Kauka, *C 27/II, C 27/II Nr. 343.*
*Stadtarchiv Stuttgart (StdA Stuttgart),* 1543 Gästebuch des Flughafen-Hotel-Restaurant Stuttgart
*Stadtarchiv Karlsruhe (StdA Karlsruhe),* A19/139/6/21
*Unternehmensarchiv Axel Springer (UA AS),* Recherche Rolf Kauka
*Unternehmensarchiv ZDF (UA ZDF),* Länderspiegelbeitrag, 15.2.1995
*Zentral- und Landesbibliothek Berlin (ZLB),* Nachlass Sammlung Hedwig Courths-Mahler

**Internetquellen**

*Ancestry,* Einträge zu Kauka.
*Blog-Seiten u. a.,* www.comicforum.de; www.comicriktik.de; www.genealogy.net; www.kaukapedia.de; www.plunderosa.de; www.sammlerforen.net; www.sunbiz.org; www.sz-photo.de; www.timesenterprose.com; www.worldwide.espacenet.com.
*Bundesverwaltungsgericht,* Beschluss BVerwG 6 A 9.19, 13.1.2021.
*Casetext,* Kauka Farms vs. Scott, 352 S. E. 2d. 373 (Ga. 1987).
*Central Intelligence Agency Electronic Reader Room (CIA-ERR),* Josef Ferenczy; Bernd Freytag von Loringhoven u. Hans Rechenberg.
*Deutscher Bundestag,* Plenarprotokoll der 87. Sitzung, 15.6.1955; Protokoll Deutscher Bundestag, 96. Sitzung, 3.2.1971.
*Federal Bureau of Investigation (FBI). Records: The Vault (FBI Records),* Walt Elias Disney.
*German Docs in Russia (GDR),* Bestand 500, Findbuch 12467, Akte: 4: Diensteinteilung des Oberkommandos der Heeresgruppe »Weichsel«; Bestand 500, Findbuch 12472, Akte: 553: Unterlagen der Ia-Abteilung des AOK 8: Armeebefehle – insbesondere zum Angriff auf Warschau, befehle des X. Armeekorps, und der 24. Infanteriedivision, besondere Anordnungen des Koluft des AOK 8 für die Luftwaffe, Notizen u. a.; Bestand 500, Findbuch 12472, Akte: 554: Unterlagen der Ia-Abteilung des AOK 8: Armeebefehle und Tageaufrufe des Oberbefehlshabers des AOK 8 zum Feldzug gegen Polen, Gliederungsübersicht des AOK 8 u. a.; Bestand 500, Findbuch 12476, Akte 3: Unterlagen der Ia-Abteilung des Generalkommandos des I. Flakkorps: Anlagen zum KTB des Generalkommandos des I. Fliegerkorps; Bestand 500, Findbuch 12476, Akte 40: Unterlagen der Ia-Abteilung des Generalkommandos des I. Flakkorps: KTB des Generalkommandos I. Flakkorps; Bestand 500, Findbuch 12476, Akte 63: Unterlagen der Ia-Abteilung des Generalkommandos des I. Flakkorps: Erfahrungsbericht; Bestand 500, Findbuch 12476, Akte 64: Unterlagen der Ia-Abteilung des Generalkommandos des I. Flakkorps; Bestand 500, Findbuch 12476,

Akte 66: Unterlagen der Ia-Abteilung des Generalkommandos des I. Flakkorps: Anlage zum KTB – Gefechts- und Erfahrungsberichte des Korps und seiner Einheiten an die Luftflotte 4 u. a.; Bestand 500, Findbuch 12476, Akte 74: Unterlagen der Ia-Abteilung des Generalkommandos des I. Flakkorps: Anlagen zum KTB – Flakmeldungen, taktischen Meldungen der unterstellten Verbände u. a.; Bestand 500, Findbuch 12477, Akte 10: Unterlagen der Ia-Abteilung der 2. Infanteriedivision (mot.): Lagemeldungen der unterstellten Einheiten der Division, Befehle der Divisionsführung für die Kampfhandlung u. a.; Bestand 500, Findbuch 12478, Akte: 61: Unterlagen der Ia-Abteilung der 7. Panzerdivision: Gefechtsberichte und Tagesmeldungen der Division zu Feldzug gegen Frankreich, Angaben zu Gefangenen und Beute; Bestand 500, Findbuch 12478, Akte: 62: Unterlagen der Ia-Abteilung der 7. Panzerdivision XV. Armeekorps, Weisungen der Divisionsführung, taktische Meldungen der Einheiten der Division u. a.; Bestand 500, Findbuch 12478, Akte: 64: Unterlagen der Ia-Abteilung der 7. Panzerdivision: Gefechtsberichte und Tagesmeldungen der Division, taktische Meldungen der unterstellten Einheiten, Funksprüche und Lagemeldungen.

**Medienbeiträge**

Kopka, Christiane: 09.04.1917 – Geburtstag von Rolf Kauka, WDR 5 2017, auf: https://www1.wdr.de/radio/wdr5/sendungen/zeitzeichen/rolf-kauka-102.html, aufgerufen, 4.4.2020, (14:46 Minuten)

Wiechmann, Peter: Kauka Comic, München 1969, auf: https://www.youtube.com/watch?v=Nl0vBXBQybo, aufgerufen, 25.1.2019, (32:16 Minuten).

Zwack, Ulrich: Fix und Foxi. Rolf Kaukas Comic-Imperium, BR 2016, auf: https://www.br.de/radio/bayern2/sendungen/land-und-leute/fix-und-foxi-zwack100.html, aufgerufen 4.4.2020, (24:11 Minuten).

**Darstellungen**

Adressbuchverlagsgesellschaft Ruf: Münchner Stadtadressbuch 1954. Adressbuch der Landeshauptstadt München, München 1954.

Adressbuch Weißenfels, 1937.

Allman, Timothy D.: Finding Florida. The True History of the Sunshine State, New York 2013.

Amtliches Fernsprechbuch für das Ortsnetz München 1948, München 1948.

Amtliches Fernsprechbuch für das Ortsnetz München 1951, München 1951.

Amtliches Fernsprechbuch für das Ortsnetz München 1958/59, München 1959.

Bahre, Erika: Die Entscheidungen des Reichsversicherungsamtes über die Anerkennung von Berufskrankheiten, München 1948.

Bartz, Christina/Ruchatz, Jens (Hg.): Mit Telemann durch die deutsche Fernsehgeschichte. Kommentare und Glossen des Fernsehkritikers Martin Morlok, Bielefeld 2006.

Becker, Hartmut/Knigge, Andreas C.: Interview mit Rolf Kauka, in: comixene 31, 1980, S. 4-5.

Becker, Hartmut/Knigge, Andreas C.: Zur Chronologie der Kauka-Comics 1953-1980, in: comixene 31, 1980, S. 6-15.

Beckett, Ian F.: Rommel: A Reapraisal, Barnsley 2013.

Benz, Wolfgang (Hg.): Handbuch des Antisemitismus. Judenfeindschaft in Geschichte und Gegenwart. Band 7: Literatur, Film, Theater und Kunst, München 2014.

Bidermann, Gottlob Herbert: … und litt an meiner Seite! – Krim – Kurland mit der 132. Infanterie-Division 1941-45, Reutlingen 1995.

Blasius, Rainer A.: »Völkerfreundschaft« am Nil: Ägypten und die DDR im Februar 1965, in: Vierteljahrshefte 46/4 (1998), S. 747-805.

Bleicher, Thomas: Von Galliern, Germanen und Pichelsteinern. Kauka-Comics im Gefolge von Asterix, in: Comixene 53 (1995), S. 18-22.

Bleicher, Thomas: Rechts-seitig oder rechts-zeitig? Anmerkungen zum Denken und Wirken Rolf Kaukas, in: Krägermann's Comic Katalog 1997/98, Berlin 1996; S. 105-112.

Bliss, Annika: Die Internationalisierung der bayerischen Motorenwerke AG. Vom reinen Exportgeschäft zur Gründung eigener Tochtergesellschaften im Ausland 1945-1981, Berlin/Boston 2017.

Bracher, Karl Dietrich/Sauer, Wolfgang/Schulz, Gerhard: Die nationalsozialistische Machtergreifung: Studien zur Errichtung des totalitären Herrschaftssystems in Deutschland 1933/34, Wiesbaden 1962.

Brummund, Peter: Struktur und Organisation des Pressevertriebs: Absatzformen, Absatzhelfer und Absatzwege in der Vertriebsorganisation der Zeitungs- und Zeitschriften-Verlage, München 2006.

Buckner, Eldon/Reneau, Jack: Records of North American Whitetail Deer. Missoula 2003.

Budde, Martin: Von Jännä-Jussi bis Buci Maci. Mit Fix und Foxi in die weite Welt, in: Fix & Foxi. Rolf Kaukas großer Welterfolg. Begleitbuch zur Ausstellung im Museum Wilhelm Busch – Deutsches Museum für Karikatur und Zeichenkunst, Hannover 12. November 2016 bis 26. März 2017, S. 62-69.

Budde, Martin: Rolf Kauka zeigt: Marke, Marketing und Merchandising im Zeichen der Füchse, in: Fix & Foxi. Rolf Kaukas großer Welterfolg. Begleitbuch zur Ausstellung im Museum Wilhelm Busch – Deutsches Museum für Karikatur und Zeichenkunst, Hannover 12. November 2016 bis 26. März 2017, S. 92-125.

Budde, Martin: Rolf Kauka in der Kritik, in: Fix & Foxi. Rolf Kauka und seine Kultfüchse, Fix & Foxi. Rolf Kauka, der deutsche Walt Disney und seine Kultfüchse. Ausstellungskatalog, Ludwiggalerie Schloss Oberhausen, 10. bis 19. September 2018, Oberhausen 2018, S. 49-56.

Castan, Joachim: Der Rote Baron. Die ganze Geschichte des Manfred von Richthofen, Stuttgart 2007.

Cerlean, Susan: River Creek – The Rolf and Alexandra Kauka Wildlife Management Area, Arlington 2011.

Courths-Mahler, Hedwig: Licht und Schatten, München 1950.

Courths-Mahler, Hedwig: Das Glück steht am Wege, München 1951.

Deutscher Sportverlag Kurt Stoff GmbH (Hg.): Album des Trabrennsports 1977. Eine Jahres- chronik für Trabrennsport und Traberzucht, Köln 1978.

Deutscher Sportverlag Kurt Stoff GmbH (Hg.): Album des Trabrennsports 1978. Eine Jahreschronik für Trabrennsport und Traberzucht, Köln 1979.

Deutscher Zeitungsverlag (Hg.): Handbuch Deutsche Presse, 1951, Bielefeld 1951.

Deutsches Adelsarchiv (Hg.): Genealogisches Handbuch des Adels, Band 123, Limburg 2000.

De Zeng, Henry L./Stankey, Douglas G.: Luftwaffe Officer Career Summaries. Section G-K, [online-Publikation] 2018.

Doelle-Weinkauff, Bernd: Comics. Geschichte einer populären Literaturform in Deutschland seit 1945, Weinheim/Basel 1990.

Dorn, Margit/Vogel, Andreas: Geschichte des Pressevertriebs in Deutschland. Mit einem Schwerpunkt auf die Entwicklung des Pressehandels, Baden-Baden 2001.

Drechsel, Wiltrud Ulrike/Funhoff, Jörg/Hoffmann, Michael: Massenzeichenware. Die gesellschaftliche und ideologische Funktion der Comics, Frankfurt am Main 1975.

Elser, Anja: Vater der Füchse, in: Anno 17, Institut für Kommunikationswissenschaften Universität Bamberg (Hg.), Bamberg 2017, S. 108-109.

Engel, Franz Wilhelm: Taschenbuch der Nato. Band 2, München 1962.

Englmann, Felicia: Fix und Foxi. Im Gleichschritt mit Adenauer, in: PM History 3 (2007), S. 16.

Fickenwirth, Thomas/Horn, Birgit/Kurzweg, Christian: Fremd- und Zwangsarbeit im Raum Leipzig 1939–1945. Archivalisches Spezialinventar, Leipzig 2004.

Fischer, Bernhard/Dietzel, Thomas: Deutsche Literarische Zeitschriften 1945–1970. Ein Repertorium. Band I: 1-363, Aargauer Neujahrsblatt – Forum, München/London/New York/Paris 1992.

Fischer, Ernst/Wittmann, Geschichte des deutschen Buchhandels im 19. und 20. Jahrhundert. Drittes Reich. Teil 1, Berlin/Boston 2015.

Frankfurter Buchmesse (Hg.): Who's Who, an International Publisher's Guide to the Frankfurt Book Fair, München 1972.

Franceschini, Christoph/Wegener Friis, Thomas/Schmidt-Eenboom, Erich: Spionage unter Freunden. Partnerdienstbeziehungen und Westauflärung der Organisation Gehlen und des BND, Berlin 2017.

Fuchs, Wolfgang J./Reitberger, Reinhold C.: Comics. Anatomie eines Massenmediums, Reinbek 1973.

Fuchs, Wolfgang J./Reitberger, Reinhold C.; Verlagsporträt Rolf Kauka Verlag, in: Panel 1 (1971), S. 42-46.

Galle, Heinz: Volksbücher und Heftromane. Band 1: Der Boom nach 1945 – von Billy Jenkins bis Perry Rhodan, Norderstedt 2005.

Genossenschaft Deutscher Bühnen-Angehöriger (Hg.): Deutsches Bühnenjahrbuch 1968, Berlin 1968.

Geisler, Wolfgang: Stargarder Schüler als Luftwaffenhelfer in Stettin, in: Stargarder Jahresblatt 2003, S. 26.

Gerlach, Walter: »Völlig eigenständiges Medium«? *Comics* made in Germany – Die Kauka-Story, in: Börsenblatt für den Deutschen Buchhandel – Frankfurter Ausgabe – Nr. 44, 2.6.1978, S. 1079-1080.

Gröschl, Jutta: Die Deutschlandpolitik der vier Großmächte in der Berichterstattung der deutschen Wochenschauen 1945–1949, Berlin 1997.

Hammerich, Helmut R.: »Stets am Feind!« Der Militärische Abschirmdienst (MAD) 1956–1990, Göttingen 2019.

Handbuch deutsche Presse, Bielefeld 1951.

Hechelhammer, Bodo (Hg.): Nachrichtendienstliche Begriffsbestimmungen der »Organisation Gehlen« und des frühen Bundesnachrichtendienstes, Berlin 2012.

Hechelhammer, Bodo/Meinl, Susanne: Geheimobjekt Pullach. Von der NS-Mustersiedlung zur Zentrale des BND, Berlin 2014.

Hechelhammer, Bodo V.: Spion ohne Grenzen. Heinz Felfe. Agent in sieben Geheimdiensten, München 2019.

Henke, Klaus-Dietmar: Geheime Dienste. Die Inlandsspionage der Organisation Gehlen 1946–1953, Berlin 2018.

Henne, Helmut: Reichtum der Sprache. Studien zur Germanistik und Linguistik, Tübingen 2006.

Huber, Brigitte (Hg.): Tagebuch der Stadt München. Die offiziellen Aufzeichnungen der Stadtchronisten 1818-2000, München 2004.

Hughes, Nancy: Special Report: MIP-TV-Fix & Foxi, 1.4.1998, auf: www.kidscreen.com/1998/04/01/21302-19980401/, aufgerufen, 8.3.2019.

Ihme, Burkhard: Aus dem Bauch heraus. Interview mit Helmut Murek, in: Comic-Jahrbuch 2001, Stuttgart 2991, S. 64-71.

Impuls. Fachzeitschrift für Film- und Fernsehwerbung, Wirtschaftsfilm, Industriefilm, Dokumentarfilm, Lehrfilm, 1960/61.

Infratest (Hg.): Fix und Foxi: Eine qualitative Leserschaftsuntersuchung, München 1965.

Infratest (Hg.): Fix und Foxi. Leserhaushalte – und deren demographische Zusammensetzung, München 1965.

Infratest (Hg.): Fix und Foxi. Leseranalyse, München 1967.

Jenrich, Holger: Gnadenlos deutsch. Fix und Foxi sind nicht nur sauber, sondern rein, in: H. Jenrich (Hg.), Freunde fürs

Leben. Von Asterix bis Zorro: Gefährten, Helden, Kultfiguren, Essen 1996, S. 75-78.

Jordan, Robert S.: Political Leadership in NATO: A Study in Multinational Diplomacy, New York 1979.

Junge, Traudl: Bis zur letzten Stunde: Hitlers Sekretärin erzählt ihr Leben. Unter Mitarbeiter von Melissa Müller, München 2003.

Kagelmann, Hans Jürgen: Comics: Aspekte zu Inhalt und Wirkung, Bad Heilbrunn 1976.

Kaindl, Klaus: Astérix le Germanique: les premières traductions d'Astérix en Allemagne, in: Le tour de monde d'Astérix. Actes du colloque tenu à la Sorbonne les 30 et 31 octobre 2009, B. Richet (Hg.), Paris 2011, S. 207-212.

Kaindl, Klaus: Das Feld als Kampfplatz – Comics und ihre Übersetzung im deutschen Sprachraum, in: Streifzüge im translatorischen Feld. Zur Soziologie der literarischen Übersetzung im deutschsprachigen Raum, N. Bachleitner/M. Wolf (Hg.), Münster 2010; S. 331-350.

Kalkschmidt, Eugen: Das Landhaus Graf Larisch in München-Geisel- gasteig, in: Dekorative Kunst 28/1 (1924), S. 109-119.

Von Jena, Kai/Schmoeckel, Reinhard (Hg.): Karl Karstens. Erinnerungen und Erfahrungen, Boppard am Rhein 1993.

Kauka, Rolf: Neue Münchhausen Abenteuer, München 1958.

Kauka, Rolf: Roter Samstag oder Der Dritte Weltkrieg findet nicht statt, München 1980.

Kauka, Rolf: Luzifer. Roman einer Seelenwanderung, München 1988.

Kennel, Herma: Als die Comics laufen lernten. Der Trickfilmpionier Wolfgang Kaskeline zwischen Werbekunst und Propaganda, Berlin 2020.

Kessler, Matthias: «Ich muß doch meinen Vater lieben, oder?«. Die Lebensgeschichte von Monika Göth, Tochter des KZ-Kommandanten aus »Schindlers Liste«, Frankfurt am Main 2002.

Kindler, Helmut: zum Abschied ein Fest. Die Autobiografie eines deutschen Verlegers, München 1991.

Kirsch, Simon: Informationsschutz im Unternehmen. Prävention von Wissensabfluss und die Erkennung von Innentätern anhand derer Verhaltensmerkmale, Nordstedt 2014.

Knigge, Andreas C.: Fortsetzung folgt. Comic Kultur in Deutschland. Mit einem Beitrag über die Comics in der DDR von Gerd Lettkemann, Frankfurt am Main/Berlin 1986.

Knigge, Andreas C.: Alles über Comic. Eine Entdeckungsreise von Höhlenbildern bis zum Manga, Berlin 2004.

Koch, Horst-Adalbert: Die Geschichte der deutschen Flakartillerie 1935– 1945, Bad Nauheim 1954.

Koch, Horst-Adalbert: Flak. Die Geschichte der deutschen Flak- artillerie und der Einsatz der Luft- waffenhelfer, Bad Nauheim 1965.

Komitee zum 70. Geburtstag von Harry Schulze-Wilde (Hg.): Buch der Freunde, Ottobrunn 1969.

Kronthaler, Helmut: Rolf Kauka als Romanautor. Zwischen Politik und Esoterik, in: Die Sprechblase 234, 2016, S. 36-38.

Krüger, Dieter: Gerhard Wessel (1913-2002). Der Ziehsohn Gehlens an der Spitze des BND, in: Konspiration als Beruf. Deutsche Geheimdienstchefs im Kalten Krieg, D. Krüger/A. Wagner (Hg.), Berlin 2003, S. 264-283.

Kübler, Hans-Dieter: Medien für Kinder. Von der Literatur zum Internetportal. Ein Überblick, Wiesbaden 2002.

Lehmstedt, Mark: Die geheime Geschichte der Digedags: die Publikations- und Zensurgeschichte des «Mosaik« von Hannes Hegen (1955–1975), 2010.

Loch, Thorsten: Das Gesicht der Bundeswehr. Kommunikationsstrategien in der Freiwilligenwerbung der Bundeswehr 1956 bis 1989, München 2008.

Mennigen, Peter: »Fix und Foxi« – Teil Oder: Die Ravensburger Jahre, in: Comic. Das Magazin für Comic-Kultur, 10.7.2019.

Mietz, Roland: Lupo modern und FF Super Tip Top: Marcinelle in Grünwald, in: Reddition. Zeitschrift für graphische Literatur 56. Dossier Rolf Kauka und sein Verlag, Barmstedt 2012, S. 30-39.

Mietz, Roland: Biografie Rolf Kauka, in: Fix & Foxi. Rolf Kaukas großer Welterfolg. Begleitbuch zur Ausstellung im Museum Wilhelm Busch – Deutsches Museum für Karikatur und Zeichenkunst, Hannover 12. November 2016 bis 26. März 2017, Barmstadet 2016, S. 12-125.

Mikes, Hermann: Zum Fall »Stettin«, in: Theologisches 18/4 (1988), S. 178-192.

Müller, Rolf-Dieter: Reinhard Gehlen: Geheimdienstchef im Hintergrund der Bonner Republik. Die Biografie. Teil 2: 1950–1979, Berlin 2017.

Naumann. Michael: Glück gehabt: Ein Leben, Hamburg 2017.

N.N.: Till Eulenspiegel – eine deutsche Bilderzeitschrift, in: Der neue Vertrieb 98 (1953), S. 177.

N.N.: Unglück auf dem Schulweg, in: Geist und Tat. Monatszeitschrift für Recht und Freiheit 13 (1957), S. 413.

Old Millfieldian Society (Hg.): Chronicle, Millfield 2011.

Olzog, Günter: Dokumentation deutschsprachiger Verlage. Band 5, München/Wien 1975.

Pahl, Magnus: Fremde Heere Ost. Hitlers militärische Feindaufklärung, Berlin 2012.

Palandt, Ralf: Rechtsextremismus, Rassismus und Antisemitismus in Comics, in: Rechtsextremismus, Rassismus und Antisemitismus in Comic, R. Palandt (Hg.), Berlin 2011, S. 6-60.

Penn State Alumni Association Membership Directory, Pennsylvania 1995.

Pietrowiak, Fritz: Nur der Wille zählt. Erinnerungen, Frankfurt am Main 2009.

Pforte, Dietger (Hg.): Comics im ästhetischen Unterricht, 1974.

Pohl, Ulrich (Hg.): Von Max und Moritz bis Fix und Foxi, Wiesbaden 1970.

Protte, Katja: Auf der Suche nach Staatsbürger in Uniform. Frühe Ausbildung- und Informationsfilme der Bundeswehr, in: Krieg und Militär im Film des 20. Jahrhunderts, B. Chiaria/M. Rogg/W. Schmidt (Hg.), München 2003, S. 569-610.

Rass, Christoph/Rohrkamp, Réne (Hg.): Deutsche Soldaten 1939-1945. Handbuch einer biografischen Datenbank zu Mannschaften und Unteroffizieren von Heer, Luftwaffe und Waffen-SS, Aachen 2007.

Rationalisierungs-Gemeinschaft »Bauwesen« im RKW (Hg.): Arbeitskatalog Nr. 1 zur Baufilmdokumentation, Frankfurt am Main 1960.

Reichel, Peter: Vergangenheitsbewältigung in Deutschland. Die Auseinandersetzung mit der NS-Diktatur von 1945 bis heute, München 2001.

Reitberger, Reinhold (Hg.): Comics. Katalog der Comics-Ausstellung im Münchner Stadtmuseum vom 2. März bis 6. Mai 1974, München 1974.

Renner, Maria: Deutsche Comics, in: Der neue Vertrieb 108 (1953), S. 432.

Resch, Lieselotte/Buzás, Ladislaus: Verzeichnis der Doktoren und Dissertationen der Universität Ingolstadt – Landshut – München. Medizinische Fakultät 1946-1963. Band 4, München 1977.

Riewoldt, Otto (Hg.): Franz Xaver Kroetz. Frankfurt am Main 1985.

Ritzi, Matthias/Schmidt-Eenboom, Erich: Im Schatten des Dritten Reiches. Der BND und sein Agent Richard Christmann, Berlin 2011.

Röttig, Sabine: »… bleiben Sie wie bisher getrost in Dichters Landen und nähren sich redlich«. Der Gustav Kiepenheuer Verlag 1933–1949, in: Archiv für Geschichte des Buchwesens 58 (2004), S. 1-139.

Roth, Andreas: The Ultimate Elvis in Munich Book, 2004.

Sackmann, Eckart: Bonnhalla am Rhein – Asterix als Politklamauk, in: Deutsche Comicforschung 3 (2007), S. 128-139.

Sackmann, Eckart: Comics sind nicht nur komisch. Zur Benennung und Definition, in: Deutsche Comicforschung 4 (2008), S. 7-16.
Sackmann, Eckart/Spillmann, Klaus/Wintrich, Klaus: Rolf Kauka – der lange Weg zu Fix und Foxi, in: Deutsche Comicforschung 10 (2014), S. 105-120.
Sandor, Rolf: Der Wilde Westen, München/Rastatt 1952.
Scheibert, Horst: Die Träger des Deutschen Kreuzes in Gold: Kriegsmarine, Luftwaffe, Waffen- SS und Die Träger des Deutschen Kreuzes in Silber: Heer, Luftwaffe, Waffen-SS, Wölfersheim 1983.
Schikinger, Jürgen: Von Dalla bis Zack. Frühe franco-belgische Comics in Deutschland, in: Krägermann's Comic Katalog 1997/98, Berlin 1996; S. 311-321.
Schmidt-Eenboom, Erich: Undercover – Wie der BND die deutschen Medien steuert, München 1999.
Schmidt-Eenboom, Erich: Geheimdienst, Politik und Medien. Meinungsmache Undercover, Werder 2004.
Schmidt-Mühlisch, Lothar: Am Anfang war das Chaos. Ullstein – Propyläen von 1945 bis 1960, in: Ullstein Chronik 1903-2011, A. Enderlein (Hg.), Berlin 2011, S. 269-294.
Schmitz, Linda/Vogt, Christine: Fix & Foxi. Rolf Kauka und seine Kultfüchse, Fix & Foxi. Rolf Kauka, der deutsche Walt Disney und seine Kultfüchse. Ausstellungskatalog, Ludwiggalerie Schloss Oberhausen, 10. bis 19. September 2018, Oberhausen 2018, S. 13-48.
Schnurrer, Achim: Riccardo Rinaldi über Rolf Kauka, in: Comic-Jahrbuch 2008, S. 50-60.
Schönherr, Klaus: Die Rückzugskämpfe in Rumänien und Siebenbürgen im Sommer/Herbst 1944, in: Die Ostfront 1943/44. Der Krieg im Osten und an den Nebenfronten, K.-H. Frieser (Hg.), München 2007, S. 731-848.
Schott, Herbert: Die Amerikaner als Besatzungsmacht in Würzburg (1945–1949), Würzburg 1985.
Schulze-Wilde, Harry: Theodor Plievier: Nullpunkt der Freiheit, München 1965.
Škrabalo, Ivo: 101 Godina Filma U Hrvatskoj 1896–1997., Zagreb 1998.
Sotheby's (Hg.): Auktionskatalog. Fix & Foxi. Die Sammlung Rolf Kauka. München, Montag, 12. Februar 2007, München 2007.
Spillmann, Klaus: Eine Reise in Rolf Kaukas Kindheit!, in: Die Sprechblase 186 (2002); S. 40-41.
Stampa, Ulrich: Lizenz zum Zeichnen, in: Die Sprechblase 198 (2004), S. 45-50.
Stamm, Willy: Der Leitfaden für Presse und Werbung. Band 4, Essen 1951.
Stefen, Rudolf: Massenmedien und Jugendschutz, Bonn 1976.
Sulzbach, Peter: Politische Bildung für die Kleinen, in: Pardon 6 (1965), S. 16-17.
Thiel, Paul: »Asterix und Obelix – oder: die Römer sind doof«, in: Die Trommel 18 (1978), S. 8.
Thorwald, Jürgen: Es begann an der Weichsel. Flucht und Vertreibung der Deutschen aus den Osten, Stuttgart 1949.
Thorwald, Jürgen: Das Ende an der Elbe. Die letzten Monate des Zweiten Weltkrieges im Osten, Stuttgart 1950.
Tolsdorff, Tim: Von der Stern- Schnuppe zum Fix-Stern. Zwei deutsche Illustrierte und ihre gemeinsame Geschichte vor und nach 1945, Köln 2014.
Tschernegg, Markus: Das war Primo. Comic Forum, Wien 1986.
Uderzo, Albert: Uderzo erzählt sein Leben, Berlin 2009.
United States Trotting Association (Hg.): Yearbook, Trotting and Pacing, 81/2 (1968).
Venghaus, Wolfgang: Berlin 1945: die Zeit vom 16. April bis 2. Mai (u. a. die Ausbruchsversuche an der Weidendammer Brücke), Dokumentation in Berichten, Bildern und Bemerkungen, [o. O.] 1998.
Vogt, Christine: Rolf Kauka und die Idee vom deutschen Disney, in: Fix & Foxi. Rolf Kauka und seine Kultfüchse, Fix & Foxi. Rolf Kauka, der deutsche

Walt Disney und seine Kultfüchse. Ausstellungskatalog, Ludwiggalerie Schloss Oberhausen, 10. bis 19. September 2018, L. Schmitz/C. Vogt (Hg.), Oberhausen 2018, S. 57-71.

Vonderach, Andreas: Die deutschen Volkscharaktere: Psychologie und Geschichte, Husum 2012.

Von Rezzori, Gregor: Mir auf der Spur, München 1997.

Wallrath-Janssen, Anne-M.: Der Verlag H. Goverts im Dritten Reich, München 2007.

Wiechmann, Peter: Kaukasisches Kaleidoskop, in: Reddition. Zeitschrift für graphische Literatur, 29. Jahrgang, Ausgabe 56, Dossier Rolf Kauka, Barmstedt 2012, S. 64-67.

Wiechmann, Peter: Spurensuche unter dem kaukasischen Wendekreis, in: Die Sprechblase 177 (2001), S. 29-42.

Wiechmann, Peter: Spurensuche. Von Jugoslawien nach Kaukasien. 3. Folge des großen Berichts, in: Die Sprechblase 178 (2001), S. 27-44.

Wiechmann, Peter: Spurensuche. Kaukaeskes, in: Die Sprechblase 179 (2001), S. 27-40.

Wiechmann, Peter: Spiel mit dem Feuer. 5. Folge des großen Berichts, in: Die Sprechblase 180 (2001), S. 27-40.

Wiechmann, Peter: Spurensuche. 6. Folge des großen Berichts, in: Die Sprechblase 182 (2001); S. 29-42.

Wiechmann, Peter: Spurensuche. 7. Folge des großen Berichts, in: Die Sprechblase 183 (2002), S. 27-42.

Wiechmann, Peter: Spurensuche in eigener Sache, in: Die Sprechblase 184 (2002), S. 27-42.

Wiechmann, Peter: Spurensuche in eigener Sache, in: Die Sprechblase 185 (2002), S. 27-42.

Wiechmann, Peter: Peter Wiechmann auf Spurensuche, in: Die Sprechblase 186 (2002), S. 27-44.

Wiechmann, Peter: Spurensuche, in: Die Sprechblase 189 (2003), S. 27-42.

Wiechmann, Peter: Neue Nachlese, in: Die Sprechblase 190 (2003), S. 27-42.

Wiechmann, Peter: Primo Comic, in: Die Sprechblase 191 (2003), S. 27-43.

Wiechmann, Peter: Primo. Verlags-Verkauf, in: Die Sprechblase 192 (2003), S. 27-43.

Wiechmann, Peter: Spurensuche. Aus dem Schloss ins Schlösschen, in: Die Sprechblase 195 (2004), S. 27-45.

Wintrich, Klaus/Sackmann, Eckart: Rolf Kauka, der deutsche Disney: Fix und Foxi im Ausland, in: Deutsche Comicforschung 9 (2013), S. 103-118.

Wittman, Reinhard: Verlagswesen und Buchhandel 1945-1949, in: Buch, Buchhandel und Rundfunk 1945-1949, M. Estermann/E. Lersch (Hg.), Wiesbaden 1997, S. 34-52.

Wolf, Thomas: Die Entstehung des BND. Aufbau, Finanzierung, Kontrolle, Berlin 2018.

Yugoslav Chamber of Economy (Hg.): Yugoslavia Export-Import Directory: Jugoslawien Außenhandelskatalog, Belgrad 1965.

Zentralausschuss der Werbewirtschaft (Hg.): Werbung in einer freien Wirtschaft. Bericht über den Kongreß der Werbung, München 1959.

Ziemke, Earl F.: The U. S. Army in the Occupation of Germany, 1944-1946, Washington D.C. 1975.

Zilm, Franz-Rudolf: Geschichte der Festung und Garnison Stettin, Bissendorf 1988.

Abendzeitung; Aktuell. Das Deutsche-Wochenmagazin; Badische Zeitung; Bild; BZ; Country Life; Field & Stream; Fink. Das Stadtmagazin; Frankfurter Allgemeine Zeitung; Frankfurter Rundschau, Hamburger Morgenpost online; Harzkurier; Kippe. Leidsch Dagblad; Das Leipziger Straßenmagazin; Luzerner Zeitung; The New York Times; Palm Beach Daily News; The Publishers Weekly; Ruhrwacht; Der Spiegel; spiegel online; State. The newsletter; Sudentenpost; Süddeutsche Zeitung; Taunus-Kurier; taz; tz; Die Welt; Welt online u. Die Zeit.

# ANMERKUNGEN

**Vorwort**

1 Vgl. 8/Bildarchiv Schlesinger 1979, StdA Karlsruhe; A19/139/6/21; Protokoll Deutscher Bundestag, 96. Sitzung, 3.2.1971, S. 5344, in: www.bundestag.de, aufgerufen, 16.3.2019; »Bussibären lügen nicht«, in: Die Welt, 16.9.2000; Henne: Reichtum, S. 241.

2 Vgl. Niederschrift über die öffentliche Sitzung des Gemeinderates Grünwald, 20.11.2007, S. 11 f.

3 Vgl. Gerlach: Medium; S. 1079 f.; Reddition; Kronthaler: Kauka, in: Die Sprechblase 234 (2016, S. 36; Mietz: Biografie, S. 12-125; Schmitz: Fix, S. 13-48; Zeitzeugenaussage Ingeborg Magdić, 8.11.2018.

4 War der „Fix und Foxi"-Erfinder ein Agent?, in: Bild.online, 27.5.2020; Beschluss BVerwG 6 A 9.19, 13.1.2021, www.bvwerg.de, aufgerufen 1. Oktober 2021; Hechelhammer/Meinl: Geheimobjekt

5 Im BND-Archiv durften hierbei ausschließlich offen zugängliche Quellen genutzt werden.

6 Vgl. Hechelhammer/Meinl: Geheimobjekt.

**Kriegswelt (1917 – 1945)**

1 Vgl. Spillmann: Reise, S. 40-44; Sackmann/Spillmann/Wintrich: Kauka, S. 105-119. Eine sehr verkürzte und inhaltlich beschönigte Vita findet sich auch bei Schmitz: Kauka, S. 13 u. Mietz: Biografie, S. 25; Zeitzeugeninterview Rudolf Kauka, 7.3.2019.

2 Vgl. Eintrag Heirat Paul Kauka, Nr. 36/1916 u. Margarete Kauka, Nr. 49/1940, 4.6.1940, Standesamt Markranstädt, Heimatbuch, [o.S.]; Kopie Stammbaum Werner Kauka (1), Heimatverein Regis-Breitingen; Sterberegister Adolf Kauka, 13.4.1939 (Nr. 252/1939), www.ancestry.de, aufgerufen, 12.12.2018; Zeitzeugeninterview Rudolf Kauka, 4.4.2019; Sackmann/Spillmann/Wintrich: Kauka, S. 105.

3 Der älteste Sohn war der 1888 in Groß Lissa geborene Adolf, der später als Bauarbeiter in Regis-Breitungen wohnte. Franz Kauka, ein Schuhmacher, kam 1889 in Roitsch zur Welt. Zwei Jahre später wurde als ältestes Mädchen Anna geboren, die eine Schneiderin wurde. 1894 wurde Ignatz in Quesitz geboren, der später ein Schuhwarengeschäft in Regis-Breitingen führte. Karl wurde ebenfalls in Quesitz 1897 geboren und war Bäcker. Helene, die zweite Tochter, wurde 1898 in Quesitz geboren, verstarb aber als Kleinkind mit zwei Jahren. Auch ihre drei Jahre später geborene Schwester Frieda verstarb mit sechs Monaten. Als letztes der zehn Kinder kam Friedrich Kauka 1902 in Quesitz zur Welt. Er lebte bis zu seinem Tod in Markranstädt. Die Lebensdaten von Franz Kaukas' Kindern wurden freundlicherweise von Dieter Kluge mitgeteilt, Heimatverein Regis- Breitingen. Vgl. Geburtsurkunden Alexander Paul Kauka, Nr. 35/92 u. Anna Veronika Kauka, Nr. 2/91, Standesamt Schkeuditz; Stammbäume Kauka VIII, VIII-c, VIII-d u. VIII-e, Sammlung Rudolf Kauka; Spillmann: Reise, S. 40-41.

4 Vgl. Verlustlisten 1. Weltkrieg, Eintrag Karl Kauka, www.genealogy.net, aufgerufen, 2.3.2019; Zeitzeugeninterview Brunhilde Wagner (Kauka), 28.2.2019.

5 Vgl. Heiratsurkunde Eheleute Kauka 1916, Kreisarchiv Leipzig; Geburtsurkunde Margarete Kauka, 1921, Standesamt Markranstädt; Geburtsurkunde Rolf Kauka, 11.4.1917, StA Leipzig; Deutsche Verlustlisten, 28.8.1916 u. 15.5.1918, www.

genealogy.net, aufgerufen, 2.3.2019; Zeitzeugeninterview Brunhilde Wagner (Kauka), 26.1.2019; Schreiben Kluge an Wiechmann von 2001, Ahnentafel Rolf Kauka u. Vortrag Kämmer, 21.3.2011, HMM, Bestand Rolf Kauka; Sackmann/Spillmann/Wintrich: Kauka, S. 105-121.

6 Vgl. Sackmann/Spillmann/Wintrich: Kauka, S. 105.

7 Vgl. Auszug aus Taufregister Rudolf Kauka, 20.11.2018, Ev.- luth. Kirchengemeinde Markranstädter Land; Sterbeurkunde Paul Kauka, 1.12.1969, StdA Nürnberg, Bestand *C 27/II, C 27/II Nr. 343.*

8 Vgl. Heiratsurkunde Eheleute Kauka 1916, Kreisarchiv Leipzig; Geburtsurkunde Margarete Kauka, 1921, Standesamt Markranstädt; Vortrag Kämmer, 21.3.2011, HMM, Bestand Rolf Kauka; Fotoalbum Georg Mitreiter, Sammlung Monika Klemps; Zeitzeugenaussage Hanna Kämmer, 5.3.2019; Wiechmann: Spurensuche, in: Die Sprechblase 185 (2002), S. 32; Spillmann: Reise, S. 40.

9 Vgl. Zeitzeugeninterview Brunhilde Wagner (Kauka), 28.2.2019.

10 Vgl. Auskunft Felicitas Kirsten vom Thomanerchor Leipzig an Autor, 23.1.2019; Zeitzeugeninterview Brunhilde Wagner (Kauka), 26.1.2019; Zeitzeugenaussage Alexandra Kauka, 7.2.2019.

11 Vgl. Rundschreiben Gauleitung Sachsen, Nr. 5/1935 Organisation und Aufstellung der Gesamtgliederung der Hitlerjugend, Bund Deutscher Mädel, Deutsches Jungvolk und Jungmädelbund, 20612 Stadt Markranstädt, 1893; Fotoalbum Georg Mitreiter, Sammlung Monika Klemps; Urkunde Rolf Kauka Reichsjugendspiele 1929, Sammlung Alexandra Kauka; Spillmann: Reise, S. 40; Zeitzeugenaussage Alexandra Kauka, 17.11.2019.

12 Vgl. Meldebogen Rudolf Kauka, 29.4.1946, StA München, SpKA K 3887; Auszug aus dem Konfirmandenregister Rudolf Kauka vom 20.11.2018, ev.- luth. Kirchengemeinde Markranstädter Land.

13 Vgl. Gehilfen-Prüfungs-Zeugnis vom 28.2.1934, Abschrift Zeugnis 1934 u. Abschrift Zeugnis Kremsier vom 21.3.1936, HMM, Bestand Rolf Kauka; Zeitzeugeninterview Brunhilde Wagner (Kauka), 26.1.2019.

14 Vgl. NSDAP-Mitgliedskarte Paul Kauka, BArch, R, 9361-IX, Kartei, 19540453; NSDAP-Mitgliedskarte Arthur Kremsier, BArch Berlin, R, 9361-IX, Kartei, 23150472; Mitgliederlisten der NSDAP, StA Leipzig, 20612 Stadt Markranstädt, 1888, S. 11; Mitgliederlisten der NSDAP, StA Leipzig, 20612 Stadt Markranstädt, 1889, S. 9; Schreiben an NSDAP-Kreisleitung, 15.3.1945, StA Leipzig, NSDAP und ihre Gliederungen, 20612 Stadt Markranstädt, 1891; Schreiben Kriminaldienststelle Markranstädt, 12.1.1948, HStA Dresden, Objekt 10 ZD 55-1798 Akte 6; Verzeichnung, 12.2.1946, HStA Dresden, ZA I 5309 Akte 10; Zeitzeugeninterview Rudolf Kauka, 2.4.2019; Bracher/Sauer/Schulz: Machtergreifung, S. 126.

15 Vgl. Wehrpass Kauka, BArch F, Pers 6/150244; Schreiben HJ-Gebiet 16 an Bürgermeister, 25.1.1935 u. Schreiben HJ-Markranstädt an Stadtrat Markranstädt, 8.5.1936, StA Leipzig, Organisation und Aufstellung der Gesamtgliederung der Hitlerjugend, Bund Deutscher Mädel, Deutsches Jungvolk und Jungmädelbund, 20612 Stadt Markranstädt, 1893; Zeitzeugeninterview Rudolf Kauka, 12.3.2019.

16 Vgl. Wehrpass Kauka, BArch F, Pers 6/150244; Schreiben HJ-Gebiet 16 an Bürgermeister, 25.1.1935 u. Schreiben HJ-Markranstädt an Stadtrat Markranstädt, 8.5.1936, StA Leipzig, Organisation und Aufstellung der Gesamtgliederung der Hitlerjugend, Bund Deutscher Mädel, Deutsches Jungvolk und Jungmädelbund, 20612 Stadt Markranstädt, 1893; Meldebogen Rudolf Kauka, 29.4.1946, StA München, SpKA K 3887; Zeichnungen Rolf Kauka, Stadtarchiv Markranstädt,

Vorgang Rolf Kauka, [o.S.]; Abbildung Kauka auf Pferd, [o. D.], Sammlung Alexandra Kauka; Pietrowiak: Wille, S. 45 f; Zeitzeugeninterview Rudolf Kauka, 12.3.2019; Zeitzeugenaussage Alexandra Kauka, 21.2.2019; Zeitzeugeninterview Brunhilde Wagner (Kauka), 28.2.2019; Sackmann/Spillmann/Wintrich: Kauka, S. 105-121.

17 Vgl. Wehrpass Kauka, BArch F, Pers 6/150244; Meldebogen Rudolf Kauka, 29.4.1946, StA München, SpKA K 3887; Zeitzeugenaussage Alexandra Kauka, 21.2.2019; Zeitzeugeninterview Rudolf Kauka, 12.3.2019; Sackmann/Spillmann/Wintrich: Kauka, S. 105-121.

18 Vgl. Gehilfen-Prüfungs-Zeugnis, 28.2.1934, Abschrift Zeugnis 1934 u. Abschrift Zeugnis Kremsier vom 21.3.1936, HMM, Bestand Rolf Kauka; Schreiben I./Flakregiment 33, 7.9.1940, BArch F, Pers 6/150244; Zeitzeugeninterview Brunhilde Wagner (Kauka), 28.2.2019.

19 Vgl. Abschrift Zeugnis Kremsier, 21.3.1936, HMM, Bestand Rolf Kauka.

20 Vgl. Adressbuch Weißenfels, 1937, S. 9; Benz (Hg.): Handbuch, S. 757.

21 Vgl. Wehrpass Kauka, BArch F, Pers 6/150244, Zeitzeugeninterview Mascha Kauka, 26.11.2018; Zeitzeugenaussage Alexandra Kauka, 21.2.2019 u. 17.11.2019; Spillmann: Reise, S. 41; Sackmann/Spillmann/Wintrich: Kauka, S. 105-121; Weißenfelser Tageblatt (1813-1945), in: Benz (Hg.): Handbuch, S. 758; Rass/Rohrkamp: Soldaten, S. 337-339; Zeitzeugeninterview Mascha Kauka, 26.11.2018;

22 Vgl. Wehrpass Kauka u. Schreiben I. (Flakregiment 33 vom 7.9.1940, BArch F, Pers 6/150244; Zeitzeugenaussage Alexandra Kauka, 17.11.2019.

23 Vgl. RAD-Zeitschrift, 22.10.1938, Sammlung Alexandra Kauka.

24 Vgl. Schreiben I. (Flakregiment 33 vom 7.9.1940, BArch F, Pers 6/150244; Koch: Flak, S. 63 u. 83; Koch: Geschichte, S. 109.

25 Vgl. Schreiben I. (Flakregiment 33 vom 7.9.1940, BArch F, Pers 6/150244; Auskunft Deutsche Dienststelle (WASt) über Rudolf Kauka an Autor, 20.11.2018.

26 Vgl. Schreiben I. (Flakregiment 33 vom 7.9.1940, BArch F, Pers 6/150244; Koch: Flak, S. 63 u. 79-83; Koch: Geschichte, S. 109.

27 Vgl. Zeitzeugeninterview Alexandra Kauka, 17.11.2019.

28 Vgl. Wehrpass Kauka, BArch F, Pers 6/150244; Fotoalbum Polen- und Frankreichfeldzug Rudolf Kauka, Sammlung Alexandra Kauka; Armeebefehl AOK 8l, 3.9.1939, GDR, Bestand 500, Findbuch 12472, Akte: 553: Unterlagen der Ia-Abteilung des AOK 8: Armeebefehle – insbesondere zum Angriff auf Warschau, befehle des X. Armeekorps, und der 24. Infanteriedivision, besondere Anordnungen des Koluft des AOK 8 für die Luftwaffe, Notizen u. a.; Armeebefehl AOK 8, 17.9.1939, GDR, Bestand 500, Findbuch 12472, Akte: 554: Unterlagen der Ia-Abteilung des AOK 8: Armeebefehle und Tageaufrufe des Oberbefehlshabers des AOK 8 zum Feldzug gegen Polen, Gliederungsübersicht des AOK 8 u. a.

29 Vgl. Fotoalbum Polen- und Frankreichfeldzug Rudolf Kauka, Sammlung Alexandra Kauka.

30 Vgl. Schreiben I./Flakregiment 33, 7.9.1940, BArch F, Pers 6/150244; Koch: Flak, S. 93.

31 Vgl. Schreiben I./Flakregiment 33, 7.9.1940, BArch F, Pers 6/150244; Zeitzeugenaussage, Rolf Hohmeister, 17.5.2020.

32 Vgl. Kriegsbeurteilung Rudolf Kauka, 19.5.1944, Sammlung Alexandra Kauka; Fotoalbum Polen- und Frankreichfeldzug Rudolf Kauka, Sammlung Alexandra Kauka; Bidermann: Seite, S. 203.

33 Vgl. Erfahrungsbericht Westfeldzug, 1940, GDR, Bestand 500, Findbuch 12478, Akte: 61: Unterlagen der Ia-Abteilung der 7. Panzerdivision: Gefechtsberichte und Tagesmeldungen der Division zu Feldzug gegen Frankreich, Angaben zu Gefangenen und Beute; Bidermann: Seite, S. 203.

34 Vgl. Eintrag Heirat Margarete Kauka, Nr. 49/1940, Standesamt Markranstädt.

35 Vgl. Regimentsbefehl, 15.6.1940, GDR, Bestand 500, Findbuch 12478, Akte 64: Unterlagen der Ia-Abteilung der 7. Panzerdivision: Gefechtsberichte und Tagesmeldungen der Division, taktische Meldungen der unterstellten Einheiten, Funksprüche und Lagemeldungen; Divisionsbefehl Nr. 29, 21.6.1940, GDR, Bestand 500, Findbuch 12477, Akte 10: Unterlagen der Ia-Abteilung der 2. Infanteriedivision (mot.): Lagemeldungen der unterstellten Einheiten der Division, Befehle der Divisionsführung für die Kampfhandlung u. a.; Fotoalbum Polen- und Frankreichfeldzug, Sammlung Alexandra Kauka.

36 Vgl. Fotoalbum Polen- und Frankreichfeldzug Rudolf Kauka, Sammlung Alexandra Kauka; Beckett: Rommel, S. 43-45.

37 Vgl. Regimentsbefehl, 15.6.1940, GDR, Bestand 500, Findbuch 12478, Akte 64: Unterlagen der Ia-Abteilung der 7. Panzerdivision: Gefechtsberichte und Tagesmeldungen der Division, taktische Meldungen der unterstellten Einheiten, Funksprüche und Lagemeldungen; Divisionsbefehl Nr. 29, 21.6.1940, GDR, Bestand 500, Findbuch 12477, Akte 10: Unterlagen der Ia-Abteilung der 2. Infanteriedivision (mot.): Lagemeldungen der unterstellten Einheiten der Division, Befehle der Divisionsführung für die Kampfhandlung u. a.; Fotoalbum Polen- und Frankreichfeldzug Rudolf Kauka, Sammlung Alexandra Kauka.

38 Vgl. Schreiben I./Flakregiment 33 vom 7.9.1940, BArch F, Pers 6/150244; Verleihungsurkunde EK I Rudo Kauka, 19.7.1940; Sammlung Alexandra Kauka; Fotoalbum Polen- und Frankreichfeldzug Rudolf Kauka, Sammlung Alexandra Kauka; Bidermann: Seite, S. 203; Zeitzeugeninterview Mascha Kauka, 26.11.2018; Zeitzeugenaussage Alexandra Kauka, 23.4.2019.

39 Vgl. Schreiben NSDAP-Geschäftsstelle an Paul Kauka, 4.9.1940, Sammlung Alexandra Kauka; Fotoalbum Polen- und Frankreichfeldzug Rudolf Kauka, Sammlung Alexandra Kauka; Rass/Rohrkamp: Soldaten, S. 162.

40 Vgl. Schreiben I./Flakregiment 33, 7.9.1940, BArch F, Pers 6/150244.

41 Vgl. Schreiben I./Flakregiment 33, 7.9.1940 u. Ergänzung, 18.9.1940, BArch F, Pers 6/150244.

42 Vgl. Koch: Flak, S. 523.

43 Vgl. Kriegsbeurteilung Rudolf Kauka, 19.5.1944, Sammlung Alexandra Kauka.

44 Vgl. Schreiben Flak-Gruppe Krefeld (Stab Flak-Rgt. 5 mot), 18.3.1942, BArch F, Pers 6/150244.

45 Vgl. NSDAP-Personalblatt Emma Bahre, BArchv L, PC-Bogen, Nr. 3; NSDAP-Mitgliedskarte Emma Bahre, R, 9361-IX, Kartei, 19540453; NSDAP-Mitgliedskarte Erika Bahre, R, 9361-VIII, Kartei, 471525; Meldebogen Emma Bahre, 2.5.1946, StA München, SpKA K 3841; Zeitzeugeninterview Mascha Kauka, 26.11.2018.

46 Vgl. Abschrift vom 18.3.1942, BArch F, Pers 6/150244; Koch: Flak, S. 523.

47 Vgl. Rolf Kauka, in: De Zeng/Stankey: Luftwaffe.

48 Vgl. Schreiben Kriminaldienststelle Markranstädt, 12.1.1948, HStA Dresden, Objekt 10 ZD 55-1798 Akte 6; Zeitzeugeninterview Rudolf Kauka, 2.4.2019; Fickenwirth/Horn/Kurzweg: Fremdarbeit, S. 32 u. 271.

49 Vgl. Dienstleistungsurkunde vom 19.4.1943, BArch F, Pers 6/150244; Auskunft WAST zu Rudolf Kauka an Autor, 20.11.2018; Ben_Sine: Fix und Foxi im Krieg, auf: www.comickritik.de, aufgerufen, 30. Oktober 2018.

50 Vgl. Von Jena/Schmoeckel (Hg.): Karl Carstens, S. 83.

51 Vgl. Bescheinigung Flakartillerieschule III vom 21.4.1943 u. Einschreiben vom 10.6.1943, BArch F, Pers 6/150244; Korrespondenz Fall »Stettin«, DAB, V/160, Nachlasssplitter Mikus; Geisler: Schüler, S. 26; Zilm: Geschichte, S. 277.

52 Vgl. Schreiben Luftgaukommando III, 27.5.1943, BArch F, Pers 6/150244.

53 Vgl. Zeitzeugeninterview Mascha Kauka, 26.11.2018; Adressbuch Berlin 1943, S. 502; Zeitzeugeninterview Brunhilde Wagner (Kauka), 26.1.2019.

54 Vgl. Eintrag, 4.7.1943, GDR, Bestand 500, Findbuch 12476, Akte 40: Unterlagen der Ia-Abteilung des Generalkommandos des I. Flakkorps: KTB des Generalkommandos I. Flakkorps; Kriegsbeurteilung Rudolf Kauka, 19.5.1944, Sammlung Alexandra Kauka.

55 Vgl. Geheime Kommandosache, 1.9.1943, GDR, Bestand 500, Findbuch 12476, Akte 63: Unterlagen der Ia-Abteilung des Generalkommandos des I. Flakkorps: Erfahrungsbericht; Truppengliederung der 17. Flak-Division (mot.), 24.11.1943 u. Dislozierung I. Flakkorps, 15.5.1944, GDR, Bestand 500, Findbuch 12476, Akte 64: Unterlagen der Ia-Abteilung des Generalkommandos des I. Flakkorps, S. 6; Frontzeitung Markow, 20.5.1944, Sammlung Alexandra Kauka.

56 Vgl. Gefechtsbericht 3./251 (v), 2.4.1944, GDR, Bestand 500, Findbuch 12476, Akte 66: Unterlagen der Ia-Abteilung des Generalkommandos des I. Flakkorps: Anlage zum KTB – Gefechts- und Erfahrungsberichte des Korps und seiner Einheiten an die Luftflotte 4 u. a; Begründung Deutsches Kreuz in Gold Rudolf Kauka, 27.6.1944, Sammlung Alexandra Kauka.

57 Vgl. Gefechtsbericht des Stab- und Nachrichtenzuges II/241, 3.4.1944, Gefechtsbericht der 6./241 (mot.), 2.4.1944 u. Anlage 2, Erdkampfstellungen, GDR, Bestand 500, Findbuch 12476, Akte 66: Unterlagen der Ia-Abteilung des Generalkommandos des I. Flakkorps: Anlage zum KTB – Gefechts- und Erfahrungsberichte des Korps und seiner Einheiten an die Luftflotte 4 u. a.

58 Vgl. Dislozierungen I. Flakkorps, 28.11 u. 18.12.1943, 28.1., 8., 18. u. 28.2.1944, 9. u. 16.4.1944 u. 15.5.1944, GDR, Bestand 500, Findbuch 12476, Akte 64: Unterlagen der Ia-Abteilung des Generalkommandos des I. Flakkorps; Aufgefangene Personalie 17. Flak-Division, 14.5.1944, Bestand 500, Findbuch 12476, Akte 74: Unterlagen der Ia-Abteilung des Generalkommandos des I. Flakkorps: Anlagen zum KTB – Flakmeldungen, taktischen Meldungen der unterstellten Verbände u. a.; Frontzeitung Markow, 20.5.1944, Sammlung Alexandra Kauka; Zeitzeugeninterview Mascha Kauka, 26.11.2018.

59 Frontzeitung Markow, 20.5.1944, Sammlung Alexandra Kauka.

60 Vgl. Kriegsbeurteilung Rudolf Kauka, 19.5.1944, Sammlung Alexandra Kauka.

61 Vgl. Aktennotiz Divisionskommandeursbesprechung, 7.6.1944, Kriegsmeldung, 11.6.1944, Flaklagemeldung u. Morgenmeldung, 26.6.1944, GDR, Bestand 500, Findbuch 12476, Akte 74: Unterlagen der Ia-Abteilung des Generalkommandos des I. Flakkorps: Anlage zum KTB – Flaklagemeldungen, taktische Meldungen der unterstellten Verbände u. a.; Schönherr: Rückzugskämpfe, S. 731-848.

62 Vgl. Verleihungsurkunde Rudolf Kauka, 14.6.1944, Sammlung Alexandra Kauka; mit falschem Verleihungsdatum Scheibert: Träger, S. 239; Bidermann: Seite, S. 204; Sackmann/Spillmann/Wintrich: Kauka, S. 107; Koch: Geschichte, S. 40 u. 409-414.

63 Vgl. Adressbuch Berlin 1943, S. 502; Zeitzeugeninterview Mascha Kauka, 26.11.2018; Zeitzeugeninterview Brunhilde Wagner (Kauka), 26.1.2019.

64 Vgl. Zeitungsausschnitt Prien am Chiemsee, 21.9.1944, u. Zeitungsausschnitt Markranstädt, 27.7.1944, Sammlung Alexandra Kauka.

65 Vgl. Diensteinteilung des Oberkommandos der Heeresgruppe »Weichsel«, 1.3.1945, GDR, Bestand 500, Findbuch 12467, Akte: 4: Diensteinteilung des Oberkommandos der Heeresgruppe »Weichsel«; Pahl: Heere, S. 245; Rolf Kauka, in: De Zeng/Stankey: Luftwaffe.

66 Vgl. Castan: Baron, S. 202; Zeitzeugenaussage Alexandra Kauka, 19.2.2019.

67 Vgl. Zeitzeugenaussagen Alexandra Kauka, 17. u. 19.11.2019; Pahl: Heere, S. 154.

68 Vgl. Peter Wiechmann, Chronologie, in: Die Sprechblase 179, 2001, S. 32; Zeitzeugeninterview Mascha Kauka, 26.11.2018.

69 Vgl. Zeitzeugeninterview Mascha Kauka, 26.11.2018.

70 Vgl. Zeitzeugeninterview Mascha Kauka, 26.11.2018; Zeitzeugenaussagen Alexandra Kauka, 19.4., 21.5. u. 17.11.2019.

71 Vgl. Zeitzeugenaussage Alexandra Kauka, 19. u. 23.4.2019; Venghaus: Berlin, S. 206-208.

**Verlagswelt (1945–1957)**

1 Vgl. Schreiben Kriminalamt Zwickau, 19.12.1947 u. Schreiben Kriminaldienststelle Markranstädt, 12.1.1948, HStA Dresden, Objekt 10 ZD 55-1798 Akte 6.

2 Vgl. Zeitzeugeninterview Mascha Kauka, 26.11.2018; Zeitzeugenaussage Alexandra Kauka, 17.11.2019.

3 Vgl. Wittmann: Verlagswesen, S. 44-46; Gröschl: Deutschlandpolitik, S. 100-107.

4 Vgl. Meldebogen Rudolf Kauka, 29.4.1946, StA München, SpKA K 3887; Bericht Hans Rechenberg, 16.4.1962, CIAA ERR, Rechenberg, Hans_0020; Ziemke: U.S. Army, S. 367-380.

5 Vgl. Rolf Kauka, in: Komitee zum 70. Geburtstag von Harry Schulze- Wilde (Hg.): Buch, S. 46.

6 Vgl. Zeitzeugeninterview Mascha Kauka, 26.11.2018.

7 Vgl. SS-Stammakte Norbert Pohl, BArch, SS-Führerpersonal, 387; Zeitzeugeninterview Mascha Kauka, 26.11.2018.

8 Vgl. Schreiben Polizeipräsidium München an Spruchkammer Rosenheim-Land, 2.12.1945, StA München, SpKA K 3887.

9 Vgl. Karikaturen Rolf Kauka zur Bayerischen Verfassung von November 1946, Sammlung Alexandra Kauka.

10 Vgl. Meldebogen Rudolf Kauka, 29.4.1946, StA München, SpKA K 3887.

11 Vgl. Schmitz: Fix, S. 3; Sackmann/Spillmann/Wintrich: Kauka, S. 108; Mietz: Biografie, S. 25; Zeitzeugeninterview Mascha Kauka, 26.11.2018.

12 Vgl. Pohl (Hg.): Max, S. 27; Zeitzeugeninterview Mascha Kauka, 26.11.2018.

13 Vgl. Deutscher Zeitungsverlag (Hg.): Handbuch, S. 403; »Ullstein. Ein Gott hat uns beschützt«, in: Der Spiegel 4 (1952), 23.1.1952; Kindler: Abschied; Tolsdorff: Stern-Schnuppe, S. 253.

14 Vgl. »Heinz Ullstein«, in: Der Spiegel 28 (1950), 13.7.1950; Zeitzeugeninterview mit Mascha Kauka, 27.11.2018; Zeitzeugenaussage Irene Kauka, 13.2.2019; Zeitzeugeninterview Monica Tramitz, 18.2.2019.

15 Vgl. Notizen zum Gespräch mit Theodor Plievier, Sammlung Alexandra Kauka.

16 Vgl. Schulze-Wilde: Theodor, S. 461; Sackmann/Spillmann/Wintrich: Kauka, S. 108; Zeitzeugeninterview Mascha Kauka, 26.11.2018.

17 Vgl. »Besatzungsrelikte«, in: Spiegel 22 (1952); Resch/Buzás: Verzeichnis, S. 50; Komitee zum 70. Geburtstag von Harry Schulze-Wilde (Hg.): Buch, S. 18; Mietz: Biografie, S. 25; Bahre: Entscheidungen, S. 1 f.; Zeitzeugeninterview Mascha Kauka, 26.11.2018.

18 Vgl. Schott: Amerikaner, S. 69 f.; Röttig: Sie, S. 97.

19 Vgl. [Kriminal-Magazin], Fischer/Dietzel, Zeitschriften, S. 579; Sackmann/Spillmann/Wintrich: Kauka, S. 110; Mietz: Biografie, S. 25; »Von der Wolfsschanze nach Fuxhausen«, in: taz, 3.3.2017; Zeitzeugenaussage Alexandra Kauka, 17.11.2019.

20 Vgl. Brief von Loringhoven an Bongartz, 26.4.1949; Brief Thorwald an von Loringhoven, 12.1949 u. Brief von Loringhoven an Steingrüben- Verlag, 24.1.1950, ifz-Archiv, zs-0038, S. 2 f., 54 u. 56; Biografic Report Freytag von Loringhoven, 23.9.1964, CIA-ERR; Thorwald: Weichsel; Ders.: Elbe; Wolf: Entstehung, S. 159; Zeitzeugenaussage Arndt Freytag von Loringhoven.

21 Vgl. Sackmann/Spillmann/Wintrich: Kauka, S. 111; Junge: Stunde, S. 233, 249 f. u. 253; Wiechmann: Primo, in: Die Sprechblase 191 82003, S. 42; Zeitzeugeninterview Mascha Kauka, 26.11.2018; Zeitzeugenaussage Arndt Freytag von Loringhoven 7.1.2019; Zeitzeugenaussage Christian Ude, 18.3.2019.

22 Vgl. Kessler: Vater, S. 212.

23 Vgl. Ernst, Wolfgang, in: De Zeng/Stankey: Luftwaffe; Hechelhammer/Meinl: Geheimobjekt, S. 149-152; Zeitzeugeninterview Mascha Kauka, 26.11.2018 u. 7.5.2019; Zeitzeugenaussage Alexandra Kauka, 17.3.2020.

24 Vgl. Eintrag Heirat Margarete Kauka, Nr. 49/1940, Ergänzung 1950, Standesamt Markranstädt; Eintrag Heirat Margarethe Ingeborg Kauka, Nr. 3/1950, Standesamt Rückersdorf; Zeitzeugeninterview Brunhilde Wagner (Kauka), 26.1.2019.

25 Vgl. Stamm: Leitfaden, S. 234; Schmitz: Fix, S. 15; Deutscher Zeitungsverlag (Hg.): Handbuch, 1951, S. 337; Courths-Mahler: Licht; Courths-Mahler: Glück; Mietz: Biografie, S. 26-28; Zeitzeugeninterview Dieter Baron von der Recke, 2.6.2019.

26 Vgl. Adressbuch München, 1953, S. 1712; Adressbuch München, 1954, S. 1598; Zeitzeugeninterview Mascha Kauka, 26.11.2018; Zeitzeugenaussage Irene Kauka, 7.2.2019.

27 Vgl. Zeitzeugenaussage Irene Kauka, 13.2.2019; Zeitzeugeninterview Monica Tramitz (Hörbiger), 18.2.2019; Zeitzeugeninterview Dieter Baron von der Recke, 2.6.2019.

28 Vgl. Handbuch deutsche Presse, S. 160 u. 176; Fischer/Wittmann: Geschichte, S. 187; Zeitzeugeninterview Monica Tramitz (Hörbiger), 18.2.2019; Galle: Volksbücher, S. 64; Schmitz: Fix, S. 14.

29 Vgl. Eintrag Rudolf Kauka, Amtliches Fernsprechbuch, München, 1951, S. 104; Zeitzeugenaussage Arndt Freytag von Loringhoven, 4.1.2019.

30 Vgl. Wiechmann: Spurensuche, in: Die Sprechblase 179 (201), S. 30; Ders.: Spiel, in: Die Sprechblase 180 (2001), S. 34.

31 Vgl. Spruchkammerbescheid Erich Pabel, 9.7.1949, StA Freiburg, Spruchkammerakte Erich Pabel, D 180/2, 63882.

32 Vgl. Spruchkammerakte Erich Pabel, D 180/2, 63882, StA Freiburg; Zeitzeugeninterview Monica Tramitz (Hörbiger), 18.2.2019; Schreiben Kauka-Verlag an Margarete Elzer, 27.5.2951, ZLB, Nachlass Sammlung Hedwig Courths-Mahler; Sandor: Westen, S. 1 f.; Dorn/Vogel: Geschichte, S. 224; Mietz: Biografie, S. 27.

33 Vgl. Wiechmann: Spurensuche, in: Die Sprechblase 177 (2001), S. 32 f.; Sackmann/Spillmann/Wintrich: Kauka, S. 116; Zeitzeugeninterview Mascha Kauka, 7.5.2019; Zeitzeugeninterview Dieter Baron von der Recke, 2.6.2019.

34 Vgl. Schmitz, Fix, S. 15; Sackmann/Spillman/Wintrich: Kauka, S. 113-116; Galle: Volksbücher, S. 60 f.; Adressbuch, München, 1953, S. 2147; Mietz: Biografie, S. 26-28.

35 Vgl. Becker/Knigge: Interview, S. 4; Knigge: Fortsetzung, S. 47 u. 110; Schmidt-Mühlisch: Anfang, S. 271 u. 289-292; Mietz: Biografie, S. 30.

36 Vgl. Becker/Knigge: Interview, S. 4; Wiechmann: Fix, in: Die Sprechblase 210 (2007), S. 18.

37 Vgl. Wiechmann: Spurensuche, in: Die Sprechblase 177 (2001), S. 31-34; Ders.: Spurensuche, in: Die Sprechblase 186 (2002), S. 39; Ders.: Fix, in: Die Sprechblase 210 (2007), S. 20; Sackmann/Spillman/Wintrich: Kauka; S. 116; Kaindl: Feld, S. 341.

38 Vgl. Plenarprotokoll der 87. Sitzung, 15.6.1955, S. 4821; Sackmann/Spillman/Wintrich: Kauka; S. 120; »Das saubere Dutzend«, in: Süddeutsche Zeitung, 19.10.2010.

39 Vgl. Drechsel/Funhoff/Hoffmann: Massenzeichenware, S. 28-43; Mietz: Biografie, S. 33; Sackmann/Spillman/Wintrich: Kauka, S. 116.

40 Vgl. O-Ton Rolf Kauka gegenüber dem BR, in: Zwack: Fix.

41 Vgl. Wiechmann: Spurensuche, in: Die Sprechblase 177 (2001), S. 38.

42 Vgl. Schmitz, Fix, S. 28; Wiechmann: Spurensuche, in: Die Sprechblase 177 (2001), S. 36.

43 Vgl. Wiechmann: Spurensuche, in: Die Sprechblase 177 (2001), S. 34; Vogt: Kauka, S. 61.

44 Vgl. Mietz: Biografie, S. 34.

45 Vgl. Renner: Comics, S. 432; Sackmann/Spillmann/Wintrich: Kauka, S. 117.

46 Vgl. Sackmann/Spillmann/Wintrich: Kauka, S. 104 f.; Budde: Jännä-Jussi, S. 63 f.; NN: Eulenspiegel, S. 151-153; Doelle-Weinkauff: Comics, S. 87-91.

47 Vgl. Rolf Kauka Fasching, 1954, timp-012867, Bayerische Staatsbibliothek, Fotoarchiv Timpe.

48 Vgl. Budde: Kauka, S. 94.

49 Vgl. Knigge: Fortsetzung, 111; Vogt: Kauka, S. 66.

50 Vgl. »Deutschlands Walt Disney. Rolf Kauka zwischen guten Taten im Heft und fröhlicher Party im Schloß«, in: aktuell. Das deutsche Wochen-Magazin 19 (1961), S. 31.

51 Vgl. Zeitzeugeninterview Mascha Kauka, 26.11.2018; Yugoslav Chamber of economy (Hg.): Yugoslavia, S. 108 u. 378.

52 Vgl. Knigge: Fortsetzung, S. 114 f.; Škrabalo: Filma, S. 277; Wintrich/Sackmann: Kauka, S. 104.

53 Vgl. Zeitzeugeninterview Mascha Kauka, 26.11.2018.

54 Vgl. Wiechmann: Spurensuche, in: Die Sprechblase 178 (2001), S. 34; Ders.: Fix, in: Die Sprechblase 210 (2007), S. 21.

55 Vgl. Knigge: Fortsetzung, S. 90; Mietz: Biografie, S. 33; Wiechmann: Spurensuche, in: Die Sprechblase 178 (2001), S. 32; Budde: Kauka, S. 94.

56 Vgl. BMW Isetta-Werbefilme, in: »Wir von BMW«, S. 9, BMW Medienarchiv; S. 121 u. 289; Bliss: Internationalisierung, S. 218; Zeitzeugenaussage Dietwald Doblies, 25.4.2019; Zeitzeugeninterview Gerlinde Keller (Hierl), 26.4.2019; »Deutschlands Walt Disney. Rolf Kauka zwischen guten Taten im Heft und

fröhlichen Party im Schloß«, in: aktuell. Das deutsche Wochen-Magazin 19 (1961), S. 32; Wiechmann: Spurensuche, in: Die Sprechblase 178 (2001), S. 34 f.; Mietz: Biografie, S. 37 f.

57 Vgl. Zeitzeugeninterview Mascha Kauka, 26.11.2018.

58 Vgl. Wallrath-Janssen: Verlag, S. 336; Budde: Jännä-Jussi, S. 63 f.

59 Vgl. Budde: Jännä Jussi, S. 63.

60 Vgl. Englmann: Fix, S. 16; Sotheby's (Hg.): Ausstellungskatalog, S. 88; Auch im *Fix und Foxi Extra* 44 vom 14.7.1978 geht es speziell um die Bundeswehr.

61 Vgl. Wiechmann: Spurensuche, in: Die Sprechblase 176 (2000), S. 34-36; Zeitzeugeninterview Mascha Kauka, 28.11.2018; Zeitzeugenaussage Irene Kauka, 11.2.2019;

62 Vgl. Wiechmann: Spurensuche, in: Die Sprechblase 176 (2000), S. 34-37; Ders.: Nachlese, S. 28-32; Ders.: Fix, in: die Sprechblase 210 (2007), S. 21; Zeitzeugeninterview Mascha Kauka, 28.11.2018; Zeitzeugeninterview Gerlinde Keller (Hierl), 1.12.2018.

63 Vgl. Zeitzeugeninterview Mascha Kauka, 26.11.2918.

64 Vgl. Zeitzeugeninterview Gerlinde Keller (Hierl), 1.12.2018.

65 Vgl. Adressbuchverlagsgesellschaft Ruf: Stadtadressbuch, 1954, S. 83; Eintrag Otto Beringer, Amtliches Fernsprechbuch, München, 1948, S. 16; Zeitzeugeninterview Mascha Kauka, 26.11.2018 u. 7.5.2019; Zeitzeugeninterview Gerlinde Keller (Hierl), 1.12.2018 u. 26.4.2019; Zeitzeugenaussage Kaj Beringer, 24.4.2020; Zeitzeugeninterview Kaj Beringer, 3.5.2020.

66 Vgl. Zeitzeugeninterview Monika Klemps (Mitreiter), 11.5.2019; Bilderbuch Kauka, 1956, Sammlung Monika Klemps.

67 Vgl. Wiechmann: Spurensuche, in: Die Sprechblase 177 (2001), S. 36; Ders.: Fix, in: die Sprechblase 2010 (2007), S. 23; Mietz: Biografie, S. 35.

68 Vgl. Budde: Kauka, S. 95; Huber: Tagebuch, S. 158.

69 Vgl. Wiechmann: Spurensuche, in: Die Sprechblase 179 (2001), S. 31.

70 Vgl. Messekatalog 1957, S. 507, AFF Mailand; »Der bayrische Walt Disney«, in: Ruhrwacht, 30.11.1957, DFF Archiv und Bibliothek, Bestand Kauka; »Aral-Film erhielt Preis in Mailand«, in: Die Zeit, 4.7.1957.

71 Vgl. Zeitzeugeninterview Mascha Kauka, 7.5.2019; Zeitzeugeninterview, 3.5.2020.

72 Vgl. Wiechmann: Spurensuche, in: Die Sprechblase 176 (2000), S. 37; Ders.: Spurensuche, in: Die Sprechblase 180 (2001), S. 28; Sotheby's (Hg.): Auktionskatalog, S. 92; Zeitzeugeninterview Kurt Italiaander, 9.3.2019.

73 Vgl. Kalkschmidt: Landhaus, S. 109-119; Wiechmann: Spurensuche, in: Die Sprechblase 178 (2001), S. 36; DE1728365 (U) – 1956-08-15, Eintrag Europäisches Patentamt, auf: www.worldwide.espacenet.com, aufgerufen,14.12.2019.

74 Vgl. Mietz: Biografie, S. 35-37.

**Bilderbuchwelt (1957–1969)**

1 Vgl. Mietz: Biografie, S. 35; Budde: Kauka, S. 94 f.

2 Vgl. Budde: Jännä Jussi, S. 64; Mietz: Biografie, S. 35.

3 Vgl. Mietz: Biografie, S. 38.

4 Vgl. Knigge: Fortsetzung, S. 115; Wiechmann: Spurensuche, in: Die Sprechblase 178 (2001), S. 35; Ders.: Spurensuche, in: Die Sprechblase 184 (2002), S. 34; Mietz: Biografie, S. 38; Zwack: Fix.

5 Vgl. Krüger: Wessel, S. 264 f.; Hammerich: Feind, S. 206; Zeitzeugeninterview Alexandra Kauka, 15.1.2020.

6 Unterlagen aus Überprüfungen nach dem Sicherheitsüberprüfungsgesetz (SÜG) unterliegen nicht den Bestimmungen des BArchG. Im BfV werden daher entsprechende Unterlagen nach fünf bzw. 15. Jahren vernichtet. Unterlagen zu Kauka sind nicht mehr vorhanden; Auskunft BfV über Rolf Kauka an Autor, 6.5.2019.

7 Vgl. Begriffsbestimmungen BND, 13.11.1969, BStU, MfS, HA II, 35037, S. 430 u. 437; Hechelhammer (Hg.): Begriffsbestimmungen, S. 15 u. 34; Wolf: Entstehung, S. 429; Zeitzeugenaussage Peter Wiechmann, 22.11.2018; Zeitzeugeninterview Mascha u. Gabriele Kauka, 7.5.2019; Zeitzeugeninterview Alexandra Kauka, 15.1.2020; Zeitzeugeninterview Kaj Beringer, 3.5.2020.

8 Vgl. Auskunft Erich Schmidt-Eenboom an Autor, 11.3.2020 u. »Gesprächsnotizen Walde« mit Kurt Weiß, AFF Weilheim; S. 77-82; Auflistung BND-Mitarbeiter, BStU, MfS, HA II, 41305, S. 287, 331 u. 394 f.; Entnahmeblatt zu Rolf Kauka, 15.3.2019, BNDA, 1522_OT, S. 1; Wolf: Entstehung, S. 417-427 u. 434-436.

9 Vgl. »Walt Elias Disney«, in: FBI Records; Allman: Florida, S. 371-373; »Disney link to the F.B.I. and Hoover is disclosed«, in: The New York Times, 6.5.1993.

10 Vgl. Schreiben BND 606/III an BMVg, 5.9.1958, BNDA, 1522_OT, S. 77; Rationalisierungs-Gemeinschaft »Bauwesen« im RKW (Hg.): Arbeitskatalog Nr. 1 zur Baufilmdokumentation, Film Nr. B 38; Impuls, 1, Nr. 1, 20.10.1960, S. 22; N.N.: Unglück; S. 413; »Stalingrad. Frei nach Schiller«, in: Der Spiegel 16 (1959), 15.4.1959, S. 65-68; Loch: Gesicht, S. 146; Protte: Suche, S. 569-610.

11 Vgl. Eintrag Helga Trümper, 1958, Amtliches Fernsprechbuch, München, 1958/1959, S. 633.

12 Vgl. Zeitzeugeninterview Mascha Kauka, 26.11.2018 u. 7.5.2019; Zeitzeugeninterview Gerlinde Keller, 1.12.2018; Zeitzeugeninterview Dieter Baron von der Recke, 2.6.2019.

13 Vgl. Schreiben BND 606/III an BMVG, 5.9.1958, BNDA, 1522_OT, S. 77; Kirsch: Informationsschutz, S. 72; Franceschini/Schmidt-Eenboom/Wegener-Friis: Spionage, S. 122.

14 Vgl. »Ein merkwürdiger Besucher«, »Unter falscher Flagge«, »Telefon hört mit«, »Auf Dienstreise«, »Im Manöver«, »Trau schau wem«, »Mit Schulden fing es an«, »Fahnenflucht«, »Störaktion«, »Nur ein Schraubenschlüssel«, »Reise nach Rostock« und »Sabotageverdacht, BArch Film, V0347 »Das geht auch Dich an«.

15 Vgl. Kauka: Münchhausen; Wiechmann: Spurensuche, in: Die Sprechblase 179 (2001), S. 30-40; Mietz: Biografie, S. 42.

16 Vgl. Zeitzeugeninterview Alexandra Kauka, 14.1.2020; Krüger: Wessel, S. 267.

17 Vgl. Mietz: Biografie, S. 59.

18 Vgl. Eintrag Walt Disney 1958 Gästebuch Flughafen-Hotel Stuttgart, StdA Stuttgart, 1543 Gästebuch des Flughafen Hotel-Restaurant Stuttgart; Becker/ Knigge: Interview, S. 5; »Ich glaubte einfach an die Füchse«, in: Süddeutsche Zeitung, Magazin, 15.5.1992; »Fix und Foxi erobern endlich Amerika«, in: Die Welt, 4.11.2001; Vogt: Kauka, S. 58 f.; Mietz: Biografie, S. 58; Zeitzeugenaussage Alexandra Kauka, 11.2.2019.

19 Vgl. Sotheby's (Hg.): Auktionskatalog, S. 10.

20 Vgl. Brief Rolf Kauka an Werner Kauka, 13.1.1988, Sammlung Rudolf Kauka.

21 Vgl. Zeitzeugeninterview Mascha Kauka, 26.11.2018.

22 Vgl. Schreiben BND 606/III, 5.9.1958, BNDA, 1522_OT, S. 77 f.; Hechelhammer: Spion, S. 1 f.

23 Vgl. Schreiben BND 606/III, 5.9.1958, BNDA, 1522_OT, S. 77 f.; Hechelhammer: Spion, S. 1 f. Im LfV Bayern liegen heute keine Informationen zu Rolf Kauka mehr vor, Auskunft LfV Bayern an Autor, 6.3.2019.
24 Kontaktversuche zu der in Südafrika lebenden Helga Trümper verliefen ins Leere. Vgl. Wiechmann: Kaukaeskes, in: Die Sprechblase 179 (2001), S. 35; Zeitzeugeninterview Gerlinde Keller (Hierl), 1.12.2018.
25 Vgl. Zeitzeugeninterview Mascha Kauka, 7.5.2019; Zeitzeugeninterview Kaj Beringer, 3.5.2020.
26 Vgl. Zum Empfang Grotewohls in Kairo, 8.1.1959 u. Aufnahme konsularischer Beziehungen VAR/SBZ, 12.1.1959, BArch, B 206, 3185, Bild 101 u. 118; Blasius: Völkerfreundschaft, S. 747-749; Zeitzeugeninterview Mascha Kauka, 17.5.2019; Zeitzeugeninterview Alexandra Kauka, 14.1.2020; Zeitzeugeninterview Kaj Beringer, 3.5.2020.
27 Vgl. Diese Blödeleien, in: Der Spiegel, 19 (1952), 17.5.1952; Genossenschaft Deutscher Bühnenangehöriger (Hg.): Deutsches Bühnen-Jahrbuch 1968, S. 588; O-Ton Peter Wiechmann, in: Zwack: Fix.
28 Vgl. »Elvis Presley in München«, in: Abendzeitung, 4.3.1959; »Der King von Bayern«, in: Abendzeitung, 12.12.2011; Zeitzeugenaussage Alexandra Kauka, 11.2.2019; Zeitzeugenaussage Vera Tschechowa, 2.12.2019.
29 Vgl. Wiechmann: Spurensuche, in: Die Sprechblase 189 (2003), S. 38; Zeitzeugeninterview Mascha Kauka, 26.11.2018; Zeitzeugeninterview Mascha u. Gabriele Kauka, 7.5.2019.
30 Vgl. Wiechmann: Spurensuche, in: Die Sprechblase 178 (2001), S. 36; Zeitzeugeninterview Mascha Kauka, 26.11.2018; Zeitzeugeninterview mit Gisela Italiaander, 5.2.2019; Zeitzeugenaussage Vera Tschechowa, 2.12.2019. Rolf Kauka und Gunter Sachs kannten sich jedoch nur flüchtig, Zeitzeugenaussage Rolf Sachs, 20.4.2020.
31 Vgl. Wiechmann: Spurensuche, in: Die Sprechblase 178 (2001), S. 38.
32 Vgl. Zeitzeugeninterview Mascha Kauka, 26.11.2018 u. 7.5.2019.
33 Vgl. Zeitzeugenaussage Irene Kauka, 13.2.2019.
34 Vgl. »Mal eine Blume«, in: Der Spiegel 39 (1959), 23.9.1959; Zentralausschuss der Werbewirtschaft (Hg.): Werbung; Bartz/Ruchatz (Hg.): Telemann, S. 110 f.
35 Vgl. Schriftwechsel Kauka an Wessel zum Filmprojekt Lazar, 4. u. 8.9.1959, Sammlung Alexandra Kauka.
36 Vgl. Wiechmann: Spiel, in: Die Sprechblase 181 (2001), S. 38.
37 Vgl. Eintrag Coebergh, S. C.H., StdA Amsterdam, SAA Index op gezinskaarten, 5422; Budde: Jännä Jussi, S. 66.
38 Vgl. Vertrag zwischen Jan Bense und Rolf Kauka-Film-Produktion, 1959, Sammlung Alexandra Kauka.
39 Vgl. Schmidt-Eenboom: Undercover, S. 122; Zeitzeugengespräch Alexandra Kauka, 15.1.2020.
40 Vgl. Auskunft des Standesamts Berlin-Mitte an Autor, 17.4.2019.
41 Vgl. Schreiben Rolf Kauka an Jan Bense, 29.7.1960, Sammlung Alexandra Kauka; Platte »Oberammergau. Die Passion des Herren«, Rolf-Kauka- Produktion 1960, GA Oberammergau, Bestand Rolf Kauka; »Deutschlands Walt Disney. Rolf Kauka zwischen guten Taten im Heft und fröhlichen Partys im Schloss«, in: aktuell. Deutsches Wochen-Magazin 19 (1961), S. 33; Wiechmann: Spurensuche, in: Die Sprechblase 179 (2001), S. 33.
42 Vgl. Wiechmann: Spiel, in: Die Sprechblase 180 (2001), S. 36.
43 Auskunft Stadtarchiv Nürnberg an Autor, 25.2.2019.

44 Vgl. Lehmstedt: Geschichte, 158 u. 386 f.

45 Vgl. Engel: Taschenbuch, S. 14; Jordan: Leadership, S. 123; Zeitzeugeninterview Alexandra Kauka, 15.1.2020.

46 Vgl. Bericht Josef Ferenczy, 26.5.1955, CIA-ERR, Ney, Karoly_0072; Schmidt-Eenboom: Geheimdienst, 340; Ritzi/Schmidt-Eenboom: Schatten, S. 195; Müller: Gehlen, 2, S. 975; Zeitzeugenaussage Alexandra Kauka, 4.4.2020.

47 Vgl. Die Immobilienidee ist skizziert in Gesprächsnotizen Thomas Walde mit Kurt Weiß, AFF Weilheim, Gesprächsnotizen Thomas Walde, S. 8; Franceschini/Schmidt-Eenboom/Wegener-Friis: Spionage, S. 122; Zeitzeugenaussage Peter Wiechmann, 28.9.2018; Zeitzeugeninterview Alexandra Kauka, 15.1.2020.

48 Vgl. Wiechmann: Spurensuche, in: Die Sprechblase 179 (2001), 32 f.; Zeitzeugenaussage Peter Wiechmann, 28.9.2018.

49 Vgl. Wiechmann: Spurensuche, in: Die Sprechblase 179 (2001), S. 32-35; Zeitzeugenaussage Peter Wiechmann, 28.9.2018.

50 Vgl. »Deutschlands Walt Disney. Rolf Kauka zwischen guten Taten im Heft und fröhlichen Partys im Schloss«, in: aktuell. Deutsches Wochen-Magazin 19 (1961), S. 33; Wiechmann: Spurensuche, in: Die Sprechblase 179 (2001), S. 32-35.

51 Vgl. Wiechmann: Spurensuche, in: Die Sprechblase 179 (2001), S. 35.

52 Vgl. Hechelhammer: Spion, S. 211-232.

53 Vgl. Wiechmann: Spurensuche, in: Die Sprechblase 189 (2003), S. 38; Zeitzeugeninterview Brunhilde Wagner (Kauka), 26.1.2019.

54 Vgl. Zeitzeugeninterview Irene Kauka, 14.1.2020.

55 Vgl. Gesprächsnotizen Thomas Walde mit Kurt Weiß, AFF Weilheim, Gesprächsnotizen Thomas Walde, S. 8; Mit falschen Zeitbezug siehe: Franceschini/Schmidt-Eenboom/Wegener Friis: Spionage, S. 53-72 u. 115.

56 Vgl. Wiechmann: Spurensuche, in: Die Sprechblase 182 (2001), S. 34; Zeitzeugenaussage Irene Kauka, 11.2.2019.

57 Vgl. Wiechmann: Spurensuche, in: Die Sprechblase 183 (2002), S. 28.

58 Vgl. »Karl der Große«, in: Der Spiegel 37 (1962), 12.9.1962; Mietz: Biografie, S. 53.

59 Vgl. Mietz: Biografie, S. 54; Zeitzeugenaussage Alexandra Kauka, 6.2.2019.

60 Vgl. Wiechmann: Spiel, in: Die Sprechblase 180 (2001), S. 30 f.; Mietz: Biografie, S. 58; Zeitzeugenaussage Heinz Körner, 8. u. 22.6.2019.

61 Vgl. Wiechmann: Spiel, in: Die Sprechblase 180 (2001), S. 31-33; Mietz: Biografie, S. 58.

62 Vgl. Wiechmann: Fix, in: Die Sprechblase 210 (2007), S. 23; O-Ton Peter Wiechmann gegenüber dem BR, in: Zwack: Fix.

63 Vgl. Stampa: Lizenz, S. 45; Zeitzeugenaussage Nicolas Henckel von Donnersmarck, 12.5.2019.

64 Vgl. Stampa: Lizenz, S. 45; Wiechmann: Primo, in: Die Sprechblase 192 (2003), S. 30; Schnurer: Rinaldi, S. 50 f. Zeitzeugenaussage Nicolas Henckel von Donnersmarck, 12.5.2019.

65 Vgl. Wiechmann: Spiel, in: Die Sprechblase 180 (2001), S. 40.

66 Vgl. Von Rezzori: Spur, S. 347; Zeitzeugeninterview Mascha Kauka, 7.5.2019; Zeitzeugenaussage Alexandra Kauka, 17.5.2020; Zeitzeugenaussage Irene Kauka, 3.6.2020.

67 Vgl. Knigge: Fortsetzung, S. 228; Wiechmann: Spurensuche, in: Die Sprechblase 182 (2001), S. 32; Mietz: Biografie, S. 73.

68 Vgl. Wiechmann: Spurensuche, in: Die Sprechblase 182 (2001), S. 38; Ders.: Spurensuche, in: Die Sprechblase 183 (2002), S. 29; Mietz: Biografie, S. 30 u. 73.

69 Vgl. Wiechmann: Spurensuche, in: Die Sprechblase 182 (2001), S. 34; Ders.: Nachlese, in: Die Sprechblase 190 (2003), S. 33; »Ich bin durchs Fegefeuer gegangen«, in: Die Welt, 17.11.2010; Mietz: Biografie, S. 86.

70 Vgl. Wiechmann: Spurensuche, in: Die Sprechblase 182 (2001), S. 38 f.; Ders.: Spurensuche, in: Die Sprechblase 192 (2003), S. 39; Zeitzeugeninterview Kurt Italiaander, 9.3.2019.

71 Vgl. Wiechmann: Spurensuche, in: Die Sprechblase 29 (2001), S. 36; »Der Himmel brennt«, in: Frankfurter Rundschau, 17.6.2011.

72 Vgl. »Jünger Maos«, in: Der Spiegel 43 (1969), 20.10.1969; Drechsel/Funhoff/ Hoffmann: Massenzeichenware, S. 47 f.; Jenrich: Gnadenlos, S. 75-78; Sackmann: Bonnhalla, S. 128-139; »Die spinnen, die Römer!«, i n: taz, 29.10.2009; Knigge: Fortsetzung, S. 237-243; Budde: Kritik, S. 54f.; Mietz: Biografie, S. 82.

73 Vgl. Tschernegg, Primo, S. 16; Palandt, Rechtsextremismus, S. 27; Zeitzeugenaussage Peter Wiechmann, 28.9.2018.

74 Vgl. Sulzbach: Bildung, S. 16 f.; Budde: Kritik, S. 52.

75 Vgl. »Gnom von Gallien«, in: Der Spiegel 47 (1966), 14.11.1966; »Die Leser haben Asterix am Leben erhalten«, in: Die Welt, 21.10.2013; Mietz: Lupo, S. 35-38; Bleicher: Galliern, S. 18-22; Bleicher: Anmerkungen, S. 111; Kaindl: Astérix, S. 207-212; Kaindl: Feld, S. 331-350; Palandt: Rechtsextremismus, S. 25-28; Budde: Kritik, S. 52; Uderzo: Leben, S. 56; Auskunft BPjM zu Rolf Kauka an Autor, 29.4.2019; O-Ton Peter Wiechmann, in: Zwack: Fix.

76 Vgl. Memorandum NATO, 24.9.1963, NATO-Archives, MCM-0107-1963; Auflistung BND-Mitarbeiter, BStU, MfS, HA II, 41305, S. 378; Brief Wessel an Seydlitz-Kurzbach, 21.7.1965, Sammlung Wessel; Krüger: Wessel, S. 269; Hechelhammer/Meinl: Geheimobjekt, S. 171; Hammerich: Feind, S. 207.

77 Vgl. Wiechmann: Primo, in: Die Sprechblase 191 82003), S. 42.

78 Vgl. Reichel: Vergangenheitsbewältigung, S. 192-198; Zeitzeugenaussage Peter Wiechmann, 28.9.2018.

79 Vgl. »Gnom von Gallien«, in: Der Spiegel 47 (1966), 14.11.1966; Wiechmann: Spurensuche, in: Die Sprechblase 182 (2001), S. 40 f.; Ders.: Spurensuche, in: Die Sprechblase 183 (2002), S. 33; Mietz: Biografie, S. 35-38; Bleicher: Galliern, S. 18-22; Bleicher: Anmerkungen, S. 111; Kaindl: Astérix, S. 207-212; Palandt: Rechtsextremismus, S. 25-28; Budde: Kritik, S. 52; Auskunft BPjM zu Rolf Kauka an Autor, 29.4.2019.

80 Vgl. Becker/Knigge: Interview, S. 18; Wiechmann: Spurensuche, in: Die Sprechblase 182 (2001), S. 42; Ders.: Spurensuche, in: Die Sprechblase 183 (2002), S. 28, 38-41; Mietz: Biografie, S. 89; Zeitzeugeninterview Mascha Kauka, 7.5.2919; Zeitzeugenaussage Nicolas Henckel von Donnersmarck, 8.5.2019.

81 Vgl. Zeitzeugeninterview mit Mascha Kauka, 26.11.2018.

82 Vgl. »Gnom von Gallien«, in: Der Spiegel 47 (1966), 14.11.1966; Mietz: Biografie, S. 35-38; Bleicher: Galliern, S. 18-22; Bleicher: Anmerkungen, S. 111; Kaindl: Astérix, S. 207-212; Palandt: Rechtsextremismus, S. 25-28; Budde: Kritik, S. 52; Auskunft BPjM zu Rolf Kauka an Autor, 29.4.2019.

83 Vgl. Wiechmann: Spurensuche, in: Die Sprechblase 1983 (2002), S. 34 f.; »Der Kauka-Effekt«, in: Die Welt, 22.3.2005; Zeitzeugenaussage Alexandra Kauka, 22.12.2019; Zeitzeugenaussage Alfred Stiefenhofer, 22.4.2020.

84 Vgl. Wiechmann: Spurensuche, in: Die Sprechblase 1983 (2002), S. 34f.; »Der Kauka-Effekt«, in: Die Welt, 22.3.2005; Zeitzeugenaussage Alexandra Kauka, 22.12.2019 u. 27.4.2020; Zeitzeugenaussage Alfred Stiefenhofer, 22.4.2020.

85 Vgl. Wiechmann: Spurensuche, in: Die Sprechblase 183 (2002), S. 29; Ders.: Spurensuche, in: Die Sprechblase 189 (2003), S. 38; Zeitzeugeninterview Fred Kipka, 22.2.2020.

86 Nach Auskunft des Landesarchivs Liechtenstein ist der Verlag weder im Handelsregister noch im Telefonbuch nachzuweisen. Auskunft Rupert Tiefenthaler an Autor, 25.3.2020; Vgl. Eintrag Handelsregister, 7.8.1967 u. Schreiben zur Gevacur, 28.4.1969, StA Zug, Gevacur S. A., G 570/03274; Kübler: Medien, S. 75; Doelle-Weinkauf: Comics, S. 173; Mietz: Biografie, S. 90f.; »Comic-Eldorado für Sammler und Steueroptimierer«, in: Luzerner Zeitung, 8.4.2006; Zeitzeugenaussage Irene Kauka 23.3.2020; Zeitzeugenaussage Alfred Stiefenhofer, 24.4.2020.

87 Vgl. Kress-Reporte, 16 (1973), 2.8.1973 u. 21 (1979), 11.10.1979; »Comic-Eldorado für Sammler und Steueroptimierer«, in: Luzerner Zeitung, 8.4.2006; Zeitzeugenaussage Fred Kipka, 5.3.2020.

88 Vgl. Infratest (Hg.): Leserschaftsuntersuchung; Ders.: Leserhaushalte; Drechsel/Funhoff/Hoffmann: Massenzeichenware, S. 25; Kagelmann: Comics, S. 31 u. 142; »Bekanntmachung (HRB 6 033)«, in: Süddeutsche Zeitung, 31.10.1966; Wiechmann: Spurensuche, in: Die Sprechblase183 (2002), S. 38-41; Mietz: Biografie, S. 91.

89 Vgl. Wiechmann: Spurensuche, in: Die Sprechblase 183 (2002), S. 29; Ders.: Primo, in: Die Sprechblase 192 (2003), S. 28; Zeitzeugeninterview Mascha Kauka, 7.5.2019.

90 Vgl. Wiechmann: Primo, in: Die Sprechblase 192 (2003), S. 28; Zeitzeugeninterview Mascha Kauka, 7.5.2019.

91 Vgl. Infratest (Hg.): Leseranalyse; Zeitzeugeninterview Mascha Kauka, 7.5.2019.

92 Vgl. Vgl. Wiechmann: Spurensuche, in: die Sprechblase 183 (2002), S. 28, 38-41; Mietz: Biografie, S. 89 u. 105; Zeitzeugeninterview Mascha Kauka, 7.5.2919.

93 Vgl. Der Nussknacker, München 1968, Sammlung Hechelhammer; Becker/Knigge: Chronologie, S. 12; Riewoldt (Hg.): Kroetz, S. 53; Wiechmann: Spurensuche, in: Die Sprechblase 183 (2002), S. 41; Brummund: Struktur, S. 239; Mietz: Biografie, S. 90 u. 109; Informationen Verlagsunion, 1.7.2018, in: www.verlagsunion.de/ein-halbes-jahrhundert-vu, aufgerufen, 23.12.2019; Auskunft Mark Schrader, Geschäftsleitung VU, an Autor, 2.1.2020; Zeitzeugenaussage Franz Xaver Kroetz, 28.5.2020.

94 Vgl. Zeitzeugeninterview Gabriele Kauka, 7.5.2019; Zeitzeugeninterview Mascha Kauka, 7. u. 25.5.2019; Zeitzeugeninterview Dieter Baron von der Recke, 2.6.2019.

95 Vgl. Zeitzeugeninterview Gabriele Kauka, 7.5.2019; Zeitzeugeninterview Mascha Kauka, 7.5.2019.

96 Vgl. Zeitzeugeninterview Mascha Kauka, 7.5.2019.

97 Vgl. Der Nussknacker, München 1968, Sammlung Hechelhammer.

98 Vgl. Zeitzeugeninterview Mascha Kauka, 7.5.2019; Zeitzeugenaussage Irene Kauka, 23.3.2020.

99 Vgl. Zeitzeugeninterview Mascha Kauka, 7.5.2019; Zeitzeugeninterview Brunhilde Wagner (Kauka), 26.1.2019; Zeitzeugeninterview Monika Klemps (Mitreiter), 7.3.2019; Zeitzeugenaussage Irene Kauka, 23.3.2020.

100 Vgl. Zeitzeugeninterview Mascha Kauka, 7.5.2019.

**Filmwelt (1969–1982)**

1 Vgl. Zeitzeugeninterview Irene Kauka u. Alexandra Kauka, 14.1.2020.

2 Vgl. Wiechmann: Spurensuche, in: Die Sprechblase 180 (2001), S. 28; Ders.: Spurensuche, in: Die Sprechblase 192 (2003), S. 39; Zeitzeugenaussage Gaby Schuster, 25.3.2019; Zeitzeugeninterview Irene Kauka, 14.1.2020.

3 Vgl. Bericht Claus, 18.4.1969, IISH Amsterdam, Archief Arbeiderspers, ARCH00239; Wiechmann: Spurensuche, in: Die Sprechblase 186 (2002), S. 27-34; Ders.: Spurensuche, in: Die Sprechblase 187 (2002), S. 27-32; Mietz: Biografie, S. 109-111.

4 Vgl. Bericht Claus, 4.4.1969; IISH Amsterdam, Archief Arbeiderspers, ARCH00239; Nachtrag 31.3. bis 6.4.1969, BNDA, N1/30_OT, Nachlass Gerhard Wessel, S. 47; Wiechmann: Spurensuche, in: Die Sprechblase 185 (2002), S. 33; Ders.: Spurensuche, in: Die Sprechblase 192 (2003), S. 28.

5 Vgl. Wiechmann: Spurensuche, in: Die Sprechblase 194 (2003), S. 28; Mietz: Biografie, S. 106.

6 Vgl. Thiel: Asterix, S. 8; »Der Kauka-Effekt«, in: Die Welt, 22.3.2005.

7 Vgl. »Mächtig stark«, in: Der Spiegel 38 (1969), 15.9.1969.

8 Vgl. Zeitzeugeninterview Mascha Kauka, 7.5.2019.

9 Vgl. Zeitzeugeninterview Mascha u. Gabriele Kauka, 7.5.2019; Zeitzeugenaussage Nicolas Henckel von Donnersmarck, 8.5.2019.

10 Vgl. Wiechmann: Spurensuche, in: Die Sprechblase 186 (2002), S. 42; Zeitzeugeninterview Mascha Kauka, 7.5.2019.

11 Vgl. Zeitzeugeninterview Alexandra Kauka, 5.2.2019.

12 Vgl. Sterbeurkunde Paul Kauka, 1.12.1969, StdA Nürnberg, C 27/II, C 27/II Nr. 343; Zeitzeugenaussage Irene Kauka, 11.2.2019; Zeitzeugenaussage Alexandra Kauka, 22.12.2019.

13 Vgl. Eheurkunde Rolf u. Gisela Kauka, Nr. 35/1960, Standesamt Grünwald; Zeitzeugenaussage Irene Kauka, 12.2.2019; Wiechmann: Spurensuche, in: Die Sprechblase 189 (2003), S. 38 f.; Zeitzeugeninterview Mascha u. Gabriele Kauka, 7.5.2019.

14 Vgl. Zeitzeugeninterview Brunhilde Wagner (Kauka), 26.1.2019; Zeitzeugeninterview Mascha u. Gabriele Kauka, 7.5.2019; Zeitzeugenaussage Nicolas Henckel v. Donnersmarck, 8.5.2019; zeitzeugenaussage Irene Kauka, 19.4.2020.

15 Vgl. Eintrag 2.2.1970, BNDA, N1/34_OT, Nachlass Gerhard Wessel, S. 14; Naumann: Glück, S. 120 f.; Zeitzeugenaussage Peter Wiechmann, 18.9.2018; Zeitzeugeninterview Mascha Kauka, 7.5.2019; Zeitzeugeninterview Alexandra Kauka, 15.1.2020; Zeitzeugeninterview Michael Naumann, 21.4.2020.

16 Vgl. Wiechmann: Spurensuche, in: Die Sprechblase 186 (2002), S. 42; Zeitzeugeninterview Gisela Italiaander, 5.2.2019; Zeitzeugeninterview Kurt Italiaander, 9.3.2019; Zeitzeugeninterview Mascha Kauka, 7.5.2019.

17 Vgl. Eintrag Oktober 1970, BNDA, N1/32_OT, Nachlass Gerhard Wessel, S. 135; Deutsches Adelsarchiv (Hg.): Handbuch, S. 480; Wiechmann: Spurensuche, in: Die Sprechblase 189 (2003), S. 39; Zeitzeugeninterview Gisela Italiaander, 5.2.2019; Zeitzeugeninterview Kurt Italiaander, 9.3.2019;

18 Vgl. Zeitzeugenaussage Nicolas Henckel von Donnersmarck, 8.5.2019.

19 Vgl. Zeitzeugenaussagen Nicolas Henckel von Donnersmarck, 8. u. 12.5.2019; Zeitzeugeninterview Gisela Italiaander, 5.2.2019; Zeitzeugeninterview Kurt Italiaander, 9.3.2019; Zeitzeugenaussage Alexandra Kauka, 30.12.2019.

20 Vgl. »Rolf Kauka«, in: Fink. Das Stadtmagazin 4 (2007), S. 23; »201 Jahre Garnisonstadt Freising. Bälle, Barbara und Bundeswehr«, in: Fink. Das Stadtmagazin 3 (2010), S. 21-25; Zeitzeugenaussage Alexandra Kauka, 22.12.2019.

21 Vgl. Waffenkarte Rolf Kauka, Sammlung Alexandra Kauka; Wiechmann: Spurensuche, in: Die Sprechblase 185 (2002), S. 33; Ders.: Spurensuche, in: Die Sprechblase 192 (2003), S. 33; Schnurrer: Rinaldi, S. 55; Zeitzeugeninterview Gisela Italiaander, 7.2.2019; Zeitzeugeninterview Mascha Kauka, 26.11.2018; Zeitzeugenaussage Alexandra Kauka, 11.2.2019; Zeitzeugeninterview Mascha u. Gabriele Kauka, 7.5.2019; Zeitzeugenaussage Franz Georg Strauß, 27.4.2020.

22 Vgl. »Die Vorworte von Rolf Kauka (Politik)«, 19.12.2019, auf: www.comicforum.de.

23 Vgl. Pohl (Hg.): Max, S. 55; Knigge: Fortsetzung, S. 11; Sackmann/Spillmann/Wintrich: Comics, S. 12; Ausschreibungs-Folder, 1970, in: www.plunderosa.de/parade/kauka-geschichte, aufgerufen, 30.12.2019; »Kauka Comic«, auf: www.youtube.com/watch?v=Nl0vBXBQybo, aufgerufen am 25.1.2019; Zeitzeugeninterview Gisela Italiaander, 5.2.2019.

24 Vgl. Zeitzeugenaussage Irene Kauka, 11.2.2019; Zeitzeugenaussage Nicolas Henckel von Donnersmarck, 12.5.2019.

25 Vgl. Zeitzeugeninterview Mascha Kauka, 26.11.2018; Zeitzeugenaussage Irene Kauka, 11.2.2019; Zeitzeugenaussage Nicolas Henckel von Donnersmarck, 12.5.2019; »Mit Fix und Foxi gegen Mickey Maus«, in: Der Stern 44, 1972; Mietz: Biografie, S. 119.

26 Vgl. Zeitzeugeninterview Helmut Murek, 22.2.2020; Wiechmann: Primo, in: Die Sprechblase 191 (2003), S. 28 -31; Mietz: Biografie, S. 110.

27 Vgl. Frankfurter Buchmesse (Hg.): Who, S. 211 u. 380; Wiechmann: Spurensuche, in: Die Sprechblase 187 (2002), S. 34 f.; Mietz: Biografie, S. 113; Schmitz: Fix, S. 44; Zeitzeugeninterview Mascha Kauka, 7.5.2019.

28 Vgl. Wiechmann: Spurensuche, in: Die Sprechblase 187 (2002), S. 30 f.

29 Vgl. Fuchs/Reitberger: Comics, S. 226-229; Wiechmann: Spurensuche, in: Die Sprechblase 195 (2004), S. 33.

30 Vgl. Fuchs/Reitberger: Verlagsporträt, S. 42-46.

31 Vgl. Wiechmann: Spurensuche, in: Die Sprechblase 186 (2002), S. 38; Ders.: Primo, in: Die Sprechblase 191 (2003), S. 41; Zeitzeugeninterview Kurt Italiaander, 9.3.2019.

32 Vgl. Becker/Knigge: Interview, S. 17; Knigge: Fortsetzung, S. 118; Wiechmann: Spurensuche, in: Die Sprechblase 187 (2002), S. 31 f.; Zeitzeugeninterview Kurt Italiaander, 9.3.2019.

33 Vgl. »Fasching in München: Geld ist Trumpf«, in: Die Zeit, 11.2.1972; Zeitzeugenaussage Alexandra Kauka, 27.12.2019.

34 Vgl. »Fasching in München: Geld ist Trumpf«, in: Die Zeit, 11.2.1972; Zeitzeugenaussage Alexandra Kauka, 27.12.2019; Zeitzeugenaussagen Irene Kauka, 11.2.2019 u. 14.1.2020.

35 Vgl. Wiechmann: Spurensuche, in: Die Sprechblase 176 (2000), S. 37; Ders.: Primo, in: Die Sprechblase 191 (2003), S. 38; Ders.: Spurensuche, in: Die Sprechblase 192 (2003), S. 33; Zeitzeugeninterview Kurt Italiaander, 9.3.2019; Zeitzeugenaussagen Irene Kauka, 11.2.2019 u. 14.1.2020; Zeitzeugenaussagen Alexandra Kauka, 22. u. 26.12.2019 u. 14.1.2020.

36 Vgl. Mietz: Biografie, S. 119; Schmitz: Fix, S. 24; Zeitzeugenaussage Nicolas Henckel von Donnersmarck, 12.5.2019; Zeitzeugenaussage Alexandra Kauka,

30.12.2019; Zeitzeugenaussage Irene Kauka, 11.2.2019; Zeitzeugeninterview Irene Kauka, 14.1.2020.

37 Vgl. Knigge: Fortsetzung, S. 266; Wiechmann, Spurensuche, in: Die Sprechblase 187 (2002), S. 38; Mietz: Biografie, S. 112; Schmitz: Fix, S. 43; Zeitzeugeninterview Helmut Murek, 22.2.2020.

38 Vgl. Schreiben an Rolf Kauka, 13.9.1972 u. Schreiben an Franz Josef Strauß, 13.9.1972, ACSP, Nachlass Strauß, Franz Josef PV: 7075; Auskunft Sven Haarman, Willy-Brandt-Archiv, an Autor, 2.4.2020; Bonn, Brandt empfängt Kinder und Jugendliche, BArch B, B 145 Bild-F033580-0030; »Die Vorworte von Rolf Kauka (Politik)«, 19.12.2019, auf: www.comicforum.de; Dankschreiben Aktion U, Klaus Wintrich u. Christian Hauber an Autor, 30.6.2020; Wiechmann: Spurensuche, in: Die Sprechblase 186 (2002), S. 36 f.

39 Vgl. »Mit Fix und Foxi gegen Mickey Maus«, in: Der Stern 44 (1972); Pforte: Comics, S. 281; Stefen: Massenmedien, S. 23; Wiechmann: Spurensuche, in: Die Sprechblase 189 (2002), S. 30f.; Mietz: Biografie, S. 117f.

40 Vgl. Wiechmann: Spurensuche, in: Die Sprechblase 187 (2002), S. 32; Zeitzeugeninterview Kurt Italiaander, 9.3.2019; Zeitzeugenaussage Alexandra Kauka, 22.12.2019.

41 Vgl. Zeitzeugeninterview Kurt Italiaander, 9.3.2019; Zeitzeugeninterview Mascha u. Gabriele Kauka, 7.5.2019.

42 Vgl. Zeitzeugeninterview Mascha u. Gabriele Kauka, 7.5.2019; Zeitzeugenaussage Nicolas Henckel von Donnersmarck, 8. u. 12.5.2019.

43 Vgl. Wiechmann: Spurensuche, in: Die Sprechblase 185 (2002), S. 32; Ders.: Spurensuche, in: Die Sprechblase 192 (2003), S. 33.

44 Vgl. Wiechmann: Spurensuche, in: Die Sprechblase 192 (2003), S. 28; Mietz: Biografie, S. 117f.

45 Vgl. Zeitzeugenaussage Alexandra Kauka, 5.2.2019; Eintrag 1.- 4.3.1973, BNDA, N1/79_OT, Nachlass Gerhard Wessel, S. 333; »So wurde Johann Baptist Obermaier 50«, in: Die Zeit 26 (1973), 22.6.1973.

46 Vgl. Urteil, 12.6.1997, OLG München, in: ZUM-RD 10 (1997), S. 451.

47 Vgl. Urteil, 12.6.1997, OLG München, in: ZUM-RD 10 (1997), S. 451-453; Kress-Report; »Herr der Füchse«, in: Süddeutsche Zeitung, 16.9.2000; Wiechmann: Spurensuche, in: Die Sprechblase 192 (2003), S. 29; Schmitz: Fix, S. 25.

48 Vgl. Kress-Report, 7.1973; The Publishers Weekly, 205 (1974), S. 50; Olzog: Dokumentation, S. 250; Wiechmann: Spurensuche, in: Die Sprechbase 194 (2003), S. 30; Mietz: Biografie, S. 117f.; »Ich glaubte einfach an die Füchse«, in: Süddeutsche Zeitung, Magazin, 15.5.1992.

49 Vgl. Wiechmann: Spurensuche, in: Die Sprechblase 189 (2003), S. 32f.; Vogt: Kauka, S. 70; Mietz: Biografie, S. 119; Zeitzeugeninterview Irene Kauka, 14.1.2020.

50 Vgl. FILMSG 1/38904, Maria D'Oro, 1973; Maria D'Oro, DK Berlin, 42160; »Filmtips«, in: Die Zeit, 4.1.1974: Becker/Knigge: Interview, S. 18; Wiechmann: Spurensuche, in: Die Sprechblase 192 (2003), S. 33.

51 Vgl. Aufnahme Filmball Rolf Kauka, 1977, in: www.sz-photo.de.

52 Vgl. Eintrag 20.7.1974, BNDA, N1/80_OT, Nachlass Gerhard Wessel, S. 245; FILMSG 1/38904, Maria D'Oro, 1973; Maria D'Oro, DK Berlin, 42160; »Filmtips«, in: Die Zeit, 4.1.1974: Becker/Knigge: Interview, S. 18; Wiechmann: Spurensuche, in: Die Sprechblase 192 (2003), S. 33; Ders.: Spurensuche, in: Die Sprechblase 195 (2004), S. 32; Reitberger (Hg.): Comics, [o.S.]; Zeitzeugenaussage

Alexandra Kauka, 21.2. u. 19.4.2019; Zeitzeugenaussage Rolf Hohmeister, 17.5.2020.

53 Vgl. Knigge: Fortsetzung, S. 235; Wiechmann: Spurensuche, in: Die Sprechblase 192 (2003), S. 29; Mietz: Biografie, S. 118; Zeitzeugeninterview Alexandra Kauka, 15.1.2020.

54 Vgl. Schreiben Rolf Kauka Film an Gemeinde-Verwaltung Grünwald, 19.2.1976, GA Grünwald, A636/18, Bestand Rolf Kauka; Wiechmann: Nachlese, in: Die Sprechblase 190 (2003), S. 34; Ders.: Spurensuche, in: Die Sprechblase 194 (2003), S. 34-37; Ders.: Spurensuche, in: Die Sprechblase 195 (2004), S. 27; Mietz: Biografie, S. 119; Zeitzeugenaussage Alexandra Kauka, 30.12.2019.

55 Vgl. Kress-Report, 20.2. u. 2.10.1975; Wiechmann: Spurensuche, in: Die Sprechblase 195 (2004), S. 27-31; Ders.: Fix, S. 45; Mietz: Kauka, S. 120; Zeitzeugeninterview Fred Kipka, 22.2.2020.

56 Vgl. Daten Paul Karl Schmidt, BNDA, 24855_OT; Wiechmann: Spurensuche, in: Die Sprechblase 195 (2004), S. 30; Schmidt-Eenboom: Geheimdienst, S. 137; »BND gibt Journalisten als Informanten preis«, in: Spiegel online, 2.6.2013; Zeitzeugenaussage Alexandra Kauka, 19.2.2019.

57 Vgl. Zeitzeugenaussage Nicolas Henckel von Donnersmarck, 8. u. 12.5.2019.

58 Vgl. »Gräfin stürzte bei schnellem Reittraining: tot«, in: tz, 24.4.1975 u. »Millionen-Gräfin stürzte vom Rennpferd – tot«, in: Abendzeitung, 24.4.1975, Stadtarchiv München, ZA-P-249-11; Zeitzeugenaussage Nicolas Henckel von Donnersmarck, 16.5.2019.

59 Vgl. Wiechmann: Spurensuche, in: Die Sprechblase 195 (2004), S. 33; »Münchner Gräfin fiel vom Rennpferd – tot«, in: Bild (München), 24.4.1975; Zeitzeugenaussage Nicolas Henckel von Donnersmarck, 16.5.2019.

60 Vgl. Zeitzeugenaussage Irene Kauka, 19.4.2020.

61 Vgl. Zeitzeugenaussage Peter Wiechmann, 18.9.2018.

62 Vgl. Wiechmann: Nachlese, in: Die Sprechblase 190 (2003), S. 36f.; Ders.: Kauka, in: Die Sprechblase 196 (2004), S. 25; Blogbeitrag Peter Wiechmann, 14.11.2015, in: www.sammlerforen.net, aufgerufen, 10.3.2019; Zeitzeugenaussage Alexandra Kauka, 19.4.2019.

63 Vgl. Brief Axel Springer an Rolf Kauka, 19.5.1975, UA AS, Kress-Report 17 (2009); Recherche Rolf Kauka; Becker/Knigge: Interview, S. 5; Wiechmann: Spurensuche, in: Die Sprechblase 195 (2004), S. 35; Mietz: Kauka, S. 120.

64 Vgl. »Reichtum verpflichtet. Deutsche und ihr Erbe«, in: spiegel.tv, Sendung, 2008; »Rolf Kauka (»Fix und Foxi«) heiratet heimlich – am 12.12. in Grünwald, in: Abendzeitung, 3.12.1975; »Happy Birthday, Fix und Foxi«, in: BZ, 12.10.2007; Zeitzeugenaussage Alexandra Kauka, 10.1.2019 u. 26.4.2020.

65 Vgl. Zeitzeugenaussage Alexandra Kauka, 10.1.2019.

66 Vgl. Wiechmann: Spurensuche, in: Die Sprechblase 195 (2004), S. 34; Zeitzeugenaussage Alexandra Kauka, 10.1.2019.

67 Vgl. Wiechmann: Spurensuche, in: Die Sprechblase 195 (2004), S. 34; Zeitzeugenaussage Alexandra Kauka, 10.1.2019; Zeitzeugeninterview Brunhilde Wagner (Kauka), 26.1.2019.

68 Vgl. Zeitzeugenaussage Alexandra Kauka, 19.1.2019.

69 Vgl. Wiechmann: Spurensuche, in: Die Sprechblase 195 (2004), S. 34; Zeitzeugeninterview Irene Kauka, 14.1.2020; Zeitzeugenaussage Alexandra Kauka, 10. u. 19.1.2019.

70 Vgl. Hausmitteilung Peter Tamm, 30.9.1975, UA SE; Kress-Report, 2.10.1975; Wiechmann: Spurensuche, in: Die Sprechblase 195 (2004), S. 35.
71 Vgl. Zeitzeugeninterview Fred Kipka, 22.2.2020.
72 Vgl. Eheurkunde Rolf u. Alexandra Kauka, 5.12.1975, Nr. 59/1975, Standesamt Grünwald; Zeitzeugenaussage Alexandra Kauka, 10.1.2019; Zeitzeugenaussage Irene Kauka, 1.6.2020
73 Vgl. »Rolf Kauka (»Fix und Foxi«) heiratet heimlich – am 12.12. in Grünwald«, in: Abendzeitung, 3.12.1975, Stadtarchiv München, ZA-P-249-11; Zeitzeugenaussagen Alexandra Kauka, 10. u. 19.1. u. 30.12.2019.
74 Vgl. Auskunft Lars-Broder Keil, 2.3.2020 u. Rede Peter Tamms, 11.11.1975, UA SE.
75 Hausmitteilung Peter Tamm, 1.3.1976, UA SE; Kress-Reporte, 2.10.1975 u. 4.3.1976; Schreiben Kauka an Tamm, 11.2.1976 u. Schreiben Tamm an Kauka, 12.2.1976, Sammlung Alexandra Kauka; Becker/Knigge: Interview, S. 5; Wiechmann: Spurensuche, in: Die Sprechblase 195 (2004), S. 35-40; Ders.: Kauka, in: Die Sprechblase 196 (2004), S. 25; »Kommunisten und die ›Welt‹ haben uns gehasst«, in: Welt online, 8.6.2013, aufgerufen, 24.12.2019; Zeitzeugenaussagen Alexandra Kauka, 18.2. u. 30.122019.
76 Vgl. Kress-Reporte, 2.10.1975 u. 4.3.1976; Becker/Knigge: Interview, S. 5; Wiechmann: Spurensuche, in: Die Sprechblase 195 (2004), S. 35-40; Ders.: Kauka, in: Die Sprechblase 196 (2004), S. 25; »Kommunisten und die ›Welt‹ haben uns gehasst«, in: Welt online, 8.6.2013, aufgerufen, 24.12.2019; Zeitzeugenaussagen Alexandra Kauka, 18.2. u. 30.122019.
77 Vgl. Zeitzeugenaussage Alexandra Kauka, 19.1.2019; Zeitzeugenaussage Alfred Stiefenhofer, 24.4.2020.
78 Vgl. Wiechmann: Spurensuche, in: Die Sprechblase 192 (2003), S. 29; Mietz: Biografie, S. 118.
79 Vgl. »Interview Alexandra Kauka«, 27.8.2007, in: Fink. Das Magazin; Zeitzeugenaussage Alexandra Kauka, 19.2.2019 u. 17.3.2020; Zeitzeugeninterview Wolfgang Bayer, 24.1.2020.
80 Vgl. Zeitzeugeninterview Alexandra Kauka, 15.1.2020; Zeitzeugenaussage Alexandra Kauka, 28.3.2020.
81 Vgl. »Kaukasiens« neue Herrscherin: Alexandra«, in: Abendzeitung, 1.10.1975; »Rolf Kauka (»Fix und Foxi«) heiratet heimlich – am 12.12. in Grünwald, in: Abendzeitung, 3.12.1975; Wiechmann: Kauka, in: Die Sprechblase 196 (2004), S. 25; Zeitzeugenaussage Alexandra Kauka, 19.2., 30.12.2019 u. 28.3.2020.
82 Vgl. »Curd Jürgens«, in: Der Spiegel 32 (1977), 1.8.1977; Zeitzeugenaussagen Alexandra Kauka, 19.2.2019 u. 15.1.2020.
83 Eine Woche später, am Sonntag, den 31. Juli, wurde mit rund 25 Gästen vor allem aus dem engsten Freundeskreis der Geburtstag Alexandras aufwendig im Garten gefeiert. Zur Abendgesellschaft gehörten auch der Möbel-Gigant Günter Arzberger und seine Frau Gloria, die mit Alexandra befreundet war. Arzberger war für seine Feste in der Villa Lochschwab direkt am Ammersee bekannt, bei denen Kauka einmal zu Gast war. Vgl. »Kaukasiens« neue Herrscherin: Alexandra«, in: Abendzeitung, 1.10.1975; »Rolf Kauka (»Fix und Foxi«) heiratet heimlich – am 12.12. in Grünwald«, in: Abendzeitung, 3.12.1975; Wiechmann: Kauka, in: Die Sprechblase 196 (2004), S. 25; Zeitzeugenaussage Alexandra Kauka, 19.2. u. 30.12.2019 u. 22.4.2020.
84 Vgl. Deutscher Sportverlag Kurt Stoff GmbH (Hg.): Album (1977), S. 148-151; Zeitzeugeninterview Wolfgang Bayer, 24.1.2020.

85 Vgl. Zeitzeugenaussage Alexandra Kauka, 11.2.2019 u. 31.1.2020; Zeitzeugenaussage Roswitha Swanson, 22.11.2019.

86 Vgl. Zeitzeugenaussage Alexandra Kauka, 21.1.2019.

87 Vgl. Zeitzeugenaussage Alexandra Kauka, 11.2.2020.

88 Vgl. »Die scharfe Waffe des Wortes in der Hand, doch den Tränen nahe«, in: Die Welt, 17.10.1998; »Geist im Krieg«, in: Frankfurter Allgemeine Zeitung, 14.4.1999; Naumann: Glück, S. 180-183; Zeitzeugeninterview Michael Naumann, 21.4.2020; Zeitzeugenaussage Alexandra Kauka, 22.4.2020.

89 Vgl. Zeitzeugenaussage Alexandra Kauka, 11.2.2020.

90 Vgl. Zeitzeugeninterview Gabriele Kauka, 7.5.2019; Zeitzeugeninterview Mascha Kauka, 25.5.2019.

91 Vgl. »Interview mit Alexandra Kauka«, in: Fink. Das Stadtmagazin 4 (2007), S. 23; Zeitzeugeninterview Alexandra u. Irene Kauka, 14.1.2020.

92 Vgl. Zeitzeugenaussagen Alexandra Kauka, 29.1., 5.2. u. 21.5.2019.

93 Vgl. Zeitzeugenaussagen Alexandra Kauka, 29.1., 5.2. u. 21.5.2019.

94 Vgl. Deutscher Sportverlag Kurt Stoff GmbH (Hg.): Album (1978), S. 30, 35, 37, 41, 139 u. 146.

95 Vgl. Deutscher Sportverlag Kurt Stoff GmbH (Hg.): Album (1978), S. 41 u. 108; Zeitzeugenaussage Alexandra Kauka, 7.3.2020.

96 Vgl. Beyond the hedges, 2.6.2012, in: Palm Beach Daily News, www.palmbeachdailynews. com/article/20120602/NEWS/306029733, aufgerufen, 2.2.2019; Aussage Büro Bürgermeister von Manalapan Keith Waters an Autor, 4.2.2019; Zeitzeugenaussagen Alexandra Kauka, 21., 29.1. u. 5.2.2019 u. 7.3.2020; Zeitzeugeninterview Alexandra Kauka, 14.1.2020.

97 Vgl. Urteil, 12.6.1997, OLG München, in: ZUM-RD 10 (1997), S. 451; Kress-Report, 18 u. 21 (1979), 30.8 u. 11.10.1979; Dolle-Weinkauff: Comics, S. 263; Wiechmann: Spurensuche, in: Die Sprechblase 192 (2003), S. 29; Schmitz: Fix, S. 26; Mietz: Biografie, S. 119.

98 Vgl. Briefwechsel Rolf Kauka an Hartmut Becker u. Andreas Knigge, 5.9.1979, 8.2. u. 1.9.1980, Sammlung Hartmut Becker; Becker/Knigge: Interview, S. 4-5; Wiechmann: Kauka, in: Die Sprechblase 196 (2004), S. 28; Knigge: Comics, S. 46 u. 58; Zeitzeugenaussage Hartmut Becker, 8.6.2020.

99 Vgl. Brief Rolf Kauka an Mascha Pohl-Kauka, 12.2.1980, Sammlung Irene Kauka; Wiechmann: Kauka, in: Die Sprechblase 196 (2004), S. 44; Ders.: Finale, in: Die Sprechblase 197 (2004), S. 21; Mietz: Biografie, S. 121; Zeitzeugeninterview Mascha Kauka, 7.5.2019.

100 Vgl. Mietz: Biografie, S. 121; Zeitzeugenaussagen Alexandra Kauka, 29.1.2. u. 5.2.2019; Zeitzeugeninterview Fred Kipka, 22.2.2020.

101 Vgl. Zeitzeugenaussagen Alexandra Kauka, 29.1.2. u. 5.2.019.

102 Vgl. Zeitzeugenaussage Alexandra Kauka, 5.2.2019.

103 Vgl. Kronthaler: Kauka, in: Die Sprechblase 234 (2016), S. 36-38; Zeitzeugeninterview Alexandra Kauka, 15.1.2020.

104 Vgl. Kauka: Samstag, S. 12 u. 17; Kronthaler: Kauka, in: Die Sprechblase 234 (2016), S. 36-38.

105 Vgl. Zeitzeugenaussagen Alexandra Kauka, 21., 29.1. u. 5.2.2019.

106 Vgl. Wiechmann: Spurensuche, in: Die Sprechblase 189 (2003), S. 40 f.; Immobilienanzeige, in: Country Life, 167 (1980), S. 910; »Ich glaubte einfach an die Füchse«, in: Süddeutsche Zeitung, Magazin, 15.5.1992; Zeitzeugenaussage Alexandra Kauka, 29.1.2019.

107 Vgl. Zeitzeugenaussage Alexandra Kauka, 4.2.2019; Zeitzeugeninterview Alexandra Kauka,15. u. 20.1.2020.

108 Vgl. Zeitzeugenaussage Alexandra Kauka, 22.4.2019.

**Neue Welt (1982–2000)**

1 Vgl. Zeitzeugenaussage Alexandra Kauka, 30.12.2019.

2 Vgl. »Ich glaubte einfach an die Füchse«, in: Süddeutsche Zeitung, 15.5.1992.

3 Vgl. Zeitzeugenaussage Alexandra Kauka, 29.1.2019; Zeitzeugenaussage Irene Kauka, 11.2.2019; Zeitzeugenaussage Roswitha Swanson, 22.11.2019; Zeitzeugeninterview Alexandra u. Irene Kauka, 14.1.2020.

4 Vgl. Zeitzeugenaussage Alexandra Kauka, 29.1., 5.2.2019, 8. u. 17.3.2020; Zeitzeugenaussage Irene Kauka, 11.2.2019; Zeitzeugenaussage Roswitha Swanson, 22.11.2019.

5 Vgl. Brief Alexandra Kauka an Alexandra Kauka, 8.7.1983, Brief Alexandra Kauka an Alexandra Kauka, 11.8.1983 u. diktiertes Schreiben Rolf Kauka, 3.1.1984, Sammlung Alexandra Kauka; Zeitzeugenaussage Alexandra Kauka, 19.2.2019; Alexandra Gisela Kauka, in: www.ancestry.com, aufgerufen, 17.2.2019.

6 Vgl. »Chinquapin: a Bavarian mansion in South Carolina«, in: Atlanta Journal-Constitution, www.ajc.com/lifestyles/home--garden/chinquapin- bavarian-mansion-south-georgia/Bmek1ys3nNCvT30BTCZenM, aufgerufen, 22.2.2019; Zeitzeugenaussage Alexandra Kauka, 9.3.2020.

7 Vgl. Zeitzeugenaussage Alexandra Kauka, 5.2.2019; Zeitzeugenaussage Roswitha Swanson, 22.11.2019.

8 Vgl. »Honors and Awards«, in: State. The Newsletter. United States Department of State, March 1984, S. 17; Zeitzeugenaussage Alexandra Kauka, 5., 9.2., 22.4.2019 u. 29.3.2020; Zeitzeugenaussage Roswitha Swanson 22. u. 23.11.2019; Zeitzeugeninterview Michaela Bonfert (Ernst), 6.3.2020; Zeitzeugenaussage Rolf Hohmeister, 17.5.2020.

9 Vgl. Zeitzeugenaussage Alexandra Kauka, 19.2. u. 22.4.2019; Zeitzeugenaussage Roswitha Swanson, 4.2.2019; Zeitzeugenaussage Rolf Hohmeister, 17.5.2020.

10 Vgl. Eintrag »Kauka Promedia, Inc.«, in: www.search.sunbiz.org, aufgerufen, 14.2.2020.

11 Vgl. Eintrag »Rolf Kauka Comics«, in: www.kaukapedia.com, aufgerufen, 2.1.2020; Zeitzeugeninterview Helmut Murek, 22.2.2020.

12 Vgl. Reflektionen der Mitarbeiter über Rolf Kauka, 13.9.2000, Sammlung Alexandra Kauka; »Ich glaubte einfach an die Füchse«, in: Süddeutsche Zeitung, 15.5.1992; »Herr der Füchse«, in: Süddeutsche Zeitung, 16.9.2000; Zeitzeugenaussage Alexandra Kauka, 29.1.2019; Zeitzeugenaussage Roswitha Swanson, 22.11.2019.

13 Vgl. Anzeige, in: Field & Stream, August 1997, S. 110; Buckner/Reneau: Records, S. 104; Zeitzeugeninterview Alexandra Kauka, 15.1.2020; Zeitzeugenaussage Alexandra Kauka, 21.1. u. 20.3.2020.

14 Vgl. »State purchases nature's jewels«, in: www.timesenterprose.com, 9.12.2005, aufgerufen, 21.3.2020.

15 Vgl. Kauka Farms vs. Scott, 352 S. E. 2d. 373 (Ga. 1987), 28.1.1987, www.casetext.com/case/kaua-farms-v-Scott, aufgerufen 21.3.2020; Zeitzeugenaussage Alexandra Kauka, 21.3.2020.

16 Vgl. Zeitzeugenaussage Alexandra Kauka, 21.2.2019.

17 Vgl. Kauka: Luzifer; Zeitzeugenaussage Alexandra Kauka, 4.2.2019 u. 9.3.2020.

18 Vgl. Kopie Brieffragment zwischen Rolf u. Werner Kauka, [ohne Datum], Heimatverein Regis-Breitingen; Zeitzeugenaussage Alexandra Kauka, 19.4.2019.

19 Vgl. Kopie Schreiben Kluge an von Thaler, 3.11.2013, Heimatverein Regis-Breitingen; Schreiben Rolf Kauka an Werner Kauka, 13.1.1988, Sammlung Rolf Kauka; Zeitzeugenaussage Alexandra Kauka, 19.4.2019.

20 Vgl. Einbürgerungsantrag Rolf Kauka, NARA, Petitions for Naturalization; Zeitzeugenaussage Alexandra Kauka, 4.2.2019.

21 Vgl. Postkarte Georg Mitreiter, 21.3.1988, Sammlung Monika Klemps; Spillmann: Reise, S. 41; Zeitzeugeninterview Monika Klemps (Mitreiter), 7.3.2019; Zeitzeugenaussage Alexandra Kauka, 9.3. u. 22.4.2020.

22 Vgl. Wiechmann: Spurensuche, in: Die Sprechblase 192 (2003), S. 33; Riccardo Rinaldi, auf: www.kaukapedia.com, aufgerufen, 18.2.2020; Zeitzeugeninterview Helmut Murek, 22.2.2020.

23 Vgl. »Verleger Fleissner jubilierte«, in: Sudetenpost, 16.6.1988; Zeitzeugenaussage Alexandra Kauka, 4.4.2020.

24 Vgl. Kauka: Luzifer; Kronthaler: Kauka, in: Die Sprechblase 234 (2016), S. 38-40; Zeitzeugeninterview Alexandra Kauka, 15.1.2020; Zeitzeugenaussage Alexandra Kauka, 26.4.2020.

25 Vgl. Zeitzeugenaussage Alexandra Kauka, 5.2.2019; Zeitzeugeninterview Alexandra Kauka, 15.1.2020.

26 Vgl. Zeitzeugeninterview Gabriele Kauka, 9.5.2019; Zeitzeugeninterview Irene Kauka, 14.1.2020.

27 Vgl. Zeitzeugenaussagen Alexandra Kauka, 5. u. 11.2.2019.

28 Vgl. Weihnachtsbrief Rolf Kauka, 1991, Sammlung Alexandra Kauka; Zeitzeugenaussage Alexandra Kauka, 7.3.2020.

29 Vgl. Weihnachtsbrief Rolf Kauka, 1991, Sammlung Alexandra Kauka; Zeitzeugenaussage Alexandra Kauka, 7.3.2020.

30 Vgl. Weihnachtsbrief Rolf Kauka, 1991, Sammlung Alexandra Kauka; Zeitzeugenaussage Alexandra Kauka, 7.3.2020; Zeitzeugenaussage Rolf Hohmeister, 17.5.2020.

31 Vgl. Zeitzeugenaussage Rolf Hohmeister, 17.5.2020.

32 Vgl. Weihnachtsbrief Rolf Kauka, 1991, Sammlung Alexandra Kauka.

33 Vgl. »Ich glaubte einfach an die Füchse«, in: Süddeutsche Zeitung, Magazin, 15.5.1992; Zeitzeugenaussage Petra Körber, 7.2.2019.

34 Vgl. Wiechmann: Spurensuche, in: Die Sprechblase 187 (2002), S. 33; »Mr. Coebergh overleden«, in: Leidsch Dagblad, 14.7.1992; Reflektionen der Mitarbeiter über Rolf Kauka, 13.9.2000, Sammlung Alexandra Kauka; Zeitzeugeninterview Kurt Italiaander, 9.3.2019.

35 Ergänzung: Jeder Besuch war auch verbunden mit freundschaftlichen Begegnungen. Besonders gern ging man ins Restaurant von Rolf Koskamp, gab sich dem Fisch- und Weingenuss hin. Es ergab sich eine der für Kauka typischen Männerfreundschaften »der Rolfs«, mit Kauka als »Rolf dem Ersten«, Koskamp als »Rolf dem Zweiten« und Hohmeister als »Rolf dem Dritten«.

36 Vgl. Zeitzeugeninterview Kurt Italiaander, 9.3.2019; Zeitzeugenaussage Rolf Hohmeister, 17.5.2020.

37 Vgl. Hughes: Report; Eintrag »Fix & Foxi (Zeichentrickserie)«, in: Kaukapedia, aufgerufen, 8.1.2020.

38 Ergänzung: Sie machten diesmal zuvor vom 19. bis 22. Mai 1993 Station in Zürich, wohnten im 5-Sterne-Hotel Baur en Lac. Im Anschluss daran ging es nach Bad Ragaz. Hierhin hatten sie den ehemaligen BND-Präsidenten Gerhard Wessel mit

seiner Frau eingeladen, die dann vom 30. Mai bis zum 4. Juni ebenfalls Hotelgäste waren. Nach ihrem Schweiz-Aufenthalt reisten die Kaukas weiter nach Deutschland. Ab dem 7. Juni hielten sie sich in München auf, wo sie sich Mitte der Woche im Hotel Vier Jahreszeiten mit alten Freunden zum Dinner trafen. Neben den Wessels war es auch ein Wiedersehen mit Lena-Renate Ernst, Andreas Huck und Kaukas Hausarzt Professor Werner Moll. Lange musste Kauka nicht auf diesen alten Freundeskreis verzichten.

39 Vgl. Schreiben Alexandra Kauka an Gerhard Wessel, [April 1993], Sammlung Alexandra Kauka; Zeitzeugeninterview Kurt Italiaander, 9.3.2019; Zeitzeugenaussage Alexandra Kauka, 29.1., 5., 19. u. 22.2.2019 u. 8.3.2020.

40 Vgl. »Rolf Kauka for President«, in: Taunus-Kurier, 29.9.1993.

41 Vgl. Hughes: Report.

42 Vgl. Schreiben Gerhard Wessel an Rudolf Kauka, 29.3.1994, Sammlung Alexandra Kauka; Zeitzeugenaussage Alexandra Kauka, 19.4.2019 u. 17.3.2020.

43 Vgl. Brief Grandhotel Bad Ragaz an Gerhard Wessel, 7.9.1994, Sammlung Wessel; Zeitzeugenaussage Alexandra Kauka, 17.3.2020.

44 Vgl. Urteil, 12.6.1997, OLG München, in: ZUM-RD 10 (1997), S. 451; »Hilfe aus dem Beiboot«, in: Spiegel Special 9 (1995), 1.9.1995; Zeitzeugeninterview Irene Kauka u. Alexandra Kauka, 14.1.2020.

45 Vgl. Weihnachtsbrief Rolf Kauka, 1994, Sammlung Alexandra Kauka; Zeitzeugenaussage Alexandra Kauka, 8.3.2020.

46 Vgl. Bidermann: Seite, S. 233.

47 Vgl. »ZAK, ARD«, 12.2.1995; https://www.youtube.com/watch?v=XUzfr_FWfW8; in: Fink. Das Stadtmagazin, S. 22; Zeitzeugeninterview Alexandra Kauka, 15.1.2020.

48 Vgl. Länderspiegelbeitrag, 15.2.1995; UA ZDF; »Fix & Foxi-Erfinder in Lebensgefahr«, in: Bild, 13.3.1995; Zeitzeugenaussage Alexandra Kauka, 19.4.2019.

49 Vgl. Alexandra Gisela Kauka, in: www.ancestry.com, aufgerufen, 17.2.2019.

50 Vgl. Wiechmann: Fix, in: Die Sprechblase 210 (2007), S. 51; Penn State Alumni Association Membership Directory, Pennsylvania 1995, S. 569; Old Millfieldian Society (Hg.): Chronicle (2011), S. 26; Zeitzeugeninterview Mascha Kauka, 7.5.2019; Zeitzeugenaussage Roswitha Swanson, 9.12.2019; Zeitzeugenaussage Alexandra Kauka, 2., 5. u.11.2.2019; Zeitzeugeninterview Alexandra Kauka u. Irene Kauka, 14.1.2020; Zeitzeugenaussage Irene Kauka, 23.3.2020.

51 Vgl. Ihme: Bauch, S. 64 f.; Wiechmann: Spurensuche, in: Die Sprechblase 192 (2003), S. 41; Ders.: Spurensuche, in: die Sprechblase 2010 (2004), S. 46; Eintrag »Fix & Foxi (Zeichentrickserie)«, in: Kaukapedia, aufgerufen, 8.1.2020; Zeitzeugeninterview Helmut Murek, 22.2.2020.

52 Vgl. Zeitzeugeninterview Helmut Murek, 22.2.2020.

53 Vgl. Wiechmann: Spurensuche, in: Die Sprechblase 187 (2002), S. 33; Zeitzeugeninterview Kurt Italiaander, 9.3.2019.

54 Vgl. Wiechmann: Spurensuche, in: Die Sprechblase 192 (2003), S. 43; Zeitzeugenaussage Alexandra Kauka, 21., 26. u. 31.1.2020; Zeitzeugenaussage Rolf Hohmeister, 27.4.2 u. 17.5.020.

55 Vgl. »Fix und Foxi im TV«, in: Der Spiegel 24 (1998); Einladung Rolf und Alexandra Kauka an Gerhard Wessel für den 23.6.1998, Sammlung Alexandra Kauka; Zeitzeugeninterview Fred Kipka, 22.2.2020.

56 Vgl. Zeitzeugeninterview Fred Kipka, 22. u. 23.2.2020.

57 Vgl. Wiechmann: Spurensuche, in: Die Sprechblase 192 (2003), S. 43; Zeitzeugenaussage Alexandra Kauka, 21., 26. u. 31.1.2020; Zeitzeugenaussage Rolf Hohmeister, 27.4.2020.
58 Vgl. Zeitzeugenaussage Alexandra Kauka, 11.2.2019.
59 Vgl. Verleihungsvorschlag für Rolf Kauka, PAAA, B8, 336971[o.S.]; Auskunft Bundespräsidialamt über Rudolf Kauka, 26.3.2019.
60 Vgl. Aussage Auswärtiges Amt an Autor, 27.2.2019; Zeitzeugenaussage Alexandra Kauka, 11.2.2019.
61 Vgl. »Fix und Foxi im TV«, in: Spiegel 24 (1998), 8.6.1998; Mennigen: Fix, Teil 2, in: Comic, 10.7.2019.
62 Vgl. Wiechmann: Spurensuche, in: Die Sprechblase 187 (2002), S. 33; Zeitzeugeninterview Kurt Italiaander, 9.3.2019; Zeitzeugenaussage Alexandra Kauka, 22.4.2020.
63 Vgl. Zeitzeugeninterview Kurt Italiaander, 9.3.2019; Zeitzeugenaussage Rolf Hohmeister, 27.4.2020.
64 Vgl. »Happy Birthday, Fix und Foxi«, in: BZ, 12.10.2003; Mietz: Biografie, S. 123; Zeitzeugeninterview Brunhilde Wagner (Kauka), 26.1.2019; Zeitzeugenaussage Irene Kauka, 1.6.2020.
65 Vgl. Weihnachtskarte Rolf Kauka an Werner Kauka, 1999, [Sammlung Rudolf Kauka]; »Fix und Foxi« feiern Comeback in der ARD, in: Hamburger Morgenpost online, 22.2.2000.
66 Vgl. »Fix und Foxi. Zwei Füchse kämpfen für den deutschen Biedersinn«, in: Spiegel Online, 24.2.2000; »Rolf Kauka tot. Der deutsche Walt Disney«, in: Harzkurier, 16.9.2000; Menningen: Fix, Teil 2, in: Comic, 10.7.2019; Zeitzeugeninterview Fred Kipka, 22.2.2020.
67 Vgl. »Fix und Foxi. Zwei Füchse kämpfen für den deutschen Biedersinn«, in: Spiegel Online, 24.2.2000; »Rolf Kauka tot. Der deutsche Walt Disney«, in: Harzkurier, 16.9.2000; Zeitzeugeninterview Fred Kipka, 22.2.2020; Zeitzeugenaussage Alexandra Kauka, 22.4.2020.
68 Vgl. Wiechmann: Nachlese, in: Die Sprechblase 192 (190), S. 36 f.; Zeitzeugenaussage Rolf Hohmeister, 17.5.2020.
69 Vgl. »Der Vater von Fix und Foxi ist tot!, in: Bild, 16.9.2000; »Vater von »Fix und Foxi« gestorben«, in: spiegel online, 15.9.2000; »Bussibären lügen nicht: Der Geist, der nie verneint. Zum Tode des Comic-Produzenten Rolf Kauka, des Erfinders von Fix und Foxi«, in: Die Welt, 16.9.2000; Zeitzeugenaussage, 10.3.2020.
70 Vgl. Trauerkarte Rolf Kauka, HMM, Bestand Rolf Kauka, [o.S.].
71 Vgl. Badische Zeitung, 24.1.2001; Zeitzeugenaussage Alexandra Kauka, 11. u. 21.2.2019.
72 Vgl. Kaukas »Fix und Foxi«, in: Kippe. Das Leipziger Straßenmagazin 171 (2014), S. 12; Zeitzeugeninterview Mascha Kauka, 7. u. 17.5.2019; Zeitzeugenaussage Roswitha Swanson, 9.12.2019; Zeitzeugenaussage Alexandra Kauka, 10.3 u.19.4.2020; Zeitzeugenaussage Irene Kauka, 23.3.2020.
73 Vgl. Zeitzeugenaussage Alexandra Kauka, 10.3.2020.
74 Vgl. »State purchases nature's jewels«, in: www.timesenterprose.com, 9.12.2005, aufgerufen, 21.3.2020; Cerlean: River, S. 5; Zeitzeugenaussage Alexandra Kauka, 20.3.2020.
75 Vgl. »Fix-und Foxi-Verlag Tigerpress ist pleite«, in: Die Welt, 15.6.2009; Mietz: Biografie, S. 124 f.
76 Vgl. Vogt: Kauka, S. 71

# PERSONENREGISTER

# BILDNACHWEIS

Abb. 1, 2, 5-15, 18, 19, 27, 30, 40, 43, 48, 53-61, 63, 64: Sammlung Alexandra Kauka; Abb. 3, 4: Sammlung Monika Klemps; Abb. 16: Sammlung Mascha Kauka; Abb. 17, 28, 36, 39, 42, 45, 49, 62: Sammlung Peter Wiechmann; Abb. 20: Fix & Foxi. Rolf Kaukas großer Welterfolg, S. 24; Abb. 21, 29, 38, 41: Sammlung Hechelhammer; Abb. 22: Felicitas Timpe, Bayerische Staatsbibliothek; Abb. 23, 35, 50, 66: Sammlung Irene Kauka; Abb. 24: BMW-Archiv; Abb. 25, 26: Sammlung Kaj Beringer; Abb. 31, 34: Barbara Baur, Keystone; Abb. 32: Sammlung Berislav Fabek; Abb. 33: aktuell. Deutsches Wochen-Magazin 19, 1961; Abb. 37: ullstein bild; Abb. 44, 47, 51: Stern 44, 1972; Abb. 46: Sammlung Nicolas Henckel von Donnersmarck; Abb. 52: Kinemathek Berlin; Abb. 65: Sammlung Rudolf Kauka